THE
STORY
OF
EGYPT

埃及四千年

主宰世界历史进程的伟大文明

[英] 乔安·弗莱彻 著

杨凌峰 译

浙江出版联合集团
浙江文艺出版社

献给斯蒂芬与艾琳诺

BRITAIN
不列颠

GAUL
高卢

SPAIN
西班牙

意大利
Rome ITALY
罗马

SARDINIA
撒丁尼亚

Straits of 直布罗陀海峡
Gibraltar

Carthage
迦太基

SICILY
西西里

Bla
黑海

哈图修
Hattush

加泰修
Catal Hüyü

CYPRUS
塞浦路斯

利比亚
Alexandria
亚历山大 西
LIBYA Memphis
锡瓦绿洲 孟斐斯
Siwa Oasis

EGYPT
埃及

Thebes
底比斯
瓦底苏拉 Philae
（岩画谷） 菲莱
Wadi 2
Sura Nabta 1 3 4
Playa 5 努
6
7 8
纳卜塔 N
10 9 11
湖凹地 12 13 14
15 16
17 19
Mer
梅罗坊

White Nile
白尼罗河

马其顿
MACEDONIA
Pella 佩拉

色雷斯
THRACE

Black Sea
黑海

Aegae Samothrace 西齐库斯
埃加伊 萨莫色雷斯 Cyzicus

伯罗奔尼撒半岛 Hellespont

PELOPONNESE Troy 小亚细亚
特洛伊
Actium 德尔斐 Pergamon ASIA
亚克兴 Delphi 帕加蒙 格拉尼克斯河
雅典 马拉松 LYDIA 吕底亚
柯林斯 Marathon IONIA 爱奥尼亚
Corinth Athens 巴奥夫斯 Ephesus 以弗所
厄米亚 Piraeus Samos 萨摩斯 CARIA 卡利亚
Nemea 米利都
Mycenae Aegina Miletus
奥林匹亚 迈锡尼 爱琴岛 Halicarnassus ARZAWA 阿扎瓦
Olympia Sparta
斯巴达 Kos LYCIA
利西亚

塞西拉岛 Thera Rhodes
Cythera 锡拉岛 Lindos 罗德岛
林多斯
Crete 克诺索斯
斐斯托斯 Knossos
Phaistos

Halicarnassus 哈利卡纳索斯   Hellespont 达达尼尔海峡   Kos科斯岛

Egypt within the ancient world 3000 BC – 30 BC

公元前3000年到公元前30年，古代世界的埃及

北 N
西 W   E 东
南 S

西里西亚 CILICIA
塔尔苏斯 • Tarsus   伊苏斯 • Issus   卡赫美士 • Carchemish
安条克 • Antioch
乌加里特 • Ebla 埃卜拉
Ugarit   尼雅 • Niy (Mitanni)   SYRIA
叙利亚 / 米坦尼
R. Orontes
• Qatna 卡特纳
• Kadesh 卡迭石
CYPRUS
塞浦路斯
Byblos •   AMURRU 阿穆鲁
比布鲁斯
• Sidon 西顿
• Tyre 提尔
美吉多
Megiddo •   Sea of 加利利海
Galilee
雅法
Joppa •   PALESTINE 巴勒斯坦
Gezer •   • Jerusalem 耶路撒冷
Ashkelon •   CANAAN
加沙
Raphia • • Gaza   Dead 死海
拉非亚   • JUDAH   Sea
Sharuhen •
沙鲁恒   • Petra 佩特拉

亚美尼亚
ARMENIA
高加米拉
亚述 • Gaugamela
ASSYRIA
MESOPOTAMIA 美索不达米亚
幼发拉底河
River Euphrates
BABYLONIA 巴比伦王国
Babylon
巴比伦城
波斯波利斯
• Persepolis

ABATAEA

ARABIA
阿拉伯王国

Persian Gulf
波斯湾

GEDROSIA 格德罗西亚

印度洋
Indian
Ocean

INDIA 印度

红海
Red Sea

示巴王国
SABA

Straits of
Mandeb
曼德海峡

河
Blue Nile

PUNT
蓬特王国

库班	1 Quban	11 Soleb 索利卜
阿布辛贝	2 Abu Simbel	12 Tombos 汤波斯
法拉斯	3 Faras	13 Kerma 克尔玛
伊布里姆堡	4 Qasr Ibrim	14 Karoy 卡罗伊
布恒	5 Buhen	15 Kurgus 柯尔古斯
米尔吉萨	6 Mirgissa	16 Gebel Barkal 巴卡尔山丘
塞姆纳	7 Semna	17 Napata 纳帕塔
库马	8 Kumma	18 Nuri 努里
赛伊岛	9 Sai Island	19 el-Kurru 库鲁
塞登加	10 Sedeinga	

穆吉里斯
Muziris

| 0 | 500 | 1000 miles 英里 |
| 0 | 800 | 1600 km 公里 |

Orontes 奥伦特斯河   CANAAN 迦南地   Gezer 基色 Ashkelon 阿什克伦   JUDAH 犹大王国

北N
东E
W西
南S

Thonis 索尼斯
柯诺普斯 Canopus
罗塞塔 Rosetta
Alexandria 亚历山大
Buto 布托
Xois 塞伊斯
Mendes
Tell el-Farkha 法尔卡丘地
Lake 马雷奥迪斯湖 *Mareotis*
Sais 赛伊斯
Sebennytos 塞本尼托斯
Tanis 塔尼斯
Naukratis 瑙克拉迪斯
Qantir
Pelusium 裴路秀
Avaris (Tell Dab'a) 阿瓦利斯 (达巴丘)
雷昂托波利斯 Leontopolis
Bubastis 布巴斯迪斯
Pithom 比索姆
梅里姆达-贝尼萨拉马 Merimda Beni Salama
Athribis 艾斯利比斯
雷托波利斯 Letopolis
Heliopolis 赫里奥波利斯
阿布拉瓦希 Abu Rawash
Maadi 马阿迪
吉萨 Giza
Helwan 赫旺
阿布希尔 Abusir
el-Omari 奥马里
萨卡拉 Sakkara
Memphis 孟斐斯
达苏尔 Dahshur
卡伦湖 *Lake Qarun*
el-Lisht 利希特
Mazghuna 玛兹古纳
哈瓦拉 Tarkhan 塔尔汉
Shedet 谢迪特
Hawara
Riqqeh 里卡
纳姆迪斯 Narmouthis
Meidum 梅杜姆
古尔若 Gurob
Lahun 拉罕
塞得蒙特 Sedment
Harageh 哈拉杰
德希兴 Deshesheh
Herakleopolis 赫拉克勒奥波利斯

巴哈利亚绿洲 *Bahariya Oasis*

哈迪姆采石矿 Serabit el-Khadim
Wadi Jarf 贾夫谷地
Wadi Maghara 马加拉谷地

明亚 Minyah
本尼-哈桑 Beni Hasan
赫莫波利斯 Hermopolis
el-Bersheh 贝尔兴
Amarna 阿玛纳
梅尔 Meir 哈特努布 Hatnub

法拉夫拉绿洲 *Farafra Oasis*

苏伊士湾 *Gulf of Suez*
Gebel Zeit 泽特山丘

艾斯尤特 Asyut
Matmar 马特玛尔
Mostagedda 莫斯塔杰达
Badari 巴达里

达拉哈绿洲 *Daklaha Oasis*

阿克米姆 Akhmim
艾斯利比斯 Athribis
Naga ed-Der 纳纳埃迪尔
基纳 Qena 邓德拉
狄尼斯 Thinis
Dendera
Bir Umm Fawakhir
阿比多斯 Abydos
赫乌 Hu
Ballas 巴拉斯
Koptos 柯普托斯
涅迦达 Naqada
法瓦基尔金矿 Quseir 库赛尔
陶德 Tod
Medamud 梅达穆得
Wadi Hammamat 哈马玛特谷地
阿曼特 Armant
Thebes 底比斯
Wadi Qash
戈贝林 Gebelein
莫瓦拉
埃斯纳 Esna
Moalla
Wadi Umm Salam 乌姆萨拉姆谷地
埃达伊玛 Adaima
el-Kab 卡布
卡西谷地
锡拉孔波利斯 Hierakonpolis
Edfu 埃德夫

Kharga Oasis
哈迦绿洲

霍希 el-Hosh
Qurta 基尔达
Wadi Barramiya 巴拉米亚谷地
Kom Ombo 康姆翁波
巨象岛 Elephantine
Aswan 阿斯旺
Philae 菲莱
Konosso 柯诺索
Wadi el-Hudi 胡狄谷地
Wadi el-Allaqi 奥拉基谷地

0 ————— 100 miles 英里
0 ————— 160 km 公里

塞法杰 Safaga
迦瓦西斯谷地 *Wadi Gawasis*

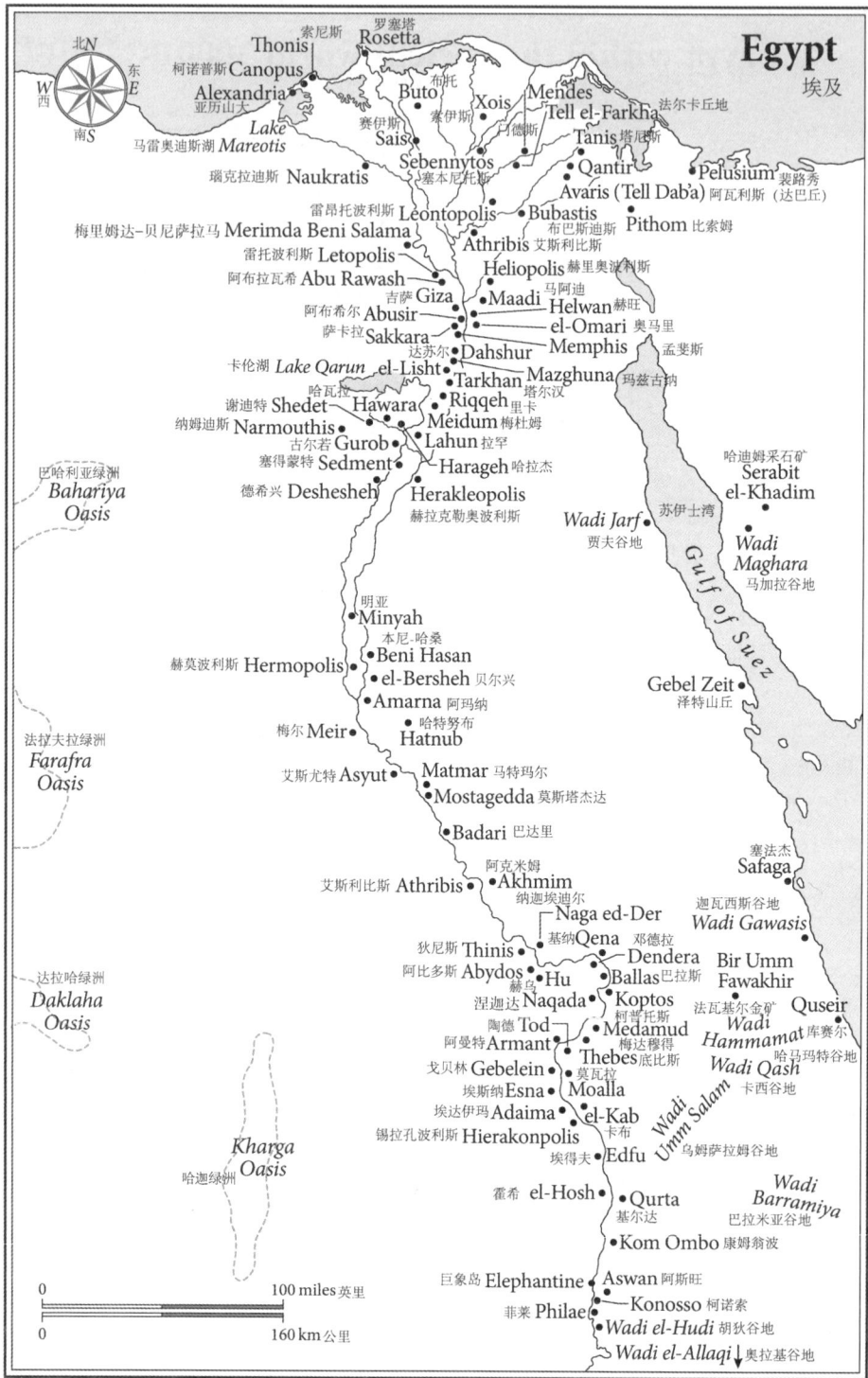

Qantir 坎迪尔   el-Lisht 利希特

1. 向北流淌的尼罗河将埃及沙漠分为两半。在接近地中海的河口三角洲，原先狭窄的流域扩散展开如扇形。红海在东侧构成埃及的另一道海岸线。

2. 野牛群，刻绘在埃得夫附近基尔达（Qurta）的砂岩崖壁上，构成"整个北非地区有记录可证的最古老的绘画行为"。绘制于一万九千年前。

3. 小石头圆圈构成世上已知最古老的日历。中间后部的石"牛"是埃及最早的大型雕塑。两者都是来自纳卜塔湖洼地（Nabta Playa）。如今被重新安置于阿斯旺博物馆的庭园中。创作于约公元前5000—公元前4500年。

4. 已知最早的人头状雕塑，烧陶并上色。发现于埃及三角洲西部的莫林达—贝尼萨拉马遗址。约公元前 4500 年。

5. 女体彩陶造型，举起的双臂被描述说是"模仿了牛角"。出土于埃得夫附近马玛利亚（el Mamariya）的一座墓葬。约公元前 3600—公元前 3300 年。

6. 全金包覆的男性小雕像，镶嵌的青金石充当眼睛。此为两尊同类小雕像中的一尊。雕像可能是代表两位年轻的当地统治者。发现于三角洲法尔卡丘地一带的神庙遗址区。约公元前 3200 年。

7. 形制较大、用于祭仪典礼的石灰岩权杖杖头，浮雕呈现出"蝎子王"在表演灌溉仪式。出自锡拉孔波利斯的神庙。约公元前 3150 年。

8. 那尔迈统一埃及，创建了世上第一个民族国家。这一化妆品研磨石板，实际是用于庆祝和纪念国家统一。发现于锡拉孔波利斯的神庙。约公元前 3100 年。

9. 象牙雕牌。刻画了一个被捆绑的人被捅杀，流出的血收集到一只碗中。出土于阿比多斯的阿哈墓葬遗址。约公元前 3080 年。

10. "世上最古老的衣裙"，是一位年轻女子所穿的长袖亚麻布上衣。发现于塔尔汉的一处墓葬，最初里外翻转，正如此衣物当年埋入墓葬时的样子。约公元前 2950—公元前 2800 年。

11. 花岗岩石刻浮雕。发现于锡拉孔波利斯的神庙，国王卡塞凯姆威名字的上方是荷鲁斯与塞斯"亲吻"的造型。约公元前 2686 年。

12. 斯奈夫鲁的河谷神庙，位于达苏尔。此残片来自神庙里的浮雕彩绘场景，显示一位母狮神祇拥抱国王。约公元前 2600 年。

13. 在吉萨高地上，处于前景位置的哈夫拉金字塔所投下的阴影，延伸到了其父王胡夫的大金字塔的脚底。环绕大金字塔的是法老朝臣们小型的马斯塔巴墓葬。约公元前 2580—公元前 2530 年。

14. 组合雕像，居中的女神哈索尔握着门卡乌拉的手臂，另一边是赫莫波利斯地区的拟人化象征造型，发现于门卡乌拉位于吉萨的河谷神庙中。约公元前 2500 年。

15. 雪花石小雕像，摄政女王安赫尼丝佩皮二世将幼儿期的法老佩皮二世抱在大腿上。此像可能是来自埃及南部的一座神庙。约公元前 2278—公元前 2270 年。

16. 彩绘的埃及士兵木偶，手持长矛与大大的牛皮盾牌。出土于艾斯尤特当地诸侯王麦锡何迪（Meseheti）的墓葬。约公元前 2050 年。

17. 位于柯普托斯的旻神神庙，其中的石灰岩墙画描绘了法老塞索斯特里斯一世在生殖之神旻神面前表演执政纪念庆典中的跑步环节。约公元前 1965—公元前 1921 年。

18. 阿蒙内姆哈特三世的花岗岩雕像，戴着哈索尔的护身符号项链，发型是发绺式样的细辫子。发现于其在法尤姆地区谢迪特的神庙中。约公元前 1855—公元前 1808 年。

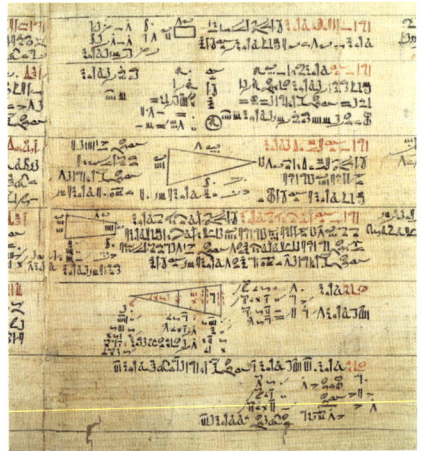

19.《兰德数学纸草》（Rhind Mathematical Papyrus）。发现于底比斯，由喜克索斯国王阿波菲斯资助完成，重要内容包括方程式、分数和代数。约公元前 1542 年。

20. 大号的"勇气金苍蝇"勋章。这一战功勋章的佩戴者是安霍特普王后。发现于王后在德拉阿布—纳迦的底比斯墓葬中。约公元前 1560—公元前 1530 年。

21. 此花岗岩雕像呈现哈特谢普苏特女王的女儿内芙鲁拉公主，在幼年时坐在其导师兼朝廷高官森穆特的腿上。来自底比斯的卡纳克神庙。约公元前 1470 年。

22. 迪尔－巴哈里，前景中左边是孟图霍特普二世的神庙，右边是哈特谢普苏特的神庙。远处背景的沙漠峭壁之间，就是王室墓葬地帝王谷。

23. 首席大臣雷赫麦尔（Rekhmire）在底比斯的墓葬。其墓室壁画描绘了多种多样的生产制造业场景，上部是工匠们忙着铸造金属器具，下部则是在制砖。约公元前1430—公元前1420年。

24. 抄书吏涅巴门（Nebamum）在底比斯的墓葬壁画场景。牧牛者对前面弓着腰的同事喊话："老兄！请你让开好不好啊！要让牛保持秩序，安稳地继续向前走！"约公元前1360年。

25. 阿蒙霍特普三世与王后迪伊的大型组合雕像，两人脚下为其女儿。最初位于法老在康姆—赫坦（Kom el-Hetan）的葬祭庙。约公元前 1360 年。

26. 阿蒙霍特普三世的门农巨像。曾位于康姆—赫坦的宏大葬祭庙的正前方。此照片拍摄于 1965 年，尼罗河最近年代的一个洪水季期间。

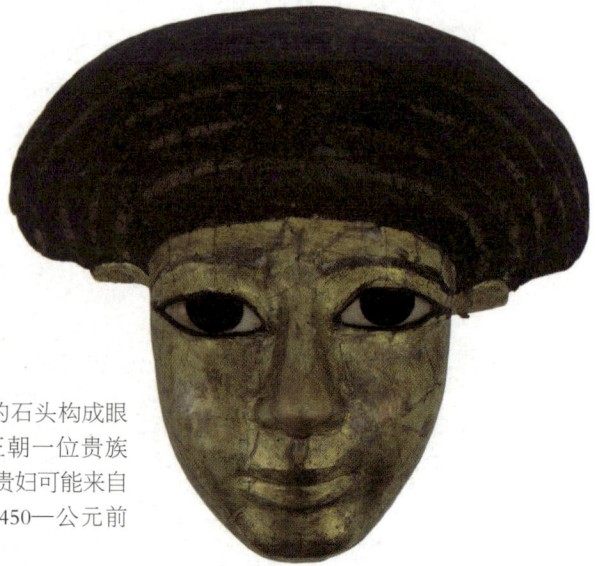

27. 面庞镀金，内嵌的石头构成眼睛。出土自第十八王朝一位贵族女性的木质棺材。此贵妇可能来自底比斯。约公元前 1450—公元前 1350 年。

28. 此镀金小雕像为一女性法老，其戴着上埃及的白色王冠。出自帝王谷的图坦卡蒙墓葬（国王谷第 62 号陵墓）。约公元前 1345—公元前 1335 年。

29. 婴儿期的图坦卡吞（后来的图坦卡蒙）坐在玛雅（Maia）夫人（左侧之人）的膝上。在玛雅位于萨卡拉的墓葬壁画场景中，她宣称"养育了（太阳）神的骨肉"。约公元前1340—公元前1330年。

30. 石灰岩组合雕像，戴上王冠的阿蒙神（左），得到那较小的人像（法老图坦卡蒙）的拥抱。后来，此像被霍雷姆赫布（Horemheb）窃取挪用。约公元前1336—公元前1327年。

31. 一位王室女性的石灰岩巨像，出自阿克米姆的神庙。雕像刻有名字梅丽塔蒙（Meritamen），是拉美西斯二世的一个女儿。约公元前1327—公元前1295年。

32. 阿比多斯塞狄一世神庙"先祖名人堂"中的帝王名录。塞狄一世与儿子拉美西斯二世站在那经取舍之后而刻录的七十五位先王盾徽面前。约公元前 1294—公元前 1279 年。

33. 底比斯王后谷中纳芙塔里的墓葬（王后谷第 66 号陵墓）壁画。王后站在头部为朱鹭的学识之神托特面前宣告："我是个书记员，会写字！"约公元前 1279—公元前 1255 年。

34. 拉美西斯三世位于梅迪内—哈布的葬祭庙壁画。此场景中，法老的官员和书记员们正在点数敌方死者被砍下来的手，共 12659 只。约公元前 1180—公元前 1153 年。

35. 王后诺德耶美特（Nodjmet）与丈夫赫里霍尔（Herihor）都戴着象征王权的神蛇头饰。图像来自她个人的《亡灵书》中的场景，很可能是出自迪尔 – 巴哈里的地下神龛龛位（迪尔 – 巴哈里第 320 号墓）。约公元前 1070 年。

36. "神之妻"女祭司卡若玛玛（Karomama）。她是奥索尔孔二世的女儿，该大型镀金青铜雕像的手上曾持有叉铃。此像可能出自底比斯。约公元前 874—公元前 850 年。

37. 巴卡尔山丘，传说中阿蒙神的出生地。这里的金字塔属于公元前 747—公元前 656 年统治埃及的努比亚法老们的继承者。现位于苏丹。

38. 奈克塔内波一世（公元前 380—公元前 362 年在位）的斯芬克司阵列，布置在卢克索神庙前面。此地原先是第十八王朝举行仪式时，通向卡纳克神庙的巡游路线的起始处。

39. 亚历山大大帝，额上带有象征阿蒙神的羊角，出现在四德拉马克（tetradrachm）币值银币的正面。银币由他曾经的一个将军，色雷斯国王利希马库斯（Lysimachus）铸造。约公元前305—公元前281年。

40. 罗马皇帝安东尼·庇护（Antoninus Pius）所铸的一德拉马克（drachm）币值青铜币的反面，呈现放大的"法罗斯的"伊希斯（Isis "Pharia"）的身影，在亚历山大港的法劳斯灯塔旁边，正稳住一艘在汹涌波涛间航行的船只。公元148年。

41. 豺狗神阿奴比斯造型的木乃伊外盒彩绘面具，葬仪祭司多有佩戴。此物很可能发现于埃及南部。约公元前380年—公元100年。

42. 康姆翁波神庙浮雕中的"托勒密三人组"。分别为"胖子"托勒密八世、"姐姐"克莉奥帕特拉二世与"妻子"克莉奥帕特拉三世，三人站在神灵荷鲁斯面前。约公元前 142—公元前 116 年。

43. 与努比亚交界处的菲莱。此处的伊希斯神庙建于公元前 380 年到公元 300 年期间，直到公元 6 世纪都有定期的敬拜活动。

44. 克莉奥帕特拉七世死后的一尊肖像雕塑。此雕塑头部被其披风幔布部分遮挡，耳垂设有小孔，用于佩戴耳坠。雕像立于毛里塔尼亚古国（Mauretania，今日之阿尔及利亚）。约公元前 20—公元前 5 年。

引 言

这是关于埃及的故事，关于埃及的古代文明——最初是如何产生，接着是如何发展和繁荣，又如何明显衰败，最终在概念意义上走向末路的故事。

过去数百年间，这个故事已经被讲述了无数次；有多少人讲，就有多少个版本。所以，呈现在这里的就是我个人版本的埃及故事，重点围绕的是吸引了我一生的那些人物、地点与事件。

如果说，埃及在相当程度上就是我的生活，那也错不到哪里去。于我而言，古埃及人是十分熟悉的存在；借由家里的藏书、照片以及长辈的战时回忆录，我得以接近他们。我的童年岁月，他们看似总在身边，带给我触动，让我画出最早的图画；我给布娃娃穿衣打扮的样式，我阅读的和收集的东西，也是来自同样的启迪。

1972 年，决定性的时刻到来了：图坦卡蒙专题展登陆英国。媒体掀起狂潮，那张惊人的黄金面具无处不在；任何法老时代的东西，都受到连篇累牍的报道；当时的古埃及学家频繁地成为报纸追逐采访的目标。真的有人研究古埃及并以此为谋生之本，这一发现，在我看来既令人吃惊又非常美妙——于是，六岁的我便宣告，自己也要做那一行。

20 世纪 70 年代，约克郡的巴恩斯利只是一座采矿业小城。必须承认，对于在这样一个地方长大的女孩来说，古埃及学肯定不是特别顺理成章的一种职业选择；那时的国定教育课程中显然还没有古埃及的影子。学校的从业咨询导师认为我是被误导了，苦口婆心地建议当老师或者做护理才是我唯一现实的职业前景；与此同时，我寄出向博物馆专业人士与学者们寻求指引的那些信件全都石沉大海。

但我心意已决。十五岁，在这样一个可塑性极强的易感年龄，我有了第一次埃及之行。这次旅行让我神魂颠倒地迷上了那个国家，那里的人，还有那片土地的过往。随后，我更加努力地学习，争取各门考试成绩达标，为的就是能被录取，去攻读自己梦想中的专业学位及课程——埃及学与古代史。从本科起步，然后读研。现在，我十分幸运能教授这门学科，跟大学、博物馆、考古实验室以及电视公司也都有合作；当然，我也在埃及度过很多时间，与我认领资助的家庭，与朋友们，与我心目中埃及学领域的几位大牛，相伴相处。

随之而来的是一系列令人目眩神迷的研究项目，而这些是孩童时的我完全不敢想象的：不仅是重新发现过去，而且是尝试再造过去，去更好地理解古埃及人是如何生活，如何死去，还有如何利用木乃伊的形式来继续存在，为未来而存留他们自己。

这份工作带着我走遍了整个埃及，更远则到了也门、苏丹和南非——更不必说巴恩斯利、哈罗盖特和维根这些英国的地方；不同地方的各种各样的项目，当然就让我开始质疑有关古埃及过往和关于彼时彼地人民的一些长期定论；这也就意味着，与那些更"传统的"历史叙事相比，我的古埃及故事不可避免地会有所差异。

因为，那些传统正典有时候传递的信息几乎就是如此：一个精英种群的人们从他们那伟大河流的两岸跳出来之际已然完全成形了；接下来，在纪元前三千年的时间段内，他们保持着与外界彻底隔绝的完美状态，然后又倏忽消失了；他们的消失与到来同样神秘莫测，他们那异域色彩强烈的玄奥遗产，对现代西方世界而言大都无法参透。

然而，尽管古埃及是只有圈内人才勉强能懂一点的艰深话题，但古埃及人实际上是最务实能干和最具创造力的；他们对世界的看法——以他们的目光来看也相当合乎逻辑——真的并不比我们自己的见解更稀奇古怪。

与我们通常承认的定论相比，构成"古埃及"的所有元素，当然在更早的时候已经定型就位，持续的年代也更为长久，涵盖的地域也更为广阔，无疑远远超出了狭窄的尼罗河谷，也大大超出了传统埃及学诸多成果的拘囿。

在这里，将时间向前推移，摆脱原有的框架局限，越出现有的研究边界，突破以往只聚焦于著名男性帝王和祭司的性别偏向，出现的则会是一个更为均衡折中的埃及故事。

这个埃及故事跨越数千年，也跨越不同的大陆区块和社会阶层。它最初是由气候变化和人口迁移所引发的，然后在一个非常特别的地理环境中繁衍壮大：一片沙漠，一条伟大的河流浇灌了这里的生命，河两岸丰饶的沃土孕育了这一世界所见证过的最辉煌的文明。

乔安·弗莱彻
2015 年于约克郡

目录

1. 初始

根据他们那极为丰富的神话和民间传说，埃及人相信，"天地之初"是完全黑暗的；这种暗昧由无限又无形的水构成，而世上的第一块陆地便是从这水中冒出。

不过，创世并非独有的单一事件，而是每一年都会重复发生：每年一度的尼罗河洪水期间，世界便得到一次再造和新生。按照古代一位目击者的说法，这时，"整个土地又变换成为海洋"。

洪水被认为是发源于埃及南方最远处的一个岩洞。洪水到来的预兆，是升起的晨星（天狼星）；埃及人把此星认作是闪亮的女神索希斯（Sothis），"所有神祇中最美的存在，在幸福一年的开端出现"。

尼罗河的洪水受到欢迎。当水位上升，淹没河谷的土地时，实际上也带来了生命，"拥抱田地，于是每样东西都获得了重生"。"洪水浸润两岸，草地欢笑"，人们向水中扔下鲜花，祭祀物品，甚至自己也跳到水里；每当此际，"整个大地都因欢乐而雀跃"。

每年的水位有起有落，这河流的节奏便决定了两岸生活的节律；一年内的循环变化构成了三个季节固定更替的年历——先是漫灌季（akhet），然后是春种季（peret），再接着是夏收季（shemu）。每年，洪水退去后便留下一片重获活力的土地，充满着对新生命的期许。一层肥沃、湿润的黑色淤泥在阳光下闪烁，茂盛的农作物就在这土壤上生长。事实上，淤泥与周边环绕的、荒瘠的沙漠形成的反差是如此醒目，因此明显可知，埃及的土地由两部分构成，它是双重地貌的合体：一部分是红土地（deshret），一部分是黑土地（kemet）。

尼罗河从南向北流淌 6600 多千米，全程沿岸每年都会看到同样的自然现象。对一年一度的这些事件，埃及的每个地区都有各自不同的解释；这些解释自然是采用创世传说的形式，不过各地都有自己的神灵担当主角。

在孟斐斯，创世被认为是普塔（Ptah）的手工活儿。这位大神在原初之水中结合了雄性与雌性元素，而它自己出现的形式，则干脆就是水中冒出的陆地。然后，大神直接就那么想了想，世界便现形了。普塔不仅是"众神之父"，还是"生出众神的神之母"；它只是说出各类生灵的名字，活物就那么凭空而来——正如我们耳熟能详的《圣经》福音中的老腔调，"太初有言，言与神在"，而这里的创世说便是那老腔调已知的最早版本。

在赛伊斯附近，这个"言即是神"的戏剧场景有着更为热闹活泼的变体，牵扯到奈斯（Neith）那如雷轰鸣的笑声；奈斯是"骇人的至高神"，这位持有武器的创世女神单独生出了太阳。她同时是"能扮演雌性的雄性，也是能扮演雄性的雌性"，能随时随地让天空倾覆垮塌，把她所创造的万物都毁灭；生命与死亡这两个极端在她身上具体人格化，而生与死又是在洪水和太阳之中的固有内涵。

再向南，在赫莫波利斯（Hermopolis）这里，生命被声称由八位神灵联手创造；那是"先于原初之神的父神和母神"组成的联合体。最早的造物看来是从退潮的洪水中显形，成对显现为雄性青蛙与雌性蛇；它们结合起来的能量，被认为是最初让生命出现的物质，也创造出原初的陆地土丘——"火焰之岛"，而太阳最早就是从这个"火岛"中暴涌而出。

但造物神话的关键部分是以赫尔墨斯之城为中心。那里被称为"太阳城"，至高神灵就是太阳，是"众神之母兼万物之父"，是"伟大的他她同体"。巨大的火球从洪荒陆地的土丘上升起，构成最初的绚烂日出。随后它横贯天空的每日行程，就是那持续不断的再生循环，一整个文明的节律也由此确定。正如白日之后是黑夜，黑夜之后是又一个白日，生命、死亡、新生的更替也是如此；两种存在状态被认作是一个永恒的连续统一体——生便是向死而生，但死也是为了新生而死。

既然是太阳的力量启动了宇宙间这种永续的更迭，这个过程便用太阳的女儿玛阿特（Maat）来人格化地具象呈现。她是天地之间的监管者，对她那雌雄同体的太阳父母所创造的万物都有责任，维护着新建立的宇宙体系，力保一切处于完美的平衡：每样东西都有其对应之物，有反复出现的二元统一体——日与夜，光明与黑暗，丰腴与贫瘠，秩序与混乱，生与死——每一样都是同一物的一半，是同一状态的侧面，彼此依存，缺一不可。这是所有的事物都必须遵循的本质平衡，所有的人从生到死，乃至诸神本身，都必是如此的对立统一体；所有的神灵必遵循"依玛阿特的法则来存活"。

不过，玛阿特可不是独生子女。根据数世纪繁育衍生出来的庞大神话体系，雌雄同体的太阳生出来的女儿多不胜数，既有司掌爱情生殖的牛头女神哈索尔（Hathor），也有司掌征战的狮头女神塞克美特（Sekhmet），还有雨露女神忒芙努特（Tefnut）。空气神舒（Shu）是忒芙努特的双胞胎哥哥，据信这对同胞神灵是因太阳神体液的突然挤出而产生的，"一个喷嚏打出了舒，一口唾液吐出了忒芙努特"。尽管，另外还有一个替代版本记录，两兄妹是经由"太阳神之手"如精液般射出成形的。

接下去，男神舒和女神忒芙努特生了他们自己的双胞胎孩子：闲散自在的绿色土地神戈布（Geb），通常被描绘成闲躺着的样子；还有亮闪闪的天空女神努特（Nut），拱伏在戈布上方，构成天穹——这个神界的角色，有无穷的精力，用身体支撑了宇宙，也保护着存活在她下方的万物。

据称，努特是"生了诸神的伟大母神"，在她那繁重的众多职责中也包括每天生孩子，比如每天黎明时分，她要生出太阳。从技术的角度来看，鉴于太阳本已是她的祖父母，这个生产任务显然非常吊诡。不过，在埃及包罗万象的神话信念体系中，这完全不是个问题——随着时间的推进，这些叙事会充分演化，而且，哪怕是最难说得通的神界宗族谱系，都能得到合理化的解释。

戈布和努特还是另外四位子女的父母：两对双胞胎，奥西里斯（Osiris）与伊希斯（Isis），塞斯（Seth）与纳芙希斯（Nephthys）。正是家族内部的争斗第一次给太阳世系带来了死亡。

按照传说，伊希斯和她的双生弟弟奥西里斯是埃及最早的统治者，这一对帝王联合执政期间迎来了一个黄金时代，直至嫉恨满怀的弟弟塞斯夺取了权力：他淹死了奥西里斯，肢解尸体，把尸块碎片散扔在整个尼罗河谷上下。

但塞斯的胜利没能持续多久。伊希斯先是为奥西里斯哀哭，为他哭出了一条河——泪水导致了尼罗河的第一次洪水。然后，她搜集那些身体碎片，拼接组装好，一起包扎起来，做出了世上最初的一具木乃伊。接下去，借助无限强大的法力，她唤醒了奥西里斯的灵魂连同生殖能力，让自己怀上了两人的儿子荷鲁斯（Horus）。

伊希斯确实"比百万个神灵更聪明"，"比百万个男人更有计谋"；她隐蔽地抚养儿子，为的就是让他去为父亲复仇。在一系列的暴烈激战中，终将叔叔塞斯消灭。伊希斯是儿子的保护人，"比百万个士兵更有效"；她既能抚育又能攻击的双重能力，是埃及人典型观念的表达：他们从不理所当然地简单认为，男和女应与主动积极和被动消极这两种状态分别对应等同起来。

奥西里斯，他的父神戈布，还有同类神灵，比如生育神旻（Min），通常被描绘成静态和停滞不动的存在，只有他们那显眼凸出的生殖器官才透露出一些生命活力的迹象，而与他们相对应的女神，却经常被看到会积极行动。从努特开始——这位"昂首阔步的大神，播撒珍奇宝石，化为星星"——再到她那精力充沛、富于变化的女儿伊希斯；伊希斯逐渐吸收其他同类女神的法力，最终脱颖而出，变成埃及力量最强大的神祇，其威力跨越地中海，千百年来在三块大陆上都受到敬拜。

被做成完美木乃伊的奥西里斯则赴任新职位，当了冥府之王。他被裹得严丝合缝，为的是能"在绝好状态下永存"，然后仿佛一个包裹那般，又被递交给"保护自己哥哥的、万能的伊希斯"，从而得到永久的照看。两人在夜空中会合：奥西里斯就是猎户星座，一旁守护的是伊希斯——伊希斯则体现了索希斯（也即天狼星）的星座特性，成为尼罗河洪水到来的预兆。

但伊希斯同时也存在于有生命的土地上，保护和引导她的儿子荷鲁斯。荷鲁斯接替他的父亲，坐上了埃及的王位。他象征着人间帝王们的神性本源，后继的历代君主都被称作"活着的荷鲁斯"。然后在死亡之际，"荷鲁斯们"化身为又"一个奥西里斯"；这些冥府的亡灵不断加入那个持续累积的地下势力集团；每天夜里，那无所不在、无所不能的太阳神则会造访，让阴间世界重现生机。

奥西里斯与荷鲁斯之间的这种父子关系，尽管是埃及人用来阐释人间君主更替的示范模式，但它也是一种三方关系，因为王位在很大程度上是"男性与女性元素的一个复合体"：伊希斯，她的名字本义就是"王座、王权"，是至关重要的一个存在，是她把一代代君王关联在一起。她是女儿、姐妹、妻子和母亲，她的家庭角色关系是王室连续传承的基础。

这就切入到了一种古代文化的核心；在这种文化中，雄与雌，父与母，姐弟或兄妹，女儿与儿子，都是一个完整体不可或缺的两部分，各占一半。所以，现代研究中聚焦于阳刚雄性的那种倾向，只会令人看到埃及故事的一半。"人们"这个概念，埃及人使用的象形文字表义符号突出既有男性也有女性的元素，而用"男人和女人"这个词组时，相应地，与"父亲和母亲"的用法也几乎等同，男女都被包含在内。

这同样的理念也延伸到了神话中许多帝王的起源。伊希斯与奥西里斯就是同时出现在正式的帝王名单中，联手统治，然后由儿子荷鲁斯继位，之后是"荷鲁斯的后继者们"——那些半人半神的角色，而他们代表的正是那些已被长久遗忘的人类君主的魂灵。

神祇与王族支配着埃及人的世界观，而实际上埃及的历史——乃至人类自己，经常只是事后才被添加进历史的一个成分——相信也是以不同的、高度原创性的一系列方式创造出来的。

在埃及南部，女神萨蒂忒（Satet）与她那长着羊头的伴侣克奴姆（Khnum）被认为是在隐蔽的地下洞穴中操纵着尼罗河的水流，而克奴姆又被尊为人类的创造者——用他的陶轮造人。在赛伊斯，女神奈斯创造了生命，被说成是"用模子浇铸出万物"，而在赫里奥波利斯（Heliopolis），雌雄同体的太阳神"创造了万物并让它们存活"，是"众神和人类的仁慈的母亲"。凡人有时候被贴上如此的标签——"神的牧群"；不过，另有一个版本的创世大事记倒是玩了一点文字游戏，声称人类是这样来的：太阳神哀哭时，眼泪（remyt）落到地上，变成了人（remet）。

太阳神哀哭，当然还是有充足的理由的，因为人类几乎出现在世上起，就开始了惹麻烦。

太阳神决定惩罚这些惹麻烦之人，于是召集各路大神开会，询问道：去执行清理门户、整饬秩序这项任务，谁是最佳人选？大家做出了一致的选择，重任落到太阳神的又一个女儿肩上。这女神就是牛头模样的哈索尔，双角间顶着太阳作为王冠，她被誉为是"太阳的眼目""金色之神"，是代表爱欲以及照顾所有生者与死者的神灵。但是，一旦被激怒，她立刻就会变身为司掌征战的狮头女神塞克美特——"威力无比的暴力之神"；任何存在物，只要是她雌雄一体的太阳父/母的敌人，她都会将死亡带给对方。

世界对上神的怒火可是毫无戒备；当这种势不可当、难以控制的力量被释放出来时，奸诈的恶人便四散逃命，企图躲进沙漠深处。但杀兴大起、乘胜追击的女神不愿放过他们——"神之眼目盯着你们，她吞噬你们，你们的血肉是她的盛宴"；她从恶人的血河之间跋涉前行，身上的袍服被鲜血浸透，看上去就变成了"穿鲜红衣装的女士"。

直到太阳神看到人们饱受了苦难的惩戒，变得恭顺谦卑了，塞克美特的屠戮狂欢才暂停下来。太阳神耍了个小花招，将麦芽（啤）酒与赭石粉混合起来，倾倒在沙地上。女神以为那是更多的人血，便俯身畅饮，结果很快就醉意昏沉，无法再行动，忘了自己身在何处，甚至也忘了她本来要干什么，因为她已躺下酣睡入梦了。

醒来之后，她再次变身成了温和友善的哈索尔，但身上已然灌注了双重的新力量：雨露之神忒芙努特的原初伟力，还有至上星光女神索希斯的能量。动能威力超强的这位星光神灵，当她回到埃及的天空时，就预示着"洪水的到来，还有世界的回春新生"。

随着重获活力，女神恢复了她原先的角色地位，继续充当太阳的守护者。劫后幸存的人类，躲过了被扼杀的命运，也回到埃及的家乡。他们庆祝自己获得解救，所用的庆祝方式后来演变为一年一度的啤酒节——参与的人普遍都开怀畅饮、一醉方休，一边还伴随着音乐和舞蹈，以便抚慰情绪，让所有的愤怒和恐惧得到消解。

人类逃避女神的追杀，躲到沙漠的边缘或深处，然后才迁徙返回尼罗河谷。这样一个概念倒确实包含着一小块的历史真相，因为在关于埃及神秘起源的一片迷雾当中，这一点正变得越来越明确，那就是，埃及真实起源的有些关键方面或要素，显然远远超出了尼罗河谷这个我们所熟知的区域，延展到了更为辽阔的范围。

不过，并非是进入了神界传说的奇幻王国，而是延伸到了史前撒哈拉沙漠的中心地带。

2. 撒哈拉热带草原：

约公元前 55000—公元前 5500 年

如今，这里是一片灼热的荒芜之地，黄沙漫天，正适合太阳神女儿那毁灭性的威力来施暴，但很久以前，撒哈拉却是大片的热带草原，广袤又葱绿，横跨北部非洲，从西海岸直到东海岸。

降雨带在不同的时间周期进一步向北方推移，于是有足够的雨水来维持那绿草繁茂的地貌；草原上点缀着金合欢和柽柳，还有多种多样的野生动物，从狮子到长颈鹿，从大象到骆驼，从瞪羚到野牛，当然了，还有人类。出自埃及的最早的人类遗骨从尺寸大小上来说，也许是一个孩子的，约五万五千年前在邓德拉一带生活。

尼罗河谷主要是一片沼泽地，那些最早期的埃及原住民，生活在河两岸更高一些的地方，追随着野牛群，而野牛群周期性地进行迁徙，在大草原上到处移动，人们也就跟随其后。这些史前的猎人兼野果采集者，也沿着尼罗河两侧季节性的小支流去追踪动物。这些河床谷地（wadis）如今早已彻底干涸，但仍然不时可以发现石头手斧、片状燧石和箭头；这些东西对最早期埃及人的生存至关重要，不仅在这个世界，而且看起来在来世、在阴间都一样重要，因为早在三万年前，此类人工造物就已被放入墓中作为陪葬。

至公元前 25000 年前后，这些早期人类在诸如基纳这些地方建立起了狩猎营地。烧煮用火和所捕获猎物的骨头，这些遗迹在当地已经被发现。一些动物大约一万九千年前被刻到埃得夫附近基尔达那里的砂岩上，成为"整个北非地区有史以来最古老的图像绘画"；这个"尼罗河沿岸的'拉斯科'洞穴岩画"，重点凸显了野牛的巨大身形，栩栩如生，看似就要从石头表面上冲出来一般。此外还有瞪羚、河马、鸟和鱼类，以及风格化的女性轮廓画像，代表了埃及人在描绘自我形象方面最早的尝试。

在卢克索——尼罗河西岸的高原上，也进一步发现了早期人类活动的更多遗迹。尤其是在一个谷地——就是如今众所周知的王后谷——的顶部，那里有描绘奶牛和星星的岩画，由此也表明了那是女神哈索尔的家。据信，女神是通过谷地顶部那个子宫一般的洞穴赋予死者生命或让其再生，而偶尔从这里涌出的白花花的洪水，也被视为是眼见为实的证据，说明后来被人们冠以"大洪水"之名的哈索尔，确实存在过。

如此哗哗涌出的洪水仍然能够"在几个钟头之内将干枯的谷地变成恣肆激荡的水流"，而类似的情形也能在埃及的东部沙漠中发现。如今干旱荒芜的哈马玛特谷地，本义其实是"浴场众多的河谷"；在大约一万两千年前，这谷地间是一条畅通的常规水路。在连接尼罗河与红海的若干线路当中，在离两边都相距数百英里的地方，那里巉岩嶙峋的地表间有着反复出现的岩画图像，显示配有多把橹桨的船只，跟着上方高悬的孤星——天狼星航行；而另有一幅图像，被描述为"世上最古老的地图"，很可能被用来在这个复杂的地域环境中帮助导航。

不过，整个撒哈拉地区，最丰富的图像资源还是在埃及的西部沙漠中，距尼罗河600千米，位于基尔夫凯比尔（Gilf Kebir），即"大墙"的这处高原之内。在瓦底苏拉，也即"岩画谷"，岩石洞窟的庇护之下，有众多的人类形象，他们在奔跑、追猎、舞蹈，还从母牛腹下直接喝奶；这些岩画正被描绘在"埃及神庙建筑地图上最早期的洞天圣所"的内部，揭示了古代埃及的开端。

那些图像是如此生动且效果惊人。一见之下，阻隔在古代无名艺术家和现代观看者之间的那八千多年历史仿佛突然消失了。那些细小的线条画人物中，有些可以看到是伸出了胳膊腿儿，在游泳！在沙漠中间，在名字恰如其分的"游泳岩洞"中扑腾玩水，浪花四溅。这些线条画所代表的人们，曾定期来到这里的湖边；这个湖确曾存在于瓦底苏拉，并成了当时原住民社交往来的一个焦点场所。

2002 年，更多游泳交友的参与者被发现就在附近的"野兽洞窟"，有大约八千种动物与人类造型刻在岩壁上，而且图像是刻在一个"墙纸"背景上；那"墙纸"是由艺术家们将红色颜料吐在手掌间印到岩壁上构成的。这类手印与石刻图案相交叠的确凿印记，在靠东边更接近尼罗河谷的几个遗址上被发现；遗址在法拉夫拉绿洲和"手印岩洞"中都有，而后者所在的那个谷地则如此偏僻，因此在地图上几乎从未被明显标示过。然而，"手印岩洞中的手印图案，是最值得关注和最强有力的证据之一，表明了早期埃及人与热带草原/内陆非洲之间的关联"。

那些生活在这一广袤空间中的原初居民，对野牛群的依赖也是相似的；在埃及西南部，紧靠苏丹边境的地方，夏季的降雨曾形成大湖（playas），吸引了动物以及追随这些动物的游牧民前来。其中最大的是纳卜塔湖，位于尼罗河以西约 60 英里；早在公元前 8000 年前后，那里就已有人放牧野牛群。野牛群是一种"行走的肉食储藏柜"，或者说是"走动的血库"，为人们提供牛奶和血液，使其形成人体所需的蛋白质，就像如今它们仍然为东非的马塞（Maasai）部族所做的那样。但是，既然野牛群也代表着部落的财富，所以大部分肉食还是要通过猎杀瞪羚、野兔和鸵鸟，以及通过约公元前6000年从近东引进的绵羊和山羊种群得到。

及至彼时，原先的游牧部族已经在大湖边建立起永久定居点；椭圆形的屋舍是用柽柳树枝和兽皮搭建而成。他们有炉炕来烤制食物与加热取暖，有研磨石用以处理谷物，有地窖存储食物——当地窖发掘出来之时，里面还遗留着小米、高粱、植物块茎与水果的残迹。其中还有鸵鸟蛋，蛋很大，一只便可以供八个人进食，蛋壳还可用来作为珠子饰品。

不过，纳卜塔湖边新石器时代的居民依然要严重依赖每年一度的夏季雨水。雨水何时再次更新和补充他们的给养，则需要精确预测，这对他们而言也至关重要。

于是，千百年来所积累的天文知识——水准之高令人叹赏——就派上了用场。让人们借助星象航行，以及制作最基础的石刻地图的相似技能，被用来帮助他们创造出一件高度创新的计时装置。将窄窄的砂岩石块安置在一个直径约四米的小圆圈中，就构成了纳卜塔湖圆石阵，尽管比斯通亨治的巨石阵要小得多，但这个版本则早出现两千年，是世上已知最古老的日历，这也是执迷于太阳的埃及人所发明的第一个日历。这些人"通过天文研究发现了阳历年的规律周期……在我看来，他们的计算方法比希腊人的更出色"——后来的一个希腊历史学家曾这样表示认可。实际上，作为"人类设计出的有史以来唯一一个合理的日历"，这个太阳年日历的起源是在石器时代的撒哈拉，但正是埃及人用来记录其整个历史进程的方式。这个纪年体系被罗马人采用，然后又得到天主教官方的认可，最终变成如今在西方国家依旧被普遍应用的日历。

纳卜塔石阵日历中最大的那块石头，对准了夏至日的位置，标志着雨季的开始；那时，人们一起会集到这个神圣地点，来聚焦关注那些"对游牧部落既有实用价值又有象征意义的事件——死亡、水、牛、太阳和星辰"。紧靠着日历遗址，有座高高的沙丘，仍然覆盖着大堆的牛骨，表明雨季的开始会伴随着屠宰仪式——人们珍视的野牛群很少见地被宰杀，既是为了供大家食用，也是作为牺牲祭品，敬奉给那带来雨水的无形的神秘力量。

还有一块巨大的砂岩石板，雕刻成轮廓线条风格的母牛造型，或许是被用作"祭品牛的替代物"，而这也是整个埃及已知最早的大型石雕作品的例证。也有一些土丘，顶部安置有石头，每块巨石重达两吨；这也许标志着土丘是纳卜塔湖这一带知名人物的墓葬；有些石头被打磨成带有拟人形肩膀的样子，"暗示这石头相当于是石碑，也许就代表着墓中的死者"。跟日历圆石阵的石头一样，这些石头也被精心摆放，朝向北半球和那些拱极星的方向；那是天空中最亮的星辰，从来不会沉落；后来，这些拱极星被称为是"不灭的星辰"。

这些独块巨石，对纳卜塔湖的聚居者有着重大意义。石头是从距离超过一英里的一座采石场运过来，这就意味着要投入大量的时间和努力，还需要令人叹赏的高程度的组织与合作。公元前 6000 年前后，人们就能协同工作完成如此难度的项目，因此显然聚居在纳卜塔湖的人们是汇聚和共享了当时既有的全部技能和认知理念，而这些智慧反过来又触发了其他的技术进步——从野牛群的驯化养殖，到非洲已知最早的陶器生产。

然而，到了大约公元前 5500 年，降雨带逐渐向南方推移。随着雨水减少，热带大草原的范围也随之缩小。居住在剩余草原地带上的新石器时代最后的一些居民，他们的踪迹可以在拉姆拉山丘（Gebel Ramlah），即"沙山"的湖边发现，而那里离纳卜塔湖仅有 20 千米。这是一个看上去和睦安宁的社群，可以判断存在于公元前 5000 年。这里的人口混合了"地中海与撒哈拉以南"的族群；代表他们那"丰富多样、欣欣向荣的物质文化",他们有燧石和花岗岩工具,有用动物骨头和鱼骨做成的配饰,有陶器烘烤用具和碗盘,还有各类石器物品:从闪长岩材质的器皿,到用虹彩闪烁的云母片岩做成的精致罗非鱼——打孔之后作为首饰让女性悬挂佩戴。

这些原材料是从远至西奈半岛和红海岸边运过来的,这一事实倒是挺有趣的,因为做出来的东西大部分纯粹是用于个人装饰。对于我们而言,要理解这类文字诞生之前的文化,这些饰品,作为"一门失传的外在语言所残留下的词汇",实在是最佳途径之一。拉姆拉山丘的那些令人大开眼界的居民,尤其喜欢大量的珠子饰物;珠子的材质有红玛瑙、绿玉髓、蓝绿松石、黑闪长岩、白石灰岩与鸵鸟蛋壳,同时配上动物牙齿、鸟类骨头和来自红海边的贝壳,戴在手臂、腕部、腿部、脚踝、腰间、脖子和头部当装饰。这些先民的鼻子和嘴唇,也有纽扣状饰物来装点,所用的材料为玛瑙、绿松石、贝壳和骨头;他们的脸部和身体,往往涂上颜色,用的是红赭石、黄褐铁矿石和绿孔雀石——都是来自东部沙漠的矿物颜料,用鹅卵石在石板上压碎研磨。

他们保持体面外表的愿望,即便在死亡时都不会有丝毫减弱;已经发现的尸体,往往用新鲜芦苇编的垫子或者兽皮包裹,埋在沙地中椭圆形的葬坑里,而最常见的陪葬品,就是各自的私人饰物。坟墓的作用相当于子宫,死者将从中得到再生;这个潜在意念与讯息得到了一个事实的进一步强化,那就是,有些尸体"几乎完全覆盖着"红赭石碎粉末——这也许代表着生命诞生时母体所流淌的血迹,而尸体本身被蜷曲起来,就像胎儿的样子。不过,这或许仅仅只是个实际又实用的决定——只需要挖掘一个尽量小的墓葬坑就够了!

无论最初始的动机是什么,如此的墓葬,对公元前15000年埃及的男女老幼而言，却是普遍采用的典型的安葬方式；伴随他们的陪葬品强烈暗示了这样的一个信念：死后，他们还需要用到这些东西。

尸体大都按家庭分组，埋葬在祖先安息的墓葬地；推测起来，这大概代表着人们生前所存在的社会关系。这也显示出对死者真诚的关心和爱护，因为有新入葬的，只要那些旧尸骨受到任何损坏，都会被仔细修正过来，那些装饰品会重新摆放好，散落的骨头会收拾回来，与相应的尸体还原搭配；这表明当时的人们认为有必要保持生理身体上的"完整"。那些尸骨没有任何暴力外伤的痕迹，说明拉姆拉山丘的人们是一个和平友好的社群，他们营养正常，个子还挺高，健康状况相对良好。

但随着雨水日渐稀少，湖区的人们无法继续在这些湖滨的田园乐土上居留。大草原逐渐消失，沙地不断蚕食推进，人们最终被迫向东部迁移，奔向最近的水源地；没过多久，就只能去依赖那唯一的水源——伟大的尼罗河。

3. 寻找水源：

约公元前 5500—公元前 3500 年

尼罗河那亮蓝色的河水，从无尽的沙漠之间穿过，河道两侧是繁盛的一片绿色，形成一个长条的"线形绿洲"。这条实实在在的生命线，从太空中也可看到。

尽管早就名声斐然，但尼罗河的源头，却有多种多样的说法，一定程度上都笼罩着一层迷雾，直到 21 世纪才揭晓。首先，流速颇快的白尼罗河，长期被认为是起源于乌干达的维多利亚湖；到了1937 年，溯源发现了一条溪流，起至布隆迪的基基齐（Kikizi）山脚下。而白尼罗河最远的支流，也即卢旺达的卡盖拉（Kagera）河，直到 2006 年才得到辨识和确认。至于那携带了大量淤泥的青尼罗河，于埃塞俄比亚境内开始流淌，普遍被认为是起源于塔纳（Tana）湖，但实际上是发源于吉什·阿拜（Gish Abay）小镇的一个泉眼；管理那泉水的是属于埃塞俄比亚东正教会的"圣水守护者"。

这两条极为重要的河流随后在喀土穆汇合，形成了尼罗河，一路向北，总流程 6741 千米，从非洲中心地带直到地中海。作为世界上最长的河流，它也确实对得起那么多的盛赞之词，因为没有尼罗河就没有埃及。

整个公元前第六个千年期间，雨水持续减少，尼罗河就成了唯一可靠的水源，因此也化身为一块磁石，逐渐把曾经生活在远方平原上的人们吸引到了河谷地带。

从热带草原的游牧部族转化成尼罗河边的人类社群，这标志着新石器时代晚期的开始，而这也正是埃及的前王朝时代——意思就是，这一阶段处于后来的有文字的文明王朝之前。

人们聚集到一起，人际交往空间前所未有地紧密起来，这就诱发了文化快速萌生和创新。这些来寻找水源的人别无选择，只能聚居在尼罗河沿岸的狭窄区域，而那里湿润的土地，因太阳光照而变得温热，形成完美的孵化器，孕育埃及初生的文化。

尼罗河谷西岸和东岸各个地域的技能在此得到汇合交融；沿着埃及境内 1480 千米的尼罗河，南至中非南部，北至地中海，这些种族各异的人口在他们的风俗习惯和信念上都有着广泛的多样化差异。在过往漫长的岁月中，区域中心两极化，形成了一种经典的南北分化；这种地理上的分化也引发了二元论或双重性的概念，而埃及人相信正是这种双重性才保持了宇宙万物的平衡状态；这种理念又为他们整个的世界观确立了基础。

北半部分被称为下埃及，南半部分则是上埃及；这当然是承认了尼罗河由南向北流淌。这两个指称也反映了所谓的"两方土地"那差异极大的地貌特征：南部由窄窄的尼罗河谷构成，两侧都是沙漠与山地，而北部主要是尼罗河三角洲葱翠肥沃的平原，那里广泛分布的河流水道最终都流入地中海。

两个地区的气候也是有所不同，如今依旧是这样。更热更干燥的南部与更湿润的北部形成对照；在北部，"地中海冬季降雨的状态会持续"，那里习惯于久坐劳作的人口"遵循了一种更典型的地中海式发展路径"。

北部法尤姆（Fayum）绿洲的早期居民，确实是如此。他们住在柳藤编织的房舍中，制作陶器，充分享用该区域多种多样的野生动物资源，特别是尼罗河水注入形成的卡伦湖当中的鱼类、野禽和河马。一头河马所能提供的肉量，足以赶得上五头牛或者五十只绵羊或山羊。此外，这些早期的法尤姆人还养了猪，从而也形成了埃及最初饲养家畜的农耕群落。

公元前5500年前后，农业在此地拉开序幕。这比近东其他地区要稍迟一些，估计是因为这里可食用的野生植物，比如一种类似大麦的草以及富含淀粉碳水化合物的莎草根茎，随手就能得到。可推测这些早期社群中的女性，也是埃及最初的那些农民，"主要是与安定平稳的农业生活关联在一起，跟那些可能——至少在那一时期的初始阶段——继续打猎，或者也许更经常是去放牧牛群的男性形成了反差"。

这些最初的农民，种植小麦和大麦，用片状燧石的镰刀来收割，用原始连枷来打谷，把谷物储存在大大的公共谷仓中，而谷仓是下挖式的，沉入干燥的沙地里。谷仓用盘卷的秸秆铺展起来做衬底；秸秆中仍然残留着痕迹可以看到埃及人工栽培出的最初的农作物。1955年，以放射性碳素法测定年代的新技术开始投入运用；这些作物就被列入那些最先测定的样本中，测出的年份大约是公元前5145年。

在相对湿润又肥沃的法尤姆，另一种长势兴旺的农作物是亚麻；到了约公元前4500年，亚麻布便开始用这种植物纤维生产。很快，无论是简单的缠腰布还是裹身的长衣服，亚麻都成了标准的面料选择；为之锦上添花的，还有来自西奈半岛的绿松石串珠首饰与来自地中海和红海的贝壳。当时已有专门贩运这些小玩意的旅行商人，而法尤姆居民就是从商贩手中换得这些饰物的。

在三角洲这一带，法尤姆北边的马阿迪这里，公元前4000年前后建立的人居群落，一如他们的法尤姆邻居，也畜养了同样的牲口。他们进食猪肉、羊肉，还有鲇鱼，而鱼骨被再利用，做成箭头。他们猎捕鸵鸟和河马，驯养驴子，死的时候还让自己非常钟爱的狗陪葬，就跟他们在赫里奥波利斯的邻居一样；入土的姿势也是身体蜷缩如胎儿，面朝太阳升起的东方。

关于北方这些最早的聚居族群，最令人吃惊的一个现象是，他们把死人埋在活人生活的房舍旁边。在马阿迪，死者被埋在房舍下方的大陶罐中；有些人还心思周到地在罐子上留了孔洞，以便亡灵们"看见"外面的后人。在奥马里，储存谷物的地窖坑被循环利用，当成了墓葬坑；埋在其中的死者不仅有鲜花享用，还被特殊织物包裹起来，而那裹尸布后来便相当于埃及死人的同义语。

梅里姆达—贝尼—萨拉马区域的芦苇茅屋，一部分建基于地面以下，墙体用河马骨头进行强化加固；河马那健壮的胫骨，用作入户的踏步梯级，尺寸大小正好合适。河马的几条腿骨也被竖立起来，充当了图腾柱。既然河马力大无穷，踏平一座茅屋连同屋里的一切都轻而易举，所以，这一点恐怕就不奇怪了：从那以后，埃及人总是试图用一些魔法手段来驯化这一类的野兽，比如把河马奉为家园的守护女神，奉为女性和儿童的保护神；妇女儿童有死亡的，尸体就埋在莫林达那些用河马骨头加固的茅屋之内。

墓中的随葬品很有限，常常仅有一个陶罐或者几块燧石；这是因为，死者反正离活着的人那么近，意味着他们可以继续"分享"一切什物，就不需要再另外配置一整套了。

然而，这并不是说，这些群落的人一贫如洗，没什么物质文明。梅里姆达很快发展壮大，成了拥有一万六千人口的定居地，其中的手工艺人用他们制作的器皿来换取食物与其他补给品——埃及当时的易货贸易经济由此得到成长。莫林达有一个石器打造作坊，还有一些区域生产纺织品、皮革和陶瓷；出产的陶瓷中包括有已知非洲最早的人物雕塑作品。有一个小小的陶土人头，时间可上溯至公元前 4500 年前后，样子接近于一个烤土豆，最初用红赭石粉上过色，底部还有一个大孔，因此可套在一根木杆顶端固定起来。这可能是在那些典礼仪式中当作人类的替代之物，因为这同一个地点也出产了埃及已知最早的狼牙棒石制杖头；这种武器在随后的五千年中都被得以应用，痛击敌人，捶打致死。

马阿迪的文化当然也是很有活力的。这里的北部地区通过海洋与相邻的巴勒斯坦连接起来，陆路行走也只有约 200 千米，有一条骑行驴子只需耗时十天的商队通道；商队由此将酒水、油和当作焚香燃烧的针叶木树脂输入当地，或者贩卖到更远的南方。生意是如此兴旺，激励了巴勒斯坦贸易商在马阿迪开业经营；马阿迪处于通往西奈半岛的一条谷地的开口处，这种地理位置也就意味着可以直接获取半岛的玄武岩。这种石头被做成精美的优质器皿，在埃及全境都有贩卖。及至公元前 3800 年，玄武岩中富含的铜矿物开始得到冶炼提取，做成锛子、凿子、斧头和鱼钩，然后又被贩运到尼罗河上游的南方，换取上埃及的邻居们所生产的陶器和板岩材质的盘子类器物。

南方最早期的文明集中在巴达里一带，"巴达里文化"也以此得到命名。以往认为这种文化出现的年代是在约公元前 5500 至公元前 4000 年，但最近被修正为大约公元前 4400 到公元前 3800 年。

从巴达里往北到莫斯塔杰达再到马特玛尔，顺着尼罗河谷这 30 千米的一段范围内，巴达里文化的群落居住地沿河岸保留下的遗迹规模相对要小得多；这里开始种植小麦、大麦和亚麻，要比法尤姆那边推迟大约六百年。

与北边的邻居不同，巴达里人把死者埋得很远，远离他们那有限的可耕种土地。沙漠边缘才是他们的墓葬地，那里干燥的气候环境将原本会消失的那些遗物保存了下来。这些墓葬是有效的时光胶囊，把这些最古老的埃及人带到了当代，而这些古老尸体的葬仪自然是理解古代生活的最佳途径。

与北方群落形成对照的是，南方的古埃及人倾向于让死者面朝西边，对着沉落的太阳，以便他们的灵魂在那里得到重生。不过，尸体依旧是以胎儿的蜷曲姿态安放；沙坑底部铺上了芦苇编织垫，尸体用草席或兽皮盖着，就如毛毯；另外还有秸秆或兽皮的枕头，让死者在最终的安息地能舒服地长眠。

墓坑用沙子填充埋覆。通常会引发尸骨解体的体液，因重力作用从沙坑下渗漏流失；同样的炎热和干燥环境保留下了尸体的皮肤、毛发、指甲，甚至是内脏器官；有些情况下，消化器官中仍然还残留有最后的一顿餐食。

在巴达里，人并非是得到埋葬的唯一活物；牛、羚羊、绵羊和狗，也一样被用席片包裹起来，埋进坑穴。有些甚至跟人类共享墓坑，这其中就包括埃及已知最早的一只猫，约公元前 4000 年与它的男主人一起被埋在了莫斯塔杰达。

与他们相距不远的拉姆拉山丘的同代人一样，巴达里的死人入殓时当然也得到精心细致的打扮；比如，他们肯定也进行过"寻宝远征"，穿过东部沙漠，搜集装饰用的石头、涂画眼彩的孔雀石，还有绿灰色的石板——可在上面研磨制备化妆品。这种石板只有哈马玛特谷地的"黑山"才出产；除了"黑山"，谷地其余地方都是一片沙黄色。

与下埃及那极简的随葬品反差巨大的是，巴达里人把他们所有的物品都带入墓中，供阴间使用，而死后的日子已经被认为是"尘世生活的转化，在一个没那么殷实具体的王国中继续着"。

这些文字出现之前时代的人，尽管他们的名字永远也无从知道，但他们的财物却让后人对他们的生活能有所了解。巴达里5735号墓坑中的男性，看来是一位史前的花花公子，爱好锦衣华服，不仅戴着海边贝壳制成的手镯，亚麻的裹腰布上还有一层黑色的野兽毛皮，毛皮上还缠绕着一条总长达九米的带子，上面穿着绿色釉彩的珠子，带子被一圈又一圈地反复裹在他的腰间；这种缠裹方式在其他墓葬中也可看到。5738号墓坑中，是这位花美男的女邻居，也戴着珠子加贝壳的手镯，脚踝上还有相配套的脚环；坑中有啤酒供应，伴随的还有一罐绿色的眼彩，被细心地放在她的脸部前面；这与其他墓坑中考虑周到的安排如出一辙：石板被安置在死者的手边，以便美女们在来生世界方便地研磨准备化妆品。

巴达里墓葬品中，主要的种类还是手工制作的罐子。罐子有个鲜明特征，就是上部是一片黑色——这些橙红色黏土的器皿被上下颠倒过来，放置在柴火余烬中烧制，让上部碳化坚硬。由此产生的红黑两色的组合，倒是以一种简单但又醒目的形式囊括了埃及的地貌："红土地+黑土地"。新生命的颜色也是黑色，而红色代表的是混乱与死亡，"两种色彩被组合在一起，喻指生命与死亡之间的反差对比"。

这些两种色调并存的罐子，用以装放"死者必需的生活要素"，但并非总是只有面包和所声称的那种啤酒。尽管一眼看去，罐子里已经空无一物，但还是有足够多的分子状态的残留物给当代研究者提供了"化学指纹"，可以判别出最初的内容物：一种复杂的化合物，混合了产自苏伊士湾的天然沥青和来自地中海的一种海绵生物萃取物，还有来自远方土耳其南部海岸的针叶松树脂。

这样的罐子作为证据，表明埃及与一个远为广泛的地域范围进行接触关联的时间，比我们此前普遍认为的要早得多。这些罐子实在可谓是埃及世界的一个微缩体，其中那些别具异域特色、经过长途辗转才来到本土的物品，产自遥远的他乡，却一起进入和共存在这些器皿中，而器皿的配色又象征了埃及红加黑的自然地理环境。如果这两种颜色确实分别代表了死亡与生命，那罐子装的物品就应该同样有可能在安葬仪式中扮演着关键角色且意义重大。

在莫斯塔杰达的巴达里人墓葬中发现的物质，经仔细检验后，事实上已经确认了上述的推断。有些尸骨是被部分地包裹在亚麻布里，而这种亚麻布是涂覆了一层"太妃糖乳脂般的"材料；这种物料最近被识别出来，跟上述顶部黑色的罐子中所装的复合物是同样的东西。令人惊讶的是，对亚麻布和那种涂层的放射性碳年代测定结果都表明，它们来自公元前 4300 年左右；这不仅比古代世界所有已知的尸体浸膏涂抹更早，而且比此前认为木乃伊在埃及开始的时间，还往前推进了几乎整整两千年。

巴达里人那些精心处理和安葬的尸体，还有女性的小雕像陪伴。其中有一个"极简主义"的躯干胴体，上面刻有一处凹进去的扇状文身，此文身据信是"由一位女性制陶匠所创作，其既了解她的手艺也了解她自己同性的生理"；另有一个女性形象，是用骨头雕成的，姿势相当随意，看上去似乎是"她把双手插在了口袋里"。因为明显强调乳房和生殖器官部位，这些小雕像传统上都被称为"死者的侍女或小妾"；但在女性和儿童死者的墓坑中也发现有这种雕像，因此就暗示了，它们实际上的用意是帮助死者们顺利再生。

对于武器，当代人也有想当然的类似成见。武器通常被认为是属于男性的，因为习惯上也设定了男人们是唯一能够在战斗中使用武器的种群。所以，石制杖头的狼牙棒，虽然"在女性墓坑中并非难得一见"，一般还是被鄙薄地认为纯粹是"表示心愿和祈望的东西"，不足以给敌对的一方带来多大的伤害；但实际上，最近的考古研究已经具体形象地图解了它们的杀伤力，以及可造成的伤势，即使不是致命但也足够严重——甚至有一位年长的埃及学女学者还抡起这武器演示了它的威力。尽管如此，武器归男性专属的定见仍旧根深蒂固。

不过，巴达里文化走向末路，倒不是因为武器和冲突，而是它南边的邻居涅迦达的兴起，那里的文化让巴达里相形见绌，凋零衰落。与巴达里相似，涅迦达这个地名被用来命名整整一个年代跨度；这段时长曾经被认为是一千年，但近来更为科学的年代测定法将这个长度减了一半："大概是五个世纪的样子，约从公元前3800年到公元前3300年。"

涅迦达文化从北边的阿比多斯一直延伸到南边的锡拉孔波利斯，而涅迦达本身是位于两者的中间位置，就在矿藏丰富的哈马玛特谷地的入口处。涅迦达迅速成长为一个大型的群落居住地，有大量的泥砖墙建筑；他们的墓葬位于远处的沙漠中，墓坑群占地总面积达到了17英亩之多，也是埃及发掘的最早一处前王朝遗址。发掘的那一年是1895年，而在此之前，关于埃及最早期的过往历史，我们几乎还一无所知。

仅仅三个月的时间，却挖掘了两千多座墓坑，早年的那些考古学家通报说，"尸骨就撺在了（挖掘用临建房的）院子里，越堆越多，直到把我们棚屋的出口几乎都挡住了；放在棚屋里面的，是那些更易损坏和更有价值的出土文物，填满了所有的空间——床下面、架子上面，还有干脆堆在那里的"。

自那以后的一个世纪，涅迦达区域更多的墓葬被发掘出土。那些尸体安葬时被摆成胎儿的姿势，用芦苇席和动物皮包裹，而锡拉孔波利斯的有些女性遗体，她们的头和手则是用亚麻布包裹，布上的涂层与更早的一千年前的巴达里墓葬中所用的是相似的混合物质，如树脂。同样的延续性还体现在将动物作为人类的陪葬品，但已经不仅限于牛、绵羊、山羊和猫。在锡拉孔波利斯这边，还包括有狒狒、鸵鸟、河马、鳄鱼，甚至是一头豹子以及大象——用亚麻和草席包裹大象，肯定不是轻易就能忙活完毕的。

有些人体遗骸足够完整，可以透露出有什么样的健康问题。戈贝林出土的尸骨，有五十个样本进行了医学检验，几乎有一半测出曾患过疟疾；出自埃达伊玛的一具遗骨———一位年长者，恐怕是世上最早的肺结核患者；锡拉孔波利斯则发现了几个遗体病例，患有先天性软骨发育不全，也即侏儒症中最常见的类型。

这些早期人类的外貌形象，甚至也可以推测和勾勒出来。发型多样化，从卷曲短发到长辫子都有，甚至有人的大胡子都修剪得很整齐。大部分人都是黑棕色的深色头发，但偶尔也有一些特例，是生姜色和金色的，这就提示了，这些发色"原初可能是白色或灰色的，在随后的数千年间褪色了"。不过，锡拉孔波利斯一个成年女性灰色的头发，被发现曾用"海娜"色料——用当地一种灌木（散沫花，现在那里依旧有生长）的叶子研磨后做成——染过的；她那带有暗红色的发型，由许多条接发做成的细长的"骇人"发绺聚合而成。（骇人发绺，从黑人民族主义者那里兴起。）

这是埃及至今已知最早的假发，实验考古学的研究者重新制作了这个假发，以验证这种发型是如何做出的；还有一些香脂和香料文物，也可能是在如此之早的年代就出品的，同样也由研究者们实证重做了。锡拉孔波利斯发掘出的一个篮子，其中包含有风干的水果，薄荷，削成薄片的刺柏和柏木，莎草根茎，还有"大块的树脂"；这真可谓货真价实的混合百花香氛，其成分让人联想到后来经典的"奇斐"（kyphi）香脂，气味独特，闻起来有点像圣诞布丁；而这相当于最早版本的奇斐。

锡拉孔波利斯的居民们改进或者说改变外貌的愿望实践，还包括戴上黏土面具，面具上有孔，分别是在眼、嘴和鼻子的位置。纳迦埃迪尔出土的物品显示，人们当时可能已开始穿拖鞋，阳具上还戴有兽皮做的护套。但大多数不同形式的随葬饰品，恐怕都被古代盗墓贼给偷走了；在锡拉孔波利斯，死者的脖颈部位是盗贼们特别关注的，因为那里的男女老幼，与之前的巴达里先辈们一样，入葬时都佩戴上自己的珠宝首饰，比如皂石、玛瑙、象牙、珊瑚和贝壳之类，一同埋进墓坑。

铜质的武器，其中就包括匕首，也是毛贼们的目标。这种匕首用绳子和刀鞘系在左胳膊上方，以便用右手可以快速拿到。已知埃及最早的杀人案例中，匕首显然被用作了行凶武器。被杀的受害者，只知道是一个"戈贝林人"。这具自然风干保存下来的成年男子木乃伊，收藏在大英博物馆；对一代又一代来参观的学童而言，这人的名字就叫"生姜"，因为他有一头红发，而红色毛发的人在英文中即被称为"生姜"。在 1900 年，博物馆得到的这具干尸，被当作公众细察探究的对象也有了一个多世纪。直到 2012 年，馆方专家对其做 CT 扫描，这才注意到"生姜"实际上是背部遭刺而死，凶杀事件大致发生于公元前 3500 年。

实际上，有越来越多的证据显示这整个时期多有暴力死亡的事件；遭割喉的、砍头的和脑壳被打烂的。在埃达伊玛、锡拉孔波利斯和纳迦埃迪尔都有发现，同时还有抵挡击打时造成胳膊上的防卫性骨折。武器依旧在男性和女性的墓坑中都有发现，从弓到箭之类，以及圆石头的狼牙棒——被认为既是"权威的象征"，也是"保护的象征"。

明显频繁使用过的化妆品研磨板，也在女子墓葬和男子墓葬中都有发现。这些石板上被刻出线条风格化的动物造型，有些是类似神灵的形象，有头上顶着星星状角、后来代表哈索尔的天界牛头女神，也有表示生殖之神旻（Min）的双头箭图案。

有些石板也描绘有狩猎场面，其中的猎人戴着面具来模仿和引诱他们的猎物。打猎必备的敏锐目光，通过研磨石板上制备的化妆品，被仪式化地提升放大，因为这些彩妆面具突出呈现人的五官，就仿佛古代的太阳镜，减弱了日光的强度。那些可能传播眼疾的苍蝇飞虫，也能被化妆品的气味驱散；这甚至还能起到抗菌药的作用——孔雀石当中的铜成分可抑制金黄色葡萄球菌，而那是皮肤感染的一个主要诱因。

这些颜料也用来勾勒小雕像的眼睛轮廓；不过，有一个雕制于公元前 3800 年前后的兽骨材质雕像，单独用天青石做出了一双眼睛，而且如此之大，以至于这个女性小人像看似戴着一副杰姬（杰奎琳）·肯尼迪招牌样式的大太阳镜。引人关注的是，天青石距离最近的材料来源，却在 2000 英里之外的阿富汗；这就意味着，早至约公元前 4000 年，埃及人就已与黎凡特海岸（地中海东岸）的比布鲁斯有了接触，而那里正是天青石贸易线路的最西端。

诸如此类的小雕像，有些是变形组合，把人类和动物融为一体；比如鸟状的头，是寓意人的灵魂，或称为"巴"（ba），在死后会再现为一只带有人头的鸟儿，能够自由扇动羽翼，任意飞翔。同样是这些小雕像，有时候双臂会向上伸展开来，就像芭蕾舞女那样，所以被称为"跳舞的女神"；她们的那个姿势，在当代的苏丹依旧能看到，被描述说是"模仿牛的角"。奶牛随后很快就将成为哈索尔的标志；她是舞蹈的守护女神，也是照看死者灵魂的女神。涅迦达墓坑中安置的陶土奶牛造型组，被认为是永恒的食物来源，喂养阴间人口，同时也一样具有象征意义，代表着这位牛头神。

这些同样有着芭蕾舞般姿势的"奶牛舞者"，也被刻在岩画上。

东部沙漠的乌姆萨拉姆谷地岩画场景中，有一个夺人眼目的形象，头戴高高的羽毛冠饰，大大的阳具向前勃起；这些都是旻——那生育神的关键辨识特征。这也许是"古埃及宗教中已知最早的一个神明形象"。已知最早的法老风格群落首领画像，时间可推断至公元前4000年，是在这同一片沙漠里的卡西谷地中发现的；随后的四千年间，这个形象几乎保持基本不变，牧羊人弯头棍样式的权杖，还有那特征鲜明的红色王冠，都跟涅迦达陶器上发现的一样。

这些器皿上面，也出现越来越多的动物，刻绘在外侧表面，或者做成小雕像的形式，添加在器皿边口上，让人联想到仿佛是动物们来水源地饮水。涅迦达的陶工也采用仿石材的效果和类似彩陶的釉料，出品种类繁多的陶器，来满足日常的实际应用和宗教仪式的不同需求。同样的这些罐子，按照一套固定的传统，也被用作陪葬品。有波浪形把手的器皿，通常被放置在死者的头部上方；有大容量的储物罐，通常被安置在死者脚边。正是这些陶罐那千差万别的风格类型、大小尺寸和颜色，构成了一个判断的基础，考古学家们可首先据此去追踪埃及有文字之前的历史。他们用的是"顺序纪年法"：陶罐风格上的逐渐变化，按年代顺序标绘出来，以此搭建一个时间框架，来推断出这些文物的相关年代。这一体系运用了差不多一个世纪，直到现代科技手段能用来探测文物的确定时期；而随着对埃及早期历史的考证越来越深入和精确，以往的年代推断也持续得到修正和更新。

不过，古埃及人随身带去来生世界的东西，并非全都有着科学意义上的秘密或者只有内行专业人士才能懂的什么奥义。有些东西仅仅只是被它们的主人当作宝贝而已，觉得足够珍贵，所以想永远持有，便随葬了。巴拉斯的100号墓坑中，发掘出的一套撞柱游戏装备，便是如此。其中的每一件东西，考古学家们都仔细修复了；

他们忍不住想复原出这游戏最初的玩法和场景，而这套装备最后一次让那墓坑中的孩童得到娱乐，已是五千年前的事了。

对墓葬品的研究，揭示出约公元前 3500 年时"阶序人的初现"，也即人类阶层的分化。不过，当时"女性的墓坑却更大，其中随葬的物品也比男性墓坑中的更有价值和意义"。有些人的地位已经大为提升，死后也想得到确认和体现，所以那些精英男女就要求有新的墓坑，而不是类似以前随便在地上挖出的简陋的洞眼。于是，他们的墓穴加大了，其中有了梁柱、砖墙或灰泥抹的内壁，甚至还有涂料彩绘。在锡拉孔波利斯发现了埃及最早的彩绘墓穴；一米半高的内壁上，满是红黑色的绘图，跟陶罐与岩洞壁画一样，其中有船，有猎人忙着追捕野兽，以及用狼牙棒痛打被绑住的敌人。

同一处墓穴中间的分隔墙透露出，墓坑一部分是用于安放尸体，另一部分是存放财物，既有大量的首饰和精美无瑕的石头器皿，也有从黎凡特海岸贩运而来的昂贵的酒类、油和树脂。像这样被埋入地下，这些令人脸面增光的珍贵物品也就从正常贸易流通中被取消，很快便让大多数人也无法染指了，因为"用来制作这些东西的材料来源是由精英阶层专享和调配的"，他们掌握了长途贸易的控制权。

象牙手柄的刀具，也反映了技术能力的迅速提升，以及同样程度的社会阶层分化。这些刀还是使用原始的燧石片做刀刃，暗示着它们只是被当作某种形式的饰物或者身份标志来佩戴。就出自阿比多斯·阿拉克（Gebel el Arak）山丘的小刀文物而言，显然就是这么回事。那曾经镀金的、河马牙齿做的手柄，上面刻有一个大胡子的人物形象，穿着美索不达米亚王国风格的袍服，在两侧拱卫他的是两只狂暴的狮子。

手柄上的装饰图案还有高船头的船只和徒手近身搏斗的场面，

跟东部沙漠中发现的岩画一样；欧洲早年的埃及学专家猜测，这个证据肯定可以表明美索不达米亚的一个"优等种族"，通过红海入侵了位于非洲的埃及，也带动了那里的文明进步。这一推论，他们又迅速发挥，把外来的这个种族说成是法老时代的人民和王国（das Volk und das Reich）——后来又再次润饰，标榜为"王朝种族"；而这曾经风靡一时的理论又反映出20世纪30年代在欧洲不幸盛行的关于人种的社会观念。不过，现在已经有足够丰富的证据，表明埃及文化中很多的渊源都萌生自西部沙漠和撒哈拉，因此也就彻底摧毁了前述论调的基础。

"来自美索不达米亚的人们，驾船驶向红海的西岸，经由哈马玛特谷地进入埃及"，但他们这样做，是为了贸易，而不是为了征服。他们对埃及的文化影响确凿无疑，既有"宫殿墙立面"这种众所周知的镶板方式——在埃及体现为泥砖墙，有不断重复的凹陷处，也有象牙雕刻，既有雕制成野牛蹄和狮爪样式的家具腿，也有精细优美的象牙梳子和发卡。

石榴石、玛瑙和天青石（青金石）的珠子也大受欢迎，跟金子一样风靡。最初，人们直接得到的是小块的天然黄金，那是偶尔被突发的洪水冲入东部沙漠的低谷间的。这些低谷也是涅迦达群落首要的定居点，紧靠法瓦基尔金矿的矿源。而这也解释了那里最初的古代名字的由来——努布特（Nubt），意即"黄金镇"。相对应地，锡拉孔波利斯离巴拉米亚谷地也很近；那里的金矿让锡拉孔波利斯的财富来源大为增长。当金子开始出现在墓葬中时，便与远方进口来的天青石配对成双；这种蓝与金的经典双色组合，如此贴切地呼应了亮蓝色天幕上金色的太阳，映照在尼罗河的水面。

这种审美感受令人愉悦的组合，因其稀有和价值，也就向所有的人显示出，如此难以到手的昂贵物品的拥有者，无疑是特殊人物，其与众不同，理当受到高度尊重。

南方的这几个区域性权力中心——阿比多斯、涅迦达和锡拉孔波利斯，随着不断修建防御工事和哨卡、大型建筑以及排场堂皇的墓地，都经历了快速的扩张；而财富占有者和非占有者之间日渐增长的反差当然也越来越明显。

部落首领们的墓葬越来越繁复豪华，有多个墓室，尸骨边环绕着炫示他们身份地位的各种宝物，而墓穴的上部构造由进口的雪松木制成。这些坟墓的四周甚至还建起了围墙，向平民百姓们有效宣告："禁止进入"。

上流社会、精英阶层也向北扩展到了下埃及的那些权势据点，比如布托、哈拉杰和阿布希尔-梅勒克（Abusir el Melek，简称阿布希尔）；这些地方的陶器，现在在上埃及也已经开始制作。这里以前的芦苇房舍，逐渐地被与南方一样的泥砖建筑取代。北方以往低调简朴的墓葬，也向南方邻居看齐，有了同样气派讲究的特征和随葬品。每样东西都与"上埃及社会行为习惯和意识形态的传播有关，上埃及的社会形态最终成为主流，传遍了埃及"。

南方很快就会将北方置于控制之下，不仅是在文化和商业层面上，而且最终是在政治层面上，由此也诞生了世界上第一个民族国家或政权。

4. 南北分治：
约公元前 3500—公元前 3100 年

埃及人沿尼罗河的长条形聚居，极化为南与北，分成上埃及和下埃及；这两半最终又分化出各个地域性的中心，或称省份。每个省有自己的头领、自己的神灵、自己的特色鲜明的标志——类似旗帜。

这些中心相互争夺资源，争夺影响力，最终是争夺权势。在这过程中，纵贯整个尼罗河谷，他们建立起同盟群落的联合帮派。这被刻画在所谓的"城镇石牌"上；石板类似版图，排列有七个建有防御工事的聚居部落。每个聚居点都有雉堞墙环绕护卫，而这墙是一种预演，构成长方或顶圆下方的纹案的早期版本——这种埃及特有的纹案叫作"塞雷克"（serekh），形状就像用于防卫的城寨，被框在里面的是一些重要人物的名字，框形顶部有一个相应的保护神。"城镇石牌"上刻着的每一个聚居点，同样在护墙顶部有一个活物形象：猎鹰、蝎子或狮子之类的，这或许是代表该部族的首领。每个动物还都挥舞着一把锄头。但锄头是用于建立这些定居点，或者更有可能是毁灭这些定居点？这不得而知。

随着领地扩张变大，这些中心在数量上相应减少。涅迦达和它的联盟部落，逐渐被竞争势力，也即被北边的阿比多斯和南边的锡拉孔波利斯掩去了光辉。

这些城镇不仅获得了政治势力，还有宗教影响力；锡拉孔波利斯成为南方的精神首都，而北方与它对应的是位于河口三角洲的布托。它们皆以王冠的形式来昭示各自同盟的"团队颜色"。南方是高高的白色冠冕，与北方那红色的冠冕针锋相对；红冠冕中央上部的螺旋"让人联想到蜜蜂的触须"。此前曾认为，上下埃及都是冠冕的起源之地，但后来发现，最早的红冠冕图像出现在南方，所以，这很可能是"当上埃及控制了北方之后"，才被北方采用的一个符号标识，而埃及人为了润饰——如果不是改写——他们自己的历史，要得出一个更令人满意的齐整协调的结果时，这便是他们的典型做法。

一旦这两个冠冕成为这个国家南北两地的象征符号，各自便有了它自己的标志性神灵。布托的眼镜蛇女神瓦吉特（Wadjet）成了北方的守护者，而锡拉孔波利斯地区的秃鹫女神奈荷贝特（Nekhbet）则是南方的保护神。两个神灵被称为"威力无穷的两位"，分别被当作国王的神圣母亲；蜿蜒盘曲的神蛇瓦吉特（来自古老的埃雷特语言，也即"眼镜蛇"）奔跃起来攻击，把死亡带给王室的敌人，而敌人的尸体则会被她的秃鹫姐妹神奈荷贝特啄食消灭。

两片土地上的花卉符号就要安宁祥和许多。北方的是纸莎草，南方的是"莲花"，也即睡莲。这两个象征也有变体形式，南方的莎草植物和北方的蜜蜂——尤其是蜂王（后），与创世女神奈斯有关联。

这同样的二元性也延伸到了男性神灵那里：帝王之神荷鲁斯，与之相对应相抗衡的是混乱之神塞斯。作为相对抗的两极，他们也分别是锡拉孔波利斯与涅迦达这样两个竞争对手的神灵代言人。两个神灵被合并到了帝王一人的身上，帝王头衔就叫"身有两位大神和平共处之王"，而更早前一位女王的称号正与之对应，叫"亲见荷鲁斯与塞斯之女君主"——如此命名方式，几乎有人格分裂之嫌。

随后的三千年，通过这种无休无止的人为排列组合，所有那些文化元素都能被合并为一体，从荷鲁斯和塞斯被捆绑在一起，并把北方和南方的代表性植物搅合起来，再到护卫王族大人物名字的瓦吉特和奈荷贝特。这些象征符号强调和凸显了"两方土地"丰富的多样性；两处联盟领地按传统一直是由布托和锡拉孔波利斯的精英首领统治，这些人被集体称为"荷鲁斯的后继者"。

但这些远非简单的符号代码，被用于指代传说中那些王国的虚幻抽象的统治者；这些图形里包含着历史真相中很多被长期遗忘的事物。持续进行的考古发掘工作，揭示出埃及的这两个神秘的首府，还有它们那同样神秘的统领者，曾确实存在。

布托——传说中北方联盟的首府，实际上此前一直被认为纯属虚构，直到1983年这个城市的原初遗址被发掘出来。原址在现代居民区法拉因山丘（Tell el Fara'in）的下方，地下二十三英尺（约6到9米）处的饱和含水层。这里的地质层遗物显示，布托最初都是用芦苇编织搭建的棚屋；有一座庙堂，也是用这种寿命短暂的材料建成。据传，在伊希斯的同胞兄弟兼丈夫奥西里斯被他们那嫉妒又狠毒的弟弟塞斯谋杀之后，布托这片茂密葱郁的小树林，就是伊希斯的藏身之地。她的儿子荷鲁斯，经她从小养到成人，从布托起家，击溃了塞斯；这就是所谓的"布托神话"（Butic Cycle）组诗，而这一段神奇的历史，传播范围超出了埃及本土，一直影响到黎凡特沿海的神话信念。

布托，位于离地中海仅仅24千米的地方，不仅与黎凡特和巴勒斯坦有贸易往来，而且城中还有巴勒斯坦人聚居区。这些外来人口，现场制作他们特征鲜明的陶器；所用的陶轮，在一千年之后才被保守的埃及人接受和采用。与叙利亚的关联，也让布托跟遥远的美索不达米亚有了联系；那里如壁龛般规则内凹的"宫殿墙立面"建筑最终出现在了布托，一起到来的还有产自甚至更远东方的货物。这些货品也被输入到三角洲的另一个重要地方——法尔卡丘地；那里直到现在才得到充分的考察研究。

作为另一个主要的聚居地，法尔卡丘地设施齐备，有谷仓和一个大型的酿酒作坊；这里的"行政兼宗教中心"在近期出土了一些令人瞩目的文物：河马长牙材质的小雕像，化妆颜料研磨板，红海的贝壳，黄金和半宝石的饰品。这些都展示出当时下埃及的财富和权势，而这是学界此前没预料到的情况。

法尔卡丘地这里最令人惊讶的发现是两座金质小雕像；雕像被认为代表着当地的统治者，也许是父子俩，约公元前 3200 年在该地的庙堂中受到敬奉。他们都戴着巨大的阳具护套，呈勃起挺立状；两人的眼睛和眉毛都是用来自阿富汗的天青石镶嵌而成。

布托、法尔卡丘地，以及它们的三角洲腹地，都是位于"两种传统的交界处，两种传统也即上埃及的'非洲'文化与巴勒斯坦的东方文化"。而布托位于南方的对应城市，锡拉孔波利斯，也是一样的情况。

自从 1897 年被首次发现，锡拉孔波利斯就一直是诸多细致的考古探索的发掘对象；这是个泥砖建筑沿着尼罗河岸绵延三千米多的城镇。当地的农夫种植庄稼，饲养牲口，而那些各有专长的匠人们，则负责把由船只从南北两个方向运来的象牙、金子和宝石做成奢侈品。

当地曾聚居过不少的工具制作匠人，石艺工匠和陶瓷匠人。制陶匠的产出非常丰富，以至于这里至今仍然四处散落着陶器碎片，由此也触动和导致了当地现代地名的出现：柯姆·阿玛尔（Kom el

Ahmar），意即"红土丘"。它的古代名字，锡拉孔波利斯，意思是"猎鹰之城"，意在贡奉和赞美帝王之神荷鲁斯，而这里正是埃及未来君主们的精神家园之一。

顺理成章地，在此地的初次发掘，便挖出了埃及至今所发现的一些最著名的手工艺品，而这些东西曾被安置在最早一座敬奉荷鲁斯的神庙中。如今标示出这个遗址的，只有沙漠里一系列的柱子坑，而这些坑里埋着的曾经是四根雪松木制成的巨大柱子，它们从黎凡特海岸运至本地。柱子位于神庙前部，撑起门面；神庙墙体是芦苇编织而成；庙堂建在沙子堆积成的人工丘地顶部，模仿了"创世说"中的土丘陆地，四周环绕的是大块的砂岩、石灰岩，其中还有一块石头，看上去"高高瘦瘦的，至少是像一根柱子，同时又像一座男性人物雕像"。

神庙前面，是一个大大的椭圆形庭院，其中还有另一根木柱，柱顶上是猎鹰雕像，荷鲁斯的宗教象征物。曾有络绎不绝的礼拜供品被敬奉到此，既有出自本城作坊的奢侈工艺品，作为陪葬埋入周边墓地的异国动物，还有战争中的俘虏，在神的见证下被现场处决——这些都是给神灵们补充威力的恰当仪式，而这些做法当然是互惠互利的：人们贡奉上神，而大神们则负责保佑埃及，还维持宇宙万物的正常节律。

神庙逐渐被祭品填满，先前供奉的物品就被转移出来，放入四边砌了泥砖的坑洞；1898 年，早期的考古学家们就在这些坑洞中发现了这些遗物。与法尔卡丘地的情形相似，锡拉孔波利斯的"主要宝藏"是由象牙小雕像构成，其中有长着大胡子的男性，精心装扮过长发的女性，一身行头繁复的侏儒，还有被捆绑着的下跪的囚徒……这一系列形形色色的人物，似乎像在演出一场祭典仪式的剧目，不过是缩微形式的，如同在棋盘上纵横捭阖，来决定宇内大事。

这些小雕像中，有一些许多部位受潮遭侵蚀，原本的象牙变得软黏黏的，就如"煮熟捣碎的三文鱼块"，但也有些是用皂石和天青石雕成的。此外还有大型的武器——三把燧石大刀，几乎长达一米，以及三个一组的大型权杖棒头，石灰岩材质，曾经被安置于粗矮木柱的顶部。由此，可以看到这些棒头是如何被用来宣告社会地位，展示威力和控制权的。

这些棒头上都刻有精细的场景。其中的"蝎子权杖"，得名于所雕刻画面中最大的那个人物形象；那人戴着南方上埃及的白色王冠，身后还系上一根牛尾巴，来象征他的猛力。这位蝎子"大王"，是南方的首领；他的名字被用一个小蝎子的图案书写出来。关于人工灌溉，在已知最早的具象描绘中，是蝎子大王挥动着一把锄头，主持引领水渠开挖的典礼，这个工程是通过小型运河水道的体系，将尼罗河水引入田地，也让周边更多的土地能够用于种植。前王朝时代，用于耕种的土地估计有 16000 平方千米，可养活大约三十万人口，其中大部分都是农耕居民。他们所收获谷物的一部分用于纳税，不仅如此，有需要时，他们还必须承担额外的劳役，去开挖和维护遍及全国的无数条灌溉水道。

蝎子王的强大存在保证了土地的丰收。石刻画面中，环绕他身边的女人们在纷纷起舞，击掌欢呼，而在她们上方，安坐在滑竿轿椅中的，是一位王族贵妇——这也是世上已知最早的女贵族肖像。尽管此女之名目前仍未知，但很可能是蝎子王的母亲或者妻子。她正查看着眼前的这些场景事件，既欢庆又恐怖的事件。之所以如此，是因为蝎子王不仅被男侍从们在两侧簇拥着——这些小人扛着扇子，以及蝎子王盟友部族的旗杆——而且，其他区域地方势力的旗杆被变换当成了临时绞架：杆子上晃荡着鸟头麦鸡的尸体，而这正是象征着那些反对蝎子大王统一南方的敌人阵营。

蝎子王曾被认为是来自埃及那神秘的古老往昔的一个虚构人物，但近年的考古发现显示他是确有其人的。强有力的证据出现在阿比多斯，就在编号为U-j的地下墓穴中；这座面积为82平方米的死者殿堂有多达十二个墓室。古代时，这里就被盗挖洗劫过，但最近的重新发掘，还是出土了一根象牙权杖，还有4500升从黎凡特进口的葡萄酒，存储在四百只陶制容器中；大部分酒罐子都印着官方的封印，要么就是刻着象形文字标记——其中就包括了蝎子的符号。

这种简单的文字记录，更多是出现在164块象牙和兽骨材质的标签上；这些标签曾经被固定在墓室中木头的储物箱上。文字列出的是早已从箱子中消失的财物清单及其来源地——若干卷的亚麻布匹、油料和其他的商品，作为纳税朝贡，从北方的布托、南方的巨象岛，以及东方和西方的各个地区送到这位统治者的王宫。

这些不显张扬的朴素标签，是跟邮票差不多大的小牌子，在北部的一些考古遗址也有发现。它们是最早的实物证据，说明埃及的行政区（省份）是如何运作，又是如何征税的。但它们之所以能跻身于人类历史上最重要的文献之列，是因为刻在小牌子上的是文字书写的证据，比世界上任何其他地方发现的都更早，明显要早于美索不达米亚文明；这也证明了及至公元前3250年前后，埃及已经有了"语音学意义上可读的"书面文字。

西部沙漠中同时期的岩画石刻也有着类似的价值，标志着埃及文字历史的开端，因为它们也构成一种清晰可读的手稿；其中蝎子和猎鹰的组合，再加上一个挥舞狼牙棒、手里牵着一个俘虏的人形，被解读和描述为是"关于上埃及联合统一的文献记录"。这个石刻的位置也暗示出，蝎子王和他的武装是利用了基纳这一带尼罗河大拐弯处对面西部沙漠中的路线，从侧翼迂回包抄从而击败了盘踞在涅迦达的敌对力量。

不过，蝎子绝非一个孤立和仅有的首领人物，因为阿比多斯墓葬里的小标签牌上也刻有狮子、大象、狗和贝壳。这些有可能是指代另外一些名字至今未知的地区统领——或者，他们甚至可能是古代帝王名录中"荷鲁斯的后继者"；为安顿这些人物，埃及学研究者们大概要不得不再编排一个"零王朝"出来吧，放在第一历史王朝之前。

阿比多斯的墓地，不仅是蝎子王最终的安息之所，而且还发现了这个谜一般的王朝最后两个统治者的地下墓室。两位大王分别是伊里-奥（Iri-hor）和卡（Ka）。与蝎子王一样，他们也只是半个王国的统治者，都在为一位后继帝王预演暖场。长期以来，那位帝王已经被誉为是古埃及的终极统一者，将这个文明从史前时期带入真正有据可考的历史时期，而从此以后，埃及人自己当然也认可了这是统治整个国家的第一位君主。

这就是具有传奇色彩的国王那尔迈（Narmer），习惯上被誉为是埃及两半国土的统一者，他在约公元前3100年完成此项大业，创建了世界上第一个民族国家，而这也是"所有现代国家的先驱"。

关于那尔迈的真实身份和那些归功于他的成就，尽管有着持续的激烈争论，但他统一国家的那个时刻，虽然被理想化了，却一直受到高度称颂，被认为相当于重演了"第一次"——创世本身；而这个重复的"第一次"，是指埃及国家政权的诞生。

这事被庄重地记录在那尔迈石板上。石板是在锡拉孔波利斯的主遗址宝藏中发现的，并被很恰切地定义为"古埃及创立的铭石碑刻"。

在这片彩妆颜料扮演如此重要角色的土地上，第一个历史文献竟然是以一块超大号化妆品研磨石板的形式出现，这反倒是再合适不过了。尽管石板上用以研磨色料的圆形凹陷区，几乎只是偶尔使用。这块64厘米高的盾牌状石板，主要意图显然不是当作日常研磨工具来使用；与那些巨大的狼牙棒棒头一样，这是一个庆典仪式用品，竖直安放在神庙中，以此来永久记录下重大事件本身。它代表统治者来传播信息，所采用的是"经典的"埃及风格，其中包含的基本要素都已齐备；随后的三千五百年间，在同类历史事件的人工表述或再现方式中，这些要素一样会出现。在此前的几个世纪，这一方式已经在打磨和试炼过程中，然后瞬间聚焦，达到最清晰的形式，以便最佳地传达王室官方宣传的高妙之处与权威性。

帝王的名号，也即所谓的"荷鲁斯名字"，被保护性地圈在形似要塞工事围墙的"塞雷克"图案中；两个象形符号拼读出那尔迈的名字：鲇鱼符号代表"那尔"（nar），凿子代表"迈"（mer），字面意思就是"击杀鲇鱼"。为了保障最大程度的安全，框中的这个帝王名字，两边还各有一巨大的头像——女神哈索尔的头——来保护；在此下面，那尔迈本人的真形才会出现。

头上是与蝎子王一样的南方白色王冠，浑身每一处都是半神半人的神王气派，那尔迈被描绘得伟岸高大。他戴着假胡子，身后还系着一根公牛尾巴；一件腰部嵌有钉珠的裹布上，还装饰着更多的哈索尔牛头图案；要保护这个男人身体最脆弱的部位，保护王族后代繁衍的源泉，司掌爱情和生育的哈索尔无疑是最合适的神祇。

穿上了一身保护装备，那尔迈高举他的狼牙棒，朝脚下的俘虏施以致命的一击；而这个不幸的人是一个敌对者，被考证是来自下埃及紧靠布托的"鱼叉"（Harpoon）地区。在他们下方，更多的敌对者已经横尸倒伏；这些处决行动，有荷鲁斯在一旁监察——作为其象征的猎鹰栖停在代表下埃及的纸莎草标志上，标志上的六个花簇，每个表示一千个被消灭的敌人。这些元素组合在一起，构成一个象形符号的画谜，读出来的意思是，"大王击溃了河口三角洲的敌人，计有六千名"。如此的符号画面，其功能既是艺术形式，也是一种语言形式。

在石板的反面，那尔迈戴着的是红色王冠；这就与北方关联起来，意味着他已经把全国范围纳入麾下。他身前有人扛着一列旗标，旗杆顶部分别是猎鹰、豺狗和王族生养之后的胎盘；这些部分的"神圣本质之物，在统治者间代代相传。从最早的时候起，便扮演着重要的角色来证明王权神授，传达和维持埃及帝王权威的意识形态"。这些旗标属于"荷鲁斯的后继者们"，代表着"下埃及帝王们的灵魂"；他们所累积并流传下来的权力，现在被那尔迈挪用和占有。

这位胜利的君王在认真地视察敌军的尸体。死者的头被割下，放在他们的双腿间，而断头上还放着他们各自被割下的阴茎——这种仪式化的肢解切割，被设计出来是为了剥夺这些敌人在来世的能力，让他们无法完整地行使功能。如此的策略，倒是不折不扣地"分而治之"——连身体都被肢解了。

击败和征服了所有的敌对者以及竞争势力，那尔迈举行了一场相当平和的庆典。这在出自锡拉孔波利斯遗址的一根大尺寸狼牙棒棒头上有描绘记录，展现他加冕登基的场景，而他前面还有一个没有任何武装的人物，坐在一把滑竿轿椅上。这或许是某个败军首领的女儿，被他娶为妻妾，以便他对敌方土地的占领合法化，显得名正言顺。这个女子，最有可能的人选是奈斯霍特普（Neithhotep）；有人提出见解，说她是"前王朝时期涅迦达统治者的一个后裔"。

因此看来，那尔迈是通过和亲联姻，外交与武力征服的组合手段，将他的统治权延伸覆盖到上下埃及的两方土地之上。埃及统一，成为一个单一的政治整体，那尔迈与奈斯霍特普由此开始了一种君主政体的统治。这一政体将会持续三千年之久，也就是所谓的"王朝时代"。有相继三十个王朝先后统治了三千年，而帝王家族"是通过血缘和姻亲关系联合起来，或是通过出生来源地或是根据居住地相互关联，或是两种关系兼而有之"。从此以后，那尔迈便一直被认为是第一王朝的第一位统治者。

5. 两方土地的男女主宰：

约公元前 3100—公元前 2890 年

随后三千年编写的官方的帝王名录中，那尔迈居于首位。以他的名字为创始，有了一个框架；围绕这个框架，埃及人计算他们整个的历史进程，则按每一位国王的即位年份来确定所有历史事件的日期。这样的名录纪年中，最早的先例是帕勒莫石碑（Palermo Stone），王太后们与她们儿子的名字一起在石碑上被罗列出来。

那尔迈建立了自己在历史上的地位，于是又用了第二个名字——美尼斯（Menes）；这个名字是基于那个修饰性指称"men"，意思是"建立"或者"永恒"。在后来的帝王名录中，那尔迈便是以"美尼斯"这个名字而为人所知晓。这些名录兼历史纪年表明"死去的先王和半人半神英雄们的精神，在此得到继承；埃及人认为第一王朝相继有八位国王统治，其中第一位就是美尼斯（那尔迈），他自己治理王国的那个时期，赢得了极高的声望"。

按照传统的见解，那尔迈是第一位统一南北方、首次建立单一政权的君主——尽管这是回溯分析得出的推论。新建立的王国，被划分为四十二个地区（省份）；协助他的是王族亲属和识字的官员。这些人能够利用一种日渐精细和复杂的书面象形文字，来代表他去管理这个国家。

最初出现的象形文字，被用来记录农田的产出，但很快就演变成了国家政权赖以成形的具体化方式；抄书吏——也即书记员——的行政服务范围不断扩展，采用这种文字方式去将维持政权所需要的物质资源计算和转化成税收。不管这些文献是多么神秘难解、多么具有主观猜测的嫌疑，它们还是提供了不可或缺的讯息，让后人对埃及幽暗朦胧的初始，以及那时面目同样幽暗隐秘的居民有了一些了解——对那些人，现在至少可以用名字来指称了。

那尔迈的伴侣——奈斯霍特普，意即"让创世女神奈斯满意"，是历史记录中第一个有具体名字的女性。她的名字也被刻写在表示保护意义的塞雷克图案框中，与她的国王丈夫一样。这暗示着她享有类似的地位，因为"纵观埃及的图像志历史的全程，只要是用到塞雷克图案，就没有一例不是用于君主身上的"；她与那尔迈的婚姻很可能是出于政治利益，以便结束长期的敌对，让涅迦达名正言顺地归于那尔迈的控制之下。

与蝎子王相似，那尔迈看上去来自阿比多斯地区，但在涅迦达地区，他的势力却也相当强大。在柯普托斯（Koptos）也同样如此，而那里是礼拜旻神的中心。当地敬奉旻神的最早的神庙，则与锡拉孔波利斯的那座木结构庙宇颇为相似。

在柯普托斯也有些令人惊叹的考古发现，比如有两排咆哮的石狮子，沿着一条庆典通道的两边列阵，而通道指向的尽头是三座巨大的旻神雕像，每座雕像重达两吨以上。发掘此遗址的维多利亚时代的考古学家注意到，"雕像左手是旻神最常见的那种姿势"；雕像最初完工，这位大神将自己的阳具稳稳地抓在手中，但现在只有一个大大的圆圈洞眼，来代表那重要生命器官所在的位置，而那原先的阳具则用另外一块石头单独雕制。

不过，另有一种设想也具备一定的诱惑力，那就是把这些孔洞看成是安放旻神的至圣植物的地方。那植物是锥形的莴苣，能长到一米高，收割时会渗出白色的汁液。这种莴苣被种在神庙旁边，为旻神提供随手可得的给养。古埃及有一种敬拜行为，是将旻神的小雕像放到种植莴苣的台地上，众人一边反复咏唱"旻神入园，欢呼致敬"，而这种做法很可能可以回溯到史前时期求告增产丰收的农业祈祷仪式。

至于旻神那伟岸的石灰岩雕像，身上只穿着一根带子；那悬垂的饰带上点缀着岩石画风格的象形文字，图形包括有狮子、牛、一只鹳鸟、一头大象、一条蛇和一个瞪羚羊头。同样的图形，在从阿比多斯的史前墓葬中出土的象牙小标牌、封印刻石和陶器上也有发现，因此，有些人认为旻神的饰带是一种早期的帝王名录，并且在上面已经辨认出了那尔迈的名字。

那尔迈的大名给这座神庙增光添彩，也并非只是巧合。因为柯普托斯是位于东部沙漠中通往红海的主路入口，也就是哈马玛特谷地的西口；沿着这条通道，那尔迈的名字被远征团的成员们一路刻写下去。他派遣远征团去搜罗这一地区丰富的物产：花岗岩崖壁上的紫水晶坯料，玄武岩大石间的绿孔雀石，还有绿灰色的片岩石板，都是从谷地的"黑山"上开采而获得。

这对君王夫妻还将他们的势力范围向北扩张，在三角洲的顶点这里创建了一座新城市，那就是孟斐斯。从此以后，这座城市成了埃及的行政首府。此城地理位置优越，在其古代的修饰性同义指称中大受赞誉，即"两方土地的平衡点"。

尼罗河逐渐向东改道，漫过之前的冲积平原，最终也将这座城市最初原貌的很大一部分淹没和摧毁。尽管如此，宏伟壮观的孟斐斯曾经确实是个大都市。其城区边界，近些年才得以探查出来——是在目前地下水位再向下，深达几十米之处。通过对这一区域的地质岩芯取样，考古学家们还检测了气候与河谷水平面的变化，这些变化对每个埃及人的影响都是如此巨大，无论是田地里的农夫，还是处心积虑维持政权稳固的国王和朝臣。如果每年一度的洪水水位太低，就会导致饥荒；如果太高，又会冲走家园与赖以为生的农作物以及那里的一切。

甚至，最大限度的洪水水位在每年会有几个月淹没土地，就像洪荒之初的原始大水，"四面八方都被变成了一片大海，那些城镇孤零零地散落在水面之上，看起来就像爱琴海上的小岛。每当此际，水上运输的交通方式就在各地开始启用，而不再仅限于沿着尼罗河水道使用"。

同样是这位古代的见证者，还曾补充说，环绕那座新城市，那尔迈也兴修了一系列保护性的堤坝和疏导洪水的人工水道。利用数千年前编创出第一部日历相同的智慧与技巧，埃及那些拥有最聪明头脑的人也设计出了预测洪水水位的一套方法——尼罗河水位计。

沿着尼罗河谷的神庙，他们在码头边的吃水线位置刻下标记，而所用的计量方法是"礼俗仪式上用的腕尺"。这是一种便携式测量工具，基于人类前臂的长度来设计，约45厘米。祭司和官员们用腕尺，再加上手掌和手指，可精确地读取尼罗河水位计的数据。于是，在王室年鉴上，1.92米高的水位就会被记录为"三腕尺四掌三指"；这不仅是为了测算有多少土地可用于耕种，以及确定随后的税赋，也是为了预测当年最终的水位高度，以便在有必要时采取补救措施，还有则是为相应的灌溉和收获活动举行恰当的仪式。

孟斐斯的主神庙也是那尔迈主持修建的建筑物。在这座庙宇中，神界的元素介入当然也是可想而知且绝对少不了的存在。这座庙宇是敬献给创世大神普塔以及他的伴侣——狮头征战女神塞克美特；庙里的祭司声称：此庙是建在洪荒之初从大水中冒出来的第一片土地之上。所以，最有可能的是，孟斐斯神庙建成之后，整个国家才被命名。神庙被叫作"普塔的灵魂居所",拼写即是 Huwt-ka-Ptah,而后来在希腊的定居者将此读作"埃吉普托斯"(Aigyptos),这就验证了孟斐斯祭司们的声言:他们坚称这座庙宇是埃及的万物之源,Aigyptos 就是埃及之名的最初由来。

但论及为死亡做计划安排——传统上是在活着而且还挺年轻的时候,就开始制订计划,以确保能执行完毕——那尔迈则追随先辈的做法选择在了南方,回到他的故乡阿比多斯安葬。接下来的三个世纪,阿比多斯一直都是帝王们的墓园。

阿比多斯王室墓园,是第一个"国王谷",与另一同称"国王谷"但更出名的陵寝聚集地相比,这里也毫不逊色。这个墓园位于一个巨大谷地的开口处,而那谷地被认为是通往地下冥府的入口通道。那里的大风卷起沙子,在峭壁的挤压下呈漏斗状下坠旋舞,形成一种低语鸣响,人们相信那正是死者自己发出的声音。

此处作为埃及国王们最早的墓园场址,具有极为重大的意义。虔诚的朝拜者带着祭品纷至沓来,他们人数之众,以至于敬献的各种陶制器皿至今仍然覆盖着这里的一块地面。这处地貌,被称作 Umm el-Qa'ab,意即"陶罐之母"。

正是在这里,19 世纪晚期的挖掘考察发现了封印上并列刻在一起的名字,那尔迈—美尼斯。20 世纪 70 年代,那尔迈的墓葬也被辨识出来;墓穴的地下墓室中,那些小标牌和封印印纹上都突出了那尔迈的名字,因此确认了这是他的墓葬。同时发现的,也有成百上千的燧石箭头和储物盒上的象牙嵌饰。牙雕上有被捆绑的俘虏图像,暗示了曾有远至海外的军事扩张行动;向北直至巴勒斯坦境内的特尔·阿拉德(Tel Arad),向南则到努比亚,那里的陶罐上都曾出现过这位国王的名字。

作为统一埃及的第一位帝王,位高权重的那尔迈最终与死亡相遇的方式显然极为异常。古代史专家们断言，他是"被一头河马带走，就此消失无踪"。这大概只是一个委婉的表达，河马所代表的狂暴野蛮、血腥可怕的力量，被回避和弱化了，但这个意外本身却可能是历史事实。

幸运的是，对这个新政权而言，那尔迈的继承人遏制住了可能的混乱或暴动。新君主叫作阿哈（Aha），紧跟着那尔迈，名字也出现在了早期的帝王名录上。他的父王离世之际，阿哈还是个孩子，于是母亲奈斯霍特普便代表他治理国家，成为实质上的摄政，也即"国王之母"。这个官方头衔比"国王之妻"的出现还要更早。当时，"王室传人的母亲也是这位国王的官方陪伴者"——与女神哈索尔的情况相似，哈索尔是"生了那小公牛的母牛"——所以足够重要，她的名字在官方名单上也被列出来了，就在帝王名字的旁边。

奈斯霍特普的权力，自然也反映在了她那与国王一般大的陵寝上。奈斯霍特普被下葬安息在涅迦达南边很近的地方。涅迦达很可能就是她的故乡。她的墓葬规模比丈夫那尔迈在阿比多斯的还要大。她的恒久存在，与大河正对面生殖之神旻强大的雄性伟力，构成一种抗衡。厚厚的砖墙之内，奈斯霍特普的二十一间墓室容纳了她的尸骨和葬仪必备品。有些陪葬品是如此奢华，例如有水晶石狮子造型的棋类玩具、润肤保湿油和首饰。这些东西虽然很早以前就被盗墓贼偷走，但在曾系于珠宝盒的那些小吊牌上，都有明确的记录，甚至连她项链上有多少颗珠子都数得一清二楚。

至于她的儿子阿哈，名字中有盾牌和狼牙棒的符号，意思是"战斗者"。这暗示着南北方统一是个持续的进程，也许直到他就位掌权，也即公元前 3085 年左右才全部完成。他自然是在父王那尔迈的成就上继往开来，因为有一小块乌木书简提及他与南方塔-西提（Ta-sety）聚落的战役。塔-西提是与努比亚接壤的一个地区，控制着利益可观的贸易通路；主要货品有乌木、象牙和产自东部沙漠奥拉基谷地矿山的黄金。

在埃及最南边的这个区域，宽阔奔流的尼罗河被凸出地面的花岗岩构造打断，形成瀑布。其中的第一瀑布位于边界城镇阿斯旺。那里的岩层凸起构成了巨象岛。考古发掘表明，最早回溯至当时，岛上便有了定居点。努比亚是"通往非洲的走廊"，巨象岛则是与努比亚贸易的重要驿站。高地上建有一座大型要塞堡垒，控制河面的船只交通，以此来抵御对岛屿的攻击；同时保佑这里的还有旁边的庙宇——敬献给女神萨蒂忒（Satet，也拼写为 Satis），这位边境之地的保护神，能够"用她的箭来射杀国王的敌人"。神庙建在巨石之间，面对索希斯（天狼星）升起的方向。每当星星升起时，便是洪水将至的预兆。据信水的源头就在这神庙下方的洞窟中，控制水源的是萨蒂忒的伴侣——羊头的创世之神克努姆（Khnum）。

夺取这处南方边境重镇，对国土巩固而言是重要的一步，但阿哈在埃及的另一端也有动作。在赛伊斯，他建造了一座新庙献给女神奈斯，而他的母后就是借奈斯之名而被命名的存在。在三角洲的顶端，即首都孟斐斯，他给自己修建了一座宫殿。宫殿楼宇的外墙所涂刷的白色是如此耀眼，因此人们便称其为"Ineb hedj"，也即"白墙"。

这气派辉煌的府邸，世上第一座"白宫"，也是政府的权力中心。府邸四周环绕的是王室亲属和高官们的别墅，他们受阿哈委任，治理着这个国家。在埃及那前货币时代的经济模式下，这些家宅都是由政府建造和提供，墓葬也是如此。墓园地界叫作"萨卡拉"（Sakkara），是根据当地神灵索卡尔（Sokar）命名。墓地就在城区边上，在高高的沙漠陡坡上，显得无比庄严；如此一来，先辈亡灵就可以俯瞰和照管下方活着的后人们。

谷地中供水充足，也难免洪涝，其间的屋宇房舍早就消失，但位于高处干燥沙漠中的官家墓园却保存下来，并见证了当年贵族奢华的生活方式。地下的墓葬，有长条凳形状、泥砖砌就的上部结构——马斯塔巴（mastaba）方形内倾斜丘冢，即金字塔的前身——来覆盖保护。墓室天花板用进口的黎巴嫩雪松木搭建，环绕中心墓室四周的是他们在人间居所的模型，配有谷仓、种满树木的花园，还有世上已知最早的木船——让他们可以跟神界的众神们一起航行，畅游天国。

阿哈朝臣们的马斯塔巴建构是如此壮观，以至于萨卡拉曾一度被认为是埃及最初帝王们的陵寝所在。但阿哈和他的继任者们却依旧继续在死后安葬于南方的阿比多斯。按照他在孟斐斯为自己建造新王宫的相同模式，阿哈在阿比多斯复制了一座"来世之宫"；那是一个同样涂刷成白色、泥砖围砌的封闭结构的建筑。它连通另外两座为其母其妻所建的墓室。这个冥界宫殿也是在近些年才被发现。最初的设想中，他们的亡灵在这个地方能在死后接受祭拜供奉，也或许安葬之前，他们的尸体就在此抹上防腐香膏。这个区域四周安置有一支船队，皆为雪松木的木船，多达十四艘，最大长度达到23米。帝王的陆上出行，则由十头毛驴来负责。这些驴子被埋在主人陵寝封闭墙体西南边的一个长条墓坑中，埋在这里的还有七头小狮子，当初应是被抓住后进行人工饲养，此外也有几位王室亲属的墓葬。但阿哈自己的尸骨却被埋在了几乎一英里之外的沙漠更深处，也更靠近陡崖之间的那个裂口，因为那处裂罅代表着地下冥府的入口。

三个墓室的地下墓穴，曾经容纳着他的尸体和陪葬品，覆盖在墓穴之上的是一座沙石丘冢，外层包裹着涂刷成白色的灰泥墙，这也许是在模仿创世之初的洪荒土丘。从这个丘冢中，阿哈的灵魂可以飞升或再生。所有这些都是藏匿在沙漠表面之下，相邻的两个墓室也是如此。那是为了阿哈的正宫妻子贝尼芮布（Benerib，意思是"甜心"）所修建的墓室。这位王后墓中陪葬安放的象牙工艺品，与阿哈墓室中的不断对应重叠、成双成对。

远处，整齐排列的三十四座单个墓葬是官员和仆从们的；这套朝廷人马在生前为国王夫妇效力，死后也同样陪伴着两人。此前，他们被猜测是各自死后分别埋到了这里，但近些年的重新检验却发现，这些人平均年龄是二十五岁左右，这就暗示了他们可能是同时死亡的。尽管没有脖颈折断的迹象——如有，那就说明是被勒死的——但有人提出毒杀或利刃捅杀作为替代选择。这两种致死方式，通过残留下来的骸骼碎片都难以探查和判断。不过，就在此地出土的阿哈墓象牙雕牌上，其中之一刻绘了一个人在处于捆绑状态时胸部被捅刺，流出的血则被收集到一只碗里，而这极可能是献给荷鲁斯的贡品。荷鲁斯代表着国王，是帝王之神；旁边的旗标上也描绘有他的形象。

古埃及拿活人当牺牲来祭献的行为，有些人认为比起用圆石狼牙棒猛击打死的标准操作，这样直接刺死更令人反感和厌恶，但用一件钝器把人脑浆活活打出来，比起外科手术般地用刀片刺入身体杀人，应该更为暴力凶残吧。不过，去处死一个人，用死亡本身来说明君王的至高权力，这无疑是最强有力的展示方式。作为埃及长期的贸易伙伴，美索不达米亚的那些男女统治者，直到公元前2600年，也照样让成百上千的仆从家臣们跟着殉葬，并将其一起埋葬。此前一直假设这些人陪葬前曾被毒杀，因此显得"没那么残暴"，但最近期的考察研究发现，遗骨生前曾遭钝器暴力伤害，所用武器还加了配重块，而这些惨遭击杀者只是祭献物品的一部分，被描述成是"血淋淋的活人牺牲"。

阿哈和贝尼芮布动身去往来生世界，当然是有着前呼后拥的陪伴者——想必那应是一场血流成河的安葬"盛典"。阿哈的后继者是"强人"德耶尔（Djer），他是阿哈与妻子肯哈普（Khenthap）所生的儿子。

德耶尔的统治可能长达五十年之久。他是一位很活跃的君主，与塞特切特（Setchet）政权曾有交战，而后者位于当代西奈半岛或巴勒斯坦南部的某一地方。德耶尔还启动了两年一度的王室巡视行程，走遍他的王国，让自己能看到民情，也让民众能看到他，而作为扈从的官员，则一边计算产出，现场确定税赋——就跟英王威廉一世当年搞土地清查登记（Domesday）时差不多的派头。

他视察过北部的赛伊斯和布托，在南方建造了底比斯已知最早的神庙，这是一座献给荷鲁斯的小型石头圣殿。该庙在 1996 年才被发现，位于底比斯群山最高处一座名为"托特山"（Thoth）的山头上。如此偏僻的位置，是特意选择的结果，在这里可以看到尼罗河谷的宏阔景象。新庙的选址，精心匹配星光女神索希斯（天狼星）每年在天空升起的位置，而索希斯一旦出现，就标志着洪水季的开始。通过神灵的介入来维持洪水，让土地得以浇灌，这是帝王们的信念和策略。同样是出于这个考虑，德耶尔对索希斯的同门女神萨蒂忒也敬重有加。萨蒂忒在巨象岛的神庙被认为就是直接位于河水源泉的上方。德耶尔向庙里敬献了他自己加冕登基的雕像，这尊蓝釉的彩釉作品是至今已发现的、身份确定的最早的王族雕像。

宫廷的御用匠人们当然制作了很多令人叹赏的物件，有些作为陪葬品被放入德耶尔朝臣们在萨卡拉的墓中。这当中包括他的正宫妻子赫奈斯（Herneith）的一座巨大陵寝，顶部是长条石，石头上"刻有一排驯顺匍匐的狮子"。墓中还有王后的护驾犬，仍旧蜷缩躺在墓室的入口处。这为赫奈斯赢得了一个别称："历史上第一位有名有姓的爱狗人士"。

但德耶尔自己还是安葬在了阿比多斯，一起长眠在那里的还有不少于五百八十七位手下的官员和仆役。其中只有不到一半是被埋在了德耶尔墓葬附近封闭围场的四周。这些人显然是被下令杀死的，而且这个情况又一次被刻绘在一幕仪式化的场景中——被捆绑的人，在刀尖下失去生命。剩下的那些朝臣，被埋在了德耶尔实际墓穴的边上。小小的墓碑柱石上，刻画出他们的名字，还有侧面的简略影像。这群人中，比如有长头发的森巴（Senba），有"朋友费德"（Fed），有侏儒男子迪德（Ded）。此地也葬着德耶尔的另两位妻子——纳克特奈斯（Nakhtneith）与荷狄丝（Hetes）。考古学家在木质棺材中发现了她们的遗骨，包裹尸体的亚麻布在天然碳酸钠中"浸泡"过，由此可知，这种从干涸湖底采集而得的盐碱类残留物，至此已经被用于尸体的保存。

这当中想必也包括她们的国王丈夫德耶尔的尸体。这位国王被埋在第一王朝最大规模的墓葬中，同时陪葬的妃嫔和朝臣也是人数最多。伴随身边、供他死后享用的物品也极为可观。尽管早就被盗墓贼洗劫过，但毛贼们看不上眼没拿走的零碎，也足以显示随葬品的奢华。残留下来的物品，既有水晶石的器皿，也有洗浴用具——上面刻着"双地之王洗手专用"，还有一个木质雕像，雕像戴着彩色涂绘的项链，并挂了小牌子，牌上写着"德耶尔大王魂灵之立像"——这个仿佛是保险单的意思：万一国王大人的尸体被损坏或遗失，还有这个雕像来代偿。

另外有个单体墓室，被发现时还保持着完好无损的状态。墓室里包含有十几个陶制器皿，组合搭配在一起。有埃及本土的罐子，罐内装着动物脂肪；还有进口的巴勒斯坦陶罐，里面是植物油与针叶树树脂的混合物。这些东西应是用于制作芳香的保湿润肤乳以供当时的活人使用，同样这也用于死人，充当抗菌防腐香膏。

德耶尔的木乃伊确实已消失无踪。最初，人们猜测那已经被完全损毁。不过，在墓室北边墙上高处的一个裂缝中，早期的考古学家们最终有了令人意外的惊人发现：一条经过木乃伊化处理的手臂，套着许多手镯，手镯材质有黄金、青金石和绿松石。大家估测是古代的盗墓贼先把那胳膊藏在了那里，想着稍后再去偷盗出来。手臂上的珠宝诱导出一个推断，认为这手臂"属于当时的王后"。尽管如此，这更有可能就是德耶尔自己的胳膊，这就远远比套在上面的那些宝物更为重要了。但不幸的是，这个文物被送到开罗博物馆时，负责对此做评估的是一位"只关心展览效果好不好"的馆长。"于是，他从一个用金钱缠纽编制起来的手镯上方砍去了一半手臂，还把手臂和亚麻裹布给扔了！博物馆真是个危险的地方。"发现这文物的那位考古学家愤慨地感叹。幸运的是，他具有惊人的远见，保留了包裹织物的一部分。一个世纪之后，当这些材料又一次出现在人们的视野时，那金黄棕色的涂层，被发现也是进口的针叶树树脂，与跟德耶尔埋在一起、放在陶罐中的东西是相同的。这种死后保存尸体的安葬方式已经持续了很久，甚至可回溯至德耶尔之前的一千五百年。

德耶尔的继任者是其儿子瓦吉特，简称为吉特（Djet），这借用了眼镜蛇女神瓦吉特之名。他是第一位把南方的白色王冠与北方的红色王冠融合为一体的帝王。这就产生了新的双重王冠。随后所有的埃及统治者也采纳了这个新款式，以此来表示国家南北两部分都在其控制之下。关于瓦吉特任期之内的历史，我们所知甚少，除了"有一场大饥荒席卷了埃及"的危机。这个危机可能是在一些治国经验丰富的官员们努力之下得到了控制。辅佐国王的官员中包括阿姆卡（Amka），这位老臣曾在瓦吉特父亲手下效力。

瓦吉特的很多妻妾和臣僚，无论生前或死后，都得到了优厚的回报。孟斐斯以南的塔尔汉（Tarkhan）新建了王室墓地，那里有两千座墓葬。其中一些墓葬的陪葬品显示出，"女性墓室中的物品比男性墓葬的更多更丰富"。这些上流人物被安葬在盒子一样的木质棺材中，陪葬品包括化妆颜料研磨板、珠宝首饰盒、放鞋的托盘（最早期的鞋盒），还有若干的衣物——都是"经过漂白处理的亚麻料，非常白"；有一些被整理包装后，流向了全球各地的博物馆。六十五年之后，有一个包装盒被打开，里面收藏着的是世界上已知最古老的衣裙，一件精致的长袖收腰衬衫，袖子直到肩部这里都有打褶造型。此衣被认为属于一位青春少女。衣服被发现时，呈现翻过来的状态，里面朝外，一如当年那少女放下它的样子，而且更令人感慨的是，袖子肘弯这里穿出来的原始折痕还历历在目。

吉特手下位高权重的侍从以及妃嫔们被葬在萨卡拉。希凯姆卡西狄（Sekhemkasedj）的坟墓，规模就相当宏大，上盖结构部分装饰有三百只陶土做的牛头，而且插在上面的是真的牛角——这种建筑构造的技巧在土耳其查塔胡约克（Catal Hüyük，"叉子土丘"之意，新石器时代遗址）的一些圣殿中长期被使用。"马斯塔巴五号墓"，是同样壮观的一座墓葬，建于吉萨南边，周边还环绕着属于朝臣们的五十六座附属坟墓。据信这里是"代表着国王母亲的一处奢华墓葬，是其儿子在世期间为太后修建"。所指的国王当然就是吉特，墓葬主人的名字至今未能明确，墓葬为何位于吉萨，也同样难以知晓。尽管如此，这依旧是创下了一个先例，随后得到效仿，在所谓金字塔时代的开初，便带来了令人惊叹的建筑成果。

至于吉特本人，他遵循传统，还是被埋在了阿比多斯。一座巨大的石碑上刻着优雅的眼镜蛇，拼写出了他的名字，也标示出他墓葬的位置。他那长方形的墓室，里面衬有厚重木板，其中的一道假门很显眼，给后世的效仿者提供了最早的示例。假门所代表的是一道真门，经由这扇门，他的灵魂可以进出来往于今世和来生。

在地下与吉特相伴的是三百五十五位朝臣与侍从，其中包括他的一些妃嫔。但吉特的正宫王后是其妹妹梅奈斯（Merneith），名字意即"奈斯女神的宠儿"。与那么多的王族妇女一样，她的名字也是用盾牌和交叉箭头的符号写出来，而同样的这些符号本就象征着女神。

梅奈斯有着天下无双的王族血统和家世：先王德耶尔的女儿，吉特的妻子兼妹妹，下一任帝王邓恩（Den）的母亲。她"与王权之间有着多达几代的血缘宗谱关联"。因此，当吉特离世，而他们的儿子尚年幼之际，梅奈斯便是接管政权的理想人选。于是，她当起了摄政王，而且，"她自己或许实际就曾是一代君王"。因为，跟之前的奈斯霍特普一样，梅奈斯的名字也是刻写在帝王才适用的"塞雷克"框形图案之中。晚至1985年才在阿比多斯发现的一份帝王名录上，她的名字也在其中，名录的先后次序是那尔迈、阿哈、德耶尔、吉特和梅奈斯。

此外还有官方的封印，刻写的内容是"梅奈斯治下财政内库之印"。她手下的一个行政官，掌管"高等财务办公室"，也是"运河水道巡察使"，负责监管农业灌溉工作。此人的公章上，赫然刻有游泳的小人儿狗刨式的自由泳动作，而且还圆满地刻上了水泡。

当梅奈斯大限将至时，一百二十名朝臣与仆从也伴随她一起搬迁去了"死者的国度"。她在阿比多斯那里已经规划和修建好了壮观的围闭陵寝和墓室。朝臣们的小坟墓围拢在她的墓葬四周，但事先经过周到的考量，那些坟墓在西南角这里便终止了，为的是让女主人的幽魂能清楚地看到峭壁间的那处裂罅，而且是采用让出通道的方式，让灵魂能不受阻隔地去往那裂罅——标志着冥府世界的入口。墓葬的大小与她的帝王资质正相配。她的好几间墓室，曾经也配置齐全、应有尽有，就跟前任的那些男性帝王所享有的一样。与他们相似，她也竖起伟岸的石碑来标记她的安葬之地。"梅奈斯君王"的这些墓碑于1900年被发现，现场的考古学家们当时断言："梅奈斯是一位国王，这一点你是很难置疑的。"直到后来，才发现预想中的这个男性帝王是女流之辈，梅奈斯便被微妙地降级了，降到"王后"的位置——对埃及的女性统治者来说，这可是一种令人熟悉的待遇。

梅奈斯显然大权独揽，长期治理国家，直到其儿子邓恩成年，而且她对儿子的培养训练无疑非常成功。

邓恩是第一王朝中记录最良好的统治者，很大程度上也是个改革派的君王。他给孟斐斯的普塔神庙增加了一个重要元素，让人安放了一尊神圣动物的雕塑——神牛阿比斯（Apis）。生出这头神牛的母牛，地位也同样神圣。这头神牛是神界和王室权力的象征，据信其本身就负载着普塔大神的魂灵。随后的三千年，埃及的官方庆典仪式上，阿比斯都扮演了重要的角色。

在帝王肖像中加入保护神瓦吉特，使用眼镜蛇女神来装点额头的君王，邓恩是第一位。他也是第一位在名字里加上"二女神护佑之主"这一描述性御用称呼的君王。二女神是指瓦吉特与奈荷贝特。邓恩给自己引入的第二个称谓是"上下埃及之君"，这也就是所谓的"帝王尊号"，用象征着莎草植物和蜜蜂的符号束书。此外，红白合体的双重王冠，尽管在其父吉特当政期间首先被描绘，并有了图像呈现，但有资料显示邓恩是实际佩戴如此冠冕的第一位君王。

身为埃及的君王，所有时刻的穿戴都得符合身份。每天、每周和每年的活动日程都有极为详细的计划安排，同时每个不同的场合都相应配有具体的全套行头和服饰。这对那些重大活动尤其重要，比如加冕礼，比如执政三十周年之际举办盛大庆典，来让朝臣们当面见证君王的种种天赋伟力得到续期补充。当然，现场也少不了代表各路神灵的旗标，还有，各位先王，那些"荷鲁斯的继任者"，也在场监督——他们的灵魂在时刻守望着后人。

在"礼服更衣间"，侍从官员的协助之下，邓恩穿起那菱形花纹图案、面料厚重的庆典袍服来完成那庄严的"巡游"。然后，他脱下袍服，去表演仪式化的跑步比赛。他是第一位被描绘成奔跑状态的君王：循着那神圣路径往复疾奔，而跑道可能是位于萨卡拉的"宗教崇拜专用围地"。他被要求绕着两个石头标记物来回跑动；两根石柱代表着埃及的疆域边界。四圈是以南方君王的名义奔跑，另外四圈是以北方统治者的名义奔跑，而且这两段路程要分别戴上表示南北方的相应王冠。他还要在神牛阿比斯旁边跑过，为的是吸收神牛的神力，而已故先王们的精魂，据信也在当场看着，为邓恩鼓劲加油。

象征性地往复穿越了他的领土之后，邓恩还要逐一完成"狩猎""祭献牺牲"和"胜利"等仪式，用女神奈斯的鱼叉刺穿一头河马，表示消灭混乱，让人间恢复太平秩序。这些大事件大动作都用雕塑的形式来呈现和记录：三座金雕像，分别展示邓恩手持狼牙棒勇猛进击，从小船上用鱼叉猎杀，还有与一头河马角力搏斗的场景。雕像是在孟斐斯神庙的工艺作坊中创作和完工，而首席创世大神普塔在那里被尊为"匠人祖师爷""至尊巨匠"。帝王名录（类似于历史年鉴）甚至还记录了此类雕像的"诞生"——是真实事物的副本，但要能够寓居和安顿下这些复制品所描绘人物的精神内质。在邓恩的这个具体实例中，则要展示他是统治国家的最佳人选，连生理上也有绝对优势；他被表现为技能精妙超拔的运动健将和猎手，他威猛的体力代表着埃及的实力与显赫尊严，而这些都不仅限于战场上。

在战场上，邓恩也十分活跃且英勇。在欢庆和纪念"第一次痛击东部蛮族"的一个胜利场景中，他高举狼牙棒，挥舞着去击杀蜷缩在他面前沙地上的敌人。此画面刻在一块象牙雕牌上，牌子曾系在他的一双鞋子上。那敌人很可能是代表着当地的一个部落首领之一，"他们仍然散居在东部沙漠里，而且相当具有实力，对尼罗河谷中孕育发展的城镇化社群构成了挑战和威胁"；这个敌方形象旁边伴有一句简洁却令人胆寒的宣言："他们不应存在。"其他的俘虏们，被外形为猫科动物的女神玛芙德特（Mafdet）带走了。她是又一个"国王保护者"，也是"司法权威的体现"。这位女神的旗标在杆子上组合加入了一把行刑用的斧形利刃，象征着她的利爪，而埃及帝王就是用此斧刃来将敌人斩首的。

纵贯埃及全境，邓恩膜拜和供奉了这个国家的众多神灵；从三角洲地区门德斯的神羊，到南方锡拉孔波利斯的荷鲁斯，他都一律恭敬尊奉。塞莎特（Seshat）是文字读写女神，是"图书与文化的最初先驱"，侍奉她的祭司们在邓恩执政时期非常活跃。受这位女神的启迪，国王在能力超群的总理大臣西马卡（Hemaka）的协助之下，还进行了"一次全民人口普查，北方和东西部全都包括在内"。

西马卡受到礼遇，得以在萨卡拉厚葬安息。他的墓是那里最大的墓之一，差不多长达 57 米。墓室用泥砖砌成厚墙壁，入口有石头的吊闸门加固封闭，来保护其中丰富的陪葬品——金盖子的香料存放罐，镶嵌珠宝、用于赌博之类游戏娱乐的圆石片，有多达七百只容器的一个酒窖，还有与他作为首席行政官角色身份最为适配的物件，那就是圆形的书写用品盒，里面有一卷卷空白的莎草纸供随时取用。这种芦苇类植物所制的纸张，是已知最早的实物样板。

邓恩在位的漫长时期内，有很多官员寻求能在萨卡拉得到安葬，以至于墓园范围不得不向北朝着阿布拉瓦希扩展，向阿布希尔还有赫旺扩展。那里的墓葬多得惊人，达到一万座，经测定都可回溯至邓恩政权的年代。地位最高者的那些墓葬，其中有大约五十座的墓室还衬上了石灰岩石板。随着墓葬建筑技术的持续发展，里面安置的陪葬品也变得越发令人大开眼界，从全尺寸的大木船，到成组成队的驴子，无奇不有。阿布希尔这里的一座大型马斯塔巴，属于邓恩众多后宫妃嫔中的某位佳丽所有。埋在这座墓旁边的三匹一组的驴子，竟然是以站姿埋下去的，仿佛随时准备迈开蹄子小跑起来，直接奔入来生世界。

但帝王的入葬之地依旧是在阿比多斯。邓恩在那里的宏大墓葬，四周环绕着一百三十六座坟墓，分别属于他的幕僚和侍从，他的宠物狮子，他的爱狗"大金子"（Goldie）和"塞德"（Sed）——"有尾巴的那一只"。邓恩自己最终被葬于这片墓园中心、泥砖墙砌筑的马斯塔巴之中。此前王室墓室中所用的木材内衬板，现在被来自阿斯旺的花岗岩石板所取代。还有创新的入口通道阶梯，封住入口的是花岗岩的吊闸门。另外一段台阶，通往一个酒窖一般的墓室，或称"地窖暗室"，里面安置着真人大小的邓恩雕像，他的灵魂可寄寓在雕像中，由此接受祭品供奉。

死后很多年，邓恩依旧受到后继者的缅怀景仰，他们带入自己坟中的部分陪葬品上面刻上邓恩的名字。阿涅吉布（Anedjib）在公元前2925年前后登基，但相对湮没无闻，因为他父亲出色的政绩很难重演和超越。

不过，尽管有关阿涅吉布本人的文献资料少之又少，但他手下的建筑师们，却在陵寝建筑形态方面有了更大的创新。那种阶梯式的构造形式，最初的证据就出现在此时。他的当朝大臣内比卡（Nebitka）在萨卡拉的墓室，最顶部就是直线条的梯级状立体结构，或称"原型金字塔"。尽管掩藏在外部的泥砖结构之下，内比卡的墓葬明显还是让国王本人在阿比多斯的陵墓相形见绌了。阿涅吉布墓葬的规模连先王们的四分之一都不到。而且，他还被进一步埋藏在了幽暗不明的阴影之中：他墓葬中有些刻写了名字的石质器皿，竟然被继任者塞美赫特（Semerkhet）拿去循环利用——这位继承者命人磨掉了阿涅吉布的名字，再刻上他自己的大名。尽管，这可能只是一个简单的证据，表示"土豪们"也照样节俭，出于实用主义来重复利用器物，但把帝王名字抹除，在实际效果上就等于抹去某个具体活人的全部印迹，这样做总归是别有深意的；这也许证明王族内部有过关于某种权力的争端，只是这其中的细节——到现在为止——依旧跟塞美赫特那短短八年的执政生涯一样地模糊隐晦。

但塞美赫特的墓葬透露出的信息量却是非常大。里面不仅包含了从先王那里挪用来的器皿，而且创新性的新结构还把家臣仆役——这些活人牺牲——转化为一个显著的建筑学特征。此前，国王主墓四周附属的坟墓都倾向于是独立的个体单位，但塞美赫特家仆们的墓葬却是同一个单体建筑的一部分。这就意味着，葬身其中的那些人是在同一时间被埋进去的。国王对生杀予夺的绝对权力，在公元前2900年的某个时段，被永远地奉祀起来，就在那些砖石与灰泥之间。

屠杀之后，尸体腐烂分解的任何迹象都被掩盖了。掩盖的手段，是在墓穴入口内外倾倒加香料的油脂。四千八百年后，此处遗址开始被发掘，墓室地面被发现已"浸透了油膏"，深度达一米。

考古学家们估算出，"这里被倒进来的油膏，重量肯定有好多英担（每英担为 112 磅）"，由此产生了一种足够浓烈的香气，从而使"整个墓地范围内都能闻到"。

这种香气浓烈——虽然无疑也够血腥——的永别仪式，由塞美赫特的继任者卡阿（Qaa）来监督执行。卡阿别称为"挥动武器的大君"，其漫长的统治期甚至跨越了至少两次执政三十周年的庆典。他还在自己的王国内完成了若干次的巡游视察，向南远至欣欣向荣的新城市埃尔卡布（El-Kab），也曾在尼罗河另一边的锡拉孔波利斯与臣仆们一起宴饮欢庆。在这里被挖掘出的啤酒罐子，上面刻有卡阿的名字，很可能是由梅瑞狄（Meriti）负责准备和提供的。此人是"飨宴厅和佳酿酒窖的主管"，同时也是"锡拉孔波利斯首席木工大师"，还是国王的一位"得力助手"。同样的多才多艺，也体现在梅卡（Merka）身上，他是"国王的随从侍卫"奈斯的祭司，也是"宫廷的总管大人""王宫来客觐见厅的主事官""王室用船的负责人"，并且身兼王室安全保卫的禁军统领。

梅卡保障了卡阿多年的安全。这位君王自己最终还是葬在了阿比多斯，其陵寝的入口朝北，对着那些永不沉落的拱极星。在其他方面，陵寝的设计还是遵循卡阿的那些前任帝王惯例。有二十六位不幸的家臣，比如说萨贝夫（Sabef），卡阿的"宫中良伴"，被挑中殉葬，陪伴他们的统治者入地长眠。不过，萨贝夫及其同僚们看来是给君王陪葬的最后一批人。尽管，王室的圆石棒头权杖将会被继续用作狼牙棒来执行仪式性的处决，但惯例化的屠杀臣僚仆的旧有殉葬的习俗，在公元前 2890 年前后，还是在卡阿这里终结了，至少在埃及是如此。埃及第一王朝的最后一位君主——这个标签给了卡阿极大的辨识度。

6. 焦点转换:

约公元前 2890—公元前 2686 年

　　第二王朝的新时代，第一位国王是赫特普塞克姆威（Hetepsekhemwy）。他打破了持续三个世纪的传统，不再将阿比多斯用作王室墓园，这也标志着第二王朝的开始。

　　对孟斐斯宫殿中的生活，这位新国王非常留恋，希望能永远当个北方居民。于是，他选择死后葬在毗邻孟斐斯的萨卡拉墓园。他在那里的巨大陵寝可谓是再造了他的宫殿，卧室、浴室、卫生间和储物室全都齐备。这些都凿进了岩床地基，以便供君王永远享用。几百年之后，他的魂灵还有献祭供奉来维持着给养，而操作此事的是祭司赫特普迪夫（Hetepdief）。在这位大法师那微小的花岗岩雕像上，刻着他的头衔"红房子焚香大师"，而红房子是指王室国库。这座雕像上还刻有几个君王的名字，有赫特普塞克姆威及其后继者内布拉（Nebra）和奈尼特吉（Nynetjer），这三人葬礼的作法仪式都是由这位大法师操办。第二王朝的这几位君主，至今资料不详、情况不明，而有关他们王后的文物证据，就更是少之又少。尽管如此，还是有迹象表明赫特普塞克姆威和内布拉对猫科动物形象的北方女神巴斯泰特（Bastet）颇为敬重。女神的大庙，名为"巴斯泰特之屋"（当代地名为布巴斯迪斯），位于孟斐斯东北方向的三角洲地带。她是太阳神的又一个女儿，名字的意思被解读为"香脂罐女神"。和敬拜所有神祇一样，对她行敬奉之礼，在仪式上讲究绝对的洁净。于是，内布拉大君每天的例行要务，就包括沐浴：在一个石头大澡盆里洗净身体。澡盆上刻有他的名字，还刻着"每日必洗"的金科玉律。

赫特普塞克姆威开了先河，选择葬在萨卡拉。内布拉的继任者和精英统治团体便如法效仿。他们的墓穴，其中有一座竟然在里面赫然安放了一个澡盆模型。国王侍从和宠妾们的尸体，被小心细致地涂抹了防腐香膏。这些人的葬身之所，也配置了墓碑石牌，上面有各自的肖像，还呈现出一些修饰精致、装扮考究的人物，比如作为"国王葬仪首席女祭司"的且与生育女神同名的赫柯特（Hek-et），再比如英俊的奈弗拉布（Neferabu），他把食物陈列得跟现代食品柜一般，这般整饬的样式在谢普塞蒂贝特（Shepsetipet）公主的墓碑上复制再现了出来。不过，在这位公主墓中，她的棺材旁边倒是摆设过一席实实在在的盛宴——带骨牛小排、一只调味料添加完毕的鹌鹑、炖鸽子汤、鱼片、一罐罐软奶酪、面包块、炖无花果、糕点以及多罐的葡萄酒，而且考虑很周到，热食用陶盘子盛放，冷食则是用石质大浅盘陈列出来。

同样实用的石头器皿，还包括内布拉大君沐浴用的洗澡盆。这只大盆被他的接班人奈尼特吉一并继承了。奈尼特吉对表示船只的象形文字符号迷恋不已，这就意味着"这样的东西属于国王出行巡游的行头配备"。奈尼特吉的御用印玺上，其名字两边也是由眼镜蛇女神瓦吉特拱卫随护，但在这里女神被刻绘为一个拿着高高权杖的女人形象，而这就为后来的文献记录提供了信息来源。因为那些文献声称，就是在奈尼特吉当政期间，"君王做出了决定，女性也可以执掌朝廷大权，治国理政"——这应该说是个迟到的结论，因为这种操作早就实行了两个多世纪。

同是这些文物资源，提供了进一步的证据，说明第二王朝的帝王们继续尊奉那些神兽，其中就包括神牛阿比斯。同一时期的文物记录提及了奈尼特吉在孟斐斯与阿比斯一起奔跑，还安排了更多的祭司去供奉膜拜巴斯泰特，去大摆排场祭拜萨卡拉的神灵索卡尔，因为他自己在当地的陵墓——地下墓室中有着复杂的坑道回廊——已经动工。

然而，尽管在位执政至少三十五年，奈尼特吉的名字至今却在孟斐斯之外的任何地方都未曾发现过。他明显感到不可远离，需要常年逗留在首都一带，这间接反映出可能是他必须去处理当地的不安和骚乱，因为古代文献中有述及奈尼特吉"血洗平定希美尔和北方土地"。希美尔（Shemre）及北方土地都是在三角洲，那里显然发生了严重的动荡。

虽然缺乏详细资料，但环境研究显示，东部非洲的夏季降水"从第二王朝开始起，平均看来都比第一王朝时日渐减少"，而且也确实如此，尼罗河水位计的读数记录表明："第一王朝末期后，每年一度的洪水平均水位高度有显著下降。"

这就意味着可耕种土地的减少，可被当作税赋来征收的农作物产品也就会更少，而这些东西原本是要再次分配，作为俸禄发给为国王打理政权事务的所有人。俸禄不能保障，君主统治就会有大麻烦。不能分发预期中的慷慨犒赏，之前所宣称的那些——国王带来丰饶收获，也是所有财富的源泉——承诺肯定就显得越来越可疑。那些已经刻上奈尼特吉名字的石头器皿，原先是准备在执政三十周年大庆时赏赐给幕僚群臣的物品，最终却被弃置在库房中，只因局势艰难，那种徒有其表的欢庆没几个人真心欣赏。

然后王位相继传给了一系列政治生命短暂的帝王，而王宫驻地当然还是在北方。及至公元前 2700 年前后，南方已经处于一位新人的掌控领导之下，而此人的个性特征与前几任大为不同。

这位大王就是珀里布森（Peribsen），自封为"玛阿特的门徒"。不过，那位负责寰宇秩序的女神并非珀里布森与神界攀亲的唯一灵感来源。

传统上，在环绕自己名字的"塞雷克"框形图案顶部，统治者们安置的是象征荷鲁斯的猎鹰，而珀里布森则另辟蹊径，其名字上面是象征塞斯的一个动物形象。这种组合了多种动物特征的虚构神兽，突然出现在荷鲁斯原本占有的位置，很可能暗示着"某种政治或宗教上的争端"。按照神话传说，既然塞斯是谋叛者兼杀人犯，是荷鲁斯的敌人，那么可以说珀里布森以此就发出了一个强有力的讯息。但这也是一个微妙的讯息，因为塞斯同时还是代表着广袤沙漠的神灵，是涅迦达的保护神，是法力极为强大的一个神界角色。

在珀里布森的治下，塞斯的存在显然没法表现得再突出了。阿比多斯，这一王室墓地，如今在珀里布森的领土上又重新启用了。大君的黑色花岗岩墓碑挺立在那里，上面刻有他的塞雷克图案，顶端赫然停驻的便是塞斯神兽。作为南方的君主，珀里布森要求葬身在南方最神圣的地界上，以此昭示和强调他的合法地位——第一王朝统治者的正宗嫡传。其中有些先王的名字，甚至还刻写在了他的陪葬品上面。在他的印鉴图章上，头戴南方白色王冠的塞斯也是重点；有一个图章中包含了埃及历史上第一个完整的句子表述："涅迦达的真一元神，将两方土地交予其子珀里布森，上下埃及之王。"这丝毫不亚于是一个公开声明，宣告威力无边的塞斯将整个埃及托付给了他忠实的信奉者珀里布森。从史料角度而言，第二王朝大致上寂静又沉闷，能传来这么一个响亮的公告，倒也让人精神一振。这相当于宣布了珀里布森已经开始接手掌控那两方土地，把各自为政的零散区域重新整合为一个王国。王国的秩序得到了恢复，而且将在他的继任人卡塞凯姆（Khasekhem）手中得到延续。

卡塞凯姆名字的意思为"威权已现"；他的所作所为倒是名副其实。他的确是带来历史变迁的一个关键人物，推动埃及进入第一个"经典"阶段，也即现在所称的"古王国"时期——这一时期的决定性特征是严厉的中央集权控制和地标般的宏大石头建筑。

与珀里布森一样，卡塞凯姆也是南方人，而且在每个指标上来说都是很威猛的强人。站在那里，他貌似有"五腕尺加三掌"之高。这就意味着他高达 8 英尺（2.4 米略多），这显然令人难以置信，因为按近些年才测算出的结果，埃及帝王们的平均身高只有 1.66 米左右。公元前 2686 年前后，卡塞凯姆即位，随后发动了对努比亚边境上塔-塞狄（Ta-Sety）部族势力的战争。在描绘他胜利的画像上，他单膝弯曲，压在一个俘虏身上；画面中还有铭文，"让外邦臣服归顺"。在锡拉孔波利斯的荷鲁斯神庙中，他又将此胜利者的雄姿复制呈现出来——那里古旧的装置与设施都用石材来再造，包括神庙的门窝子也更换一新，雕刻成被绑缚的俘虏的造型，压倒趴伏在地上，而门的转轴支点就嵌入在人体后背的凹陷里，所以每次门打开时，都会象征性地将俘虏碾压凌辱一番。

在神庙内部，卡塞凯姆的两座雕像被竖立起来。他安然端坐，与刻在宝座基石上那些被杀者东倒西歪的尸体构成了鲜明对比；同时刻写出的还有非常精确的人数统计——"与北方敌军交战那一年"，共剿杀"47209 名北方敌人"。

彻底击溃北方，再度统一了埃及全境，凯旋的卡塞凯姆将自己的名字改成了卡塞凯姆威（Khasekhemwy），意即"两重威权已现"。荷鲁斯的猎鹰与塞斯神兽结合在一起，两个神物都出现在君主大名塞雷克图案的顶端，协同作用构成了一个新的修饰语——"两位大神和谐共存、集其于一身之天子"——来突出帝王之天经地义。两个符号化的动物，被呈示为鸟喙对着口鼻的姿态，就仿佛它们正在相互亲吻、取长补短，让彼此更臻完善。

卡塞凯姆威的威名远播四方，从地中海东岸直到黎巴嫩的港口城镇比布鲁斯——他向哈索尔奉上礼物，将这位埃及女神尊为"比布鲁斯夫人"。这就在政治上认可了那座港口的地位，此港口不仅是埃及所需大量木材的来源地，还是一个"连接环和中转站"，让埃及与远至克里特岛和阿富汗这样的地方关联来往。

随着海外贸易的拓展，王室工艺作坊的出产也相应丰富了起来，至少有一座真人大小的站姿铜像被雕铸完成，名为"高大伟岸的卡塞凯姆威"。王室建筑师们继续用寿命更为持久的材料来创作。文献记录中声称，"名为'女神长留停驻'的神庙，是用石材建造的"，而不是以往常见的泥砖，并且卡塞凯姆威本人还主持了奠基仪式，"拉起绳带"去丈量标注神庙的立体尺寸。对建筑的校准定位，为求准确则用到了天文观测知识；这一事实在那些新的宗教头衔中也体现了出来，比如"首席观象师"或者"最高查验师"之类的，都是御赐给赫里奥波利斯的高级祭司们的，而此地则是太阳神和太阳神女儿哈索尔的崇奉中心。作为"国王在神界的先祖"之一，哈索尔在戈贝林这里也享有了一座新建的石头圣祠。而在更南边的卡布，作为秃鹫女神奈荷贝特的大本营，那里也多了修饰装点，主要用的是石头雕刻品，与河对岸锡拉孔波利斯荷鲁斯神庙中的新时尚一样。

卡塞凯姆威的陵墓建在阿比多斯的马斯塔巴，单边长达 70 米；他的墓室中再次用到了石材，而且另外还有四十三个储藏室，里面装满了陪葬品。地下墓穴的墙倒塌时，古代的盗墓贼趁机来此抢劫，那些宝藏只有一小部分位置隐蔽的才免遭毒手，其中包括二百多件带金盖子的石头器皿、金手镯、金子与红玉髓制成的王室权杖、象牙大盒子与其他家具、铜斧头，还有埃及最早的青铜器——成品形式是国王御用的洗浴工具套件，有壶也有盆子，细心地用亚麻布包裹着。

除了在阿比多斯修建最大的王室陵墓，卡塞凯姆威的陵墓还建有与之相配套的丧葬宫室。这座阴间专用宫殿规模宏大，超过所有的其他建筑，占地面积达一公顷，周边则砌有泥砖墙，此建筑至今仍然挺立着，局部有些地方甚至还是原初的高度，高达 11 米。与卡塞凯姆威的王宫一样，这个亡灵专享版的宫殿也用灰泥涂敷抹平，刷成白色，里面也同样包含"内部隔间"，或说是储藏设施，但在当地人口中被谐谑地叫作 Shunet es-Zebib，意即"装苍蝇的存储室"。

在锡拉孔波利斯，卡塞凯姆威之前已修建了另一个类似建筑，但只有阿比多斯的一半大小。这座被描述为世界上最古老的砖砌独立结构大型建筑，经测算需要"惊人的 482 万块砖"才能砌出这样的效果：墙体 11 米高，5 米宽度。

通过这种方式，卡塞凯姆威留下了他在锡拉孔波利斯这座南方古老都城恒久存在的印迹。他同样也要求在北方永垂不朽，实现手段就是在传统首府孟斐斯旁边的萨卡拉大兴土木，修筑起第三座类似的框状围闭工程。如今，这个遗址为人所知的名字是 Gisr el Mudir，意即"大头领的围场禁地"。人们必须从空中鸟瞰，才能看到这里的全貌。大墙围出的面积，长半英里，宽四分之一英里，也即 800 米乘 400 米，比例协调且有神界的庄严气息。不过，这里没有刷上白色涂料，因为墙体都是用白得晃眼的石灰岩砌成。尽管此项目结束之前，卡塞凯姆威早已一命呜呼，而且这里从未彻底完工，但他还是为第三王朝他的后继者们提供了示范先例，为那石头材质的巨大建构——埃及的首批金字塔——奠定了非常坚实的建筑学基础。

7. 金字塔时代的兴起：
约公元前 2667—公元前 2613 年

第三王朝黎明的天光刚刚亮起来，构成古埃及"经典"文化的要素就已差不多悉数到位了。

首任国王左塞尔（Djoser，约公元前 2667—公元前 2648 年在位），是卡塞凯姆威与王后尼玛哈普（Nimaathap）的儿子。尼玛哈普死后，有一个多世纪，她都"被尊为是第三王朝的女创始人"。

她被厚葬在阿比多斯近旁贝特哈拉夫（Beit Khallaf）庞大的马斯塔巴中。这陵寝长度达 85 米，甚至超过了卡塞凯姆威陵墓的规格。墓穴中发现了左塞尔的名字，这就暗示着，是他把母亲葬在了阿比多斯。他礼葬母亲，跟他督办操持父亲的后事，用了同样的方式，并以此明确宣示自己作为先帝先后正宗嫡传继承人的资质。

不过，其父母下葬安息之后，倒是在实际上终结了阿比多斯作为埃及王室墓园的角色定位，因为新国王左塞尔向北回归到孟斐斯。当地现在成了帝王生活的中心，紧接着也成了来世生活的中心。左塞尔娶了他的妹妹赫特普希尔涅蒂（Hetephirnebty）当王后；两人生活的白墙大王宫，掩映在棕榈树林和葡萄园之间。负责行政和内务的团队，效率相当高，领头人叫何西拉（Hesira）。此人短小精悍、干净利落，留着两头尖的小胡髭，任何场合都戴着一顶假发。他高明的医术，令人叹服，不仅是"御用牙医"，而且还是"有据可查、真实可信的世界上第一位医生"。然而，宫里面博学多才的能人并非凤毛麟角，何西拉只是其中之一而已。例如他总是跟着总理大臣（或曰宰相）伊姆霍特普（Imhotep）为朝廷效劳，而这位宰相同时也是王室御用建筑师。

在萨卡拉的沙漠边缘，过往年代那些臣僚的高大的马斯塔巴巍然挺立，就在卡塞凯姆威修筑的雄伟石墙旁，俯瞰着下方不远处的城镇。伊姆霍特普和左塞尔很清楚这些建筑的存在，而且完全认同这一点：宏大建筑是一种完美的手段，可在王国广阔领土的四面八方盖上帝王的权威封印。所以，左塞尔的墓葬建筑群远远不只是一处安放尸体的坟墓，而应该是精心规划设计的一个工程建构，使他的力量和威权经久不衰，让他的灵魂恒久存活。而完全用石头建造的陵寝，无疑将极大地助力这个目标的实现，让效果明显提升。

现场已经有了大量的石灰岩材料可用，要做的就是拆掉卡塞凯姆威陵墓的石头围墙。如此一来，简直可被视为是对先王的篡夺和僭越，不过，这也照样可阐释为是在过去的基础上继往开来，将遗产发扬光大，让新一代的王族比上一代更伟大。而这种模式，将贯穿在古埃及历史的其余时期并代代相传。左塞尔的陵墓当然就是用了这个策略，他的马斯塔巴的顶部石头构造，直接矗立在了先王赫特普塞克姆威和奈尼特吉那既存的墓室上方，旧墓被改造扩建，以供左塞尔继续利用。

左塞尔的石灰岩马斯塔巴成形之际，他那围闭的来生宫殿也取得了同步进展。但这是自古以来第一次，来世宫殿没有被建在离墓室相对较远的距离之外，而是就围着马斯塔巴修建，并把这37英亩的神圣空间围合了起来。

这样做唯一的问题就在于，墓穴本身因被围在墙内，所以从孟斐斯没法看到。于是，伊姆霍特普决定将马斯塔巴往上方加建——

这也是受到附近第一王朝朝臣们墓葬的启迪：外层的泥砖之下，内部地面以上的上盖构造用泥砖呈阶梯状一级级垒砌上去。左塞尔的墓葬上方首先增加了阶梯状排列的三层石头，因堆叠的效果非常好，就又增加了两层，由此产生的是高达 64 米的石灰岩建筑体，白色耀眼，从几英里远处也能看到。

确切来说，这就是埃及的第一座金字塔，也是非同寻常的巨大成就。这成果是如此卓越，以至于在后来的帝王年表名录中，左塞尔的名字甚至用红色书写，以示突出。一千四百四十年之后，这座建筑上出现了爱慕赞赏的涂鸦，将之称誉为"左塞尔的金字塔丰碑，为石头发明了新生命"。这样的盛赞，对伊姆霍特普同样适用。这一杰出的建筑体，让他得以分享帝王主人的不朽声威，他自己的名望和头衔借此得以确立。实际上，比起左塞尔国王，他的英名甚至将会流传得更久远。因为伊姆霍特普最终被奉为神灵：孟斐斯的创造者是大神普塔，而他被誉为普塔的儿子。这位"埃及的列奥纳多·达·芬奇"，在其一生中不仅是出色的建筑师和总理大臣，还身兼赫里奥波利斯的最高大祭司。左塞尔则在那里修建了一座石灰岩圣殿，敬献给太阳神。

那座新庙墙上的壁画，描绘了左塞尔登基加冕的场景；一起陪同出场的，有他的妻子赫特普希尔涅蒂，女儿因特凯斯（Intkaes），还有王太后尼玛哈普。她们一一出现在他脚下的位置，身形尺寸都小得多。赫特普希尔涅蒂穿着硬质的亚麻料袍服，左右肩部形成两个明显的山峰状突起，"山坳"间她那盘成圆形的发型，最初可能是明亮的金黄色。如此推测，是因为这套行头打扮把王后呈现为太阳升起的一种形象。而在一座敬奉太阳神的庙宇中，这无疑是很恰当很应景的手法。在这里，母亲、妻子和女儿各自都代表着太阳神的女性保护人——"金色之神"，哈索尔和塞克美特，她们都是国王的守卫者，而国王安然端坐在她们后面，如神、如巨石般凛然不动。

埃及现存最古老的真人大小的雕像，所呈现出的左塞尔也是同样的姿态。雕像最初是位于金字塔的北边，安置于一个单独的色尔达布（serdab，小石室、石头龛位）中。在那里，奉养贡品可敬献给他的亡灵。石室的墙壁也朝着斜上方倾斜 13 度，面对着北方的天空，看似随时要发射飞升出去。这是为了让左塞尔通过雕像上曾经镶嵌着的水晶眼睛，能直接看到北方的明星，那是永不沉落的不灭明星、"不知有死"的永生之星，而他升天的灵魂将与星辰融汇合体。

不过，在复制了左塞尔泥砖王宫——但这次用的建材是石头——的这个建筑群中，这间色尔达布只是其中之一的小组件而已。与活人享用的王宫不同，这里被称为是"睡美人的宫殿，所有的东西都是死的，一切都是为死人而备办"。每样东西置办在此，只是为了供养维持那所谓的永恒生命。宫殿中有礼服更衣室和沐浴间，同时还有埃及史上第一座多柱式大厅。那些石柱特色鲜明，雕刻成类似芦苇捆扎起来的样子。那些墙面也有雕刻，看上去就像木质篱笆。屋顶的石板和门框，则模仿原木的外观。这些都在强调，活人居住的房屋是用容易朽坏腐烂的材料修建而成，而这个"永生之屋"，在开建之初就是要持久存在。

墙壁顶端，有眼镜蛇女神瓦吉特重复出现，那昂起的石雕头像是在提供安全护卫。左塞尔对整个王国的承诺和担当也由两套建筑加以着重强调，其中一套保佑北方，另一套护佑南方。即便是那140 米长的奔跑仪式赛道——"世界上最古老的体育设施"，也被特意筑成南北方向轴的布局，两头则是标杆。举办仪式时，国王必须绕着这两头来回奔跑，而在金字塔地下墓室的浮雕场景中，这件大事当然也被记录，以示旌表。

同样是模仿王宫的内饰，墓葬的墙上覆盖三万六千块绿松石砖片，再以营造出芦苇丛集的意境。其中有些被摆设成卷起来的百叶窗样式，构成一系列的"假门"，经由这些假门，左塞尔的灵魂得以自由进出。在每扇门的画面上，他都在完成那仪式化的奔跑动作。建筑群南边的那个区域，地下还有一座"傀儡"副墓，这同样的奔跑场景也在那附属墓室中出现了，为的是强调王国的两半国土都在左塞尔的掌控之下。这第二座墓葬的墓穴部分，尺寸要小得多，仅有 1.62 平方米，这就暗示着"南墓"中包含的只是帝王尸骨的一部分，比如说保存下来的胎盘，或者更有可能的是内脏——在制作木乃伊时为防止尸骨腐烂，内脏已经被取出。如此推测，是因为另外又发现了两张小型的雪花石台案，其尺寸正"适合给内脏"涂抹防腐香膏时使用。

左塞尔木乃伊其余的部分都安放于其金字塔下方 28 米处的一个红色花岗岩穹顶墓室中。这里发现的人体部位，包括完美保存下来的一只左脚。经放射性碳技术测定，这只脚的年代要比墓室本身晚了许多——可知当时在如此庄严环境中的墓葬已经尝试去"利用"过往辉煌朝代的力量了。另外在几个大约 30 米深的竖井中，也存有人体遗留物，包括一个长方形棺材中的一具男孩尸骨，还有一个女性的部分遗骨。经放射性碳技术测定，该女子生活于公元前 2600 年前后，有可能是左塞尔的女儿之一。

在另外四百间地下储藏室中，早年的考古学家们曾如此报告现场考古成果：一脚踩进"淹到脚踝高度"的小麦和大麦、无花果以及葡萄之中，还有四万件石头器皿，其中很多刻着先王们的名字，最早的可回溯至德耶尔的年代，而这是为了让左塞尔的英灵能吸收融汇先王们累积起来的伟大力量。

左塞尔当政十八年，无疑给他自己的继任者塞赫姆赫特

（Sekhemkhet，约公元前 2648—公元前 2640 年在位）提供了巨大的启迪。左塞尔的御用建筑师伊姆霍特普，继续在新王手下服务。一俟登基，塞赫姆赫特没有浪费一点时间，立即就计划开建他自己的陵寝，虽然是照搬先王的样式，但他规划的金字塔是七层，高 70米，比父亲的多了两层，高了将近 10 米。

塞赫姆赫特的统治只延续了九年。他死时，他的金字塔还未完工。他的长方形雪花石石棺保持着最初的样子，原地未动，但其中却是空空如也。石棺顶部严重腐烂的"葬礼花环"，被发现原来是一根木质撬棍的残留物。很久以前，古代的盗墓贼正是用这根棍子撬开了墓葬，将内部洗劫一空。

未完工的墓葬也是留给他后两位继承人的遗产。这两位保持了贸易的繁荣和税收的持续收缴，并且牢牢控制了西奈半岛上的绿松石和孔雀石矿源，以及努比亚那里的金矿。

第三王朝的最后一位君主，叫作胡尼（Huni，约公元前2637—公元前 2613 年在位）。他把王室新墓园定在孟斐斯以南的梅杜姆，但他在那里开建的金字塔工程，也没能向前推进很多。不过，他在埃及全境则建好了七座小规模的金字塔。

这些金字塔只有 12 米高，而且没有内部墓室，所发挥的功用与先王们的那些墓葬建筑也大为迥异。这些迷你型地标等于是石头形式的声明，像印章一般，将国王的权威存在标注在每个行政区（省份）中，宣告这都是他的领地。其中一座小金字塔，称为"胡尼的王冠"，为三层梯级的花岗岩结构，矗立在巨象岛上。塔旁边的房屋里，住的是书记官，负责记录缴纳来的谷物。所以，这些金字塔看来是王室财政库的征收点，从本质上来说就是税收办公室。作为一种恒久的提示信号，它们向沿河驶过的每个人昭告国王的无上权威。这种类型的金字塔，顺河而下且沿途分布，在埃得夫、锡拉孔波利斯附近的库拉（el Kula）、涅迦达附近的图克（Tukh）、阿比多斯、明亚附近的扎维耶特—梅廷（Zawiyet el Meitin）、三角洲一带的塞依拉（Seila）和艾斯利比斯（Athribis）等地重复出现，每一座都处于当地行政管理的范围之内，与公务官员的体系网络相匹配。

这些官员通常都将官衔传给他们的儿子，不过也有些人是传给自己的女儿，还有其他人则是母亲将官衔传给儿子，或者是从母亲这里传给女儿。从宫里得到的财物，也是由父母双方传给孩子。关于这一点，在梅特恩（Metjen）的传略中首次得到陈述。他一级级地晋升上去，从仓库的小抄写员一直荣升到深受王室信任的宫中要员。他曾声明："父亲的财产被移交给了他"，而且，"母亲妮布森（Nebsent）也将50阿罗拉〔aroura，共约14公顷〕的地产赠予了他。母亲给子女们立下了遗嘱，经国王手书确认后，遗嘱交由他们保存"。

至于国王自己的后继者，胡尼的王后德耶法内布蒂（Djefat-nebti）给他生了个女儿，叫赫特菲尔丝（Hetepheres），而妃子梅瑞珊（Meresankh）则给胡尼生下了儿子斯奈夫鲁（Snefru）。"当胡尼大王陛下去世时，斯奈夫鲁大王陛下便升上宝座，成为这四海之内的贤明仁善之君。"

在位于梅杜姆的八层金字塔陵寝完工之前，胡尼便一命归西了，但斯奈夫鲁替父王完成该工程的绝大部分——即使不能说是全部完成。为了进一步强化他对王位的绝对继承权，他又娶了同父异母的赫特菲尔丝。这位王后尊号为"其令一出必皆执行之女主"。作为"第四王朝王室家族的女先祖"，赫特菲尔丝与她的新婚丈夫成了第四王朝的首任统治者。两人对太阳的无限崇拜，将会以最夺人耳目的方式反复地展现出来。

8. 太阳的儿女：

约公元前 2613—公元前 2494 年

埃及进入第一个"金色时代"（或"黄金时代"）。在此期间，太阳作为"伟大的雌雄一体"，毫无疑问地被奉为至高大神。

赫特菲尔丝是"神的女儿"，是太阳神的女儿哈索尔和塞克美特在人间的世俗化身。她的丈夫斯奈夫鲁（约公元前 2613—公元前 2589 年在位）则敬奉太阳神的另一个女儿玛阿特，采用的帝王名号叫"奈布玛阿特"（Nebmaat），即"真理之王"。他是第一个将两个名字，即出生名与帝王名，同时刻在椭圆形图框中，而不是以往那种长方形的塞雷克框的君王。

斯奈夫鲁是埃及最伟大的金字塔建造者，组织运输了九百万吨石头来新建三座金字塔。他本身也有着高于现实的传奇人物形象，并在后来的民间故事中长期受到称颂。这些传说声称，他组建了一个女子划船队，女桨手们"都有最优美的身材、乳房和发辫"，穿的是"渔网状亚麻"长裙。"当看着她们挥桨一上一下划动船只时，大王陛下的心情就会十分愉悦。"这固然可以被看成是一个淫荡的老国王在寻求某种可疑的娱乐，但实际上也是在微妙地暗示，国王就相当于太阳，他被推动着跨过天穹，而划船女则是代表着哈索尔——她众所周知的最大特征就是精心打理的考究发型、引人瞩目的饱满双峰和令人生畏的强大保护力量。

在赫里奥波利斯，左塞尔此前已经把他自己描绘成神一般的存在，身边环绕着女性亲眷。斯奈夫鲁，作为敬拜哈索尔及其本我另一化身塞克美特的虔信者，则被呈现在埃及史上留传下来的一幅最美图像中。这个最美图像是残损的浮雕壁画，画中的斯奈夫鲁被母狮一般的女神拥抱着，女神的唇吻触碰着他的鼻子，将生命的活力气息注入他的躯体。

从那尔迈执政的时候开始，帝王与女神之间的关系就日益根深蒂固。哈索尔的名字，字面上的直接意思就是"荷鲁斯的居所/子宫"。斯奈夫鲁建了座神庙献给哈索尔，在其中加入了自己的一个黄金雕像，身份是女神的儿子，新生的太阳神——"从黄金中诞生的荷鲁斯"。

哈索尔被描述成"住在世界尽头一处小树林中的女士"，而她的神圣之树西克莫梧桐，也种在了神庙之中。塞克美特的神庙里，种的树则是金合欢，赫特菲尔丝王后有个头衔，也曾突出这种植物，叫作"金合欢之屋杀生主理人"。在赫里奥波利斯，这里是向塞克美特敬献肉类祭品的地方，同时也有舞蹈表演，敬献给哈索尔。而这同样的仪式化音乐和歌舞，与小型的动物牺牲祭献相结合，一直以来都是埃及民间宗教仪式的鲜明特色，并一直持续到公元 20 世纪。

哈索尔的部分女祭司每天黎明用歌声迎候太阳到来，另外一些则"专责管理女神的土地和田产"。在达苏尔斯奈夫鲁的来生宫殿中的壁画上，具象化呈现了代表其王室领地的人物——一组全系列的女性形象。关于国王的绝对权益，以往是借助系在陪葬品上的象牙小标签来注明，而现在则是以画面来传达这个概念。世界上其他的文化很少把"征收税赋当成宗教神圣艺术的主题来表现"，但在这里，古埃及人却如此行事，每个以拟人化、女性化手法呈示的行政区，都伴有一个生动鲜活的名字，比如，"斯奈夫鲁的丰美牧场""为斯奈夫鲁献舞""斯奈夫鲁的养育者"。画面中每个女性都带来丰富的物产，以维持供养大王的灵魂。

斯奈夫鲁的王国中，财富当然也十分充足，可谓是应有尽有。仅在三角洲和中埃及，养牛的畜牧场就达一百多个。金字塔的建造技术，则被斯奈夫鲁驾驭自如，以此修建了世界上最古老的堤坝，旨在提高农业生产效益和产量。该堤坝位于赫旺附近的加拉维谷地（Wadi el Garawi），耗费了六万吨石块，跨度达 320 米，建造的意图是为了控制珍稀而又危险的雨季骤发洪水。讽刺的是，接近完工之际，一场特别猛烈的洪水将堤坝冲毁了。不过，这依旧显示出这些宏大的建筑可能有一定的实用目的。也正因为此，埃及人才继续去设计改造他们的地理环境，以期得到最大的回报。

斯奈夫鲁还启动了一个浩大的造船项目。王室船坞能造出长达50 米的木船，国王曾派遣四十艘去黎巴嫩运雪松树原木、去西奈半岛的马加拉谷地运绿松石。通过近年的发掘，我们还在红海海岸向西仅有 50 千米的贾夫谷地，确定了当年港口最初的位置。那里有雪松木的船只，存放于长长的石砌仓房中，有石头吊闸门封住入口。

斯奈夫鲁也向西拓展了埃及的势力，他派出武装远征军去打击利比亚人，抓获一万一千名俘虏，战利品则是一万三千一百头牛。而在南方，作为"有意而为之的一种法老统治政策，去摧毁和震慑下努比亚地区的土著定居点"，他的军队抓获了七千名战俘，掳走二十万头牲口。这位大王的武力向南一直渗透到当今努比亚地区的布恒，他在当地建立起一块埃及殖民地，作为开展贸易和生产铜制品的中心，同时也作为后继远征行动的中转补给站。此外，斯奈夫鲁顺势夺得了努比亚的黄金矿藏，并在阿布辛贝附近开设了闪长岩采石场。

随后，在埃及全境范围内的王室建筑中，这些材料都被奢华无度地广泛运用。在属于赫特菲尔丝的那些精美家具中，就包括几个黄金宝座和一张金床。床的四周环绕的是质地最优良的亚麻垂帘，从黄金的华盖顶棚上挂下来。这些应是丈夫送给她的礼物，一起完整配套的还有相应的金质储物盒。这一整套物件构成了"一间便携移动的闺房"，且物件"十五分钟左右就能拆下来，用差不多同样的时间就能再次组装好"。赫特菲尔丝陪同斯奈夫鲁巡游全国、探访民情，这全套装备一直伴随着她。优质的亚麻帘幕，时刻保护她免受阳光暴晒、蚊叮虫咬，也挡住平民百姓们好奇窥视的目光。或许，也就是在这私密亲昵的空间内，王后与大王兴致盎然地，实施了造人行动，让小赫特菲尔丝——国王"他老人家钟爱的至亲骨肉大女儿"——与她那胖脸圆嘟嘟的弟弟克奴姆胡夫（Khnumkhufu）先后来到人间。

那些妃嫔为大王生了更多的王室后裔。这些孩子成人之后的肖像是留传下来最为美妙的人像。安哈夫（Ankhaf）王子的一尊肖像，是那样的栩栩如生，以至于一位博物馆馆长给此像的复制品穿上了他自己的西服，打上领带，还戴了一顶洪堡卷边小毡帽，"为的是满足一份强烈的好奇心，就是一个古埃及贵族，如果生活在今天，看上去会是什么样子……尽管鼻子破损、耳朵缺失，却无关紧要，人物脸上的现代感照样令人惊叹，因为这样的脸似乎随便哪天都可能在街头碰到"；与此同时，"帽子和外套——其主人身高六英尺，也即一米八，体重约七十三千克——对古埃及人来说简直像量身定做，毫无违和感"。

不过，一直激起现代人最大兴趣的，还是斯奈夫鲁的儿子拉霍特普（Rahotep）王子和太子妃诺芙蕾特（Nofret）那原始朴拙的彩绘雕像。这对夫妻是"开罗博物馆中访客参观最多的双人组"。拉霍特普的黑发被剪短，留着细长的小胡子；当侧边的光线照进来时，他那蹙眉凝思的脸部线条传递出强烈的专注之感。而诺芙蕾特嘟嘴且郁郁不乐的表情，则会变成"愉悦又宁静闲适的"样子——这要取决于人们是在一天中哪个时段入场去谒见这对夫妻。说他们看上去简直就是大活人，这固然是老一套的陈词滥调，但1871年，第一个进入他们墓室的人，却大为惊骇、掉头逃命了，还一口咬定，那显然是未死去的墓穴居民"在瞪眼盯着他看"——他们那内嵌了石英的水晶眼睛亮亮地发光。这些模仿人物原型的雕像，是充当他们灵魂的居所：万一制成木乃伊的尸体损毁了，雕像就是收容所。这类艺术作品，从未打算过让活人看到，而是跟死人埋在一起——这样的设想真是不同寻常且匪夷所思，而埃及人对于永生的痴迷执念，则又一次无意中为人类历史提供了最精彩的礼物。

在梅杜姆，斯奈夫鲁为另一个儿子奈弗玛阿特（Nefermaat）王子及其王妃伊泰特（Itet）准备了金字塔墓葬。在那里，同样的艺术水准也得到了体现。墓室墙上所绘制的壁画品质如此之高——其中尤其出彩的是著名的"梅杜姆大雁"——以至于现在有些学者甚至断言那些壁画是19世纪的伪作赝品。该壁画独特的色彩和画面比例，无疑具有高度的创造性。墓室其他墙壁上内嵌的彩色灰泥，也具有同等程度的创意。这是奈弗玛阿特王子自己设计的作品，是在宣告这些图案是"为了他的神祇而绘制，犹如天条律令，严禁破坏"，而企图侵占他最终安息之地的任何人都不允许有所造次。

然而，梅杜姆的马斯塔巴全都被洗劫一空。不过，其中一座埋葬有其最初的占有者——王族亲戚冉纳弗尔（Ranefer）的则残存了下来。根据1890年进入墓室的一位考古学者描述，他的尸体是"竖起来挂靠在西边墙上……头被入侵盗墓者打掉了，但在下面放了块石头支撑住，很仔细地让头能复归原位"。此考古学者还说，冉纳弗尔的木乃伊制作处理得非常烦琐，里外都有好几层，所以尸体看上去"圆滚滚的，很肥大的样子"。去世时，他被直挺挺地平放下来，以便去除内脏，而那些内脏干燥脱水之后，也被包裹起来，与他一起下葬。他身体其余的主要部分，同样经过干燥处理，涂抹好香膏，再用亚麻布包好。而亚麻布上还要涂绘黑色的头发和红色的嘴唇，眼睛和眉毛则是用青绿色。

作为发现时状态如此完好，且又是最早期的木乃伊之一，冉纳弗尔的这具珍稀遗体被送到了伦敦的皇家外科医师学会。那里的一位解剖学专家曾经将头颅带到讲座现场，"对着听众当面摇晃，所以他们能听到干燥萎缩的脑组织在头骨中发出的咔嗒之声。这个迹象表明在挖取内脏的过程中，脑组织不是作业内容的一部分而没被移除"。经过如此折腾还能幸存，本已是不幸中的万幸了，但更为不幸的是，1941 年，德国人的闪击战空袭直接命中了学会大楼，冉纳弗尔的遗体也就从此烟消云散。

所有的这些人，冉纳弗尔、奈弗玛阿特和伊泰特、拉霍特普和诺芙蕾特，都是被埋在紧靠胡尼开建金字塔的地方。当然，完成工程的是斯奈夫鲁，他在那梯级状的外立面间填入了较小的石块，构成四面都是斜坡状的第一座"真正的"金字塔。这受到了好几代人的赞赏吹捧，当时古人的涂鸦声称，"斯奈夫鲁大王英明，三重美誉不为过"。这种褒奖，至少持续到了该金字塔风蚀垮塌，演化为现如今这令人惊奇的样子——梯状体，如同倒扣的果冻。

轮到他自己的墓葬安排时，斯奈夫鲁想要一处全新的安息地，于是把目光移到了孟斐斯以南六英里处的达苏尔。在这里，他从无到有，开始修建第一座四面外表平滑的金字塔。此建筑的设计表达出一种二元概念：两个独立的进出口、两套内部墓室、两个倾斜角度——下面最初为 60 度角，在总高度 105 米的半程中间位置又变化为 43 度，由此产生了我们现在所指称的"折弯金字塔"。无可否认，与后来其他金字塔的直线条相比，这里的弯折线看上去挺古怪，但有些埃及学家认为这个形状是为了特意模仿创世之初的陆地土丘，而这两个明显不同的倾斜角分别代表上下埃及。

不管规划多宏伟，这金字塔终归只能建在泥板岩的基底上。外部随后出现裂痕，内部也有了沉降，光靠灰泥填补，无法再蒙混过关。哪怕说得再轻巧，国王至少肯定是不满意的。于是他命令建筑师回到草图绘制板旁做新规划，然后在折弯金字塔北边四千米处，开始了可谓是有史以来最劳民伤财、艰苦卓绝的重建工程。

在大约一百五十万的总人口中，所有可供征用的劳动力都被调集起来，工程持续长达十七年间，二百万吨石头被堆垒砌筑完毕。施工者有"绿帮"，有"西部帮"，有各路民工联合军团，他们辛劳付出的最终回报是一座完美的金字塔。这座"北金字塔"，从下到上都是连贯的 43 度倾斜角，高度为 104 米，可谓是所有后继同类建筑的范本，至今仍然主宰着达苏尔这里的天际线，实实在在地见证了斯奈夫鲁的眼界和创想，还有他手下建筑师们的坚韧不拔。这座金字塔，可不只是向天高耸简单梯级，而是以建筑为形态的一种具象模拟，演绎斯奈夫鲁的灵魂将会再生的方式：塔尖最上部有一块镀金的顶盖石，预先设计好了可以抓住清晨太阳最初的光芒；太阳那复活新生的力量然后被直接向下传递，注入国王的遗体。

公元前 2589 年前后，斯奈夫鲁告别人间。负责涂防腐膏脂的王室入殓师将他的尸体做成木乃伊。他们高度专业化的工作，也高度神秘；当时有关葬仪人员的文献中有类似于宣誓的记录，"卑职效力于奥西里斯的宫室，我乃保守秘密之人"。斯奈夫鲁的遗体正是在这座北金字塔中被发现的。有迹象显示，尸体也是先取出内脏，然后用那已经沿用了几乎两千年的闪亮金色膏脂来做成木乃伊。这种膏脂在保存他的遗体的同时，也强调了他的太阳世系血统——他的灵魂向上飞升去跟太阳认祖归宗时，正是对他的资质的证明。

为了分享父亲那浸润在太阳福佑中的死后生活，斯奈夫鲁更多的孩子也埋在了附近，就像王后赫特菲尔丝那般。不过，她并没有一直沾光，陪着丈夫去享受永生优待，因为她给斯奈夫鲁所生的儿子和继承人有了别的规划。

克奴姆胡夫是借用了羊头创世神的名字，意思是"克奴姆保护我"，但在历史上为人所熟知的名字就是胡夫（约公元前2589—公元前2566年在位）。这位新国王将其父亲遗留的壮观事业进一步发扬光大，完成了埃及史上最大、美誉度最高的著名地标：吉萨大金字塔。

胡夫登基时，当地还只是一片空荡荡的高原。"高地东边将要出现的第一座建筑，就在大金字塔东边"，是王太后赫特菲尔丝的陵寝。这样的选位，可能是受到了南边一英里处那座威严的马斯塔巴的影响，那是为第一王朝国王吉特的母亲而修建的。

赫特菲尔丝墓葬的地基向下挖了27米之深，直接凿进了岩床。墓室中放满了她的财物，既有她丈夫赠送的旅行卧室套房，也有儿子孝敬的黄金与乌木材质的滑竿轿椅——这种滑竿的设计，是为了让轿夫抬着太后去观光。从最早期开始，埃及王族女性出行和神灵雕像的运送，便是用这同样的方式。她们高高在上坐着——这种旅行方式哪怕难免有点危险，但也肯定是非常令人心旷神怡的。轿厢那镀金的外表会映照出跨越天穹的太阳，这就强调了作为"神的闺女"，赫特菲尔丝是"至尚金色女神"哈索尔在凡间的象征，于是她们也就足够神圣，并能担得起这份与神灵同档次的出行待遇了。

胡夫宣称自己是哈索尔的儿子，为了他的精魂再生，就需要有那位女神在场关照。既然他的母后被认为是女神的肉体化身，这或许就可以解释胡夫的巨型金字塔为何被直直地安顿在了赫特菲尔丝墓葬的后方。虽然，这位王太后的陵寝离东方的日出之地和尼罗河都更近，位于胡夫"他自己的王室墓地中最重要的位置节点"。

赫特菲尔丝死后，尸体被做成了木乃伊，内脏器官则单独保存在一个雪花石箱柜里的碳酸钠盐溶液中。1925 年，她在吉萨的墓葬被发现，完好无损，而且那石头柜子依旧还密封着。不过，配套的雪花石石棺里面，却完全空无一物。带队的那位考古学家不得不向热切等待着的众人通报："我很遗憾，赫特菲尔丝王后不能接见各位了。"他然后给出理论推演：王后在达苏尔下葬后没多久，她的木乃伊就被盗墓贼给毁坏了。接着，儿子胡夫下令将太后重新安葬在吉萨，要让母亲的遗体紧靠他的金字塔。没人敢告诉他真相，于是胡夫大王被糊弄了过去，将空石棺移葬入土。

不过，近些年的研究暗示，胡夫可能直接修订了他的计划。他把母亲的遗体从达苏尔移出来，重新葬在了一个小金字塔中——那是他在母亲位于吉萨的竖井墓穴旁边后来加建的建筑。他还给王太后配备了吉萨最早的陪葬船——向太阳航行专用。

岩床上被挖凿出一个巨大的椭圆形坑，船就安置在坑里。木船那准确无误的长圆形轮廓，再加上嘴唇一般的边缘，具有高度的提示性，让人联想到这是通向天空女神产道的开口，正是经由此处，太阳每天黎明得以再生。实际上，金字塔这里的整个地面，很快也就随处点缀上了形态鲜明直露的凹坑——数量如此之众，让这里就像一个奥秘难解、规模庞大的产科专区。"生产与木船意象"之间这种强烈的关联，在关于葬仪的文献中也被重点提及。描述太阳神在女神体内移位穿行的途程，用的显然是人体解剖学的概念术语，生产中的女神宣称，"当狂烈躁动达到极限时，金光四射的圣物就分娩而出"。太阳"出生"，伴随着一片血红色，而吉萨那里的木船最初也是封上了一层灰泥，其中掺进了氧化铁粉，营造出一种"玫瑰粉"的色调。

母亲的陵寝和葬仪都精心安排妥当后，胡夫开始筹建他自己的陵墓，人类历史上最出名的一座陵墓。现在，吉萨大金字塔是其为世人所知的指称，而当初的命名是"阿赫特—胡夫"（Akhet Khufu），意即"以胡夫为始，胡夫的地平线"。

胡夫的建筑师是其侄儿赫缪努（Hemiunu）。他的金字塔追随了父亲斯奈夫鲁的先例，采用外立面平滑的设计，但高度增加了42米。

赫缪努也是学识之神托特（Thoth）的祭司。后来的传说故事讲到，大王跟一位巫师讨论过他陵寝的平面布局，而巫师"知道托特圣祠密室的尺寸比例"。"胡夫大王陛下曾花时间去搜寻托特圣祠的密室，因为他想为自己的金字塔建造一个类似的密室"。如此看来，在赫里奥波利斯的太阳神庙中，有那么一个秘匣中显然也保存了这金字塔神圣的尺寸资料。

勘测过地皮之后，利用拱极星做参照，赫缪努调整校正胡夫金字塔的落地位置，确定了基点方位。在一年中不同的时段，整个陵寝建筑综合体，哪些部分会处于金字塔那巨大的阴影中——这点也被反复计算了。

金字塔具体是怎么修建的，这的确是一个长期争论不休的话题，尤其是因为每座金字塔的规划设计、用料和建造方法都各不相同，更何况还有关于塔本身的体量和地理位置的疑问。以大金字塔来说，其是用二百三十万块石头建成，每块石头平均重达两吨半。胡夫执政二十三年，这就意味着每一个十小时作业的工作日，要运送处理三百四十块石头，或者每天每小时三十四块，大约相当于每两分钟一块石头。尽管建大金字塔主要使用的是来自邻近采石场的石灰岩，但它原初那白色的外层用材，却是产自图拉（Tura）的质地最细腻的石灰岩，要从尼罗河东岸运过来。而最近有个研究则揭示出，金字塔内层部分填充物其实是沙子。

这座金字塔高度为 146 米，直到公元 1300 年英格兰的林肯大教堂完工，才取代了它世界最高建筑的地位。这确实是一个令人难以置信的工程奇迹，"为里面安葬的遗体提供了最大限度的保护"。虽然有个原初的入口，但很隐蔽，被巨石掩盖了。通向墓室的唯一途径，则要经过一个下行通道的顶部，而那里由三块花岗岩巨石封住。巨石的另一边开始上行，通往内部净高达 8 米的大走廊（Grand Gallery），大走廊再向上爬升 47 米，然后又被三块花岗岩石板组成的吊闸门封死。

大走廊的最顶部位于金字塔最中心的地方，是堪称极简主义风格的墓室。这里的气场氛围极不寻常。红色花岗岩垒砌起来的墙壁森严肃穆、令人生畏，每个轻微声响都会因回音而放大。这可是货真价实的银行金库，建造出来正是为了保存埃及最伟大的宝物——国王的木乃伊。存放木乃伊的红色花岗岩石棺，比入口通道还宽2.5 厘米，所以明显是在金字塔建造之时就已安放到位。

墓室的两个排气井筒，还有远在下方的第二墓室的另两个排气井筒，朝向分别被设计成对着猎户座和北极星，还有北极星和天狼星。这几个星座，是胡夫灵魂在夜晚飞升的去向选择，与此并行不悖的是他的灵魂也飞向太阳，搭乘的是 43 米长的"太阳船"，那些船被安置在金字塔外面地上的坑洞中。

有两艘船幸存了下来。它们都是用黎巴嫩雪松原木制作，用防水的树脂填缝。它们最后一次横渡尼罗河，很可能就是用来将胡夫的尸体运送到金字塔陵寝这边。其中保存最为完好的一只船，甲板上有一个华盖顶棚，这与赫特菲尔丝王后的黄金华盖是如此相似，所以差不多能确信是同一个匠人做了这两样东西。如此一来，大概就让胡夫得以投胎孕育或降生的地方，与这个协助他再生的复制陪葬品以及这整个陵寝建筑产生了关联。

胡夫需要与他那神圣非凡的母亲亲密相处，这也反映在了集巴斯泰特-塞克美特为一体的两座大型雕像上，胡夫被呈现为孩童，一个在女神像的脚下的小不点。宫廷文献记录也宣称，有过两座伟岸高大的国王雕像，用黄金和铜铸成。但目前通常得到确认的一个共识是，埃及最宏大的金字塔的建造者唯一已知的造像是一个象牙小雕像，且只有拇指大小。尽管如此，实际上还是有大型的石头雕像已经被认为是胡夫，而识别的依据就是他圆胖的脸型，而这些雕像被树立起来的年代，正是贯穿了他的陵寝工程的建设周期。

这些浩大的建筑群在尼罗河开始，那里建起了国王的河谷神庙。从那里为起点，一条长堤通道，"用打磨抛光后又雕上动物图案加以点缀的石块建成"，最初延伸了 825 米，跟胡夫母亲赫特菲尔丝坟墓后面所建的葬祭殿相连。在那里，黑色玄武岩的地板上曾立起红色花岗岩的柱子，四周内墙也是用相匹配的花岗岩铺设。1876 年，埃及政府将这衬墙的一块石板赠送给了一位英国外交官，而后这块石板被嵌入外交官在英格兰故居达勒姆（Durham）附近的当地教堂的墙面中，至今仍是宗教建筑的一个组成部分。

胡夫本人葬祭殿的白色石灰岩墙上面刻出了用于盛放祭拜物品的龛位。墙面也突出了音乐女神梅瑞特（Meret）的形象，她的歌声飞扬上升，穿过大殿的屋顶平台，"让（大君）你化身为一个变形的精灵"——后来曾有古文献如此描述和断言。所以，接下来的情形就不是什么偶然巧合了：金字塔修建完成，主持项目的建筑师赫缪努又被任命为"统管南北的音乐主事官"——这是古代版本的一种跨界奇才，就如同英国 17 世纪的建筑大师克里斯托弗·雷恩（Christopher Wren）与作曲家亨德尔融合为一个人。

埃及有史以来最大的金字塔，连同附属的乐音声学体系都得以顺利完成，赫缪努因此得到回报，被允许用御赐资源为自己在吉萨王室墓园中建了一座精美墓葬。那里错落分布的马斯塔巴就像纵横交叉的街道，为死者们创造出了一个王室的安息社区。胡夫的儿子霍尔耶德夫（Hordjedef）也收到神灵和臣僚们的建议，要"美化你在大墓场中的居所，死人的屋舍也应该是为了生命的延续"，而这一建议得到了王室家族的认真对待。

这些贵胄在死后也有幕僚和仆从的陪伴，比如有宫廷珠宝官维尔卡（Werka），是"负责王室饰品的金属加工工匠"，以及"每天逗大王开心的侏儒小丑佩里恩胡（Periankhu）"。在宫廷中，侏儒占有特殊的地位，比如侏儒希内卜（Seneb），不仅掌管王室的礼服仓库，还监管胡夫的葬祭仪式；希内卜的妻子叫希内蒂特丝（Senetites），发育完全，身材正常，身为哈索尔的八十一位女祭司之一，她也被安葬在吉萨的王室墓地。

埋在此地的那些人，看似都完全与世隔绝，安然独处，飘浮在一个王室特权的世界中，根本无须现实的支撑，且与我们人类的日常生活也毫不相干。这些金字塔本身曾被设想成是由奴隶军团建成，浩浩荡荡的奴隶人群被用大车拉到工地上——就像导演塞西尔·德米尔（Cecil B. De Mille，1881—1959）在其电影中所呈现的那样——为残暴无情的法老暴君们艰辛劳作，然后又被杀人灭口，且被杀只是为了保守秘密，以免透露陵寝中隐藏宝物的具体位置。1988 年，Gerget Khufu，也即"胡夫的工程处"终于被发现，这才揭示出这一传奇遗址背后的那些真人真事。

一道巨大的"乌鸦墙"——10米高、12米厚度的屏障，将活人世界与死亡国度阴阳两隔，也将外面的"工程处"与王室墓葬地隔开。这个为特定用途而建成的简易居住区，主要是管理人员的独立住屋，以及工人们栖身的营房式工棚。他们就餐是在公社般的集体大食堂中。食物是从现场的仓库中取料加工，肉类和鱼、啤酒、面包来自规模类似于现代产业化经营的巨大的牲畜饲养场、酿酒作坊和面包房。面包制作得很紧实，提供充足的碳水化合物和热量。这是用小麦和大麦粉混合，加入酵母，做成大块的面包坯，在粗大厚重的陶锅或炉子中烤制完成的产物。

前王朝时代的死人墓葬是了解前王朝人类生活的最佳途径，而那六百座吉萨劳工们的小坟墓，同样也保存下了它们原初主人的一些真实信息。这其中包括纺织工涅弗赫特佩丝（Neferhetpes），她曾是十一个孩子的母亲，在其碑刻铭文中，据说她要了十四种面包和蛋糕当作她的祭奠之物——这显然是她理所应得的。这类铭文也写出死者的官方头衔，比如，"石匠监管员""制图工主任"，再比如"女祭司""纺织工""面包师""制陶工""木匠"，以及像佩特狄（Peteti）这样的艺术家。为了保护他那小坟墓免受打扰，他写下了颇有些想象力的诅咒之语："所有的人，听着！你们当中，谁胆敢进入此墓或对此有任何破坏，哈索尔的祭司将惩罚你两次，打死你。谁胆敢对我的墓干出任何坏事，他就会被鳄鱼、河马与狮子吃掉！"

有些墓穴中，死者本身还依旧存在。他们那残留的骷髅毫不意外地透露出劳累过度引发的健康问题。经检验的每一具遗骨，几乎全都显示出关节炎还有脊椎受挤压和扭曲的迹象。一位研究人体的人类学家"惊诧地看到妇女身上出现这样的关节炎"，并加以补充说明，"她们的骨骼受到了更多的损伤，比单单做日常家务所能导致的病况远为严重"。

吉萨的这些女性劳工中至少有一人是侏儒，不超过一米高，在分娩一个正常大小的胎儿时难产而死。不过，这些骨骼也显示出，劳工中有骨折经治疗痊愈以及成功截肢的病例，这就暗示着古代世界这个最大的建筑工地上曾配备有医疗设施。

总计达到四千人的核心劳动力被分成不同的"帮派"组团承担大部分的工作。每年夏天，他们的人数会大大增加，因为农夫会来帮忙。7月到9月，河谷中洪水漫灌，农夫们没法耕种土地，被用船从全国各地运过来，重新临时部署在这里。他们集体发力，一同来推进英明神武君主胡夫的永生伟业——大王的幸福来生，或许他们觉得自己也能分得其一杯羹。

大概在公元前2566年，胡夫去世。他的尸体被制作成木乃伊，制作工序之精良，技巧之高超，丝毫不逊于建造其宏大陵寝所耗费的心血，因为他的干尸才是整个金字塔建筑群的焦点和重心。

香膏涂覆完毕，尸体被放入棺材，然后就被抬起，沿着长堤通道去往他的葬祭神庙。棺材笔直竖立在神庙那黑色的地板上，香火点起，烟雾缭绕，氤氲不绝，祭司们操办"张嘴"仪式，触摸死者的嘴、眼睛、鼻子与耳朵，以恢复这些器官的功能，同时也意味着把胡夫的精魂"转移复位"到木乃伊身上。

然后，主持葬礼的人进入金字塔，向上走到花岗岩衬墙的墓室，将棺材放入花岗岩的石棺，封上厚重的盖子。离开时便打开吊闸门机关，将那墓室永久封闭。

因为胡夫象征着地上人间的太阳神，他的儿子兼继位者德耶德弗拉（Djedefra，约公元前2566—公元前2558年在位）便采用了一个新头衔——"太阳之子"作为其帝王称谓的一部分。家族对太阳的敬奉一如既往，德耶德弗拉也开始筹划他自己的金字塔，但这次不是在吉萨。取而代之的是他把选位向北挪动了 8 千米，定在阿布拉瓦希那里的沙漠高地上，以便正对着东边位于赫里奥波利斯的太阳神主神庙。

新金字塔的地基高度在尼罗河谷之上 150 米。塔身核心部分几乎有一半是利用一个石灰岩天然隆起的构造来修建的。如此一来，修造那底边长二百腕尺的四个侧面，所需要的劳动量大幅减少，而那一百二十五腕尺的高度则得益于地基本身的高度，看上去也比实际要壮观。

德耶德弗拉还命人给自己和家人刻了一百多座雕像安置在他的金字塔建筑群中。那些红色石英石的雕像有着"神圣的崇高之感，令人望而生畏"，而赫特菲尔丝二世——他的伴侣兼同父异母的姐姐——的雕像，也匹配得起大王的凛然神威。

赫特菲尔丝二世之前嫁给了胡夫的大儿子卡瓦布（Kawab）。卡瓦布死后，她就又嫁给了小叔子兼弟弟德耶德弗拉。跟同名的祖母一样，她也敬奉塞克美特，同样号称是"金合欢之屋杀生主理人"。赫特菲尔丝二世当然也是哈索尔与塞克美特合二为一的代言人，她的雕像身后附加上了类似狮子的部分，由此产生了所有埃及意象中最具识别度的符号之一，即斯芬克司（sphinx）。

这个词衍生自"shesep-ankh"这一概念，意思是"活着的形象"。赫特菲尔丝二世的头与一只趴伏着的母狮的身体相结合，这座造像便成了埃及已知的第一个斯芬克司。这个斯芬克司成为了德耶德弗拉在阿布拉瓦希陵寝的完美守护者。

结束了大概八到十一年的执政期，德耶德弗拉被下葬在阿布拉瓦希。他的葬礼祭仪由其女儿兼女祭司内弗霍特普丝（Nefer-hotpes）和他的弟弟哈夫拉（Khafra）料理操办。兄终弟及，哈夫拉当上了新国王。

哈夫拉回吉萨建了自己的金字塔墓葬，就在他们父亲的陵寝旁边。尽管如此，他还是从哥哥德耶德弗拉那里学到了很多东西。至少，他给自己的金字塔——名为"哈夫拉是伟大者"——选了一块地势相对更高的地方。因此，虽然比胡夫的金字塔可能矮两米，他的塔看上去却显得更高，这个方案可谓是"充满灵感，兼顾了自尊自大与（对兄长的）顺从尊重"。

哈夫拉还灵活利用了周围的地貌，将金字塔前面露出地表的大体积岩层改造成了一座巨大的雕塑。这雕塑高 20 米，长 70 米，是一头守护金字塔的狮子造型，但长着人头。可能是受到赫特菲尔丝二世女性原型意象的引导，这个大斯芬克司一直被认为是女性。这一看法已经持续了差不多两千年的时间：当年有希腊客人来访，注意到那硕大人脸上存留的红颜色，便将这石像称作"Rhodopis"，即"粉红脸颊"。

但是，这是哈夫拉的斯芬克司，因而有着哈夫拉的脸。旁边紧邻的是斯芬克司神庙，坐落方向对齐 3 月和 9 月的昼夜平分点。每次日出，这座石像的目光越过神庙的屋顶，凝望东方。神庙的建筑结构对应着日升和日落，东西两头的圣坛中各有一根石柱，代表着天空女神努特的双臂。与此毗邻的是哈夫拉的河谷神庙，那 50 米宽的外立面上，女性神灵也得到突出表现。河谷神庙的两扇门中北入口代表下埃及的巴斯泰特—塞克美特，南边入口代表上埃及的牛头女神哈索尔。她们每个人都指定哈夫拉是各自的"最爱"。

这个红色花岗岩的神庙拒绝装饰，古朴威严，当中安置有二十四座真人大小的雕像，表现哈夫拉加冕的盛况。这些雕像展示出发育良好、肌肉发达的躯干，就像"一个重量级运动员"。他那帝王的包头布前面是瓦吉特的神蛇标记，后面从两旁拱卫着的是荷鲁斯那护佑的双翅。荷鲁斯从哈夫拉的头上向前看出去，实际上意味着小心提防，确保国王安全。荷鲁斯看似是要从哈夫拉的身上升起，创造出"一个天下无双的形象，一个理想的人类典范，作为神之肉体化身的完美之人"。

哈夫拉的妻妾中，有三个是他同父异母的妹妹，但宫里最为位高权重的女性，依旧是沦为遗孀的老王后赫特菲尔丝二世。她的女儿梅瑞珊三世（Meresankh Ⅲ）随后又嫁给了哈夫拉。这种叔叔和侄女的婚姻在古代并不鲜见。

尽管梅瑞珊和哈夫拉生了五个孩子，但是她最为重要的亲缘关系貌似仍是与母亲的关系。她的墓葬也是依照母亲的指令建造。在梅瑞珊的墓中，壁画显示这对母女泛舟于尼罗河上，还拔取河边的芦苇——这是一种奥义非凡的神秘仪式，叫作"摇动纸莎草"，据说能更新和强化她们的生育能力。梅瑞珊穿着网眼装，上面装饰有蓝色珠子，这种持久不衰的服装款式在如今埃及做游客生意的集市上依旧可以看到。在不同墙面的场景中，衣饰款型也随之变化。赫特菲尔丝二世出场着装与那些前辈宫廷贵妇一样夸张且夺人眼目：硬挺挺的白色亚麻长袍，肩部高耸如山峰。这种山尖般的双肩凸起是如此鲜明，现代女装设计师鲍尔曼（Balmain）甚至也从中找到了灵感启迪。赫特菲尔丝二世的头发被假发挡着，但还保留着原初的金黄色来强调她的太阳家族属性。而跟母亲同样时髦的梅瑞珊的黑头发则被剪短了，但穿的是豹皮长袍，正如葬仪典礼中祭司的经典行头。祭司头衔的拥有者，必须能识字和读写，这一点在画面中也得到了强调：一个侍从高举着一份文件等她批复。此外还有一个事实就是梅瑞珊同时也是学识之神托特的女祭司——这一头衔，同样也属于她的母亲。

五十四五岁，梅瑞珊亡故，而当时的平均寿命只有三十五岁左右。她的尸体被做成木乃伊放入石棺，棺材上的铭文是"此棺献给我的爱女"。当然，满怀哀伤、操办此事的母亲正是赫特菲尔丝二世。她活到了七十多岁，先后送别了至少四任国王，这其中就包括死于大约公元前 2532 年的哈夫拉。

经过木乃伊化的防腐处理，哈夫拉的遗体被安置于其金字塔的墓室之中。同时伴随的当然有传统的葬祭仪式，而领衔葬礼的是他的儿子与女儿，即，门卡乌拉（Menkaura，约公元前 2532—公元前 2503 年）和哈美瑞尔涅布蒂（Khamerernebty），这一对新的国王伉俪。

有一系列非常出色的雕塑表现了这对夫妻的形象。其中的一座，哈美瑞尔涅布蒂将兄长兼丈夫搂着，姿态亲昵又具有保护性，甚至门卡乌拉的监护人都可以缺席——他的前额上显然没有神蛇的标记。哈美瑞尔涅布蒂的仪态，"也许象征着她作为王室女继承人的角色和'王权背后的权势'"。这个雕塑在国王夫妇的朝臣仆从们中也具有极大的影响力，所以他们自己的雕像也有样学样，突出呈现的都是妻子以一种护佑的姿态拥抱着丈夫——乃至于在当今埃及正式的夫妻合影照中，有些照片依旧可以看到这种姿势。

关于门卡乌拉十八年的执政，一直"没有留下任何重要的历史记录"。尽管如此，他的朝臣们却在更明晰的文献资料中得到了确认。高层官员普塔谢普西斯（Ptahshepses）声言他生于门卡乌拉政权期间，"与王室孩子一起接受教育，就学于国王的宫殿中，外人禁止入内的王室宅邸中，以及宫廷女眷活动的区域。在国王面前，我受到的荣光褒奖胜过其他任何孩童"。

同样受宠爱的还有德本（Debhen）——"大王宫的大管家"。门卡乌拉的金字塔也是选址在吉萨，是他的第三座金字塔。修建期间，门卡乌拉前去视察，下令同时为德本建一座墓葬——"大王陛下上路去调查他自己金字塔的施工进度，并且命令清除一处地方的石头碎屑，来建造我的坟墓"。

宫廷中另一个重要角色是阿布提乌（Abutiyu，意为"尖耳朵"）。它位于吉萨坟墓中，铭文介绍其为"守护大王之犬，阿布提乌乃此犬之名。陛下命令为其厚葬，王室内库为其置办棺椁，并调拨若干精细亚麻布作为陪葬品，入殓时焚香祭奠。另外陛下恩赐其香膏，并派石工为其修造墓穴。陛下如此厚待阿布提乌，只为让其在大神面前有望蒙受荣光与恩宠"。

成群结伙的劳工在吉萨高地上来回奔忙，这其中包括被称作"门卡乌拉的醉汉"的一个作业团体。门卡乌拉的金字塔很快成形——是两种色调的一个建筑体，上面是白色石灰岩，与最下面十六层的红色花岗岩构成对比，金字塔内部通道同样也用了红色花岗岩。至于塔内最初安放木乃伊的石棺，现在仍然沉睡于法国西岸的比斯开湾海底——1838 年，运送石棺去大英博物馆的船只在此沉没。

门卡乌拉墓葬建筑群的诸多痕迹还是得以留存。他的河谷神庙中曾安置了一系列的造像，"数量和质量上都相当可观"。每座雕像中都突出一个人类形象，分别代表埃及的四十二个省份地区。他们陪伴着国王和哈索尔，而在每个场景中，哈索尔都亲昵地触碰着国王，抓着他的手，或是伸长胳膊搂着他。其中有一幕则是国王的权杖被安放在女神那辉煌王座的边上"充电"，充的当然是女神的法力。

对女性伟岸形态的强调，在哈美瑞尔涅布蒂二世的雕像中同样能看到，其中包括有埃及历史上已知最早的人形巨像，虽然此人物可以是男性也可以是女性。该巨像最初是伫立于这位王后在吉萨的陵墓中，墓葬铭文则透露出是由王后本人出资完成了这一项目。

不过，吉萨规模最宏大的女性墓葬是为门卡乌拉的女儿肯塔维丝一世（Khentkawes Ⅰ）所修建。该陵寝曾经极为壮观，现在通常被指称为"吉萨的第四大金字塔"。这座带有拱顶结构的巨大的马斯塔巴，矗立在露出地表的一处岩床之上。肯塔维丝一世的陵寝建筑群，与她之前那些男性前任的金字塔同样地繁复且精良：这其中有她自己的葬祭神庙、长堤通道、放置太阳船的地坑、劳工生活区——竟然配备了公用卫生间。另外，"颇为独树一帜的是这里还有一座河谷神庙和一个水池（或曰港口），这暗示了她在第四王朝末期是作为法老来统治国家的"——当前在该地发掘遗址的考古学家们的观点正是如此。

肯塔维丝一世墓葬的花岗岩入口处也有图像呈现她加冕登基的场景：前额上戴着王室神蛇的标志，还戴有象征国王身份的假胡须。旁边的铭文是"上下埃及之王，上下埃及之王的母后"——最早在此遗址工作和研究的考古学家提供了上述的铭文翻译。后来，"一个在语言学意义上更为可靠可信的替代性翻译版本"，将肯塔维丝一世降格为"国王之母"，而不是国王本身。尽管如此，现在有很多考古学家却相信，肯塔维丝一世"被认作是一个真正的统治者"。事实上，她执掌王权的两千年之后，古希腊古罗马时代的作家们仍然认定，吉萨金字塔之一确实是由一位女性来主持建造的："此金字塔是由交际花罗德匹丝（Rhodopis）修建""有人说这一最后的金字塔是名妓罗德匹丝的坟墓""这些金字塔中，最小但最受喜爱的那座是罗德匹丝负责修建"。

作为吉萨高地上所建的最后一座重要石墓，肯塔维丝一世墓葬的入口，正对着谷地开口的位置，而这个谷地构成了所有金字塔的建筑材料运输进来的主要渠道。所以，"这个诞生了吉萨王室墓场的产道，同时也变成了通路，抵达那王后兼母亲的墓室。而从她身上，大概又诞生了一个新的王朝，新王朝将自己的墓场则选址转移到了萨卡拉和阿布希尔"。

　　尽管缺乏细节资料来证实，肯塔维丝一世应该还是嫁给了谢普塞卡夫（Shepseskaf）——或许这是门卡乌拉的一个儿子。正是通过与王室的婚姻，谢普塞卡夫的统治者资格才变得名正言顺。谢普塞卡夫的陵寝固然是复制了他妻子墓葬的风格，但长眠之地是在萨卡拉南边。作为第四王朝的末代国王，他于公元前 2498 年前后在此入土为安。

9. 太阳神的统治：
约公元前 2494—公元前 2375 年

　　第五王朝一开局是三个国王的登场。他们很有可能都是肯塔维丝一世为谢普塞卡夫所生的儿子。关于他们的身世来源，按照长期流传的民间故事的说法，是一个名叫茹德迪特（Ruddedet）的女人所生，而有些埃及学家认为她就是肯塔维丝一世。

　　故事本身倒是颇受欢迎，因为那是在一个隐私的世界里投下了透露内情的一瞥。故事陈述说：女人生产困难，激起了太阳神的关心。太阳神把伊希斯、纳芙希斯（Nephthys）、梅斯赫奈特（Meskhenet，接生女神）和生殖女神赫柯特（Heket）这些女神都召集起来，告诉她们"赶快去把她肚子里的三个孩子给弄出来。将来有一天，他们可是要当整个国度的君王的"。

　　女神们就此动身，假扮成那种到处巡回表演的舞女模样，在很大程度上就像埃及的"格瓦济"（ghawazee，吉卜赛舞娘）——而这些舞娘直到不久之前，还常常出现在婴儿的出生现场和欢庆活动中。她们来到茹德迪特丈夫拉沃瑟尔（Rawoser）的跟前，拉沃瑟尔心慌意乱、手足无措，把裹腰布都上下穿反了。他对她们说："女士们，可把你们给盼来啦！她疼得要命了！难产啊，太难了！"女神们回应说："让我们来看看她，生孩子这事我们最懂了。"她们把这位丈夫推到一边，围拢在了茹德迪特身旁。伊希斯在她前面，纳芙希斯在她身后，同行的另两位不断给产妇鼓励安慰。第一个王族婴儿被伊希斯抱在了臂弯里，他"筋骨结实"，而且一生出来就有这些东西——"胳膊腿上都裹着金子，头上是天青石的头饰"。她们给他剪去脐带，洗洗干净，把他放到一个软垫上，而就是在此期间，茹德迪特生出了另两个长相一样的男婴。每个孩子又被抱到母亲身边，交到她手上。按传统做法，母亲给他们命名。女神们把好消息告诉在外面焦急等待的丈夫。他非常高兴，送给她们一袋大麦，说道："请拿去吧，去换啤酒喝。"

传说中有暗示说男孩们的父亲拉沃瑟尔的名字意思是"拉（太阳神）是伟大的"，实际上代表的就是太阳神本人。他变成凡人的样子，来跟他的一位女祭司，生下了这些孩子。不管历史事实如何，第五王朝则进一步增加了对太阳的崇拜，而那种崇拜原已根深蒂固。第五王朝的第一任国王乌塞卡夫（Userkaf，约公元前2494—公元前2487年在位）本人也是太阳神的高级祭司。与太阳神一起，哈索尔是乌塞卡夫慷慨祭献的另一个主要受益者。她的神职仆役多达一百零九人，其中八十三名女性二十六名男性，这甚至大大超过了伺候太阳神的专任祭司团队——只有四十一人。乌塞卡夫宫中的管家尼卡-安克（Nika-Ankh），同时也是中埃及泰纳（Tehneh）哈索尔神庙的祭司。侍奉女神的这个角色担当，他随后传给了妻子荷狄特-赫努（Hedet-Heknu），同时也给了他的十三个子女。他的遗嘱声明，一年之中妻子儿女中的每个人必须给哈索尔担任一个月的祭司。既然家里人这么多，那就意味着有的月份要双人组合去为女神服务。神庙土地上得来的收益，同样在这些人之间被平分。这位父亲是如此公正，令其中一个女儿以及一个儿子非常感激，所以两人合伙给亡父立了一座雕像。

乌塞卡夫国王对父亲谢普塞卡夫也尊重有加。他自己的陵墓在萨卡拉开建，就在父亲石墓的正对面。这座陵寝也靠近左塞尔的老金字塔，采用的也是金字塔的形态。乌塞卡夫为王后内弗霍特普丝（Neferhotpes）所建的陵墓，基本上也是模仿复制他自己的陵墓，只是规模更小而已。他俩的陵墓周围环绕着的是属下官僚们的马斯塔巴，比如财务监督大臣阿赫特霍特普（Akhethotep），比如孟斐斯的高级祭司拉内弗尔（Ranefer）和卡-阿佩尔（Ka-Aper）。卡-阿佩尔真人大小的木质雕像，有着内嵌的眼珠，看上去栩栩如生；1860 年，发现木雕的当地人将其叫作"贝莱德—谢赫"（Beled el Sheikh，也即"贝莱德的族长"），因为这座木雕的样貌与他们的村长大人非常相似。

所有的这些官员，都想葬在离国王陵寝尽可能近的地方。而那里现在只是"一堆碎石，徒有金字塔的虚名而已"，但乌塞卡夫的陵墓曾经也高高耸立，高达 49 米。葬祭庙建在金字塔的南边，以"确保一年到头太阳的光芒能直接照射其中"。在那阳光满溢的室内，挺立着乌塞卡夫的红色花岗岩雕像，人物的鼻头似乎肉乎乎的，身材是真人大小的三倍。四周的墙壁上是国王在河边打猎的场景，有蝴蝶、翠鸟、苍鹭和戴胜鸟在莎草丛上盘旋飞翔。这些壁画还呈现了水手们在王室船艇上的场面，他们收到命令："就像这样好好航行，要快速！"而每一个桨手都被描绘成是在奋力划桨，但手持木桨的角度略微不同，以此暗示出一种连续的动态。甚至连王室军队都显得是在快速行进中。这毫无疑问是受到了旁边老国王左塞尔那图像的启发和影响，画面中的左塞尔在奔跑，是在完成仪式表演，而这些士兵则列队迅速跑动。

同样是乌塞卡夫的这支军队，据说也进行了一场征伐努比亚的战役。而国王手下的那些大臣则将对外贸易的边界大大扩展了——刻有乌塞卡夫名字的一只石头器皿最终抵达了希腊的塞西拉岛。

由于乌塞卡夫去世，其七年的统治也随之结束。他被葬入萨卡拉的金字塔，但那只是他永生计划的一部分。萨卡拉向北不多远，在阿布希尔俯瞰尼罗河的沙漠高地上，他还修建了"拉的大本营"。那是一座巨大的太阳神庙，位于高地的最南端，从那里可以看到赫里奥波利斯那辉煌的太阳神主神庙中宽大的、顶部包金的方尖碑。而那石碑是代表创世之初的陆地土丘。

与赫里奥波利斯的神庙一样，乌塞卡夫所修的太阳神庙也建有露天的祭坛，供日常祭献牛和雁鹅之类。这些牺牲被太阳最初的光线照过后已经蒙福，并灌注了太阳的伟力，然后从水路被送往乌塞卡夫在萨卡拉的金字塔，以供奉给这位大王的不死灵魂。最终，在"祭品复归本物"环节，祭司们吃掉的那些肉——搬来弄去折腾了这么久，毫无疑问已经沾满了苍蝇卵。

乌塞卡夫的阿布希尔太阳神庙周边地貌相当壮阔，于是，他的继任者不仅在那里修建起他们自己的太阳神庙，而且还在当地建造陵寝。阿布希尔最初的三座金字塔，与吉萨三座金字塔的布局安排完全如出一辙：两处地址上金字塔连成的斜线都指向赫里奥波利斯，在那里的方尖碑上汇聚，而那里被认为是这个地球上太阳能量最强大的来源地。

阿布希尔的金字塔建筑群中，保存最好的是那一座属于乌塞卡夫的弟弟萨胡拉（Sahura，约公元前2487—公元前2475年在位）的金字塔。其统治期间，曾发起过采石远征，深入努比亚腹地采挖闪长岩，还跟利比亚和西奈半岛的部落有过武装冲突，在西奈发现的石刻岩画场景中，吹捧萨胡拉是"威猛大神，痛击了各国的亚细亚人"。他的书记官赫特普（Hetep）和翻译官尼卡-安赫（Nika-Ankh）甚至还沿着哈马马谷地（Wadi Hamama）留下了涂鸦记录。与较为知名的哈马玛特谷地相比，经行这条谷地的人类活动自然少得多，但这里却是通往红海的另一条通道。王室年鉴声称，萨胡拉的远征行程顺着红海南下，一直到了蓬特王国（也即当代的索马里）。他们满载而归，带回的都是稀奇古怪的异国特产，有猴子、猎狗和"八万未知重量单元的没药"——这种芳香树脂胶体可用于香脂香料制作、木乃伊加工，也可当作焚香，供奉给太阳神。

王室财富大大扩充，萨胡拉大王慷慨大方的程度也得以超越所有的前任君主。他每天敬献给秃鹫女神奈荷贝特的面包和啤酒，供品量由此增加到原先的八倍，而在北方与她相对应的女神瓦吉特，在其位于布托的敬拜中心，每天相似的供品则堆积如山，达到了四千八百份。现在，她在那里与太阳神一起得到敬奉，而这种安排反映和表达了萨胡拉与妻子内弗哈-涅布迪（Neferkha-Nebty）各自扮演的角色。"涅布迪"这个词的意思是"两位女士"，是在同时祈求瓦吉特和奈荷贝特的神启和护佑。

不过，阿布希尔才是萨胡拉注意力的真正焦点。这里建有他的太阳神庙和高达 47 米的金字塔。金字塔处于一片排场铺张的建筑群中心，此处原本有多达 10000 平方米的墙面雕刻，但不幸的是，19 世纪时被肆意盗采，投入各种石灰窑烧成了石灰。经估测，到现在剩下的只有大约百分之二。

阿布希尔湖是由尼罗河水灌注而成。萨胡拉的河谷神庙就在湖岸上开始修建。红色花岗岩的柱子做支撑，柱头雕刻成椰枣树——布托当地的圣树——的棕榈复叶形状。这些"石树"看上去仿佛是从肥沃的"大河淤泥"中长出来一样，而表示淤泥的则是神庙那黑色玄武岩的地板。

从这里延伸出去的是上有顶棚的一条长堤通道。旁边刻有令人印象深刻的图像，把萨胡拉呈现为斯芬克司的模样，势不可当地踩踏着脚下的敌人，而诸神形成的一个队列，牵着用绳子拴住的一串俘虏。还有更多的壁画场景，只是近些年才发现，它们描绘的是居住沙漠深处的贝都因人忍受饥荒折磨，而这想必就是一种政治宣传，拿不幸的贝都因人来跟尼罗河畔萨胡拉大王治下幸福的子民们做对照。

长堤的顶头，围住金字塔的石墙这里有一个长长的入口门厅，开向一个天井庭院。台阶从这里开始，通向金字塔前的平顶。占星术士们在这里计算出各种典礼仪式的正确日期，从每月的阴历节庆到每年太阳神和哈索尔的节日，他们都确定好最佳的时间节点。这平顶的中心部分朝着天空打开，让月光和日光都能渗透下去照亮那些墙壁。墙壁上描绘有各路神明，有塞莎特在记录那些缴获来的财物，有巴斯泰特-塞克美特，她的形象在整个建筑群中一直是最受尊崇的——这持续了至少一千年，而就是在这个地方，早期的基督徒有一天将会修建起一座小教堂。

在那些光辉图景中，萨胡拉不仅是跟伟大的母狮（斯芬克司）关系密切，还被他的妻子内弗哈-涅布迪亲密拥抱。作为一个全能行动派英雄，他还痛击利比亚人和努比亚人，射箭、捕杀野生动物。这样一个充满阳光能量、战无不胜的君主平定了天下的乱势，让一切恢复秩序。

他当然也极为富有，接受的朝贡品包括有海上运来、远至叙利亚的货品。这些异国风情的东西有棕熊，有标注为"通译"的外国人，还有些运载朝贡来的船只被叫作"绿色大家伙"——意思是地中海，与那些埃及本土出产的船只构成差异对比。

如此这般富足，随后也体现在奉养萨胡拉灵魂的仪式上——每天两次在神坛上供奉祭品，让他的灵魂从那金字塔墓室的假门间出来时可以尽情享用。祭奠的酒水被倒入内壁嵌了铜箔的石盆，石盆的铜质下水管道长达 380 米，穿过整个葬祭庙，而这祭祀仪式化的排水体系，在高处也被如法炮制——偶尔，"雨水落到庙堂屋顶上，突出在屋檐之外的狮子头造型的滴水嘴便将雨水排走，落到下方走道上凿刻出的露天排水槽之中"。

萨胡拉的宫殿中，猫科动物神灵的保护当然也少不了，提供此服务的是御用太医尼奈赫-塞克美特（Nenekh-Sekhmet）——此人名字的后半部分就借用了狮头女神的大名。司征战的这头母狮被认为会放出疾病的恶魔，于是就要由祭司来管控，而这些祭司同时也是医生。尼奈赫-塞克美特医生深受待见，国王告诉他说："因为众神爱我，我呼吸顺畅，身体康泰，等将来你老迈了，作为一个饱受尊敬的人，希望你离开人间时能安息在王室墓园中。"这位太医的同僚伊伦纳赫提（Irenakhty）也是宫廷医生，精通胃肠病和眼部疾患，还是直肠病专家——按古文献字面表述，是"肛门的牧人"。而佩谢莎特女士（Lady Peseshat）的诸多头衔中，也包括有"妇女部医生主管"这一职务，这比英国法律明文规定女子可以从医的年份提早了四千年之多。

不过，尽管当时已经具备分类如此专业的医疗服务，萨胡拉在执政十二年后还是一命呜呼了。他被下葬于其在阿布希尔的金字塔，随后继位的是他最小的弟弟内弗瑞尔卡拉（Neferirkara，约公元前2475—公元前2455年在位）。

跟所有的埃及国王一样，内弗瑞尔卡拉也被戴上了五顶标准版的"高帽子"，有五个名字："上下埃及之王"——内弗瑞尔卡拉、"太阳神之子"——卡伊卡伊（Kaikai）、"在世的荷鲁斯"——乌塞尔哈乌（Userkhau）、"两位女神厚宠之王"——卡伊姆内布狄（Khaiemnebty），还有"金色荷鲁斯"——塞赫姆内布（Sekhemu-nebu）。

也是跟所有的国王一样，侍奉他的仆从成群结队，从个人品性上来看，内弗瑞尔卡拉似乎极为人道，善待为他服务和效力的手下人，宽厚仁德甚至到了惊人的程度。祭司拉威尔（Rawer）曾在意外之中碰到了王室权杖，而在未经事先允许的情形下，这种对规矩礼式的冒犯常常会招来杀身之祸，但国王大人却颇为大度地化解了此危机。这位祭司的传记铭文曾如此解释："拉威尔跟随着国王的脚步，国王手中的权杖就在此际打到了拉威尔的脚上。国王说，'你没事的'；然后又说，'祭司安然无恙，这是王的意愿，因为我原本就没要打他。在王面前，他比任何人都更可贵'。"

威斯普塔（Weshptah）是内弗瑞尔卡拉的宰相。他中风严重，虽然有御医全力治疗，也有祭司们作法求神，但还是不幸亡故，"大王陛下的心非常悲痛，哀伤到无法形容……他回到自己的密室，向太阳神祈祷"，然后他下令，作为木乃伊制作礼式的一部分，给宰相尸体涂油的这一神圣环节要当着他的面完成。最后，宰相被厚葬于国王御赐的一座陵墓之中。

至于他自己的来生生活，内弗瑞尔卡拉在阿布希尔筹划安排了一座 70 米高、六层阶梯状排列的金字塔。尽管他死于金字塔完工之前，他的葬祭仪式还是由一位神职大师来如期操办了，此大师侍奉太阳神、哈索尔和"完美之神"——内弗瑞尔卡拉他本人。按王室律令，从事神职的人都可以豁免修建王室工程的强制性劳役，而这位祭司所干的工作，我们想要得到什么深入见解，就只能依赖于一份无价的行政文献藏品。那是用速写形式的象形文字书写，叫作"僧侣体"文字。

这些是神职大师们原初的工作日程计划、值勤表、当班记录和日常轮值及作业清单，乃至于仪式必备物品的补货备注。有一条记录甚至写道，用于净化的泡碱盐，已经只剩下最后一丸了。还有王室的布告，以及个人的书信资料。比如，一位满肚子牢骚的祭司抱怨道，"我用那些吃的去祭献，但从未得到什么补偿"，接着，就在正式的官方投诉中，他发出了悲怆的申述，喊"太阳神、哈索尔和所有众神"来主持公道。

内弗瑞尔卡拉的葬祭神庙中，关于健康与安全的检验程序也有记录。神庙那部分完成的壁画场景中，描绘了逝去的国王与他的妻子肯塔维丝二世（Khentkawes II）。她被称作"内弗瑞尔卡拉的心爱之人"，也是"上下埃及之王之母，（并同时实权持有）上下埃及之王的头衔"——正如肯塔维丝一世所曾拥有的地位。

这位肯塔维丝二世，尽管最初曾让考古学家们颇感困惑，但现在有些专家已经相信，肯塔维丝二世作为相继两任国王——也即冉内弗瑞夫（Raneferef）和尼乌色拉（Niuserra）——的母亲，也许自己就曾充当法老统治过这个国家。因为显而易见地，她本人出现在阿布希尔的金字塔综合体的石柱上，在那些描绘她的图像中，她的额头上都有神蛇符号，而在当时，眼镜蛇图标都是"统治者与神灵独有的"。

在阿布希尔的肯塔维丝二世金字塔综合体中发现的文献，似乎是某些原初人物的复现，这些人名与角色都确有其人，充斥于第五王朝的宫廷——比如图书馆主管卡卡伊安赫（Kakaiankh）与王室外科医生尼谢普塞斯内苏特（Nyshepsesnesut），还有"宫廷用油主管"普塔霍特普（Ptahhotep）。其中有一个文献，甚至具体明确了宫中各色人等每天的肉食配给，比如王室美发师乌塞卡法恩（Userkafankh）有权得到动物前腿，再比如专管运河的那位大臣内夫霍特普（Neferhotep）应该享有动物的内脏。

至于肯塔维丝二世的两个儿子，第一个当上国王的是冉内弗瑞夫（约公元前 2448—公元前 2445 年在位）。他的雕像荷鲁斯猎鹰元素夺人眼目，张开双翅呵护着国王的头部——这显然是对先王哈夫拉雕像的回应和致礼。作为对更近一段王朝家族史的致意，冉内弗瑞夫还娶了一位名字别有讲究的女性，她在阿布希尔的墓葬于2015年才被挖掘出土，其中的文物透露出她也被称作肯塔维丝，不过是加了"三世"的限定指称，以免与她之前的那些同名但更为出名——或许模糊和无法详知的程度倒是相同——的肯塔维丝先辈们产生混淆。

冉内弗瑞夫二十小几岁就去世了。如此的早夭意味着他的金字塔刚建到第一阶段就终止了，但他那用泥砖修筑的葬祭神庙却很快就得以完工。修庙的人是他的弟弟兼继任者尼乌色拉（约公元前2445—公元前2421年在位）。庙宇至今仍存，某些部分依然完整，高度一如往初。

尼乌色拉保持了埃及在西奈半岛和腓尼基比布鲁斯一带的势力存在，在努比亚那里的采石场也能正常维系。他向巨象岛的萨蒂忒（Satis，也即Satet）女神祭献，企望每年一度的洪水漫灌能维持正常。而在底比斯的卡纳克（Karnak）敬奉当地战神孟图（Montu）的圣祠中，这位国王大人的雕像也矗立其间，这是卡纳克这整个遗址上所发现的已知最早的物件。

不过，王室权贵们关注的主要焦点依旧是阿布希尔。尼乌色拉是个尽职尽力的兄弟，先是在那里为哥哥将陵墓修筑完工，同时也为自家两个姐妹修建了较小的金字塔建筑群；他还为父母内弗瑞尔卡拉和肯塔维丝二世的金字塔陵墓完成了最后的收尾润饰工程。

然后，总算可以来开始筹划安排他本人的丧葬事宜，尼乌色拉在父亲的陵墓旁边为自己建了一座52米高的金字塔。他的葬祭庙与妻子芮皮特努布（Repytnub）共用，里面安置有夫妻俩的雕像。如此一来，他们的精魂就可以享用那些祭献的供品，有面包、牛肉和啤酒，甚至还有甜食。甜食由谢杜（Shedu）定期供奉，而此人是葬祭庙的"甜品糖果主管"。

这座庙的设计经过周详的考虑，建成一个 L 形的布局，以此避开那些已存的马斯塔巴陵墓的干扰。那些马斯塔巴本身也在延伸扩张，因为尼乌色拉的总理大臣兼女婿普塔谢普希斯（Ptahshepses）的陵墓就新建在那里。此人升任权势职位，速度犹如火箭，被描述成是"一位宫廷发型师的逆袭，升迁之快令人眼花缭乱"，因为他最初是在"晨屋"工作，而就是在那里，尼乌色拉大王每天沐浴、剃须、着装打扮，准备妥当之后就处理朝廷大事。他显然很欣赏这个普塔霍特普（Ptahhotep，拼写差异，与前述实为同一人），将自己的女儿，哈美瑞尔涅布蒂公主（Khamerernebty），许配给了此人，还赏赐给这对幸福的夫妻一座宏大气派的陵墓，内部设有双人的墓室以及相配套的石棺。

与第五王朝的所有历任法老一样，尼乌色拉也在阿布希尔修建了一座单独的太阳神庙，并称之为"拉神的快乐"。此庙在形态上是模拟赫里奥波利斯那里的大太阳神庙，而国王本人亲自主理了奠基仪式，"拉开测量的绳带，准备砖石，凿挖地面，将沙子填入基坑，让'拉神的快乐'这一工程正式展开"。

尼乌色拉的河谷神庙，被有意设计成部分下沉的样式。从这里开始，一条长堤通道向上通往一个围闭起来的升高平台，而这一平台所支承的是一座截断了的金字塔基座，上面是一根高度有 36 米，但比例显得粗短的方尖碑。整个建筑群是围绕着一座巨大的雪花石祭坛来布局。祭坛用于供奉祭品，酒和水被倾倒出来，顺着在石灰岩铺设的地面上凿出来的坑道流淌，随后流入雪花石砌成的巨大圆盆中，从而在干燥的沙漠环境中制造出一种非常清新怡人的湿润感受。

太阳神庙的南边也有一条太阳船引人瞩目，船长 30 米，用泥砖砌成，其间"嵌入有绿色石头"，配有"松柏针叶木材质的桨橹，共一百根"，表示太阳神庙实际上是"一个象征意义上的港口，通往众神的世界"。

尼乌色拉的这座太阳神庙，仅从外表来看大概也能说是足够壮观了，而其内部景象可谓精彩非凡：在那个"季节之屋"中，有浮雕壁画描绘在太阳神恩泽的光辉下，大自然的四季变化。当尼罗河蓝色的洪水漫灌覆盖了土地，小鸡在巢中破壳而出，鸭子们在草丛间拍打翅膀，还有各种各样的野生动物兴旺繁殖，从黑豹到瞪羚，从乌龟到刺猬，都应有尽有。其中甚至还有世上最早关于养蜂业的一幅场景描绘：一个养蜂人将烟雾吹进一处蜂巢，或许竟然也是"在模仿蜂后（蜂王）的嗡鸣之声，正如今天埃及的养蜂人所做的那样"。

神庙旁边是执政周年庆所用的小礼堂。在那里的壁画上描绘着"国王的孩子们"坐在滑竿轿椅上，而他们的父亲尼乌色拉则在进行那庆典性质的跑步表演；跑完之后的收尾环节，涉及这样一个仪式，就是将清凉的水倾倒在法老不可触犯的御足上。

那些被允许触碰国王身体的人，当然都是他最亲近的一些仆从。这当中包括宫廷御用的手脚指甲护理师，此人深受一位精英权贵的青睐。这位大人的指甲自然是干净的，还被拿来跟正在干活的劳动者的手指相比较，劳动者"用手抓面包吃，把各种脏东西也混在了食物上，尽管他也已经洗过手，但指甲里还是脏"——这就构成了对当时社会现实的一个讽刺。同样是宫廷美甲师，尼安赫克努姆（Niankhkhnum）与克努姆霍特普（Khnumhotep）死后被厚葬在萨卡拉，共享一座马斯塔巴。这座石头墓室中，点缀着小型的装饰壁画，呈现他们在世时的工作场景：一位主管在接受指甲护理，一个书记员在做脚部护理，还有其他人来修剪头发、刮下巴的胡子、剃除大腿根的毛发。这两人的同事——美甲师芮德耶（Redjy）与理发师纪耶乌（Giyu）也来到了这里，趁着闲暇时间耍上几个回合的棍术对打——那种名叫纳布特（nabbut）的铁头木棍至今依旧在用。这种暴烈打斗的运动，其气氛生动激昂，正如在其他类似壁画中所描绘的那样，体现在打斗伴随的呼喝声中，"怎么样？你被打倒了！""砸他后腰！"还有，"给他开瓢"——换言之，就是"打爆他的头！"在更平静温和一些的场景中，有两个妇人在烤面包，同时还照看着孩子。不过，给这些身兼多职的辛劳母亲的奖赏必须要在一个无名妇女的形象中才能看到：萨卡拉的另一座墓葬中刻绘有她的形象，一边操控着一只小货船的航向，一边还在给怀里的孩子哺乳。一个少年给她拿来午饭，她告诉他："别让饭菜挡在我面前，船正要靠岸呢！"

但萨卡拉最为宏大的官员陵墓，终究是泰耶（Ty）所建的那座。此人别称"太有钱"，是尼乌色拉最宠爱的又一位发型师，最终被提拔为"萨胡拉、内弗瑞尔卡拉、冉内弗瑞夫和尼乌色拉四位法老太阳神庙的主管人"。他与司职女祭司的妻子内芙霍特普丝（Neferhotpes）一起被下葬在萨卡拉。他们为朝廷效劳的奖赏便是这座陵墓。此陵墓再现了他们在孟斐斯那排场招摇的别墅豪宅，别墅有着夺人眼目的高大柱廊，双庭院，墙壁上点缀着装饰浮雕，描绘他们奢华生活的场面。泰耶和内芙霍特普丝安坐于一栋避暑夏屋之内，看着其他人干活；几个农夫正费劲地把一大袋粮食装到一头驴子背上，只是那家伙很不配合；另有两个面相狡诈的男人，在从一头被拴住的母牛那里偷牛奶——"奶啊，快点挤啊，快快快，趁着主人还没回来！"这墓葬的主人，显然挺有幽默感，因为墓园中的这些壁画场景是他们生前已经认可了的，尤其是考虑到这样一个搞笑的画面：两个农夫领着一群牛过一道浅水滩，负责殿后赶牛的那个农夫意识到有潜伏的鳄鱼，于是朝着前面那个不知情的仁兄大喊："你个吃屎的！赶快往前啊，快把牛赶上岸！"

萨卡拉的墓场中曾经满是陵墓，前述陵墓只是其中区区几个而已。遗憾的是许多陵墓早已被破坏了，石头被弄去当地的石灰窑烧成了石灰，要么被运走用于修建其他建筑，要么就是完全被拆毁。1908 年，一位文物考察专员在笔记中写道："我去搜寻那些状况良好的马斯塔巴，想找到一座合适的卖给美国某家博物馆。我们雇请的当地老工人，其中一个带我去看了一座陵墓。从设计和施工的精雅和致密程度，还有体现了这些建筑特点的那些质量优异的巨大石块来看，这一定是萨卡拉墓场中最讲究的陵墓之一。"但这位考察员的搜寻工作一直持续到 1913 年，才最终发现了一座合适的陵墓。埃及政府同意出售此陵墓，同时也包括了其中的所有古董。陵墓原先的主人是第五王朝的宫廷总管佩尔奈布（Chamberlain Perneb）大人。于是从萨卡拉的墓场，与他的"永生之屋"一起，被搬迁到了纽约第五大道，在大都会艺术博物馆中安家落户了。

尼乌色拉的朝臣和仆从大部分被葬在萨卡拉，而王室本族的来世生活，还是以阿布希尔为中心。尽管如此，到了德耶德卡拉（Djedkara，约公元前 2414—公元前 2375 年在位）的时代，情况明显发生了变化。虽然，德耶德卡拉名字的意思是"太阳神的灵魂永存不朽"，但也不再是在阿布希尔永存不朽了。那里不会再修建太阳神庙，之所以如此，可能是因为宗教的，同时也大概是政治的核心，已经逐渐从太阳神那里转移，也远离了他那些原本权势强大的祭司们。

德耶德卡拉将他的陵墓安排在了南萨卡拉的一处高地上。他的金字塔虽然只有 52 米高，但就这个选址地点而言，大小比例却恰到好处、十分完美，因为这里最优先考虑的是远景透视效果——金字塔离尼罗河谷越靠近，就会建造得越小，这样的话，当从赫里奥波利斯的固定点眺望过来时，所有的金字塔便显得是在同一高度上。

德耶德卡拉也重整了执政管理体制，他把阿比多斯定为南方的行政首都，与北方的孟斐斯构成对应平衡。这位国王还让派去治理各个省份的官员们长期驻留当地，而不是像先王当政时只是差遣官员们偶尔去各地巡察，其余时间依旧在孟斐斯安居。

于是，当军人出身的印狄（Inti）被任命为德希兴的地方长官后，他与妻子梅瑞旻（Meretmin）便搬迁到当地，并在那里修造了两人的墓园。墓地的壁画中，除了家庭生活的一些平常景象——就如当代夫妻的日常留影——还有充满活力激情的舞蹈场景，与牛角力的场面，以及印狄早年当兵时在巴勒斯坦的行伍生涯。在那里，他和手下的士兵们曾围困了"萨迪（Sati）人的城镇"，当地的女性居民会舞刀弄棒，画面显示她们"抗击来自埃及的入侵者和帮凶的贝达维（Bedawi）人伪军"，在有些情形下，还能把印狄的战士打翻在地——"抓住他胳肢窝的胳膊部位把他拉倒"。

德耶德卡拉的改革措施，是由他那些最高层的官员，如他的首相来执行。在这位国王持续多年的统治期间，执掌这些关键职位的要员中包括了塞涅德耶米（Senedjemib），他同时还兼任国王的建筑工程总管。在他位于吉萨的墓葬中，刻有法老御笔钦赐的信件文字。塞涅德耶米引以为荣，声称这些"是陛下亲自手书而成，以示对微臣的旌表"。既然如此，他提出的建造一处大型水面景观的计划，自然就得到了圣上的恩准。德耶德卡拉告诉他："这阔大王宫中，用来建水池的那块地，你提交批奏的用地规划，朕已经过目。朕最喜好何物，你心知肚明，表达起来也非常之好——你真是太机灵了，甚得朕心。"

不过，德耶德卡拉任内的那些首相（总理大臣、宰相），其中最知名的还是普塔霍特普（Ptahhotep，与前述尼乌色拉的女婿同名不同人）。史上留存下来的第一本书，题为《普塔霍特普良言录》，而作者的荣耀被归于这位首相的名下。这本书被敬献给女神玛阿特，是一本关于道德哲学的自助自律手册，对几乎所有的事情都给出指引和建议，从恰当的就餐礼仪到婚姻关系，可谓是无所不谈。读者们被奉劝"不要与娈童性交"，而是"要带着真挚的热情去爱你的妻子，让她有好衣服穿。只要你还活着，就要买香脂香料给她护肤，让她的皮肤得到滋润，让她开心快乐"。再比如，尽管"生动的言辞与有益的良言同样难以寻觅，比宝石藏得更隐蔽，但在那些推磨女仆的闲谈中，却可能有所发现"。

有这些贤士高人的辅佐，因此德耶德卡拉可以派远征军去往比布鲁斯，还把大将奈内赫-肯提赫特（Nenekh Khentikhet）派遣去了西奈。大将军在当地竖起铭文碑碣，声称自家君王是"横扫万国之雄主"。他还以那种由来已久、广受尊崇的夸张方式，用石刻描绘他的大王如何威猛地痛击当地的一个土人。但事实上，对德耶德卡拉遗骨的研究表明，此人"身材纤弱"，而且肌肉组织"在某种程度上发育不良"。奈内赫-肯提赫特留下的另一处铭文显示，老国王斯奈夫鲁时期的一个古代石刻将他们直接带到了正确的地方，随即便可采到挖孔雀石。而与此同时，在苏伊士湾的艾恩·苏赫纳（Ain Sukhna）港口附近，德耶德卡拉的寻矿团队也在忙忙碌碌。要远征去往西奈，这里是一处中转站和集结待命区，同时还是一个起点，从这里向南方进发去探寻传说中的蓬特王国。负责给德耶德卡拉管印章的掌玺大臣维尔德耶迪德（Werdjeded），他的出访目的地就是那里；他满载而归，带回了很多异国风情的玩意儿，甚至还包括"一个侏儒"——可以猜测是个俾格米矮人。成果如此丰硕，他得到了圣上的厚赏重奖。

执政大约四十年，德耶德卡拉举办了至少一次三十周年大庆。他于公元前 2375 年前后驾崩，年纪大概在五十多岁。他的遗体被做成木乃伊，很可能就是在位于南萨卡拉的金字塔建筑群中操作处理的。如今，那里看上去如同一个巨大的废旧物回收堆场，但建筑中朝东的墙体外立面，当年可是做成了类似塔门的那种大门通道形式，就像一个框，在黎明时可以将旭日轮廓框在其中。祭司们举行仪式，借助曙光来复活德耶德卡拉木乃伊身体中的王室精魂，接下来就是把尸体安葬在金字塔石棺中。1945 年，他的遗骨在此被发掘出土。

在这个墓葬地，德耶德卡拉并非孤家寡人，因为在他的金字塔的东北边，很快有了第二座金字塔。"一座国王金字塔所应具备的标准元素，这里也基本俱全，只是很多元素都规模更小"，其中包括有同样的壁画场景，多条的廊柱和用于存放供品的储藏室。德耶德卡拉的正宫娘娘梅瑞珊四世（Meresankh Ⅳ），在萨卡拉有她自己的陵寝，因此这不是为王后而建，而是属于国王的另一位配偶，她嫁给德耶德卡拉，看来似乎是"让这位大君登基称帝合理合法化了"。有些埃及学家甚至提出设想，德耶德卡拉死后，这位偏室王后曾"独立掌管朝政，治理国家"。

不过，这位神秘的统治者一直都是匿名无闻，也被历史所遗忘。她陵寝的有些部分，被一位并非其儿子的后继者拿来改造再利用，连她的名字也被抹除，她的人像也被毁掉。1952 年，陵寝被挖掘出土，但这次考古的成果发现从未公开发布过。于是，她的墓葬依旧是"无名王后的金字塔"。她的身世命运与她的身份都神秘难解。

10. 掠过太阳的阴云：

约公元前 2375—公元前 2181 年

至第五王朝的末代国王乌纳斯（Unas）即位，统治者的名称中已不再强调突出太阳神拉的元素。国王与祭司团体派系之间出现了权力的争斗，"拉的宗教地位衰退，影响力遭削弱"。

新国王推举普塔，这位大神是王室首都孟斐斯的保护神。在所谓的"孟斐斯神学"体系中，创世的功劳被置于普塔名下，而不再是太阳神拉的伟业。由此推断，很可能是乌纳斯资助了这一新神学体系的创立和传播。

关于他自己的来世生活，乌纳斯的计划即便不能说是激进彻底的改变，也同样具有创新特色。他把其 43 米高的金字塔建在萨卡拉，就在左塞尔的阶梯金字塔旁边。外面原初的石灰岩包覆层随岁月而消失，留下的仅相当于一个碎石丘冢，但它的内部却是大为迥异、不同以往。与先王们那些森严凛然的花岗岩墓穴形成鲜明对照的是乌纳斯是自左塞尔以来第一位装饰其墓室内部的国王。墓室洁白的雪花石墙壁上，刻上了亮蓝色的象形文字，由此创造了世上最古老的宗教书写文本。

如今，这些文字被称为《金字塔铭文》，作为礼拜仪式或公祷文被永久刻入了石头中，来取代那些不太可靠的神职行礼程序，因为执行敬拜活动的祭司群体已经对神越来越不虔诚、敷衍塞责。沿用了数个世纪的七百多条咒语、祈祷词、颂歌和诵念经文，现在被编汇组合到了一起。这些铭文的法力被认为极其奇诡可怕，任何象形文字，只要形式上是蛇、狮子或任何类似的潜在危险之物，当刻到石头里的时候，就要被分成两半刻画上去——如此一来，万一它们在另一空间的亡灵世界中复活再生，其毒害也会被这种书写上的手段消解，最终成为安全之物。而与此同时，星体和太阳之类的概念，其表达符号中都突出了一整个班底的各路神祇，仿佛为了抗击死神，乌纳斯把手中所有的王牌、全部的利器都砸了过去。

这些文字以给天空女神努特的一篇致辞为开端，在乌纳斯的墓室中，出现了努特的孩子伊希斯和奥西里斯，而且被标注指出了具体的名字，这是最早的一例。奥西里斯那注满水的冥界暗黑王国，也是伊希斯要发挥法力的地方，她将让人间的国王还魂再生。乌纳斯的灵魂也被要求配合完成各种各样的仪式，比如"要去踢动神牛阿比斯的神圣草地上的球"——这个游戏包含一系列仪式化的运球路线，用意在于帮助他超度，进入来生世界。尽管对太阳神的指涉依旧广泛存在，但国王现在被描述为神的秘书或书记员，且看，"乌纳斯打开神的文件匣，乌纳斯启封神的文件，乌纳斯密封神的快信，由信使送出"……国王现在已经知晓和参与了太阳神的所有机密，据此推测，他也掌握了神的威权和法力。

这种力量，非常形象具体地体现在乌纳斯的宗教实践上。那种已然很古老的"食人礼赞"仪式被重新启用，一起复兴的还有拿仆从做牺牲的原始祭献方式："乌纳斯吃人，也向诸神吸取养料，他割断人们的喉咙，吃他们的内脏……乌纳斯吃进他们的魔力，吞下他们的精魂……他还吞进了每个神灵的知识和智慧，诸神的力量就到了他体内。"随着"天空中落雨，星辰暗淡失色，天穹颤抖，大地哆嗦战栗，众星球静静兀立，敬畏地目睹乌纳斯升上威力的顶峰——他是神，先祖、父神和母神们都是滋养他力量的血肉"。毋庸置疑，这些说辞给那些祭司的一个微妙警告，让他们别错误地以为国王会敬奉他们的神——事实上恰恰相反，神倒是要来侍奉大王。

乌纳斯当然会死。他的灵魂飞升去跟太阳汇合。《金字塔铭文》将他的飞升描述为一种多方合作的团体努力——"哎，努特，你抓住他的手！舒，你把他往上抬，往上抬啊！"这种要把乌纳斯送上天的意志愿望，也反映在两艘大大的太阳船上。船被埋在葬祭仪式所用的长堤通道的高处最顶部，而这蜿蜒回曲的长堤向下方的尼罗河延伸了750米。在那里，最初的河谷神庙和河港码头留下的全部遗存物，就只是现代道路的一个拐弯处寂寞矗立的三两根柱子。

这种古老的长堤如同今天的大公路，沿途如有任何的建筑体，路就从中间穿插而过，要么就修在结构物的上面。这长堤最初有相当长的一段在上部建有顶棚，而只要是有顶的地方，都曾有精细繁复的雕刻和彩绘。在那些画面中，乌纳斯的农夫们在采摘无花果和取蜜，他的金银匠们在制作闪亮的器皿和饰物，他的石匠们雕制棕榈复叶状柱头的石柱，从阿斯旺一路运往北边——这一场景配有文字说明："我为大王乌纳斯陛下效力，七天就把花岗岩石柱从巨象岛运到这里，圣上为此表彰了我！"

还有些场景是按惯例所必备的。无往不胜的乌纳斯大英雄，猎捕狮子和长颈鹿，追杀敌人——既有近东长着大胡子的"亚洲人"，也有住在沙漠中的贝都因人。还有画面呼应了萨胡拉陵寝长堤上那些更早期的场景，其中的男女老幼被描绘成营养不良的可怜模样，肋骨痛苦地凸出裸露着，肚子浮肿胀大。这些恐怖悲惨的图像，具体形象地记录和表现了埃及边境外围日益严重的饥荒苦难。这是有意而为之，与埃及人头顶手提供奉品来向乌纳斯进贡的情形构成了一种强烈的对比。来供养国王精魂的献礼者，在似乎永无休止的队列中前行，络绎不绝。

乌纳斯的金字塔逐渐成形，而他的两个配偶涅贝特（Nebet）和克努特（Khenut）则得到御赐，各建了一座马斯塔巴。"御膳专任屠夫"伊鲁卡普塔（Irukaptah）长得跟留着卷翘小胡子的克拉克·盖博挺相似，也受到厚葬礼遇，跻身于萨卡拉乌纳斯王室墓场下葬的五位屠夫之列，这暗示了在宫廷菜单上，牛肉估计是常备选项。乌纳斯的农庄主办叫米瑟锡（Methethy），同样也被御赐一座石头大墓，还有一系列的木头雕像——除了普通的白色裹腰包布，他的雕像身上还有全套的饰物，如珠片镶嵌的颈饰、腰带和长项链。

首相普塔霍特普在萨卡拉的陵墓，也体现出对细节同等程度的讲究和重视。他就是那本"良言录"著名作者的孙子，与爷爷同名。在他的墓园墙画场景中，他正在佣人的协助下穿衣打扮，从专用的盒子中拿出假发时，这位大人还不忘从一个容器中深深地吸上几口，容器上有刻字，"最优雅的香氛，节庆活动必备"。负责出品这些美妙画面的艺术家尼安赫普塔（Niankhptah），甚至也很难得地一露真容，让后人得以一见。一幅自画像显示他正一边观看一场船夫之间的角力比赛，一边还吃着无花果，旁边有人替他斟满杯中的啤酒。

乌纳斯大王死于公元前 2345 年前后。他的《金字塔铭文》中也约略提了尸体的木乃伊化的处理步骤。首先是去掉内脏，以免腐败烂臭。"我的内脏由阿奴比斯（Anubis，注：导引亡灵的墓穴神，豺头人身）清洗"，然后交由荷鲁斯与他的孩子"伊姆塞狄（Imsety）、哈比（Hapy）、杜阿姆特夫（Duamutef）和克布瑟努伊夫（Qebsenuef）"照管。帝王之神的这几个孩子，各自负责照管一个器官——伊姆塞狄保护肝脏，哈比保护肺，杜阿姆特夫照料胃，克布瑟努伊夫管肠子。

接着，乌纳斯的尸体被包裹在精细的亚麻布中，随即就升华神化了——"哦，大王，汝之尊贵肉身属于神祇，不会发霉，不会遭到损坏，不会腐烂……愿龙体肉身再生还魂，愿陛下生命比群星更持久，星辰不陨，大王长存"。就仿佛在天上的更衣室里换了一身新礼服后又现身一般，已做成木乃伊的国王，现在有这些恭维的赞词："大君啊，你看上去是何等美好，多么的安详自足、焕然一新、活力饱满。"让法老的灵魂回春复生的仪式，涉及这些操作：用绿色和黑色颜料涂覆描画他的眼睛，用"顶级的香柏油脂"和"顶级的利比亚树脂油"涂抹遗体。与此同时，在这令人头脑昏沉的燃香烟雾中，丰盛的祭品也陈列到位。所有这一切的设计安排，都是为了营造出天子薨殁的庄严王室氛围。

然后，众人昂然感奋地齐声合诵，"哦，乌纳斯吾王！您离去却并未亡故；您离去犹如再生复活"，以及"您的魂灵，升上天空！尸体，归于土地！"，伴随着这些呼喝，乌纳斯的木乃伊被放入那刻满文字的金字塔墓室巨大的石棺中。1881 年，这位大君龙体的部分骨骼在此被发现。

不过，乌纳斯却没有儿子作为继承人，于是王位被传给了他的女儿伊普特（Iput）公主。她嫁给了非王室血统的泰狄（Teti），也就让他名正言顺地有了登基称帝的资格。泰狄（约公元前 2345—公元前 2323 年在位）成了第六王朝的首任君主，而伊普特则成了王朝亲缘体系实现具体关联的又一位王室女性。

泰狄的名字又一次未在其中指涉到太阳神，但他毕竟依旧是"拉的一个儿子"，并将赫里奥波利斯那里的太阳神庙修饰了一番，增补了一对三米高的石英岩方尖碑。开罗机场在这一古迹选址开建，好在方尖碑之一得以幸存。泰狄还重建了布巴斯迪斯的巴斯泰特神庙，而他献给孟斐斯诸神的礼物包括有一个雪花石材质的叉铃乐器，上面刻着"泰狄，哈索尔之宠儿"。这叉铃上曾装配了铜丝，铜丝上穿着小金属片，摇动了就会叮当作响。"摇动纸莎草"的玄奥做法，据说可以促进生育能力，而这个叉铃就是变通模仿了那种动作。在敬拜哈索尔的仪式中，那神圣的载歌载舞惯例是必不可少的，而叉铃则是歌舞的一个关键道具。在这种仪式表演中，国王本人就是头牌明星——"摇铃的便是大王自己，吟诵的也是大王自己"，受到"母亲"哈索尔的召唤，"大王开始舞蹈，一边还开始歌唱"。

泰狄事实上的母亲名叫塞希塞莎忒（Seshseshat）。这位被后人记得的女士最出名之处就在于她发明的促进头发生长的配方，配方是用驴蹄和椰枣核为原料做成，世代流传。她的一些女性后裔也用了塞希塞莎忒这个名字，因为泰狄遵循了常规的，尽管也是令人感到混乱的传统做派，给他的孩子命名时沿用父母或祖父母的名字，其中六个女儿全都用了奶奶的名字——好在这些姑娘各自还有个彼此区分的附加名。

泰狄的宫中衣香鬓影满是女人。除了王太后和六位公主，还有两位王后，乌纳斯的女儿伊普特与第二位王后卡维特（Kawit）。泰狄置身于这群女人中，呼应了太阳神的那帮随行扈从的成员特点——同样都是由女性亲眷组成。之所以看似宫中全是粉黛红妆，是因为所有的其他王室男性基本上都被有意识地置于暗影之中，只单独突出国王光辉闪耀的存在。

泰狄选了北萨卡拉的一个小角落建造自己的金字塔以及王后们的陵寝。六位塞希塞莎忒公主中的四位也下葬在紧邻父母的地方。她们被嫁给了泰狄朝中的几个权贵要员，但在王室安葬地周边那"坟冢构成的街道"中，她们及其配偶的陵墓还是以家庭成员关系为纽带，紧密地组合在一起。因为"跟大部分其他国王相比，泰狄明显有着更热切的愿望，想在死后有人数相对较少的一小群亲属和心腹臣僚密切相伴，不离左右"。

长公主塞希塞莎忒"水罐子"（Watet-khethor）嫁给了一个名叫梅内如卡（Mereruka）的人。王室女婿、当朝驸马的身份，让其青云直上，被提拔为首席大法官兼总理大臣。这对夫妻被御赐了一座排场阔气的陵墓，三十二个房间的布局模仿复现了他们生前的豪宅。在里面，梅内如卡真人大小的雕像仍旧是抬腿向前的姿态，迎接那些给他进献供品的礼拜者，但今天的访客所带来的只是他们的好奇心——在萨卡拉，这座陵墓仅次于梯级金字塔（左塞尔金字塔），是埃及排名第二的必看景点。

这处陵墓如此热门，倒也物有所值，并非浪得虚名。这里生动的浮雕场景看上去似乎正散发出一种完全属于其本身的活力动能：少年高跳到空中，玩 khazza lawizza，也即"跳起抓雁鹅"的游戏，而女人们则以充满生命力的、类似于康康舞的一种舞蹈来赞颂敬拜哈索尔。这些跳舞女郎身体后仰几乎成直角，同时高高地抬起一条腿，露出她们的性器官，而这姿势跟女神哈索尔撩起衣裙向太阳神展现私处是同样的路数。女神春光乍泄，是为刺激消沉衰弱的太阳，激发其力量，让他欢笑，让他一旦恢复生机就能在各个方面"挺立"起来。伴随女郎们表演的还有"镜舞"。这个舞蹈较为庄重，通过用高度反光的抛光金属镜面来调节太阳光线反射的方向，如今埃及的墓葬中依旧在采用这一技术，以此来照亮墓中那些有特殊意义的区域。

梅内如卡大人的公职生活，在这些石刻壁画中也可见一斑。其中有个场景是审讯几个被控偷逃税赋的农民，对他们的惩罚是打一百大棍。然后是一个个放松氛围平和的画面，梅内如卡坐在一个画架前，挥笔画一幅当季风情即景，或者是在夫人的起居室中，坐在那位长公主身边，听她唱唱歌、弹弹竖琴。竖琴，古埃及语音为benet，在一个委婉含蓄的画面场景中，则取决于"benben"这个词的语言游戏，意思是"生孩子，当爹"，那么所谓"弹竖琴"就是指这位大人在家中行夫妻之实，而不是在外搞无法无天的荒淫勾当。

这对夫妻优雅的肖像，不管是多么完美和理想化，两人的尸骨残骸却显示这里埋葬的是"一位大个子女人，死的时候才人到中年"，而女人的丈夫梅内如卡也是人到中年，有着"短粗宽阔的额头和突出的下巴"。夫妻俩亡故，亲友众人哀悼，伤心欲绝，有晕倒的，有情绪失控的。这些夸张的场面都被生动鲜活地呈现在他们陵墓的墙壁石刻上。

正如在世生活时一样，梅内如卡与长公主塞希塞莎忒在地下的邻居还是卡吉米尼（Kagemni）与其王室出身的妻子——第二位塞希塞莎忒公主，她的朋友们称其为"涅布迪努布赫特"（Nebty-nubkhet）。这婚姻也让她的丈夫扶摇直上，大权在握，成为泰狄的又一个女婿兼总理大臣。卡吉米尼拥有五十个左右的职务头衔，其中之一是"太阳神的高级祭司"。精明的老国王泰狄委任自己的女婿来掌管这一宗教仪式的最高职位，想必是安置一个眼线来监控赫里奥波利斯祭司们的一举一动。

泰狄的第三个总理大臣是安赫马霍尔（Ankhmahor）。他的陵墓，与梅内如卡和卡吉米尼的是在同一块地界上。那活力四射的"康康舞"女郎们又一次在这里的壁画中表演起来。与此同时，在题名为"令它欢乐"的几个场景中，还有其他仆役们在给大臣做手指甲和脚指甲护理，做脚底按摩和身体按摩。关于护理和理疗的主题继续推进，墙上出现了宫廷医生的一幅肖像。此人名叫安赫

（Ankh）——名字的意思直接就是"活着，活下去！"然后，还有一个男性包皮环切术的场景。在这一罕见题材的画面中，一个病人因包皮感染，正接受外科切除手术，他双手捂在脸上，而医生则在叮嘱助手要"控制住他，抓紧了，别让他晕过去"。

对于生理解剖的强调关注，也延伸到了牲畜宰杀。宰杀的安赫马霍尔的牛，既是为了食用，也是为了祭献仪式。屠夫们吵吵嚷嚷，"抓紧啰！""救救我啊，这牛他娘的太有力了！"大呼小叫之间，他们切割下一头活牛的前腿，作为葬礼仪式中"开口"这一程序的组成部分。在这个程序中，仍然在抽搐的血淋淋的牛腿被高高举起献给死者，好让"动物收缩抽搐的肌肉纤维中的能量转移注入死者的身体"。生物医学研究表明，牛的前肢或后腿被割下来，甚至两个小时之后经过刺激，肌肉收缩抽搐动作仍然会发生，由此营造出的这种看似神奇魔幻的视觉感受，用在这类仪式之中，自然效果非凡，让目击者惊骇信服。

安赫马霍尔自己还继续与活人交流。他的陵墓外墙上有其石刻人像，对着路人或访客致辞："后人们，祝愿你们幸福安康！"然后，他捧起"坟墓保护咒语"——出自他效力的国王陵寝里的《金字塔铭文》——中的一部分，在前述的问好之后玩起了恐吓警告："我是一个出色的祭司，博学多能，任何真正的魔力都在我法眼之中。进入我陵墓的那些人，倘若未曾按规矩先净化其自身，那么我将拧断他们的脖子，就像拧死一只小鸟。"

同样的诅咒，也被赫尔梅鲁（Hermeru）采用。此人是"禁卫军统领"。不过，禁卫军卫士这个差事并不仅限于男性担任。卫士拉拉姆（Raramu）就把自己的职位身份传给了女儿希塞特（Theset），而梅芮涅布蒂（Merinebti）女士是国王泰狄的一个"熟人"，也被称为"卫士"，但这样的一个角色称谓大概远远不只是表示敬意或赏识的吧。她那一米五高度的尸骸的左侧胸腔肋骨的下方，有一道"骨头上的伤疤"，是由"刀刺砍杀"而造成，而且是在她五十几岁，即"去世之前的很多年，这个损伤就已发生"。这一事实暗示，她生命早年曾被一个右手持刀的人袭击砍伤。可以想象，那时她大概正承担着某种形式的护驾保卫任务。

这是因为泰狄大王朝廷里的情况堪忧。后来的文献记录声称，泰狄是"被他的一个保镖谋杀的"。由于盗墓贼光顾，他的遗骨只有右胳膊残存下来，故而其死因无法据此来论证推断，但泰狄的人生命运，还是有可能是由一场旷日持久的权力争夺来决定的。这争夺发生在王室统治者与太阳神的祭司势力之间。之后，王位被传给了乌瑟卡拉（Userkara，约公元前2323—公元前2321年在位），尽管其执政时间短暂，但乌瑟卡拉的名字中再次植入了太阳神的元素。

很快，乌瑟卡拉的角色由泰狄的儿子佩皮（Pepi，约公元前2321—公元前2287年在位）取代，或者说至少是由这个幼年国王的母亲伊普特取代了。她成为摄政王，由此完成宫廷权谋的帽子戏法，连中三元，从公主变身王后，然后最重要的是成了国王的母亲。于是伊普特的马斯塔巴墓冢被扩大规模，建成为金字塔，而这种形式的安息礼遇，也就此成为所有王太后的标配。在葬祭庙墙壁上的石刻场景中，描绘有伊普特的形象，正在接受哈索尔授予她的高高的权杖。一对塞克美特的雕像，挥动着权杖，还有前朝老国王胡夫的几个迷你小雕像都在伊普特脚边，现在也被修改过了，其中有个小人形被重新命名为佩皮，而如此变动不可能仅仅只是巧合。

看起来，伊普特的实际权力巨大。在她位于萨卡拉的陵墓附近，考古发掘显示，那些可能参与篡权并让她丈夫死于非命，随后又继续给乌瑟卡拉效力的官员，其陵墓中的铭文石刻和浮雕图像，到此时都被涂抹损毁掉了。凡有指涉到先王乌瑟卡拉的地方也被凿除。

等到佩皮一世登基称王，他介怀于父亲的命运遭遇，于是亲手挑选出一些官员，并只准这些人环绕于他的身边，这其中就包括闻尼（Weni），担任宫廷卫队的头领。当又一个夺权阴谋被发现，而一个未曾公开的"秘密指控"被安到了佩皮一位妃子的头上时，负责处理此事的自然就是闻尼。正如他自己陈述解释的："宫里隐秘不宣，但针对王妃维芮忒-亚姆蒂丝（Weret Yamtes）的法办手续已经斟酌确定。陛下召我进宫，为的是让我私下一人来听审此案。没有大法官，也根本没有总理大臣在场，也完全没有哪个王子或亲王，只有我一个人，因为我很杰出，因为圣上钟爱我。全是我一个人将此事书写成文，判罪定案，另外就只有个小法官。此前从未有过像我这样的人能听闻后宫内室的秘密。大王让我来亲耳听证此事，因为在陛下心中，我比他的任何臣僚都更为出色，最宜经手此案。"

佩皮一世特立独行，将王室规章扔到了一边，于是，埃及有史以来第一次出现一位国王娶了个平民女子。此女成了王后之后名字也改了，叫作安赫尼丝佩皮（Ankhnespepi），意思是"佩皮为她而活"。她是来自阿比多斯当地一个颇有些势力的家庭。而她的母亲，涅贝特（Nebet）也被女婿委任，摇身一变成为南方总理大臣。

在这片土地上，总理大臣是仅次于国王的最高行政官职。佩皮一世选择让丈母娘担任这一要职，或许是受到他自己的母亲伊普特那治国理政才能的启发。任职总理大臣后，涅贝特重新安居，往南搬家到了阿比多斯，在那里掌管上埃及的事务。她和丈夫胡伊（Khui）本已在萨卡拉开建陵墓，但很快就停工，转而在阿比多斯附近选址修建新墓园。

这位出类拔萃的涅贝特也是八个孩子的母亲。六个儿子中的德耶阿乌（Djau）与伊狄（Idi）继承了她的总理大臣地位，而她的第二个女儿也嫁给了法老，还照样起名为安赫尼丝佩皮——为了跟同侍一夫的姐姐有所区分，现代的便利手段就是在这名字后加上"二世"。幸运的是，这家人复杂的关系结构在一块所谓的"两位王后石碑"上被交代清楚。石碑是德耶阿乌在阿比多斯竖立的，"以表示对此土地的热爱，我在此出生，生我者乃涅贝特，国王钟爱之臣；家父为胡伊，蒙受大神恩赐之荣光"。

法老佩皮一世自己的金字塔复合体，则同期在萨卡拉的高地沙漠上逐渐成形。现在那里只是 12 米高的一座沙石丘冢，"毫不起眼的一堆废墟"，但原初的金字塔庄严气派，高度有 52 米。这里被命名为"Men nefer Pepi"，意即"佩皮的美好基地"。这个指称最初只涵盖了驻守在金字塔周围的祭司们的住房，但最终被用来表示整个萨卡拉和邻近的城市。如今，当地以其在希腊语中的名称而为人所知——"孟斐斯"。

执政三十年之际，佩皮一世举办了他的第一个统治周期庆典。他惠赐给朝臣和仆从们的礼物上面都刻有祝愿词："如此周年庆，愿大王能举办很多次。"刻有佩皮一世名字的香脂罐子，也在多处被发现，北至叙利亚的埃卜拉（Ebla），南至巨象岛——他很可能是特地去那里安抚和敬拜掌控尼罗河的神祇。这是因为到了公元前 2300 年前后，尽管每年一度的洪水依旧来临，但水位变得很低，令人忧心。努比亚那边闪长岩采石场工人取水的水井，已无法正常出水，这大概也就解释了，第六王朝的国王们为何转向那些更近地域去采挖雪花石来刻制他们的雕像。

三十周年庆典的意图是为了让国王的能量得到补充和再生，正是这能量把丰饶收获带给了这片国土。庆典仪式场所不仅限于首都孟斐斯，佩皮巡访所到之处都举行了欢庆活动。他先在三角洲各地考察，然后到了太阳神的敬拜中心赫里奥波利斯——"即便太阳神已经有点儿过时，不太受待见了"。大王的巡察之旅继续向南，直到阿比多斯、邓德拉，再到柯普托斯，他拜谒了柯普托斯的旻神神庙并收买人心，借机免除了侍奉旻神的祭司属地上的税收，因为佩皮一世是"柯普托斯主神宠爱的君王"，在那阳具高挺的旻神雕像前也举办了执政大庆的仪式。

在更南边的锡拉孔波利斯，荷鲁斯也一样收到了尊崇大礼：一座精美的猎鹰雕像，头部由黄金打造，黑曜石镶嵌做成的眼睛洞察一切、目光犀利。除了将此像安置在古老的荷鲁斯神庙，佩皮一世还在庙里放置了一座他自己真人大小的铜像。这是迄今所发现最早的用金属材质做成的人类雕像，而且其中还包含有一个秘密，因为在雕像内部，就像俄罗斯套娃一般，还有一个更小的铜像——他的儿子和继任者，梅伦拉（Merenra）。

锡拉孔波利斯是"荷鲁斯之城"，是古代帝王们的家和大本营，因此这座铜像无疑是佩皮一世与安赫尼丝佩皮一世别有用意的一个举措，表示决定让他们的儿子梅伦拉成为下一任君王。

当佩皮一世变为"一个奥西里斯"（暗指被谋杀被肢解）在他的金字塔墓葬中躺倒安息时——那里最终留存的只有他的一只手和打包完好、仔细处置过的内脏——梅伦拉（约公元前 2287—公元前 2278 年在位）继承了父亲的王位，同时继承的还有父亲的第二位妻子安赫尼丝佩皮二世，也即他自己的小姨妈。他的核心行政班底中也包括了那位值得信任的闻尼。

闻尼被新王任命为"南方监察大臣"，常驻阿比多斯。他的墓葬近些年才被发现，也由此确认了他的自传性铭文中所声称的国王御赐的各种昂贵礼物——这些佩饰和家居物件都成了他的陪葬品。闻尼也负责搜罗采办王室墓葬计划所需的各种石料，从新王的石棺和墓室中的假门，到"王后金字塔那成本高昂、气派堂皇的方塔尖顶"，都需要他来备办材料。一个个小船队将这些石头向北运送到萨卡拉。在阿斯旺，突兀嶙峋的花岗岩形成小瀑布，闻尼下令在其间开凿了一系列的航道，让尼罗河上的水路交通效率更高，也让运石头的差事容易了一些。他被派驻南方，可以让他更好地监管埃及与努比亚的边境地区。想必是在闻尼的建议下，梅伦拉亲赴阿斯旺做了一趟国事访问，为的是与瓦瓦特（Wawat，指下努比亚）、亚姆（Yam，指苏丹）和梅德雅伊（Medjai，指努比亚红海沿岸附近）的头领们举行一次峰会。

这次会议之后，梅伦拉派他的军事统帅哈尔胡夫（Harkhuf）向南远行出访，直到亚姆。这位司令官分别远行了三次，带回的是异国的朝贡，但也包括日益令人担忧的报告：当地的动荡骚乱渐增，因为努比亚的头领们先是内讧杀伐，然后组成了一个联盟，要摆脱埃及的控制。

在这个危急的重要关头，需要强硬领导人的时刻，梅伦拉却驾崩了，被葬在南萨卡拉沙漠深处他的金字塔陵寝中。

他用于葬祭仪式的建筑群几乎还一点都没完成，现场只有闻尼采办来的那些花岗岩装饰摆件。金字塔内部的墙上刻有《金字塔铭文》的一些片段，按其中的陈述，梅伦拉已经化身为一个奥西里斯，同时也是哈索尔，"有着她的两张脸"。铭文描述梅伦拉登上了太阳神的航船，变身为一颗星星向上飞升，保护他的是伊希斯与纳芙希斯姐妹，她们感叹："看着这个是多美啊，看着梅伦拉飞向天空是多么令人欣慰啊，他在群星之间上升，在不灭的星辰之间。他的魔力就在他脚下，他要去到他天上的母亲那里，去努特那里。"

梅伦拉的石棺上，刻有"进入努特子宫的通关符咒"。在此符咒的帮助下，女神把她的活儿干得超级完美——1881年，当梅伦拉那包扎完好、处理细致的木乃伊尸体被发现时，仍旧安然无恙地躺在石棺中，原封未动。

王位被传给了佩皮二世。此人曾经被认为是梅伦拉同父异母的弟弟，但现在普遍相信那就是他的儿子。文献记录还声称，佩皮二世"六岁时就开始登堂执政，一直持续到一百岁"。这就等于说他当政九十四年（约公元前 2278—公元前 2184 年在位），这也让他成为有史以来统治周期最长的一位帝王。

但他登基的时候才六岁，所以起初实际上治理国家的是王太后安赫尼丝佩皮二世。这是前两任君王的妻子，现在则成了"所有神祇都钟爱的"摄政王。有一座雪花石小雕像，呈现她坐上王位当政的场面。在这个场面中，她戴着君主专享的眼镜蛇神蛇头饰，幼小的佩皮二世坐在她大腿间，也戴着蛇形头饰。王太后的后背被雕得很平直，为的是能紧贴神庙墙壁安置雕像，而她怀中幼小的佩皮则侧坐在她腿上，因此，作为雕像主体面对观看者的是摄政的太后，而不是那小国王。

那些神庙中也有更大尺寸的巨型装饰物来增光添彩。阿斯旺省长塞布尼（Sebni）接受委任，修造了两个大型方尖碑。石碑直接从当地花岗岩采石场的巨石上凿出来，顺河而下，运到赫里奥波利斯再竖立起来，以示对太阳神的崇敬。这项工程做得相当出色，塞布尼也引以为豪，他骄傲地宣称项目顺利完成，"连一只拖鞋都没损失"。

远征队伍也被派往西奈半岛去开发绿松石矿藏。太后母子两人的名字因此也就进入了马加拉谷地以前历任统治者的名录中，同时伴随出现在那里的是她那女王般的庄重形象。北上到比布鲁斯，南下到蓬特王国，也经常有贸易代表团被派遣过去。多年效力朝廷也长期辛苦卖命的哈尔胡夫，在新王当政后的某一年，又受命出访苏丹的亚姆部族。这是他第四次，也是最后一次担当这一使命。他派手下将报告送回孟斐斯的王宫，描述他已经获得的所有新奇的异国货品，同时列在清单中的包括一个"会跳舞的侏儒"——可以猜测那是个俾格米矮人。对此，八岁的国王不禁龙心大悦，立刻就写信回应了，正式道贺并感谢老臣的付出。信中难掩强烈的兴奋和期待：

> 阅爱卿来信已知，你从远在地平线之外的蛮荒边民中得获一个侏儒，会跳不可思议的神之舞蹈。那么，赶快向北回来吧，立马就回到宫里来！带着这个侏儒一起来，好让上下埃及之君的本大王佩皮娱乐一番，让万寿无疆的本王，心里轻松高兴一番。他跟你一起上船归来时，务必指定能干的人监护他，在船的左右两侧看好他，免得他出意外掉到水里。晚上睡觉时，也务必安排能干的人，跟他同睡在帐篷中，睡在他旁边——每夜检查十次，要保证他的安全。朕最想看到的就是这个小矮人，胜过西奈和蓬特运回来的任何礼物。国王御玺亲印封缄。

哈尔胡夫在家乡阿斯旺的岩石间挖凿建造了他的陵墓，这封来自国王的公函被刻在陵墓外墙上。他是幸运儿——能终老故里，至爱亲朋对去往异域他乡的远行客给出的建议往往是"要勇敢，管住你的心，你会归来，拥抱你的孩子，亲吻你的妻子，又看到你的家"，但并非所有的人都能如此好运。接下去深入努比亚的一次远征，由阿斯旺省长梅胡（Mehu）领头，不幸的是以灾难结局，他被当地部落土人杀害，他儿子发起了营救行动，可也只是取回了尸体。更早些时，一个远行团队造了一艘船驶往蓬特，几乎被全体屠灭。收回他们尸体的是佩皮纳赫特（Pepinakht），在阿斯旺建有他的陵墓，这壮观的墓园成了一个朝圣之地；日后远征努比亚的人都要来此拜谒祈福。佩皮纳赫特最终被神化——这是又一个例子，说明人类社会阶层流动的极限就是被当成神。

摄政的安赫尼丝佩皮二世亡故，下葬于萨卡拉的金字塔中。此遗址直到 1998 年才发掘出来，也是有《金字塔铭文》的最早的一座王后金字塔。佩皮二世于是开始了他自己的执政生涯。这是一个相当漫长的周期。

某种程度上，他是个生动鲜活、多姿多彩的角色，"热爱戏剧"。有个故事抖出了他的猛料秘辛，说是跟他的将军萨萨奈特（Sasanet）有断袖之情，而这位将军据说"没有妻室"。国王"夜里独自一人出去，身边谁也不带"，他会扔一块泥砖砸到将军家的房子上，然后就会有一架梯子放下来让他爬上去停留四个钟头，直到"天子大人做完了他想跟大将军做的事，才返回王宫"。

佩皮二世在他超长待机的生命历程中，也有过三位主要的妻子，都是他的姐妹：奈丝（Neith）、伊普特二世（Iput Ⅱ）与维德耶布特恩（Wedjebten），她们每人那"排场奢华的陵墓"都刻有《金字塔铭文》。佩皮二世活得比她们更久，也比他众多的妃妾和大多数孩子活得更久。这些子女中大多数都在他们那看似简直要永生的父亲离世之前就先离世了，随着继承人一个个告退人间，差点带来了王位后继无人的危机。

他当政期间，官员当然也经过了多轮的更替。越来越多的高官重新在驻地安家。不仅是家庭，连陵墓也安置到了远离宫廷的地方，南方的驻地比如卡布和阿斯旺。这些人也得到了越来越尊贵的官衔，从前的宫廷侍从们血脉中的王室血统和基因越来越少，现在却开始高调起来，自命为亲王和地方领主，而国王也被迫向他们做出前所未有的妥协让步，只为将这些割据势力笼络在他的王权之下，以免公开分裂。

神庙祭司群体的这个阶层中也出现了同样的状态。负责门卡乌拉礼拜活动的祭司们，佩皮二世免除了他们的税赋。他现在聚焦关注的是他在吉萨的河谷神庙，派驻神庙的祭司们带着家人亲眷已经搬到当地定居，紧靠着庙里最里面的神殿砌起泥砖屋舍，以便将每日工作的往返通勤缩减至最低限度。"地标建筑村庄化"，这同一种现象也发生在斯奈夫鲁位于达苏尔的河谷神庙中——行使日常敬拜职能的祭司，其中有十五人拖家带口搬到那里过起了日子。在旻神的崇拜中心柯普托斯，佩皮二世委派钦差大臣艾狄（Idy）前去主持神庙的税赋豁免事宜，减免项目的一份清单被呈示在神庙大门入口，并说明是圣上钦命，以此警示税收官们不要来多管闲事。

不过，政府体系中的有些环节却已经没那么有效率了，在萨卡拉的行政办公室中发现的那些官方文献便透露出这样的信息。及至此时，办公室已搬迁至左塞尔金字塔建筑群的那些石砌房舍中。一位"劳工团队指挥者"写了一封信发牢骚，他说道：

> 有人给我带来总理大臣您的一份公函，要我把这个熟练工人组成的小分队从图拉的采石场带到金字塔封闭围场那里，穿戴整齐了去见大人。现在我要向您提出投诉，您就要乘坐驳船来图拉考察，而眼下却又要我带领手下去那么偏远的地方。鄙人，您忠实的仆从，跟团队一起，已经在孟斐斯这里停留了六天，却没能得到任何的衣物。您忠实的仆从所负责的工作就此被中断耽搁了，实际上只剩下一天时间让这个小分队的工人们来领取穿戴衣物了。在下向您通报这些信息，祈望您能知情。

这位无名的指挥官，显然很忧心自己没能按时完成指令，更不必说还要操心他手下那些工人，让他们能有适当的衣服可穿，而衣物也是政府所支付劳动薪酬的一部分。

这样日渐恶化的效率和日益消沉的士气斗志，当然不会因另一个事实而得到助益或提振——君王本人也已经显得越来越缺乏生机活力了。那执政三十周年的庆典，现在自然成了常规事项，其中还依旧包括那仪式化的往返跑环节，但国王却越来越有心无力了，没法合格地完成这个项目。随着佩皮二世日渐老迈，这往返跑想必只能以更缓慢更蹒跚的步伐来进行了，至于与之相伴随的捕猎河马的环节，就更别提了。

逐年衰老的国王，显然无法担当神的化身。过去一千年来历任君王都声称拥有超凡伟力，这一概念在佩皮二世身上被动摇毁坏。作为将丰饶收获带给这片土地的角色形象，他还要勉强担当，但看起来却同样显得可笑，因为每年一度的尼罗河洪水，水位已多年持续下降，引发了大范围的干旱。得到漫灌可用于耕种的土地面积逐年缩减，农作物产量也随之大幅降低，不仅是饥荒逐年变得严重，而且可上缴给王室朝廷的岁入进项也急剧减少，导致整个经济瘫痪崩溃。

除了美好的祝福以及常规执政周年庆典上散发的香脂罐小礼品，国王无力再给朝臣们赏赐和分配多少东西，因此，曾对王室金字塔周边的陵墓地垂涎欲滴、寤寐求之的那些臣僚，现在不仅纷纷丢弃将他们与国王关联在一起的各种头衔，而且争先恐后地搬离那日益暗淡无光和左支右绌的宫廷。因为所有人都明白，即便尼罗河的低水位仅仅出现一年，那也意味着"一整年的粮食收成都没指望了。富人们显得忧心忡忡，每个人都携带起了武器，好友们不再彼此招待，随着物质贫乏而到来的是谎言欺骗"。

公元前2184年前后，活到期颐之年的国王终于撒手人寰，而这片土地上所弥漫的，无疑是浓重的迷茫之感。佩皮二世执政九十四年，原本应该让他有充足的时间来给自己修建一座有史以来最大的金字塔，但他在萨卡拉的陵墓，高度只达到了52米。这想必是因为国库空虚，王室财政日益紧张。他的遗体被做成木乃伊葬进了石棺。1881 年，在旅行服务产业的先驱"托马斯·库克父子旅行社"（Thomas Cook & Son）出资展开的考古发掘中，这座金字塔的内部第一次得到梳理和研究。四周墙壁上所刻写的《金字塔铭文》，经解读可知宣告的是，佩皮二世他老人家最终登上了太阳神的超度之船，向天堂飞升之际，还一路"拉着不灭星辰的手"。

不过，那些还活在地上凡间的人，一生中可从不知道还有任何别的哪位国王曾给他们主政，所以这一变化带来的局面肯定是相当动荡，民众的反应极具戏剧性。

下一任君主叫奈姆耶姆萨夫（Nemtyemsaf，约公元前 2184 年在位），是佩皮二世极少数还活着的儿子之一，生母应当是其父亲的姐妹兼妻子奈丝。他自己已是个老人，无法有什么作为来重新激发起人们对王室的信心。他执政仅仅一年后便离世了，接替他的是另一位君主，统治了四年时间（约公元前 2184—公元前 2181 年在位）。这位君王之所以有名气，主要是基于这一原因——过去的两千五百年间，人们都认为这是一位女王。

这位女王就是奈提克雷蒂（Neitikrety），更为人们所熟知的是她在希腊语中的名字，尼托克里丝（Nitocris）。早在公元前 15 世纪，底比斯的祭司们就已经声称尼托克里丝是他们仅有的一位女性统治者。两个世纪之后，埃及的历史学者宣称，尼托克里丝是"她那个时代所有女性中最高贵和最可爱的一位，有着美丽优雅的面容，是第三座金字塔的建造者"。关于她的浪漫故事，随后得到进一步的润饰，那具有传奇色彩的尼托克里丝变成了"女人中的女人，成为最完美的尤物，肌肤细腻白皙，而且比那个时代中所有的男人都更勇敢"。

显然，关于她的传奇，与对肯塔维丝一世的种种指涉——那些说法也同样混乱——混杂合并到了一起，因为在金字塔时代，后者看来确曾以女王的身份统治过埃及。有一位学者曾争辩说肯塔维丝一世未曾当过国王，但同样是他，对身世神秘、难以考证的尼托克里丝却做出如此定论，"她在历史上的真实存在应该是无可置疑的"——这样的前后反差，就让人觉得实在是非常滑稽讽刺。此学者推理判断的依据，是他付出艰苦卓绝的努力，翻译了埃及那份广受认同的帝王名录。那幸存下来的清单是一份古代纸莎草文献，破损严重，像拼图那样用碎片拼接而成。不过，对构成奈提克雷蒂名字的那块相关碎片，近些年的显微分析和研究表示，应该是属于与此前不同的另一个地方。重新拼接定位之后，这不仅让第六王朝统治者的数量与其他既存的国王名录文献恰好形成了一致，而且让那最后一片纸莎草残片完全拼接起来了。这个残片上写的是"sa Ptah"（意即"普塔之子"）这一名字，最终也就表明那位声名赫赫的奈提克雷蒂女法老，实际上是一位不为人知的男性君主，全名为 Neitikrety Sa Ptah，也即"普塔之子奈提克雷迪"。从其他的帝王名录中可以得知，此人是奈姆耶姆萨夫的继任者。

此前有过一些见解，认为第六王朝——扩展开来说，实际上就是埃及整个的"古王国"旧时代——急剧崩溃覆灭，是因为其末代王位上坐着的是女人。而现在这个论点被动摇和推翻了。事实上，第六王朝的终结是一个逐渐衰亡的过程。渐进累积的气候变化和日益老迈、赢弱无能的君王加剧了形势的恶化。官员们为君主来管理这个国家，但国王却无法给他们以充分或恰当的俸禄回报。

让国王来充任徒有虚名的领袖，就如船头那象征性的破浪神雕像一样，本就已可有可无，更何况国王显然是跟自己一样的凡夫俗子，没任何法力神威，那显得更是多余。于是，朝中官员们先后远离了宫廷，在各自的家乡定居和谋求利益。随着埃及开始分崩离析，此前逾越千年的君主制政体也烟消云散，就仿佛从未有过一般。

11. 两方土地上的无政府混乱期:
约公元前 2181—公元前 1985 年

到了公元前 2181 年,孟斐斯已经完全陷入混乱,以至于后世的文献记录给第七王朝的七十位国王只分配了七十天的历史空间。

这种策略倒是很有效,暗示说似乎每一天都会换一个新国王,但对于一个惯于用每位君主的即位年份来记载历史的文化而言,这种局面自然就令人抓狂了,因为如此混乱频繁的君王更替,让任何使用文献记录或年历记事的想法都无法实现。

第八王朝也好不到哪里去,至少有十七位国王曾在孟斐斯主政治国。但第七、第八王朝合并在一起,所占据的历史时间段也仅是公元前 2181 年到公元前 2125 年前后,这也标志着一个所谓"中间时期"(Intermediate Period)的开始。

对第八王朝的统治者,我们几乎都一无所知,但其中有个身份同样也暗昧朦胧的国王,名叫内弗尔卡乌霍(Neferkauhor),倒是做出了一些努力,试图将南方笼络在治下。他的办法就是和亲,把女儿内贝特(Nebet)公主嫁给了南部的首席大臣柯普托斯的锡麦伊(Shemai)。这位国王多次给女婿两口子去信,谈论他满腹的心思和烦恼。

已知的第八王朝统治者中,只有一位叫艾比(Ibi)的国王修建了金字塔。这也是刻有《金字塔铭文》的最后一座金字塔。传统的葬祭风俗走到了末路，与比布鲁斯的贸易也同样如此，于是就有了一个问题，"用来做木乃伊的那些松木松脂该怎么办？"——因为那些用于尸体防腐的松柏树脂存货太多，已经开始日渐干掉了。

位于法尤姆（Fayum）绿洲、尼罗河水灌注而成的 65 米深的卡伦湖也一样干涸了。尼罗河洪水年复一年持续低水位，继续带来饥荒的困扰。公元前 2150 年左右，大气环流中一个显著而剧烈的改变让这一情况甚至更为恶化。大气变化引发了"一次突然的、短期的寒冷气候现象"，这又导致埃塞俄比亚高原的降雨进一步减少，而那里又正是青尼罗河的源头。相应的后果就是"地表水量大减，带来灾难性的影响"，但高原的这种情形并不比埃及境内更严重。

神庙中的供品不再有人定期补给，敬拜仪式不再举行，人去楼空，一片荒寂，看起来似乎连神祇们自己也远走高飞、消失无踪了。在埃得夫，"荷鲁斯庙堂被原本属于那里的他（大神本人）抛弃了"，而在梅杜姆，斯奈夫鲁金字塔葬祭庙那原先被奉为神圣的殿堂，现在成了牧人的安身之所——他们所放养的牲口，当然也包括各种人畜垃圾，都在那里"济济一堂"。

随着气候继续恶化，甚至连首都孟斐斯也逐渐"沦陷"，被漫漫黄沙吞没。"黑土地"上的人民只能干瞪眼，无能为力地看着代表一切混乱和狂暴蛮力的"红土地"逼近，侵入他们的生存空间，掌控了他们的生杀予夺。

女神玛阿特所设定确立的那些法则和秩序，显而易见是崩溃了。这在所谓的"悲观文献"中得到了精准的描述，其中表达最为生动形象的一个章节，其广为人知的标题叫作《伊普味陈辞》（The Admonitions of Ipuwer）。这些诗章或许只是"一个顽固贵族眼中扭曲的视角与偏见"，因为其中有断言称，"珍稀宝石的项链，如今戴在了女仆的颈上，而食不果腹的王族女子，却衣衫褴褛，四处流浪"。不过，当作品里出现"淑女贵妇们过着女佣般的艰辛日子……她们不再知道有滑竿轿椅可乘坐，仆役无影无踪，也不再有男管家"的词句时，就很难让人同情了。

对阶层等级意识明确的埃及人而言，这正在成形中的革命变迁实在让他们惊骇恐惧。随着无政府的动乱状态真的取代了此前的井然秩序，故去的帝王们本身也沦为攻击的对象，冉内弗瑞夫在阿布希尔的葬祭庙便遭到了洗劫，而这只是遭劫的王室陵寝之一。正如伊普味所悲叹的，"安葬在墓中的先人，被扔到了高地之上，入殓师与防腐香膏的机密被弃置一旁，昨日在此的一切已消逝……穷困盲流抢劫了国王……金字塔所藏宝物，如今已无影无踪，唯剩空寂"。第五和第六王朝留存下来的金字塔，那些更小的、建造更简单的，因而也就更容易得以进入，所以其中有很多也遭遇了相似的盗墓大洗劫。

萨卡拉和阿布希尔的王室陵园，自然为盗墓贼提供了丰富多彩的赃物，而孟斐斯的王宫和王室政府建筑也同样如此。正如伊普味继续陈述的一般，"王子和亲王的子女们被赶出来，流落街头……属于王宫的财物都遭抢夺……土地登记簿册被毁坏，宫室中的法典条令被扔出来，散落在街道上，人们践踏走过，乞丐在小巷中扯烂这些文书……埃及国王们的机密暴露无遗，昭然若揭"。

官方公文资料遭到大肆破坏，当然也就解释了为什么这是"古埃及历史上了解最有限、史料最贫乏的时期之一"。孟斐斯不再是集权化中央政府的核心，没有能力对地方省区实行有效管控，搬迁到各自故乡定居的官员们，有意无意中发现自己成了各地独立小王国的统治者，就像一千年前国家未统一时的状态。既然没有中央权威机构来资助或规范艺术的生产和制作，为当地首领创作的那些雕像、石碑、牌匾和墓葬石刻场景，也就不再遵循什么固有的规矩——这些物件也确实各显神通了。

这个时期的艺术品显得相当"具有个性特质"，或者说是有质朴的乡村气息，随性野蛮发展。邓德拉有座陵墓，其主人叫塞尼德耶苏伊（Sennedjsui），被称为"平民百姓的哥们"。他墓中的壁画场景当然就是乡野风格，但成本不菲，所支付给工匠的酬劳都是实物，有"面包、啤酒、粮食、铜、衣装、油和蜂蜜"。

于是，大部分人选择定制费用更低廉的小型石碑。阿比多斯的"伯爵"印狄（Indi）与他身为女祭司的妻子穆特姆蒂（Mutmuti），就请人刻了两口子的肖像石匾，风格生硬朴拙——也可以说是充满原生态的野性活力。牌匾上所附的石刻文字，没有提及任何一位国王的名字，而只是聚焦于印狄本人，描述说这是"一位武功出色、擅长搏击的民间高手"。

对武功的强调，也反映了当时动荡不安的社会局面。地方上的强人都需要组建私家民团，不仅是为了维持与周围相邻势力的既有边界，更是为了保护自己不受外来武装的侵扰，因为政府方面已经无力给他们提供必要的庇护。

伊普味声称，"在三角洲地区如何谋生混世，外国人对此驾轻就熟"，而来自巴勒斯坦、在阿姆［Aamu，也即阿瓦利斯（Avaris）一带］安居的那些"亚洲人"，也渗透进入了埃及的东北部边界。利比亚人和贝都因人则对西部造成威胁，还有努比亚在南方对抗和摆脱埃及人的控制。而在埃及本土内部，"一切都已沦为废墟，到处都在流血，死神随处飘荡……法外狂徒捣毁了王室禁地，沙漠区的蛮荒部落摇身一变，自称为埃及人……无论尊卑贵贱，人们都说'生不如死，死了倒好'，孩童们也怨诉，'何苦要把我生出来'"。

莫瓦拉有一处墓葬中的铭文甚至宣称："因为饥荒，上埃及所有的人都快饿死了，每个人都吃自己的孩子。"这样的说法固然极端，但在公元 1200 年却再次出现了。中世纪的开罗发生严重饥荒，当时的目击记录中有相似的记述："大家都开始吃自己的孩子。"

但在公元前 2160 年，尼罗河曾逐渐开始恢复满流漫灌的水位，在紧靠法尤姆绿洲的黑尼恩—尼苏特（Henen-Nesut）出现了一个新的权力中心。那里在希腊语中的地名更加为人所熟知，被称作赫拉克勒奥波利斯，意思就是大力神英雄"赫拉克勒斯的城市"。对当地好勇斗狠的居民而言，这个城市名倒也是再合适不过了。这里的新统治者后来被定义为第九、第十王朝（约公元前 2160—公元前 2025 年）的历任国王，同时与第八王朝的末期在时间上有所重叠。孟斐斯天灾人祸之后残存的部分城区，就是第八王朝赖以维持的基地。

后世的历史学家们断言，第一个在赫拉克勒奥波利斯称王的枭雄名叫赫狄（Khety）。此人"行径比以前的统治者都更为残忍，给全埃及的人民都带来了灾难和悲苦"。有一个事实无疑很能说明问题，那就是为"赫狄之家"效力的大臣们，几乎没有一个在墓葬铭文中提及他们君王的名字，而只是刻写出自己的名字和职务头衔，甚至还篡夺只属于王室的特权，在墓中使用了《金字塔铭文》。这曾经是帝王们的独有专利，但现在却被刻到了官员们的棺椁上面，不过还是换了个指称，叫作《石棺铭文》。关于其中的内容，有如此的归纳描述：不仅是"死后永生生活的民主化"普及，也是"膨胀的幻觉"——铭文的主人们妄想权势地位已直追王族。

尽管名声不佳，被指冷酷残暴，赫狄大王还是能赏识能人才俊，并乐于培植他们。官员们的子女，只要聪明有出息，就能进宫得到调教。后来担任艾斯尤特省长的一位俊杰回忆道，国王"让我跟宫里的王室孩子们一起接受游泳培训"。对学习的强调重视也得以回归，接下去的统治者是赫狄二世，被认为给他自己的儿子兼王位继承人梅睿卡拉（Merikara）编写了一本学习和教导手册。他在书中教育儿子"要模仿追随你的祖辈和先人，他们的良言忠告在书本中长存。打开这些书！认真阅读！掌握他们的知识。受教育者，将会得到智慧和技能"。他解释说，"舌头是君王的利剑，言辞比所有的搏杀打斗更有力"，他强调指出国王的社会责任，还给出道德上的劝诫建议，告诉儿子"不能作恶，因为仁慈行善是美德，要想美名持久，就要让民众爱戴你，以此来记住你。人生在世，转瞬即逝，若能被后世铭记才是欣慰快乐"。北方的新君主们开始着手恢复埃及的财富与繁荣，巩固和加强边境防务，抵御来自巴勒斯坦外族的进一步渗透；重启与近东地区贸易的同时，他们也再度开动了大规模的工程项目。梅睿卡拉在萨卡拉规划了一个新的金字塔建筑群，并主持开挖了88千米长的一条运河，将赫拉克勒奥波利斯与旧都孟斐斯连接起来。孟斐斯那些赋闲的工匠，现在又结队组团，被集体雇用来干活了。

这些新君王在政治上显然相当精明机灵，与贝尔兴、本尼—哈桑、莫瓦拉、阿克米姆以及艾斯尤特等南方地区的诸侯都结为盟友。这些地方统领也额手称庆，自豪地宣称已将他们的领地带回了繁荣兴旺的盛世。"在下为这座城市建造了一条运河……我让大河水来漫灌那贫瘠荒芜的土地。女神对我青睐有加……我精通拉弓射箭，双臂强劲有力，那些接近和了解我的人，都对我非常敬畏"——艾斯尤特的一位省长，也叫赫狄（Khety），如此列举自己的功绩。他这个官职头衔是从母亲丝特拉（Sitra）那里继承而来，而丝特拉"是得益于'她父亲那可贵的家族血统'，因此有资格来统治艾斯尤特。只要是她所说的话，这里的居民都信服和满意。她作为首领管辖当地城乡，直到儿子羽翼丰满能独当一面"。女性也可以拥有财产，所以戈贝林的武士基德斯（Kedes）所宣告的便应当是实情："我弄了一艘三十腕尺长的大船和一只小船，来让没船的人们搭乘渡河……事实上船是我母亲伊贝布（Ibeb）弄来交给我使用的。"他还补充说他是"整个队伍中最勇往直前最威猛的"，那样的一个时代，如此身手矫健、动作迅猛的武士，在尼罗河谷的任何地区，当然很抢手，可谓是大有用武之地。

艾斯尤特无疑是得到最好防卫的地区之一。随后一位主政者麦锡何迪（Meseheti）手下的军队更是强化壮大了这里的军事实力。1894 年，麦锡何迪的墓葬出土，其中发现的八十个木质小雕像——即使死后这些小人也是他永远的卫士——便代表了他称霸一方时的武装力量。雕像当中有一半是努比亚人构成的附属军力，被雇用来担任"埃及军队中冲锋突击的主力、弓箭手和投石兵"，而他们的埃及人战友则是长矛手，所装备的黑白双色的牛皮大盾牌能提供出色的保护作用，可抵御当时既有的所有常规武器。

艾斯尤特不断增长的财富，也并非只有当权的显贵才能享受到。一位女性安葬于马特玛尔一座竖井构造的石墓中，也拥有黄金驱邪符造型的几条项链和一枚黄金印章。在巴达里和卡乌（Qau）发现的二百二十九枚印章中，有二百一十八枚是从女性墓葬中搜集而得。赫狄夫人（Lady Khety）是"南方女伯爵"，本尼—哈桑为其权势的大本营，她给自己委任的一位掌玺大臣也是女性，名为雅特（Tjat）。

印章用于标记个人的财物，也用作信函印鉴。通过那些信件，我们或许能够探索挖掘一下当时人们的对话交流——尽管那不免有点是"一面之词"，且是单向的，因为都是"写给死者的信"，是遭受丧亲之痛的活人写给逝去的亲友。比如，一位叫作梅里尔迪斐（Merirtifi）的男士向亡故的妻子涅比忒芙（Nebitef）送去问候："你还好吗？在西天那边有没有得到像样的照料？请变成一个精灵出现在我眼前，那样我就可以在梦里见到你，然后，等太阳一升起来，我就带上献祭品去你墓前供奉。"其他有些书信被刻写在碗盘上面，让死者在享用碗中祭品的同时可以阅读。来自卡乌—柯比尔（Qau el Kebir）的孝子谢普西（Shepsi）就在这样的一只碗上写了给亡母艾伊（Iy）的一封短信，交代说母亲好像提过她想吃七只鹌鹑，他遵命带了过来。一位女子梅尔蒂（Merti）用了这同样的媒介来告诉她早夭的儿子莫里尔（Merer），说她给儿子送来了面包和啤酒，他可在哈索尔的陪同下尽情享用。在更南方的瓦塞特（Waset）也发现有类似的习俗。瓦塞特的地名意思是"一头驴城镇"，但更为人熟知的是其希腊语名称底比斯，也即现代的卢克索。跟众多其他的城镇一样，这里被尼罗河分割为两半，而大河就标志着生与死的分界线。

河的西岸是埋葬死者的地方，被视为"西方群山女神"哈索尔的神圣领地，耸立着一座天然形似金字塔的山峰，高约460米。与之相对的东岸则伏卧着底比斯城，这里是当地战神孟图的敬拜中心，同时也敬奉一位类似于旻神的创世神，名为阿蒙（Amen），意即"隐身不见的大神"。不过，这里真正掌控权势的是当地统治者孟图霍特普（Montuhotep），还有他的妻子内芙露（Nefru）以及两人的儿子因特夫（Intef）。这个家庭拥有属于自家的武装力量——既然"几乎每个底比斯人"都至少有一张弓，这就不足为奇了。孟图霍特普家族与北边邓德拉的诸侯结盟，但这两处地方霸主还是在口头上臣服于赫拉克勒奥波利斯。

不过，冲击与震动正在酝酿之中。当因特夫（约公元前2125—公元前2112年在位）宣告自己为"上埃及的领主大君"，是独立王国底比斯的最高统领时，国家统一的表象就被彻底打破了。分裂出去自立的君主政权，后来被认定为第十一王朝，与北方的第十王朝并列共存，大约在公元前 2125 年到公元前 2025 年期间，分庭而治，各自控制着埃及的一半。

北方的君主希望能瓦解底比斯—邓德拉之间的联盟，于是安排自己的心腹人选去担任柯普托斯的行政首长，而柯普托斯正位于联盟双方的中间地带。为了控制连接东部和西部沙漠的至关重要的路线，北方历届君主甚至修建了一条沙漠通道，横穿基纳这一带尼罗河大拐弯的地方，试图以此来包抄底比斯人。但因特夫反倒掌控了这条陆地线路，在道路开始的地方修建起他的石窟墓葬。这可供挖凿石窟的地点叫作德拉阿布—纳迦（Dra' Abu el Naga），位于底比斯的西岸，不仅位置优越，得天独厚，还能俯瞰尼罗河。这里是哈索尔的神圣之地，也是因特夫的"先祖"——父亲孟图霍特普——的神圣领地。

因特夫一去世，儿子因特夫二世（约公元前 2112—公元前 2063 年在位）便继任为王，并接过了父亲那野心勃勃的事业，将领土向北推进，扩张到阿比多斯的边境区域。（注：此处应为作者笔误，史料一般认为因特夫二世是因特夫一世之弟。）底比斯人甚至夺取了这座圣城，但是当北方军队反攻报复时，一个无法想象的情况发生了——第一王朝帝王们的王室陵墓，其中甚至包括那尔迈的墓葬竟然遭到了洗劫，并被付之一炬。到了现代时期，当这些墓葬首次发掘出土时，其中内容物被烧焦的痕迹显而易见。

埃及最早的帝王木乃伊被认为是容纳了历代王室英灵所累积的精魂，而木乃伊遭损毁，当然就是骇人听闻的巨大灾难。让人感到似乎是天都塌下来了，而"星辰们颠倒凌乱，头脸向下，纷纷砸落到地上，无法再自己爬起身来"。当时的北方国王赫狄二世永远懊悔如此亵渎神圣的行径，向儿子坦白说道："埃及打仗都打到了墓园里，军队以报复性的破坏手段摧毁陵墓。所发生的事情就是如此，我就是这样做了，所作所为就如一个偏离了神之正道的迷途者。"

因特夫二世发布讨伐檄文，斥责对手未能妥当保护这一最为神圣的场址。他同时则表达展示自己的虔敬，在家乡底比斯的卡纳克这里建造了一座砂岩的神堂，敬献给太阳神拉和当地神祇阿蒙。

然后，在河对面他的家族安葬地，也即哈索尔礼拜大本营之地的德拉阿布—纳迦这里，他给自己修建了一座石窟墓葬。石墙上的铭文如此宣言："哈索尔莅临，万众欢腾，目睹其芳华如日升空，爱戴不已！我定要让她知晓，我必在她身旁告白，得以一见，荣幸之至。我伸出双手呼唤，'请垂顾在下，垂顾并护佑我'；我的身体说出话语，我的唇舌在重复：为哈索尔奏响圣乐，奏响千万次，因女神您喜爱音乐，圣乐，请奏响千万次！"因特夫二世的女儿之一伊娥（Ioh）担任哈索尔的女祭司，随之便唱出歌词来召唤哈索尔。这些歌词被后世的一代代人抄录下来。他们称之为"因特夫大王墓冢里的歌，就在那个有竖琴伴奏唱歌的歌手画面的前面"——这样说只是为了帮助访客更容易找到墓中铭文的位置。这些唱词给一整个类型的丧葬歌曲带来了创作灵感，特别是其中那些振奋昂扬的主题句："哦，坟冢！你是为喜庆而建！建起大墓，幸福安息！"

因特夫二世长达五十年的统治可谓高度成功。任期内他曾野心勃勃地号称是"上下埃及之王"。他去世之际，官方宣告："太阳神拉之子因特夫，内芙露所生，现已远去天边安息，但他就如拉一般永生。其子接替其王位。"

这个儿子就是因特夫三世（约公元前 2063—公元前 2055 年在位）。他甚至将领土进一步向北扩张，粉碎了北方国王在艾斯尤特的联盟势力。他与他的姐妹兼妻子伊娥生了个儿子，起名也叫孟图霍特普，意为"让战神孟图满意"。年轻的孟图霍特普（约公元前

2055—公元前 2004 年在位）继承王位成为南方的下一任国君，随后遵循和维持埃及王朝的传统，娶了妹妹——又是名叫内芙露——为妻。

他还继续与北方作战，最终在公元前 2025 年前后攻占了赫拉克勒奥波利斯。"赫狄之家"的势力被击溃，有赖于因特夫手下大约六十名身经百战、九死一生的老将的鼎力相助。这些人的遗体在 1923 年才发掘出土。他们被安息在底比斯的阵亡将士集体坟墓中，发现时所呈现的状态是"相当新鲜润泽，令人不适"。

著名考古学家将这些遗体描述为"孟图霍特普的阵亡士兵"，其中大部分的年龄介于三十到四十之间。有一位还仍然戴着他的弓箭手护腕，就在手腕部位，而另一个则披散着人为接长的头发——那时候，头盔还尚未引进，浓密头发是士兵们唯一的保命屏障。其中一位武士那"灌木丛般"的头发中，还残留着一根乌木箭头的箭杆。十位因箭伤而殒命的士兵中，也包括这样一位：乌木箭头还原样插在阵亡者的眼眶之中。另有十四个捐躯者是死于头部创伤，很可能是因中了投石器的石弹或其他石块的重击。另外一些勇士看似是被"拳头的狂风暴雨"击打"完蛋"的，这些拳击伤痕是由惯于使用右手的人出手打在受害者头部的左侧而形成。死者的尸体被遗留在战场上，任由秃鹫啄食，然后才被自己一方收集起来，用王室的亚麻布匹加以包裹，再带回南方的底比斯。

不过，他们没有白白牺牲。这最后的终结性胜利让孟图霍特普二世成了"联合两方土地的统一者"，古埃及也再次成为一个单一的政治实体，处于这位单一君主的独家统治之下，后世将这位君主称颂为"恢复秩序者"。既然，稳定均衡的单一政治能促进与众神的完全沟通交流，所以孟图霍特普二世被频繁地呈现在神灵伴随的场景之中，由此恢复了从前的概念：人间君王由上天选中，蒙受神启，是"太阳神之子"，也是"哈索尔之子"。

有些画面中，战俘们被驱赶围拢在一起，国王正忙于处决这些北方埃及人。相伴随的一条铭文则宣告，大王已经"收复了下埃及、大河两岸与九张弓，实施有效管理"。"九张弓"是指埃及的九个传统敌对势力，包括努比亚人、利比亚人和西亚人。孟图霍特普二世被称为"活着的神"，他那威猛凶悍的攻势将敌人都赶出了埃及。石刻壁画表现他"挥舞大棒讨伐东部地域，击溃山地诸侯，将沙漠部族踩在脚下，让努比亚人、利比亚人和西亚人都臣服，乖乖接受劳役"。

接着，他着手巩固这些胜利成果，修建了一系列的关隘要塞，从锡拉孔波利斯一路向南延伸到巨象岛，并侵入下努比亚〔古称瓦瓦特（Wawat）〕，击败了该地统领——此人胆大妄为，竟然以埃及风格的帝王头衔自封自命。于是努比亚的金矿资源落入孟图霍特普二世的手中。他又派遣大管家赫内努（Henenu）——此人职责是"什么都管，什么可行什么不可行都管"，大约等于管理部部长——去阿斯旺采办花岗岩，去叙利亚采办木材。宫里也派专员巡视哈特努布（Hatnub）和哈马马特谷地的采石场。国王的儿子，即王储因特夫，亲自出访了南方；他回程顺着萨特—里盖尔（Shatt el Riga）的沙漠通道去往红海，而他的父亲则出发南下与他在当地会合。父子相会之处的岩石上留下了一份引人入胜的壁画记录，刻绘着王室出行的队列。画面中有国王、王后的母亲伊娥，还有宫廷中大部分的王族贵戚，每人都是由伴随陪同的御用雕塑匠人来造像——这就如同现代社会中的官方摄影师。

既然各项资源大大增加和丰富起来，国王便可以来重新雇用那些接受过孟斐斯经典传统训练的匠人。这些人中就包括印赫雷特纳赫特（Inheretnakht），他曾在赫拉克勒奥波利斯为北方朝廷效力，现在被召到底比斯来担任孟图霍特普宫中的"雕像师、手工艺人与金属铸造工总监"。他手下掌管着无数的同僚，有一个叫艾里狄森（Iritisen）的人，显然相当自负。此人鼓吹说，"我真是精通自己行当的工艺大师啦"，而且"我也擅长制作驱邪符，没有谁能把这做得很出色，只除了我自己一个人还有我的大儿子——天神选中了他，注定他要在这一行出人头地"。这实在是不折不扣的广告，是在宣传"艾里狄森父子工坊，王室认证，品质保障"。

随着建筑项目重启，孟图霍特普开始着手修复因前期内战而遭到野蛮破坏的阿比多斯城。整个南方到处都是工程，但最精美的建筑，还要数在戈贝林、邓德拉和底比斯为哈索尔所建的神庙。

规模最宏大的则是孟图霍特普自己的陵寝建筑群，位于底比斯西岸的迪尔-巴哈里（Deir el Bahari）。这里被统称为"孟图霍特普谷地"，也是哈索尔的家园。这里的地形如同一座天然的圆形剧场，边缘的峭壁与沙漠相连。在这里，国王的灵魂将被哈索尔接纳安顿。依照埃及神话那种再生循环的模式，哈索尔被认为既是孟图霍特普的母亲，也是他的妻子，还是其女儿。让他的灵魂安歇，没有比这处墓葬更好的地方了，因为这里"也是一个子宫，位于众母之母——西天圣母哈索尔——的体内"。孟图霍特普拒绝一切侥幸念头，只求万全之策。为了确保女神母亲的永久安全，从专门伺候哈索尔的那些女祭司中，他选娶了其中至少五个为妻，分别是赫恩赫涅忒（Henhenet）、卡维忒（Kawit）、凯姆希忒（Kemsit）、萨德赫（Sadeh）与艾莎耶忒（Ashayet），她们最终都是被安葬在这位大王的身边。

1859年，孟图霍特普的家族墓园首次被发掘。发掘者是一位英国贵族，其在爱尔兰的祖传庄园中仍然还展示着从葬祭庙拆下来的大块浮雕。那是"神庙入口墙上的石雕，嵌在灰泥中固定"。从那时起，后继的考古发掘显示，孟图霍特普的陵寝十分独特，结合了底比斯石窟墓葬和北方金字塔建筑群的部分特色，但也有一些超越和创新。在这里首先是 46 米宽的一条高出地面的堤道，延伸进入一个前场庭院，庭院里主要是花坛和园林绿化，有柽柳和西克莫无花果树，作为属于哈索尔的圣树。这里是世界上最干旱的地方之一，最高气温能达到 48 摄氏度，而此地却栽植养护着树木花草，无疑就表明了国王真诚的心愿，要为他的女神创造一个荫凉舒适的世外桃源——"哈索尔，树下的尊神，我踩着星星，爬上太阳的光芒，只为充当她的扈从"。

为了让他能攀爬上去，女神园林的中心位置建起了一条向上的坡道，通往一个有多层梯级的大露台，露台的立柱上装饰有硕大的砂岩雕像，所雕制的人物就是孟图霍特普。更远处是一座多柱式神庙大厅，立有八十根柱子，其中装点的石雕场景有国王猎杀河马，还有他化身为斯芬克司，将敌人踩在脚下。东岸卡纳克神庙是当地神灵阿蒙的供奉地，里面的三桅帆船原为阿蒙所有，如今也由大王下令，驶过尼罗河来到西岸，来为新创造出的"谷地欢庆"典礼助兴——想必这在当时已经成了每年一度的盛典节目。当众神拥抱欢迎孟图霍特普时，哈索尔就告诉他："我已经为你统一了这两方土地，这是古代英灵们的要求。"这意思就是说，所有先王们的亡灵都支持这统一大业。

在后部，即葬祭神庙最里面的地方，那些上部建有神堂的竖井式墓葬，属于王妃赫恩赫涅忒、卡维忒、凯姆希忒、萨德赫与艾莎耶忒。她们入殓时都穿金戴玉，她们的墓葬现在构成一条仪式化的保护线。在画面中，国王拥抱她们，她们也拥抱他。对她们每一个人，"国王都显得像个丈夫"，而且"甚至不是场景中最突出、显著的人物造型"。她们是最有资格来照顾国王的人，因为能确保他的灵魂复活，得到护佑并持续永存。

其中有两座坟冢甚至完好无损。一座当中是"王室大妃"艾莎耶忒娘娘那做成木乃伊的尸体。遗骨显示出她是个身材娇小的年轻女人，头发整齐地编成了辫子，用一滴滴的树脂固定剂来定型；她的手指甲用"海娜"色料染过，只是有点损坏——她显然有啃咬拇指指甲的坏习惯。她寄身于阔大的石灰岩外棺椁室中，安葬时是左侧身的姿势，以便她的灵魂能透过刻画在内层木棺上的眼睛往外看。木棺盖子上有绘图，主要内容是天文计算，还有《石棺铭文》的摘抄，这些文字旨在召唤凉风，"北风啊，是让人活命的风，借由北风，我才能活过来"——鉴于她墓葬所在地那令人窒息的热浪，这当然是个聪明的选择。紧靠着艾莎耶忒的墓葬，安息着国王的女儿玛耶忒（Mayet）。这位在六岁时便夭折的公主昵称"小猫咪"，在她包覆细致的木乃伊小遗体上，仍然还戴着金银材质、镶嵌珠宝的几条项链，可怜地躺在两层的木质棺材中，外层则是一个大石棺。

从这六座女性墓葬再往后是一条地下通道，在石灰岩岩层间斜向下延伸了 150 米。通道尽头是国王那穹窿拱顶、花岗岩砌造的墓室，里面放着他巨大的雪花石石棺。石棺中只有他的头骨残片和一根胫骨，但在制作木乃伊的过程中，他的尸体当然依旧被清除了内脏，因为那些存放他内脏的"柯诺皮克"（Canopic）罐子，有部分在墓室中被发现。"石棺铭文"中，这些内脏被描述成是"哈索尔的项链"，而那些残存的、用于包裹木乃伊的亚麻布则是哈索尔的"衣裙"。

国王既是南方也是北方的统治者。为了对应体现或保持这种二元性，孟图霍特普的墓葬在神庙前场庭院的下方也同样被复制了一座。这个地点被称为"巴布—霍桑"（Bab el Hosan），意思是"马

之门"。之所以如此命名，是因为一位考古学家的马发现了这个秘
密——1900年，确实是马匹无意中踢到了隐秘遗址。这里也有一条
150米长的坑道通向一处墓室，就在另一处神庙的正下方。在那墓
中坐镇的是国王的一座雕像，雕像令人感觉是黑皮黑肉的。复活之
神奥西里斯的肤色要么是黑色，要么就是绿色，象征着尼罗河肥沃
的淤泥以及黑泥养育出的农作物。这座雕像用亚麻布包裹着，想必
是充当了国王木乃伊的替代物，安葬在这第二座"假墓"中。这墓
当然只是衣冠冢。

在墓园范围内，还存在包括女祭司阿门涅特（Amenet）的坟
冢。她那木乃伊遗体上有特色鲜明的点点状文身，这是女性专用的
文身，相当于一种永久的护身符，来防止生育时的危险。另外还有
两个安葬在近旁的女性也有着类似的文身标记。不过，在她们这里
没有任何头衔名称用文字形态写出来，这就诱导考古学家们去设
想，她们俩的文身肯定意味着较为低贱的身份地位，于是轻慢地称
呼她们为宫里的"舞娘"。然而，她们墓葬的位置却暗示着她们也
是王室的重要成员。

这些女性显然比男性朝臣官员安葬得离国王更近。不过，需要
指出的是，国王那动不动就受命频繁出差的大管家赫内努、内阁大
臣阿赫托伊（Akhtoy）、大将军因特夫，以及六十位王室精锐勇士
都有着颇具气度的墓冢，位置令人瞩目，且就在葬祭庙的北边。

在神庙前场庭院的里面，坐落着孟图霍特普姐妹兼妻子，也即
王后内芙露的墓葬。在孟图霍特普执政年代早期，王后就已薨殂，
然后被葬在一处金合欢的树丛下面。金合欢是塞克美特的圣树。王
后，同时也包括塞克美特，就成了"用她的芬芳让前院充满芳香甜
美气息的人"。墓室中的壁画表现了内芙露的灵魂去奥西里斯位于
阿比多斯的礼拜中心朝觐的场景，随从的男性仆役长给女主人奉上

啤酒，一起服侍她的还有御用美发师伊努（Inu）与赫努忒（He-nut）——她们用发卡和自己那灵巧的双手为王后接上长假发。与王后随葬的那些配饰用品，目前遗存下来的包括亚麻百褶长袍的残片，一条几乎长达一码、紫水晶和红玛瑙穿成的项链。这些东西被发现时，依旧保留在古代盗墓贼仓皇扔下的"赃物大礼包"之中。此外，还有已知最早的一些"夏布提"小人偶，也即仆役小雕像。在来世生活中，王后养尊处优所需的任何杂务差使和体力活都由这些人偶承担。尽管是前任国王的女儿，又是后任国王的妻子，但内芙露从未当过"国王之母"，因为这一荣耀只能属于孟图霍特普二世的另外一位妻子，即特美忒（Temet）王后。她的儿子闪赫卡拉（Sankhkara）当上了国王——首先，第一顺位继承人印尤特夫（In-yotef）意外早夭，然后在公元前 2004 年前后，孟图霍特普二世本人，这位不可一世的强人终于被带向了哈索尔的怀抱。

闪赫卡拉（约公元前2004—公元前1992 年在位）继承了父亲的幕僚班底，办事得力的几个高官，其中包括赫内努，继续辅佐和服务。他也聪明地沿用了父亲设置堡垒要塞强化三角洲东北部防务的策略。闪赫卡拉还在底比斯山的山顶重建了第一王朝的荷鲁斯神庙，因为在此前的一次地震中，旧神庙倒塌了。原初的神庙是依据一千年前索希斯（天狼星）每年出现和升起的角度来定位对齐。闪赫卡拉把新庙的中轴线改动了 2°17′，这也是与当时每年 7 月 11 日黎明时这颗星在远处地平线上冒出来的方位相对应。此庙的重建，一部分用了石灰岩。这是个雄心勃勃的项目，因为施工场地本身就相当高，步行到达那里竟要花费三个钟头左右。不过，这大概只是一个更宏大的工程计划的部分内容，因为就在这同一些小山的山脚下，闪赫卡拉开始了他那台地状的葬祭建筑群的工程。工地就在迪尔-巴哈里南边，而所需的石料是从哈马玛特谷地采挖运送而来。

担当此任的劳工有三千多人，负责协调统领的则是宫里的大管家赫内努。

这座王室新陵墓的地址就在财务大臣梅克特雷（Meketre）开建自己石窟墓葬位置的正对面。大臣的墓葬在古代虽遭盗窃，但好在没被洗劫一空。在一间秘密墓室中，仍然藏着"四千年前的一个小世界"。这里就像一个被长期遗忘的玩具店，累积着超厚的灰尘，但里面堆满了木雕的人偶与模型来供养他的亡灵，其中有身穿钉珠渔网长裙的女郎，头顶供品来敬奉；他在世时的豪宅，砌墙围闭的花园中长着绿树，旁边有金属抛光后做成的荷花池；他的牛群，在两年一度的税收评估期间正有人在清点数量；他的作坊中有女性在织布，有男性在做木工；男女酿酒师傅和点心师傅以及男性屠夫；还有可组成一个船队的各种船只，从气派堂皇、有亚麻布风帆和全套索具的公务船，到用来钓鱼娱乐的私人船——配了真正的渔网，网里面还有木雕的小鱼——无不齐备！

这附近范围内的另一座墓葬属于总理大臣伊皮（Ipi）。很久以前，这墓里任何显而易见的财宝都被盗劫一空，但他被置身其上制成木乃伊的木桌倒是还在。现场的亚麻布、油膏和碳酸钠泡碱之类的也是那一加工进程的遗留物。可以想象，当时大声念诵出的《石棺铭文》咒语，无疑为这个过程额外增添了一丝热闹又滑稽邪魅的氛围。这其中就包括如此的词句，"把他的绿头苍蝇打到地上"，一边还告诉那死者，"不要腐臭啊！不要搞得全是蛆虫，不要烂了，省得你也被唤作'蛆虫'！不要腐烂啊，不要烂了往下滴渗液"。

不过，伊皮墓中所留下来的最有意思的文字，很大程度上倒是出于偶然。那是一些信件，属于赫坎纳赫特（Hekanakhte），此人兼职做伊皮的墓葬祭司，负责给这位大老爷的亡灵进奉供品。但首先来讲，赫坎纳赫特的正业是农夫，他经常因为营生上的事要出差离开底比斯。他的大儿子梅里苏（Merisu）于是就顶班替父亲去供奉伊皮，同时也要干好大部分的农活。外出的父亲便经常写信回家嘱咐儿子干活，给出无休无止的指令："我的每一块地，都要锄一遍，粮食种子一定要筛了再筛，挑好的。弯下腰好好翻地，要全心全意认真干。给我听好了，如果你够勤劳，就会得到感谢的，我也会心中有数，不会让你的日子难过。"不断教导儿子怎么干活之外，赫坎纳赫特还牢骚满腹地哀叹——"你让你弟弟来，带给我干巴巴的陈年北方大麦，而不是送来几袋今年新收的好货，你这是什么意思？你喜欢就好！你自己吃那些新收的好大麦吧，只要你能开心！我这里没有新粮吃，也只好将就将就！"

赫坎纳赫特显然是个坏脾气的讨厌鬼。他经常啰唆重复自己的话，每开始说一句还爱带上个口头禅，"你给我听好了！"他对大儿子发号施令，火力全开，不过，与之形成鲜明对比的是他对小儿子斯内夫鲁（Snefru）的态度——"不管他要什么，只管满足他，要啥就给啥"。赫坎纳赫特还指令梅里苏，"我的妈妈，也就是你的奶奶艾比（Ipi），你要常去问候，一千遍一百万遍都不多"。对他新娶的老婆，儿子也有义务去好好照顾。对于这个小老婆，其他家庭成员都很不待见，以至于赫坎纳赫特不得不在信中叮嘱和警告："小妈身边的人，不管是她的梳妆发型师或是她的用人婢女，你们决不可随意差遣，免得她没人伺候！"

不出所料，这些纸莎草书信被发现时，其中有些是被揉成一团的，还有一封信是从未打开看过的——可怜的梅里苏肯定是早已受够了他父亲的唠叨。但是，作为"一扇看向一个永恒世界的小窗户"，这些信件是如此生动，从而给予了阿加莎·克里斯蒂（这位侦探小说家就是嫁给了一位考古学家）极大的灵感，启发她写出了推理小说《死亡终局》，并于 1945 年首次出版。

在自己的终局到来时，闪赫卡拉大王的葬祭建筑群离全面完工还远得很。负责祭祀他亡灵的那些祭司留下了涂鸦记录，声称随后的两百年间，他们都以这位先王的名义举办宗教仪式，但实际上一直都没有一个像样的场所来操作和执行必要的典礼。

闪赫卡拉的继任者是孟图霍特普四世（Montuhotep Ⅳ，约公元前1992—公元前1985年在位）。此人寿命短暂，默默无闻，没留下什么历史记录。哈马玛特谷地的石刻铭文中出现过他的名字，他派了一万人去那里采挖石料，给他修墓——想必他的石棺应当是个庞然大物。

这宏大的远征队伍由首席大臣阿蒙内姆哈特（Amenemhat）统领。一路上所目击亲见的各种所谓征兆，他都逐一记录下来。似乎是一只怀孕的瞪羚把他们带到了做石棺盖所需的那个石料矿藏地点，还在那石头上生下了小羊。然后，"随着大雨突然而至，奇迹又重复出现了。高地变成了一座湖泊，水流到了石头矿的外缘处"——这场罕见而又戏剧化的暴风雨被说成是又一个更为奇妙的征兆。

对于随后展开的戏剧化事件来说，这些征兆显然就是序曲和伏笔。因为，这一万多人的远征大军回到底比斯后没多久，就出现了一位新国王，而且巧合的是新国王的名字就叫阿蒙内姆哈特。其实是原先的这位首席大臣发动政变，夺取了王座。

12. 古典王国，中王国：
约公元前 1985—公元前 1855 年

　　阿蒙内姆哈特成功夺权，以首相或总理大臣之位登上王座，自命为阿蒙内姆哈特一世（约公元前 1985—公元前 1955 年在位）。他新开创的第十二王朝标志着后世所称的"中王国"时期的肇始。

　　这也是埃及文化成就的"经典"时代，或曰古典繁荣期。其中包括有经过极为精心编撰和加工的文学作品，它们为政治舆论服务，因为有些文字显然意在造势，其中有预言说："一位国王将从南方产生，尊号叫作阿蒙内……那是来自塔—塞迪（Ta-Sety）的一位妇女的儿子，是上埃及的孩子，他将夺取白色王冠，也会戴上红色王冠，他将统一南北两方的割据势力。"

　　塔—塞迪是埃及最南边的地区，这就意味着国王"他的母亲很可能是努比亚血统"，部分结合了底比斯宫廷的基因。太后名叫诺芙蕾特（Nofret），其丈夫是祭司塞索斯特里斯（Sesostris），而这夫妻俩的名字，在随后的近两百年间，即他们儿子创立的王朝存续期间，将会被反复使用。

　　国王自己的名字阿蒙内姆哈特，意思是"大神阿蒙在前面"，指涉的是他故乡底比斯的当地神灵。此外他又有了一个帝王名，叫威赫姆-美苏特（Wehem-Mesut）——直译就是"新生的重复者"，意思是让各种事物得以再生，就相当于"文艺复兴人"——以此来强调突出他的新政权。他登基称王的另一个标志就是向北迁移。尽管阿蒙内姆哈特是在底比斯长大的，但行政基地的选址如果更有战略价值，无疑也能帮助保持国家的统一，维护北方边界的稳定。

不过，阿蒙内姆哈特一世并未选择搬回旧都城孟斐斯。他希望与那座老城的历史包袱，以及定都孟斐斯所带来的忠与不忠的矛盾姿态都保持距离，于是在梅杜姆和达苏尔之间中途的地方，他创建了一座新城市。这里处于法尤姆绿洲，也即以尼罗河漫灌形成的卡伦湖为中心的那一块区域，当地土地湿润又肥沃。

他把新城命名为伊特耶－塔维（Itj-Tawy），意思是"两方土地的获取者"，以此来暗指他自己成功发起的政变。他的新王宫很简单地被称作"住所"，但装修陈设都很豪华考究，"随处都有金子和金箔镶嵌，天花板由天青石做成，墙壁是银的，地板铺的是金合欢木板，门是黄铜门，门闩是青铜打造的"。可想而知，室内装满了各种奢侈之物：一个洗浴间，数面镜子，王室特供亚麻布做成的服饰，还有没药和国王喜欢的精选香脂与香料，在每个房间中都有配备。

跟他一起住在这里的人，有他的妹妹兼妻子德迪特（Dedyt）和他们的几个女儿，还有他的二王后内芙尔－塔特内恩（Nefer-Tatener）。这位偏房王后所生的儿子塞索斯特里斯（Sesostris）成为法老的继承人。后来，塞索斯特里斯被宣称为从"还抄着尿片时起"就注定要统治国家。因此他成为宫中极少数在其父亲仍然在位时，就被明确地提及的几个王子之一，而这时候，"他们显然还没有任何具体的职务头衔"，没有"祭仪庆典中任何的角色安排，也很少露面"。国王身边围绕的王室女眷数不胜数，与此构成鲜明对照的是王子与男性大臣们的存在感很低，因为宫中只容得下一个活人大神。

在谋划死后或来生的安乐窝时，阿蒙内姆哈特决定在利希特（Lisht）开辟一个新的王室墓场。当地高高的地下水位被认为是切实可感的证据，表明奥西里斯和伊希斯那水汪汪的冥府地下王国就近在眼前、触手可及。计划中的陵墓又一次回归了金字塔的形式。工程开建时，国王有意恢复前辈先帝们的荣光，而办法就是从达苏尔、吉萨和萨卡拉的旧金字塔建筑群中拆解整个区块的建材运到利希特再度使用。

过去的两百年间，那些旧址上的老建筑大都遭受了严重的破坏，所以这种循环利用的举措大概是受到虔敬之情的启迪，在同样程度上也是被这一欲望所驱动——想让金字塔时代的往日辉煌在他的名下得以复现或新生。

达苏尔和吉萨的金字塔，比起稍后的同类建筑更为成功地经受了时间的考验。阿蒙内姆哈特的建筑师们详尽研究了这些范例，然后为他们的大王建起了一座 58 米高的金字塔。塔的外层曾包覆着石灰岩，但在 1837 年，这些长条石被拆走建桥了。这座金字塔在形态上巧妙地结合了创造生命的两个基本元素——太阳和水。其外在的三角状结构，表达了向上升起去与太阳神会合的持续愿望，而内部的墓室则下沉得足够深，从而离地下水平面非常近。那里是奥西里斯的王国，其中满溢着伊希斯的羊水，这一信念得到再次强调："坟墓被认为相当于一个子宫，复活再生那神秘的过程就在里面进行。"到了现代，随着阿斯旺大坝修建，地下水位当然就进一步抬升了，所以墓室现在已经彻底淹没在水中，至今都未曾有考察或发掘。

那浸没在水中的河谷神庙也是如此。河谷神庙由一条长堤通道向上与金字塔的基座部分连起来。那里的葬祭庙也是循环利用了取自达苏尔、吉萨和萨卡拉的大块石材。其他一些物件则是从国王在南方的出生地运送过来，与前朝老国王孟图霍特普二世相关。但这位先王，"就跟阿蒙内姆哈特一世一样，是来自南方当地的一个家族，与古王国在孟斐斯的帝王世系绝对没有任何的直接关联"。所以，阿蒙内姆哈特一世就从孟图霍特普二世这个先例身上寻找启示，自封为"哈索尔的至爱"。他妻子与女儿们的安葬地，以及他的姐妹与母亲的陵寝选址都是安排在他的金字塔西侧，并以多座竖井式样的墓葬顺次排列。

称王执政三十年，阿蒙内姆哈特一世让埃及经济恢复到了全盛状态，军队也重新开始征募士兵。三角洲东北部的对外作战缓冲区，有一系列的堡垒和要塞，构成"统治者的防御墙"，而当中的第一座堡垒就是由他启动修建。他派遣远征军攻入巴勒斯坦，他"制服了狮子，捕获了鳄鱼，让亚洲人乖乖给他遛狗"，反正就是让对方恭顺投诚。这些外族"对大王心怀畏惧，就像对塞克美特的敬畏，弥漫于他们土地的每个角落"。与此同时，在努比亚，他"挫败了瓦瓦特人，俘获了梅德雅伊土人"，因此掌控了开采努比亚金矿的权益。

埃及的边境得到稳固之后，阿蒙内姆哈特一世任命他的支持者担任地方首长，以此重组了他的行政治理体系。不过，他最重大的政治举措是让儿子塞索斯特里斯成为他的副手，共同执政。在过去的千百年来，在理念上一直认定当世活着的君王是荷鲁斯，而其父亲，也即死去的先王是奥西里斯，先帝亡故后新王才能上位，应该如此这般永恒承续。阿蒙内姆哈特一世的做法与此构成了直接的矛盾，而这估计是由于他自己篡位夺权的背景，让他对那不可避免的权力交接或更替有了反思。于是，这对父子便共同管理朝政，直到公元前1955年前后，阿蒙内姆哈特一世在任的第一个三十周年大庆。

但他永远没机会来庆祝这一盛事了，因为就在他戴上王冠三十年那年第三个月的第七天，阿蒙内姆哈特一世被他的近身保镖刺杀身亡。

当时的官方文献宣称说，国王的灵魂离开了他的身体，"向天堂飞升，去与太阳之盘（aten，阿吞）融合，他那神圣的肉体与创造他的那位大神合并归一了"。在地上，王宫"住所肃静无声，人们满怀哀悼，朝臣仆役皆悲伤拱伏，头垂于膝上"，信使被派往西部，去通知塞索斯特里斯一世——其时，他正出征利比亚。

甚至，还有被刺死的国王本人作为"目击者"对此事的陈述，他的鬼魂回来提醒儿子，要戒备背叛者。尽管这显然是官方政治宣传的一个老套样本，但这些文字却也有着打动人心的力量：

> 我告诉你的话，你要听清楚！那些无名小卒，你也要警惕，他们的阴谋深藏不露。谁也不要信任，哪怕是兄弟或好友。不要有什么心腹至交，他们都不值一试。这事发生在晚餐之后，夜晚已经到来，我安宁地休息了一个钟头，躺在床上，感到疲倦，我的心里只想睡觉。但原本保护我的武器却转头冲着我来了。

> 我醒来搏斗反击，才发现是保镖在袭击我。如果我清醒得足够快，就能拿到旁边的武器，那就可以把这几个浑蛋贱人立刻打退。但夜晚乌黑一片，没人能那般勇猛，身边一个帮手也没有，谁也不能单打独斗获胜。这一切发生在你不在我身旁的时候，我还没来得及跟你一起坐下来，详细告诉你我的计划。因为我对此毫无预备，未料到横祸突至，未曾预见到仆役们会背叛。是女人们给这些士兵带路进来的吗？这场叛乱的源头是在宫里面酝酿而成？我再叫你一声儿子啊，塞索斯特里斯！我现在必须要离开你了，要离你远去。但，你会永远在我心中，

我的双眼也会一直看着你，我的孩子，你也曾陪我度过一段欢乐时光！

塞索斯特里斯一世（约公元前 1965—公元前 1921 年在位）至少还是有一位值得信赖的红颜知己，那就是他的妹妹兼妻子内芙露四世（Neferu Ⅳ）。他给手下一位大臣写过信："王后身体安康，王后安康便是国运昌泰，她的头冠上闪耀的是这片国土的王权尊严与荣光。"王后还生下了王位继承人，起名为阿蒙内姆哈特。她另外又生了五位公主。这五个姑娘跟她们的妈妈一样也充当祭司，摇动叉铃，哗啦作响，一边拨动串珠的护身符项链，发出响声，而这些东西就如同舞台道具，帮助她们以真身活人的形式来表现女神哈索尔。

塞索斯特里斯一世坐在黄金华盖下，面对宫中百官或民众，接受敬谒，身边陪伴的便是这些浑身上下挂满珠宝装饰的王室女眷——她们珠光闪闪，作为哈索尔女神在人间的代表。正是在这样的一个场合下，国王告诉朝臣们：在赫里奥波利斯，"我将建一座大殿，给我的父亲"——太阳神。他的建筑师们领命，制订出了建造计划。然后，"国王出场了，众人全都尾随在后面。主导唱诵的祭司和负责王室圣书的书记官拉开了测量的绳带"，在现场画出神庙的地基定位。塞索斯特里斯一世的这座石灰岩太阳神庙，最终完成的标志是两座都高达 28 米的红色花岗岩方尖碑安装到位，挺立在庙前。其中一座方尖碑如今仍然矗立在开罗机场停车场的位置，而曾经宏伟轩敞的神庙，已经消失不见，被停车场取代。

在远离赫里奥波利斯的其他地方，塞索斯特里斯一世的建筑成果也相当丰富。在法尤姆省城谢迪特（Shedet，现在称为 Medinet el-Fayum，意即法尤姆城），国王在其父王的神庙中立起了他自己的雕像。那座庙是敬献给该地区的鳄鱼神索贝克（Sobek）的，象征这个依水而生、力大无穷的神灵，象征了王室的威猛活力，并诱发产生了谢迪特后来在希腊语中的指称——Krokodilopolis，也即"鳄鱼城"。

在阿比多斯，奥西里斯的旧神殿被拆毁，取而代之的是一座新神殿。柯普托斯那里也是如此，敬奉旻神的一座新神庙中突出呈现了执政三十周年大庆仪式上跑步环节的场景，国王在手上还拿着一个驾船操舵的设备。画面的标题文字是"开船飞速奔向旻神，那是在他自己城中的大神"。这图像最终被博物馆收藏，对早年的参观者而言，旻神那硕大伟岸的生殖工具在形态上是如此令人震惊，以至于馆方的解说信息牌不得不充当遮羞布，特意挡住那冒犯视线的巨根。

再稍南一点，在底比斯的卡纳克那里，阿蒙神的崇拜中心得到进一步扩张，增加了一系列的石刻圣祠。在那些石刻上面，塞索斯特里斯被呈现为与拉神、荷鲁斯、阿蒙以及普塔诸神面对面靠近的状态。圣祠之一是精美的"白色小神堂"（或曰"白教堂"，与伦敦同名美术馆谐音），里外都刻满了浮雕，那些场景是如此精细，以至于他红色王冠上有如篮子编织图案的织物方平组织都被表现了出来。

在埃及的南方边境，塞索斯特里斯用石灰岩重建了萨蒂忒女神在巨象岛的神殿。在那里，她负责开闸放水，给埃及分发赋予生命的尼罗河水，一边还在与努比亚接壤的、那局势常常不稳定的边境区练练百步穿杨的箭术。不过，眼下国王大人已经派军远征至边境之外讨伐蛮夷土人了。

大王的军队中包括了本尼—哈桑的省长。此人名为阿蒙尼（Ameny），他描述其征途就像一路向南远航，直至"到达天地的尽头"，穿过整个的下努比亚，而下努比亚这时已经成为埃及的一个省。塞索斯特里斯一世继续父亲的战略，在边境修建堡垒要塞，让埃及官兵和招募来充当辅助军力的梅德雅伊人驻扎其中。在布恒（Buhen），他下令修建了最初一批大型的泥砖城堡。光是城堡内部的堡垒，占地规模就达 150 米长 138 米宽，那 11 米高的大墙上是雉堞结构，从雉堞矮墙间的窄缝，可以向外射箭。与此同时，瓮城大门、护城河和吊桥系统可保城堡固若金汤，有效拦截敌方攻击。而这一切，随着 20 世纪 60 年代阿斯旺大坝的修建，被永远淹没在了纳赛尔水库的水底，消失无踪。

塞索斯特里斯一世还派了三千七百名官兵驻扎红海之滨的萨瓦港（Saww），那里邻近迦瓦西斯谷地，是出海远航去蓬特王国的起点站，所用的船则是在柯普托斯建造完工。船只首先被拆解，沿着哈马玛特谷地通道运到海边再重新组装。这些航船原初的一些木料、橹桨、索具和锚钩被发掘出土，让考古学家们在近几年得以据此修造了一条完全模拟原尺寸的木船，并试着在海上航行。

国王大人有着一个令人胆寒的名声，就是"亚洲的割喉手"。当对巴勒斯坦南部的贝都因人展开远征讨伐时，这一名声就已提前传了出去。塞索斯特里斯的父亲被刺杀后，朝中大将希努赫（Sinuhe）自我流放，去的就是巴勒斯坦。《希努赫的故事》情节的重点就是世界文学史上最早的单挑式决斗，描写了希努赫陆续用到他的弓箭、匕首、投枪和战斧，最终制服了一个巴勒斯坦的敌手，大获全胜。尽管战无不胜，诸事顺遂，希努赫心里还是很清楚，"惯于使用弓箭的人，与三角洲的居民不可能结下兄弟情谊——难道有谁能在山巅种活一株纸莎草？"他的思乡之苦就如一条离开了尼罗河水的鱼，直到塞索斯特里斯一世最终邀请他返乡回埃及才得以解脱。国王所给的条件待遇也是他无法拒绝的——每个埃及人临终时都孜孜以求的传统葬仪——"想一想下葬的那一天，升入神界，受到崇敬爱戴"。然后，国王的信中描述了将来这位勇士可享有的盛大奢华的送别仪式，还突出强调了会有天青石的棺材，镀金的葬祭雕像，以及王室墓场中设计名师主持修建的陵墓。国王告诉他："你不该客死异乡，任由那些亚洲人将你埋葬；你不应被随便地用羊皮包裹起来，就用那个充当棺材！你在世上已漂泊得太远太久，想想你的尸首，回家来吧！"

塞索斯特里斯一世也想过自己的来世生活，在其父亲位于利希特的金字塔的南边两千米处，他本人的金字塔建筑群已经开始动工。在那里的附近区域，他还修建了几座马斯塔巴，分配给他的总理大臣与赫里奥波利斯的高级祭司等人。

对于那些没那么富贵的人而言，利希特也是他们的墓园。这里发现的一些铭文石刻，提到了为官员家庭服务的仆从们的名字，但这些官员本身在很多情形下都早被遗忘了。那些下人中，有担任"饭厅主管"的一位女性，一个女仆，甚至还有一个清洁女工。这里也出土了一些日常家用什物，比如一只砂岩材质的顶针套箍（用于缝纫），一个喂小孩用的"奶瓶"——上面装饰着孩童保护神的图案，还有一个女子的小浮雕像，她敞着怀给孩子喂奶，一边还有人给她做着发型。

所有这些物件都是在利希特王室墓场周围发现的。这里的中心则是塞索斯特里斯一世那 60 米高的金字塔，尽管如今只剩下一座低矮的坟丘。内部那花岗岩砌造的墓室，最多只能进到现在地下水位所在的深度——因为跟他的父亲一样，塞索斯特里斯也想尽量走近道，直接进入奥西里斯的地下王国。自从金字塔修建以来，那地下水位反倒是离活人俗世更近了。

这个金字塔综合体到处装点着石刻场景，描绘埃及人与亚洲的巴勒斯坦人之间的战役，而在战场上，国王不仅痛击敌人，而且也拥抱女神。在这里，哈索尔女神石刻"寓居的塞索斯特里斯金字塔神庙"得到了那些附属金字塔的保障，那些金字塔属于王后内芙露四世和八位公主，她们去世时分别埋到了这里，在亡灵世界里陪伴着国王，正如她们生前所做的那样。

公元前 1921 年前后，塞索斯特里斯一世亡故。他长达四十五年的统治获得了高度成功，在此期间，他的儿子阿蒙内姆哈特二世（公元前约 1922—公元前 1878 年在位）与他有过短暂的一段共同执政期。新王登基即位，与他的姐妹兼妻子内芙露五世一起接管了王室，两人生下了众多的子女。

阿蒙内姆哈特二世的政绩自然也是成果斐然。那段时期相对和平安逸，世相繁华，国家盛极一时。《捕鱼和猎禽之乐》（*The Pleasures of Fishing and Fowling*）这幅画，可谓是保存了王室生活的一张快照。画面中，一个随行朝臣叫喊着："真希望我一直都是住在乡下！一大早，我随便弄点东西吃，然后就跑得远远的，顺着河边往下，走到我心里喜欢的地方去。"他那心花怒放的热烈赞叹，让王室家庭也受到情绪感染，于是出城前往他们位于法尤姆的那富丽堂皇的度假村。向当地的鳄鱼神索贝克祭拜祈祷之后，他们便出发到处用矛叉捕鱼，用甩出的投枪棍棒击落野禽——当然，这一切是在狩猎女神塞赫特（Sekhet）的协助护佑下完成的。

每年的洪水水位都很理想，于是农产富足。向尼罗河表达感谢的赞美诗中，透露说"在住所那边，人们在草坪上尽情享受大地的礼赠，草坪上装饰着莲花，为的是让鼻息愉悦，好东西在屋子里随处都是"。从外族异邦获取的财物宝贝，也在持续到来，包括努比亚的黄金，来自克里特岛、作为外国朝贡的银器和天青石饰品。这些东西极有可能是转道比布鲁斯而来，它们完好无损、原封未动，宛如圣诞礼物，发现的时候还存放在最初的"保险盒"中，盒子上装饰着浮雕，是阿蒙内姆哈特二世的长圆形帝王盾徽图案。他将这些宝物敬献给了底比斯附近、位于陶德的战神孟图的神庙。

同样是在这座神庙，也出土了王室的"逐日记账本"——每次有来自国王的赏赐和捐赠，都记录在案。而另一个同类型的记事本则是在萨卡拉发现，记载的是"军队被派往黎巴嫩海岸"，归来时带回了"一千六百六十五锭白银，四千八百八十二锭黄金，一万五千九百六十一锭红铜"，还有珍奇宝石和镀金的武器——简言之，就是巨量的财宝流入了此时的埃及，附带的战利品还包括一千五百五十四名亚洲人俘虏。

不过，埃及和近东之间的接触也并非都是对抗性的。三角洲地区与巴勒斯坦这一带的密切联系可以回溯到前王朝时代，而"在十二王朝和十三王朝交替之际，大规模的人口流入埃及，其中大概不仅有士兵，也有水手和造船的木匠，他们迁移过来替埃及政权工作"。同时流入的还有女人——埃及的大王有宠溺老婆的传统，也喜好妻妾成群，这些女人被引进，就是为了给国王当妃嫔。

与之相应的是埃及的官员们被派驻到巴勒斯坦和叙利亚的各处行政点，最远甚至到了安纳托利亚高原中部以及克里特岛。阿蒙内姆哈特二世女儿们的声名也同样传到了近东的各地。因为发现她们雕像的地方，最北可到地中海东岸的乌加里特（Ugarit）。比如伊塔（Ita）公主，"国王的心头肉、钟爱的闺女"，卡特纳（Qatna）这里发现的一座斯芬克司身上就有她的名字，而一座深色绿泥石的斯芬克司——如此材质不免令人惊叹——据信曾经位于赫里奥波利斯，但这雕像所代表的可能也是伊塔，尽管上面竟然刻写着："几乎如光般轻盈，活泼又欢笑。"有一座巨大的红色花岗岩斯芬克司，可能是由斯奈夫鲁下令雕塑的，上面被重新刻石铭文，刻上了阿蒙内姆哈特二世的名字，他对金字塔时代那些庞然大物的欣赏羡慕之情反映在了这一事实上：他转头选定了达苏尔，开始修建他自己的金字塔，就在七百年前斯奈夫鲁所建的两座金字塔附近。

但阿蒙内姆哈特二世并未打算完全照样复制如此巨大的宏伟陵寝。他的墓葬现在被通称为"白金字塔"。曾经构成那外层包覆面的石灰岩条石现已断裂风化，只剩下白色的数堆碎石，下面所包含的只是国王的空石棺。不过，1894 年的发掘所发现的地下墓穴，其中至少有一个是属于他的王后之一柯玛努布（Kemanub）的，另外的则属于公主们，分别是萨莎索尔梅里特（Sathathormeryt）、伊塔维尔里特（Itaweret）、克努梅特（Khnumet）和伊塔。她们那原封未动的墓葬中的一些东西，所透露出的信息在很多层面上都令人惊诧不已。

比如，在伊塔那制成木乃伊的遗体上装饰佩戴着嵌有珠宝的领圈、手镯和臂环，甚至还有一根腰带，带子上挂着一把颇为惊人的大型短剑，把手圆头上是天青石做成的弯月造型，"很可能是在埃及加工完成的最大单件天青石工艺品"，短剑的刀柄是黄金材质，镶嵌了青金石和玛瑙，刀刃剑锋是青铜锻造的，插在一个皮革的刀鞘之内。她的姐妹伊塔维尔里特同样也佩戴着珠宝，而后者的公主王冠、镜子和化妆盒则是安置于紧邻隔壁的墓室中，一起放在那里的还有她的石头权杖、弓箭和镀金的匕首、刀剑。

仿佛是为了让公主们温馨相伴，这两人的另一个姐妹克努梅特，被安葬在旁边的一个墓室中。她也依旧配备了权杖、短剑、各类棍棒——或用于表明权威或用于实战。还有一个珠宝盒，里面有两只冠冕，一只是黄金的公主冠，上面突出的雕像是飞翔的秃鹫女神奈荷贝特；另一只是拔丝焦糖状的精细黄金金线做成的，其间穿插交织着珠宝镶嵌而成的小花朵。一套黄金小鸟也曾点缀在克努梅特的长发间，与在爱琴岛（Aigina，或称埃吉纳岛）上发现的米诺安（也即克里特文明）样式的文物样本非常相似。她那黄金颈饰的图案元素是花朵与星星，其间还点缀了小小的金球，而这种加工技术被称为"颗粒珠"，最初是在美索不达米亚得到运用和改良，然后在爱琴海各地普及开来。所以，克努梅特的首饰，要么是在克里特岛这一带制成的，要么就是由在埃及宫廷服务的克里特手工匠制作。

此前的两千年间，来自巴勒斯坦和黎凡特之类异国他乡的贸易商与移民当然也在持续进入埃及。他们定期出现的驴子驮队，现在由克努姆霍特普（Khnumhotep），即这位"东部沙漠主管"来监控。克努姆霍特普也是本尼—哈桑的省长，他在此地的墓葬装饰着生动的浮雕场景，描绘"沙漠之主"阿布沙（Absha）与他那随从同行者多达三十六人以上的来自阿姆的商队。这些根据商队中商人那颜色鲜亮的衣服和五颜六色、外形像袜子的靴子，可辨认出并非埃及人。在阿布沙的这个走动的大商场中，驴子带来的货品包括黑铅和方铅矿石，它们多是在红海沿岸的泽特山丘采挖而得，埃及人用这些来做眼影之类的化妆品。商队驮过来的还有风箱，而这是工匠们加工金属制品时所必需之物。一起带过来的甚至还有行商们的小孩子，家庭族群中的各类代表，男人、女人和儿童都作为经济移民，从巴勒斯坦地区迁徙而来，并且越来越多。

埃及人无疑清楚地意识到了他们自己与这些外族之间的文化差异。关于个人修饰打扮，他们自然认为本族的美学体系才正宗，仅次于神界的品位。因此，在与西奈那些"靠沙子讨生活的人"共度数年之后，当希努赫回到埃及后，他立刻来了一次美容大变身。首先是好好洗了个澡，就像他自己所描述的那样："多年的时光从我身上洗掉了。我剃胡子，修剪头发，梳理整齐，身上的污垢之物回到异乡土地去了，我的旧衣服也归还给了那些靠沙子讨生活的人。我穿上精细的亚麻衣物，身上涂了香脂，终于又睡在了一张床上，而不是地上。我把沙子还给了那些在沙地之中生活的人，把树油还给了那些用树油抹身的家伙。"

精英阶层陵墓石刻场景中所描画的那些勤勉的理发师、洗衣工、仆役和私人生活助理，保证了他们的主人们看上去永远那么体面整洁。对克努姆霍特普和他在本尼—哈桑的高官同僚们来说，当然也是这样，画面显示，在闲暇时刻，他们找乐子，观看各种表演，既有杂技艺人从牛背上跳跃而过，也有摔跤比赛——摔跤手们的较量在呼喝声中更显生机勃勃："啊，我抓住你的腿啦！""我要让你的心痛哭流泪，填满恐惧！"

不过，除了属于当地权贵的那三十九座石窟大墓，本尼—哈桑墓地中也包含了更多其他墓葬。多达八百座较小墓冢的主人，包括有武士乌塞尔赫特（Userhet），有大把金银首饰陪葬的年轻姑娘希内布（Seneb），甚至还有一条名为赫布（Heb）的公狗——简单的棺材之外，还有盆盆罐罐里装了吃食给养，供他永生享用。

但赫布、乌塞尔赫特和希内布是特殊的例外，因为跟埃及漫长历史中其他地方的情况一样，葬在本尼—哈桑的绝大多数人以及动物都无名无姓。他们那微贱的小坟墓和少之又少的陪葬品，与那些位高权重的朝臣构成了一种鲜明的对照，而后者这一群体还仍然寻求能下葬于王室墓场，能尽量靠近阿蒙内姆哈特二世和这位大王那成群的女儿们。

在阿蒙内姆哈特二世的儿子中，接替王位的是塞索斯特里斯二世（约公元前 1880—公元前 1874 年在位）。他与老父曾经短暂协同执政，父亲驾崩后他成为独立君王，完成了权力的无缝交接。

他娶了自己的妹妹，诺芙蕾特二世（Nofret Ⅱ）——"南北两方土地之女士"，随后又有了第二位王后维瑞特（Weret）。后者给他生了个儿子，也即王位继承人塞索斯特里斯三世。随着王室家庭的成长扩大，这位新王把这同样的丰饶多产延展到了宫廷之外——他下令将法尤姆一带的沼泽地排水变为良田，以此来增加农作物出产。这不仅有益于国库增收，也降低了疟疾发生的概率。这一疾患的危险，在当时的文学作品中曾有间接提及。在《行业讽喻诗》（*Satire of the Trades*）这个作品中，就说到了一个不幸的割芦苇的人，"蚊子把他给放倒杀死了"。

第二位塞索斯特里斯带来了更充足的农业收成。他充分利用作为"丰足使者"的公众形象，将自己的陵墓建筑群选址在靠法尤姆甚至更近的一处地方。那是一个新地点，叫作拉罕（Lahun）。地名意思是"运河的河口"，因为这里可以俯瞰着连接法尤姆绿洲和尼罗河的那条河道。塞索斯特里斯二世的金字塔建筑群就坐落于此，周围环绕的是小树林。墓场中矗立着王室家庭成员的众多雕像，而负责祭拜服务的神职专员被描述为"塞索斯特里斯葬祭庙的漂亮姑娘和美少女"。

建筑群中包含了王后诺芙蕾特二世那较小的金字塔，以及王室女儿们的八座竖井式样的墓葬。尽管在古代，这些墓葬就被严重偷盗、大肆劫掠过，但公主希莎索尔尤内特（Sithathoryunet）——去世时已经算老年了——的墓室中有一个隐秘的凹陷龛位幸免于难。早年的考古学家在其中发现了五只木盒，里面藏有公主的珠宝首饰、化妆品和假发。在法尤姆潮湿的地理环境中，假发与木头盒子都已腐坏，但大量的金子与几乎镶满了宝石的王室御用物品却保留了下来，有黄金和黑曜石做成的罐子，用以盛放香脂香水和化妆品，有一面银镜，还有一只小巧的银质粉盒来装她的胭脂腮红矿粉。如此精巧细致的工艺水准和奢华考究的财宝，只是这单座陵墓中的一部分，而同类的陵墓最初总共是有十座——只要想一想，就能感到这一切简直难以置信。

拉罕所发现的文物和遗迹，可不仅限于王室珍宝。那里曾建起带有围墙的一整座城镇来容纳塞索斯特里斯的行宫，并作为存身和居住场所，提供给为他筑金字塔的三千名工匠以及日后负责祭拜供奉的专职祭司们。最初发现这座"城镇"的考古学家，将此地称为"卡罕"（Kahun）。这里的街道布局整齐简洁，纵横交织，呈网格状，大部分屋子都是十米见方的占地范围，但环绕城中内部场院所建的是货真价实的大宅，与外围的这些小屋构成鲜明对比。一个很大的中心区域建基于一处高出地面的岩层之上，想必这里正是行宫坐落的地址。

有时候，这里也被称作"古埃及的神奇玛丽"号（Marie Celeste，译注：柯南·道尔早年匿名出版的一部小说中遭遗弃后在海上漂流的神秘大帆船）。这座城镇还保留着房屋最初的固定装置、家居设施，以及原初居住者所拥有的各种什物——有林林总总的工具，从泥灰匠的镘刀到接生婆的面具，有远自克里特岛而来的陶器，有带有滑动盖子的木头盒子，有篮子、纺织品和纺织器械，有金属器皿，有把手做成哈索尔女神形状的镜子，有棋盘之类的游戏板、球和陀螺。此外，还有法尤姆地方特色食物的残留遗痕，不仅有大麦、小圆萝卜、菜豆、豌豆和椰枣，而且还有黄瓜、西瓜、葡萄、无花果、杜松果和孜然。另外，还有用以入药或染色或制作化妆品的干红花和莎草根，以及用来织造布匹的亚麻植物。

这些文物中，最珍贵的是纸莎草文献，其中有很多是与行政治理相关的记载，因为卡罕这里也有一间总理大臣的办公行署，供他离开伊特耶—塔维南下至此时使用。还有出自金字塔建筑群的事务性文件，包括神庙的例行事项日志、轮值表和人员名单——既有埃及人也有来自阿姆的"亚洲人"——以及账目清单，其中的信息透

露出女性得到的报酬或配给与男性平等。医药汇编文献则包括了
"卡罕兽医纸莎典籍"，收录内容是如何处理动物疾病，其中有一部
分是"牛受风寒感冒后的对应处方"。另有"卡罕妇科纸莎典籍"，
诊治处理的则是子宫的秘密——据信"游走错位"的子宫是妇科病
的根源。这部古书卷中给出了各种指导，比如怎样预防孕妇晨吐
（孕初期不适），推荐用何种测试方法来判定生育能力、是否怀孕以
及胎儿的性别，还提供了避孕的常用"秘方"——鳄鱼粪与变质的
酸牛奶，再加上少许的泡碱。

在那些私人短笺与来往书信中，有一位宣告了即将造访掌玺大
臣内尼（Neni）的家。这位官员的宅子想必十分混乱，因为访客提
醒他："请让我届时能看到，府上内务状况完好有序——只有等到
你家里全部收拾整齐了，再通知我去也不迟。"还有艾瑞尔（Irer），
这位首席纺织工和兼职女祭司所写的一份公函，而收件人不是别
人，正是国王本人：

> 这是在跟我们的大君——愿您赐予生命、繁荣和健康——
> 汇报，您一切都好、安然无恙吧？女纺织工们现在被遗弃，没
> 人过问了。她们认为自己不会再得到食物供给，因为至今也没
> 听到任何新的消息。大君如能关注此事，当然非常之好。这
> （也）是在向您通报，这里的奴隶妇女，其中有些并不能织布
> 做衣服。您到场解决问题，是那些人所要求的，然后她们才能
> 继续布匹经线的纺织工作，按照引导指示去工作……大君您，
> 生命、繁荣和健康的化身，应该花上一点时间来这里，因为我
> 的精力和注意力被引向了神庙那边，导致这里没有纺织完任何
> 衣物。

显然，艾瑞尔对手下的外族劳工颇为不满，当她在神庙忙碌
时，这边纺织工的生产效率就无法掌控了。王室库房那边不能按时

给付她工人的酬劳和定额配给，发放常常推迟，这就更让她感到雪上加霜、信心动摇，于是她绕过那庞杂的官僚体系，直接上书到了最顶层。不过，并没有什么回复留存下来，因此无法估测国王或宫里对此作何反应。

卡罕的日常生活也表现在人们随身带去来生世界的那些物品上面。尽管当时有些早夭的婴幼儿还是按照始于前王朝时代的习俗，被埋入住房屋内的地面之下，但成年人死后多是下葬于附近哈拉杰的几处墓园里。在那里，普遍简陋朴素的陪葬品，不时也会掺杂更值钱更贵重的高档货。出自富裕家庭的一个十岁小姑娘，她的随葬品包括了绿松石、青金石、红玉髓和黄金的串珠坠饰，一条嵌有玛瑙贝壳的银饰带，还有五只黄金小鱼的护身符。

在更偏南方的梅尔，这类装饰品也同样十分流行。那里的地方长官名叫乌赫霍特普四世（Ukhhotep Ⅳ），拥有不少于十二位妻子——除了国王，对那时的任何男人而言，娶这么多老婆都算极不寻常了。乌赫霍特普的雕像展示了他左拥右抱的欢乐人生，陪侍在两边的有"他钟爱的老婆"努布卡乌（Nubkau），还有克努姆霍特普（Khnumhotep），此女不仅是"他钟爱的老婆"，而且还是"他最心爱的可人儿"。她们还出现在了丈夫的陵墓石刻中，那里的全部场景中除了这个男人自己，其余的人物都是女性。画面里，这位偎红倚翠的"大茶壶"沿河去打猎，一个老婆伸手指向一只特别漂亮的野禽，告诉他"我要这个，把这鸟搞过来"，他回答："我这就办，帮你把它抓到。"这鸟注定遭遇的命运，毫无疑问会跟梅尔另一处陵墓壁画中呈现的一样，一个厨子坐在一个火堆面前，带着某种恼恨抱怨的情绪嚷嚷着："从开天辟地以来，我就在烤这只雁鹅啦！"

这些师出有名、配备齐全的陵墓，最初都有大量的财宝；整个中王国时期的陪葬品，至今发现数量最多的是出自德耶胡提－纳赫特（Djehuti-Nakht）的陵墓，此人曾担任贝尔兴的地方长官。尽管那些宝物中最好的东西已被盗贼掳走，而且他们还让德耶胡提－纳赫特身首异处——他的身体不知所终，但他那被割下的头颅，至少是留存下来了。对这一样本的研究显示，他的大脑部分消失了——从鼻子下面的地方切口取出，这在当时的木乃伊制作程序中应该已成惯例。

不过，德耶胡提－纳赫特大人所剩下的东西还是要比他的国君多。短短几年的执政后，塞索斯特里斯二世驾崩，由拉罕的"阿奴比斯的入殓师们"涂油膏制成木乃伊，葬入他的金字塔安息，但在1887年此墓初次发掘时，其中存留的只有他的腿骨，以及镶了珠宝、曾经插在他王冠上的神蛇头饰。

为他送葬的是他的儿子，也是同名的继承人塞索斯特里斯三世（约公元前1874—公元前1855年在位）。新王雕像那冷峻严厉的面容特征，被推测是代表了王室政策的一个改变，而那些大耳朵则暗示他可以听到任何反对他的阴谋诡计——或许，是他的耳朵本来就特大吧。在有些人眼中，他当然就不受欢迎了，"大概有四十座塞索斯特里斯三世的雕像，在他死后全都遭到了有意的损毁破坏，就仿佛是那些后来者要对他的凶暴专政进行复仇"。无论真相如何，这第三位塞索斯特里斯无疑是搞了些大动作，让埃及国内和境外的局面都发生了一点震荡。

地方世袭领主（省长）们的权势被大大削弱，而他们原本就已跟日益中央集权化的政府难以相容。塞索斯特里斯三世转而去依赖一个庞大的官僚机构——政府出资供养的书记员，其中既有埃及人也有来自巴勒斯坦的亚洲人。这个群体由三位总理大臣构成的一个新行政组合来监管，大臣们分别常驻埃及北方和南方，还有努比亚北部地区——努比亚人正逐渐夺回当地的控制权。

塞索斯特里斯三世决心阻止这一事态，他下令修建了一条配有要塞的军备路通往努比亚。然后，将位于阿斯旺附近在第一瀑布间开凿出来的那既存的运河水道予以拓宽，使得尼罗河从第二瀑布开始，一路向北直到一千多英里之外的地中海都可以通航。

如此一来，在他"蜿蜒伸展的帝国"中，军队便能够快速机动。于是，塞索斯特里斯三世发起了一系列残酷野蛮的战役，入侵上努比亚，而他总是将那地方指称为"邪恶的库什"（Kush）。他一路向南推进，远至塞姆纳（Semna），并在当地的尼罗河河段上筑起堤坝，迫使船只在塞姆纳和库马之间只能以纵队形式单个轮次通过。从塞姆纳北上到布恒，他还沿途新修建了八座堡垒。这些堡垒每天二十四小时不间断地监视水上和陆上的全部交通状况，就仿佛是古代版的闭路电视监控系统。每日生成的报告被称为"塞姆纳快讯"，精确地记录和掌握努比亚商人与梅德雅伊人的一举一动。后者来自努比亚红海沿岸，有些人还被征收为埃及的雇佣兵。不过，随着其他土人部落退守，多为"被打发到他们的沙漠中去了"，以至绝大多数的情报快讯也就没有了实际意义，无非是"大王之领土，太平无事，万物有序"，因为几乎无人敢挑战部署在他们身边的军事武装。

塞索斯特里斯三世也发起了一场政治宣传攻势，他被描述为神勇超人，"射箭就跟塞克美特一样"，"这位塞克美特战神绝不放过胆敢踏过边境的任何敌人"。在努比亚，沿着尼罗河定出几个点位，他在这些点位树立起巨大石碑，两旁列阵的则是他的雕像，"目光虎视眈眈地越过边境"看着努比亚人，清楚地警告对方不要再向前。这种手段在巴勒斯坦也被如法炮制，他的石碑矗立在那里，直到一千四百年后。

靠军事举措稳定了边境之后，君王还用魔法来巩固成果，弄了些咒语来杜绝潜在的祸害，控制所有那些"可能造反的人、可能阴谋叛乱的人、可能起义的人以及在大君的领土全境中可能考虑起义或者可能考虑要造反的人"。塞索斯特里斯三世的打击和镇压名单中包括了阿什克伦（Ashkelon）、耶路撒冷、比布鲁斯、努比亚的梅德雅伊和库什。施行魔法仪式的过程中，这些地名被大声念出来，与此同时，对应于该部族的陶土或蜡制的小雕像被逐一砸碎、烧毁或者上下颠倒地埋入土中。这样做是试图赢得优势，压制那些仍与埃及有贸易往来的地区，不仅如此，大王还希望能实际掌控这些地方。

随着帝国疆域的扩张，国王随后在各地布置他自己的雕像，材料是阿斯旺花岗岩，还有从新近才重又夺回的努比亚采石场采挖的闪长岩。当面孔严肃阴沉的斯芬克司和站立人像就位时，祭司们唱诵歌功颂德的赞美诗："向您欢呼，万岁，我们的荷鲁斯，托身御体的圣神！领土的守护者，他开拓了疆域，以王冠痛击敌国，以双臂拥抱两方土地，维护了统一。"

战神孟图尤其受到了尊重。孟图的崇拜中心梅达穆得（Medamud）增加了王室的雕像。在底比斯，孟图霍特普二世，这位统一了上下埃及的先帝的葬祭神庙中，塞索斯特里斯三世又竖起自己郁郁不乐、一脸正经的雕像，至少有七座之多。这些雕像被安排在先帝像的旁边，意在"借光"，从而得到先王荣耀的助力。塞索斯特里斯三世积极挖掘利用前辈的影响力，手段是一块花岗岩石板，上面刻着"塞索斯特里斯大王为他的父辈前任孟图霍特普特制此碑"。在那些旨在将灵魂附体于木乃伊和雕像的招魂仪式中，这种类型的片石也是常规道具，但此处的石板则是更为切实的证据，表明在世的国王们是以何种方式来连通和汲取王室祖辈的政治信用与力量。

阿比多斯是地下冥界之王奥西里斯的敬拜中心。正是在这里，前述的先人崇拜有了最明显的表达——塞索斯特里斯三世不仅添置了更多自己的花岗岩雕像，而且授权委托司库主管伊赫特诺夫里特（Ikhetnofret）去装饰奥西里斯的雕像，用于装饰的是"用这位先王之神保佑大王陛下从努比亚凯旋时带回的优质黄金"。国王还下令修建了一座船形的新神堂，里面安放着奥西里斯雕像，每年一度的"奥西里斯秘密庆典"节日期间，这座雕像可以在夜晚时从神堂请出来，运送到沙漠深处。

奥西里斯被认为是埃及最初的统治者之一，他的后继者，即埃及最早期历史上提及的那些国王，都被埋在了阿比多斯墓场中最古旧的区域，以至于德耶尔大王的陵墓直接被当成是奥西里斯本人的安葬之所。在第一中间期（公元前2181—公元前1991年）亵渎神圣的破坏活动之后，这座陵墓得到了修复，还增加了一条阶梯通道，让旧陵墓成为了每年"奥西里斯秘密庆典"行进队列的焦点中心——这位神灵的生、死与复活的种种场景由仪式参与者表演出来，而且虔诚供奉奥西里斯的后来者将此传统一直延续到了公元5世纪。

奥西里斯被尊为所有濒死与新亡故之人的拯救者，与此同时，能在阿比多斯下葬，被信奉为是一条快捷路径，即死者无论是何种社会地位和身份，都可尽早抵达来生或永生世界。于是，很多人在活着时就前往朝圣兼考察，他们为自己提供见证，在当地留下小雕像、石牌或者"沙卜替"（shabti）小人偶，"以此方式来确保他们能永远参与那城镇中举行的神圣宗教仪式"。这些留念证物中，最令人动情的就是死者家人和亲友也会介入或协助。有一块小石牌，显然可谓是最能深切打动人心的。这石牌属于一位歌手，一个乐呵呵的敦实家伙，石牌上刻画出他的样子，身体前倾，手伸向一张备有丰足供品的桌子。石牌上的文字说明他叫"内费尔霍特普（Neferhotep），已魂归西天，其母名为赫努（Henu），是平民出身的良家女子。此石牌乃内费尔霍特普之亲爱友人，搬砖工内布苏美努（Nebsumenu）所供奉，略表敬意"——这说明一个事实，内布苏美努用自己搬砖挣来的钱，为好友向"绘图师雷恩桑布（Rensonb）的儿子桑巴乌夫（Sonbauf）"定制了这块石牌。这是公元前1850年前后，三个劳工阶层男人之间友谊的不朽纪念，"这是一个小小的提示，告诉后人，古埃及并非到处都是金字塔和辉煌的神庙，而更多的则是这些平凡人物，与我们同样感受此生的欢愉和伤痛，还有对来世的期盼或心愿"。

在所有的人中间，最想在神圣大墓场中得到一块地盘的无疑是塞索斯特里斯三世本人。他那巨大的衣冠冢建筑群位于奥西里斯神庙的东南，其中最主要的就是建在峭壁下长度达270米的地下"假"墓葬。一条1.5千米长的道路从墓冢向下延伸，直到那石灰岩所建的附属葬祭庙。那些负责维持供奉礼拜王室亡灵的神职人员，甚至是当地市长之类的地方官都住在附近的一个占地范围超过六公顷的居民生活区。

阿比多斯那壮观的衣冠冢，修建起来只是为了容纳塞索斯特里斯三世的灵魂，方便他更靠近神界，而他真正的陵墓是他的金字塔，位于北方的达苏尔，他的祖父和古代的前任先王斯奈夫鲁也都葬在那里。这座金字塔高度为78米，地面以上的泥砖构造部分，其外层曾经覆盖着石灰岩条石，而地下的墓室部分则比在阿比多斯的衣冠冢中对应的墓室要小，不过同样是用石灰岩石板来做内衬。他的墓室本身是用花岗岩砌成，但发现时已空空如也，只有一把青铜短剑、一些陶器和一个积满灰尘的石棺。

不过，这位老战士遵循了另一个传统。在他位于达苏尔的金字塔四周，所环绕着的是其十四位女性亲眷的墓葬。她们的小金字塔和竖井结构的墓穴构成了"一片庞大的地下墓窟网络"，一条条通道将她们的墓室一一连通。

法老胡夫死后，还要母亲赫特菲尔丝陪伴在近旁，塞索斯特里斯三世在很大程度上也同样如此，他的母亲维瑞特（Weret）就被葬在紧靠他的地方。哈索尔女神的现实化身，到了下一代，就由塞索斯特里斯三世的两位妻子内芙尔赫努特（Neferhenut）和维瑞特二世（Weret Ⅱ），还有他的妹妹伊塔卡耶忒二世（Itakayet Ⅱ）以及他的四位女儿来扮演。达苏尔的气候环境极为潮湿，因此她们的木乃伊遗体已消失殆尽，仅剩下一些"防腐树脂处理过的骨头"，而且她们的墓葬在古代也已遭受过洗劫，但有些精美的陪葬品还是再次幸运地逃过了盗贼们敏锐歹毒的目光。

早在 1894 年，考古人员发现了国王女儿梅里瑞特（Mereret）与莎哈索尔（SatHathor）那奢华的珠宝首饰。那些宝贝在镀金的木质首饰盒里，原封未动地藏在墓室地板下的秘密坑洞中。一个世纪之后的 1995 年，考古学家发现了王后维瑞特二世的金字塔的遗迹。此金字塔的地下通道位于塞索斯特里斯三世金字塔的下方，想必是暗示了"她是国王的正宫或主要伴侣"。

古代盗墓贼的破坏，再加上达苏尔高达 95% 的湿度，让王后的木乃伊只剩下了几块骨头。不过，这些遗骨还是显示出她是一位身材娇小的女性，站立身高大约是 1.5 米，而"那尖尖的鼻骨鼻槛，表明死者属于高加索人种"。她是个左撇子，一生几乎没做什么体力劳作或运动。既然最后牙齿所剩无几，还患有骨质疏松症，那她很可能是活到了七十多岁才去世。她下葬时，其生前戴过的全部华丽珠宝家当都一起跟着埋了，而其中一部分也得以幸存——因为被小心地藏在了其墓中一个封闭的隐秘龛位里面。

根据约定俗成的习惯做法，王室家族的陵墓建筑群周边围绕着当朝官员们的马斯塔巴。在附近的里卡（Riqqeh），即离卡伦湖不远的另一个地方，也发现了类似的陵墓群，其中一座墓冢里出土的内容物倒是有点特殊，大概可谓是最为逗趣的。这座陵墓的顶部在古代就已坍塌了，覆盖了下方的棺材和男性死者的木乃伊。让考古学家们意料到的是他们发现了另外一个人的遗体，此人"是处于站姿，或者至少是弓腰站立的姿态，突然的崩塌，把他彻底压趴在原地"。因为那具木乃伊被发现时，外层的裹扎已遭到部分破坏，暴露出了显眼的一组珠宝首饰，这就构成了一个证据，暗示一个盗墓贼曾在劫掠时被终止，墓室顶部突然坍陷，让他一命呜呼——那最极端的墓葬咒语在此兑现了！

公元前 1855 年前后，塞索斯特里斯三世驾崩，他二十岁的儿子阿蒙内姆哈特三世即位称王，并继续维持着繁荣又稳定的局面，他执政多年，国家歌舞升平。陪伴在这位新王身边的是阵容越发壮大的后宫妻妾与众多公主，而宫廷的驻地就位于王国那丰美多产的心脏地域，即水草繁茂、土壤肥沃的法尤姆绿洲。

13. 激增，分解：

约公元前 1855—公元前 1650 年

公元前 1855 年的元旦日，阿蒙内姆哈特三世（约公元前 1855—公元前 1808 年在位）加冕成为新国王，他"将法尤姆置于其行政决策的核心"，并在此修建了新神庙敬献给当地的鳄鱼神索贝克——王室神勇威力的象征——以及与索贝克对应的女性神灵，那位无处不在的哈索尔。法尤姆省城谢迪特（意思就是鳄鱼之城，Krokodilopolis）的神庙墙壁上，刻有新王加冕礼的场景。神庙中安置有他的花岗岩雕像，把他表现为"最高大祭司"（类似于教皇）的模样——身穿标志祭司身份的豹皮，戴着哈索尔样式的串珠护身符项链，头发被编成厚实的小辫子，就像现代的"骇人"发绺儿。

就在谢迪特北边的卡伦湖岸边，他命人竖起了一对 11 米高的巨大坐姿雕像。所雕人物是他自己，材料为石英岩，再加之底座本身就高达 6.5 米，因此雕像显得更加伟岸。每年的尼罗河洪水漫灌之后，湖中的水位达到最高值，阿蒙内姆哈特三世的两座雕像便被水包围，看上去就像悬浮在湖面一般——后来的两千年内，这一令人惊叹的景象是很多玄幻奇想的源泉。

这两座雕像本身被奉若神明，受到敬拜，它们强调突出了阿蒙内姆哈特三世作为"丰足使者"的形象，就像其他同类雕像那样——雕像往往将国王呈现为雌雄同体的尼罗河神哈皮（Hapi）的模样。由于阿蒙内姆哈特三世执政时期大部分年份内的洪水都能达到高水位，因此有人奉承断言说国王"让土地生机无限，如此翠绿，甚至比伟大的哈皮更管用"。

马阿迪城［Medinet Maadi，也即纳姆迪斯（Narmouthis）］新建的神庙也是敬献给索贝克与哈索尔的。在这座神庙的壁画场景中，阿蒙内姆哈特三世与王后赫特普提（Hetepti）以及两人的女儿内菲露普塔（Neferuptah）被一起描绘出来。国王在那里敬拜无所不在的牛头女神，珠宝挂坠满身的内菲露普塔则手持重重的叉铃哗啷啷地摇着，身旁还有铭文："内菲露普塔在此祭献上神，祝愿她能如同太阳神拉般得到永生。"内菲露普塔的地位显然要比其他公主们的地位更高，因为她是名字被刻写在椭圆形帝王盾徽中的第一位女性，而在当时，这仍旧是执政君王们才能享有的特权。

这位公主伴随她的父亲的大型雕像出现在埃及各地，一直远至南方的巨象岛，其中包括那些将她呈现为花岗岩斯芬克司的雕塑。阿蒙内姆哈特三世自己的斯芬克司雕像矗立在北方，在位于布巴斯迪斯的巴斯泰特女神的旧神庙之间，这对应了他的身份——从一方面来说是"巴斯泰特，守护着两方土地；而对胆敢违抗者则是塞克美特"，可以格杀勿论。

很明显，布巴斯迪斯是个意义重大的地点，国王在这里修建了一座规模宏大的宫殿，执政三十周年大庆便在此举办。这里位于三角洲地区，意味着可与地中海有紧密关联和频繁接触。随着与比布鲁斯的贸易持续进行、加速扩展，更多国王的斯芬克司石像矗立起来，向北直至叙利亚海岸的乌加里特，在那里甚至能与塞浦路斯隔海相望。在红海之滨的萨瓦港，国王的人马十分忙碌，大臣涅布苏（Nebsu）与阿蒙霍特普（Amenhotep）从这里出发，带领船队两次远征蓬特王国。船上最初的那些货物，有一部分近些年才刚刚发现，它们被装在二十只木板箱里，其中一只的标签还在上面，写着"蓬特的绝妙好货"。

位于图拉、哈马玛特谷地、阿斯旺和努比亚，由埃及人控制的那些采石场，此时进入了最繁忙的状态。西奈半岛也是如此，阿蒙内姆哈特三世的埃及和巴勒斯坦官员在当地采掘了巨量的绿松石和孔雀石。他们长期驻扎在西奈，建立了"半永久的基地"，并在卡迪姆的塞拉比特（Serabit el Khadim）这个地方建起了一座神庙敬献给哈索尔——"绿松石女神"兼矿工们的保护神。

在西奈当地，人们仍然对法老斯奈夫鲁敬畏如神，中王国的君主们对斯奈夫鲁也恭敬有加。阿蒙内姆哈特三世仿效其父，将自己的后事与来生安排在了斯奈夫鲁双金字塔所在的地址，也即达苏尔。他执政期的前十五年，建设工程都在持续。完成之后的金字塔，其最上方是壮观的花岗岩尖顶上盖，还刻有他的双眼，为的是"欣赏拉神的完美风采"——"愿大王的双目能开启，以便看到天边的荷鲁斯，他是地平线上的王者，跨行天空，君临四野。愿他让大王闪耀，光辉如神，坚不可摧"。

在这个金字塔综合体中，王室女性又一次得到了突出的关照。除了她们的陵墓，还有宫廷臣仆和官员的墓冢，但与当朝权贵没有直接关系的人，则在他们当地各自的墓地安葬。孟斐斯的居民依旧埋在萨卡拉。为中王国早期的统治者们在位于利希特一带的金字塔提供祭拜服务的神职人员就下葬于他们的工作场所附近；这些人中包括了大祭司塞瑟涅布涅夫（Sesenebnef），一同随葬的有他的身份徽章与法杖。

在利希特的另一座墓冢中，安葬的是终年五十岁的塞涅布蒂希（Senebtisi）。她的头衔很简单，即"房屋的主人"，一位家庭妇女，不过她相当富贵。这个地区湿度很大，但耗资不菲的木乃伊工艺在部分程度上抵消了环境的侵蚀，在她的遗体上倾倒包裹的树脂足够浓厚，凝固硬化后保存了她身体的轮廓外形，把她固定在原位，就仿佛琥珀中密封的苍蝇，而且她的木乃伊则安放在了里外共三重的棺材中。

她脖子上挂着项链，四肢上佩戴着手镯和脚环，嘴唇和下巴围着一块做工复杂精细、嵌有珠子的"围嘴布"，布上附有一条珠链，像尾巴般挂在脖子后面。国王们常常佩戴类似的饰物来代表他们蛮牛一般的巨大力量，而有些女性也穿戴此物，想以此唤起对希斯美泰特（Shesmetet）的联想，这是塞克美特形象的一个侧面，此名字衍生自希斯美特（shesmet）——意即有串珠装饰的长条丝带。

关于这位非王族出身的"房屋的主人"——个子也不起眼，至多一米五高，最有趣的一点是她的陪葬品。有石头权杖，两张弓和对应的箭，还有插在镀金刀鞘中的青铜短剑，以及至少十根法杖，都布置在她的棺材里。棺材旁边另有一个长盒子，里面又是另一套权杖之类的棍棒。在此之前已经有过很多的女性墓葬，其中既有武器也有珠宝首饰——这种殡葬品组合可回溯到前王朝时期，虽然这座"主妇"墓只是其中之一，但依旧强有力地具体说明了古埃及对女性角色的认知，对女人抱有的概念：既是代表护佑和关爱的哈索尔，同时也是这位女神富于攻击性的变体本我，即无情杀戮的塞克美特。

不过，就日复一日的日常生活而言，大部分埃及主妇似乎还是要忙于应对家务事。这里有个例子，一位名叫德狄（Dedi）的女子嫁给了名为因特夫（Intef）的一位祭司。即便丈夫亡故，也丝毫不构成什么理由来妨碍妻子对他唠叨。德狄写信给亡夫："咱家的女仆伊米乌（Imiu），她这次病得不轻啊。那害她的人，管他是男是女，你干吗不作法把那家伙搞掉？你要日夜作法，干掉那坏蛋！如果你不出手相助，那咱家就倒了，直接就要完蛋咯!"

至于阿蒙内姆哈特三世自己的身后事，他的家庭内务安排得倒是有条不紊。若干的妻妾和女儿中先他而去的，继续下葬在他的金字塔周边。但是，达苏尔的这块高地再次被证明无法承受那建筑工程的庞大规模，开始显露出地面沉降和断裂的迹象——尽管是无意之中的巧合，这也构成了阿蒙内姆哈特三世与他角色范本斯奈夫鲁之间的另一个关联：斯奈夫鲁的金字塔也曾另寻新址。

于是，大王的建筑师们又回到了图纸画板前，设计了一个新的陵寝构造方案，用石头与木头做出缩微模型，呈交给宫里审核盖章同意之后才着手动工修建。

不过，新方案将会在一处新地址完成。那是在国王钟爱的法尤姆绿洲的东部边缘，而这或许也是出于一种策略或设想，即让王室陵寝的出现改变风水，来神奇地反转尼罗河突然降低的洪水水位——在阿蒙内姆哈特三世执政的第三十到第四十年间，水位急剧变化，从五米突然降至半米。这不仅给埃及经济带来灾难性的破坏，在努比亚也造成了极大的生存困难；有消息汇报说"由于饥饿，沙漠正在死去"——对一个自命为"丰足使者"的神一般存在的国君来说，这是一个十分严峻的问题，因为它会让自己颜面尽失。

因此，王室墓场便迁址到了法尤姆的哈瓦拉。那里的古代名称是 Hut-Weret，意思是"大神庙"，指的就是阿蒙内姆哈特三世那宏大的金字塔与葬祭庙综合体。该金字塔迷宫般的构造成为古代世界一个名副其实的建筑奇迹。

国王、哈索尔和索贝克的大量雕像，用白色石灰岩、红色花岗岩或黄色砂岩塑成后被安置在一套又一套繁复重叠的场院、神堂和地穴中，用以营造效果。正如一位古代的参观者所说的，"这是一座庞大无比的宫殿，由很多更小的宫殿组合而成，就像国家从前是由如此多的行政区构成"。另一个人则声称，"宫殿"总共有三千个房间，"其中一半是在地下，另一半就直接在那些房间的上面"，所有的房间都是通过"蜿蜒曲折的过道"来相互交叉联通，由此创造出一个综合体。正因为结构是如此复杂，最终人们干脆就称其为"迷宫"。

后来，这一建筑综合体不幸沦为一座便利的采石场，但至少到1853年的时候，还有文献记录说："数量多得惊人的各类厅室空间仍旧留存着，左挨右挤地簇拥在那里，中心部位是一座大广场，那里曾经是宫廷楼台，现在只剩下花岗岩巨石立柱的遗留物，还有其他立柱的碎块，那些柱子是用白色石灰岩硬石雕成，亮闪闪的，跟白色大理石差不多……只要对这处场地粗粗探察一番，便能让相当多的空间构造立刻显露出来，地面之上和地下都有，但是这些空间结构都非常复杂，真正是迷宫的形态。"

然而，仅仅不到四十年，这些建筑遗迹的物料就被运走再利用了。那传说般的迷宫几乎完全消失，所剩下的只不过是零落分散的几小块废墟，分布在金字塔那裸露在外的内部泥砖构造的周围。

不过在那地面之下，还是有东西得以留存。1892年，地下墓室的位置终于被确定。墓室原本是由一道独具匠心的顶盖吊闸门封闭着。国王的建筑师们在最初的缩尺模型上增加了此装置（好莱坞那些古墓题材的拙劣电影中，从此便照搬复制这种闸门），而其精巧之处就在于闸门是用"沙降法"（译注：sand-lowering，闸室槽位中先填沙，通过侧立支撑石板让顶盖大板与下面的墓室保持一定的空间，国王的棺材与木乃伊放入石棺后，再从下方外侧移除沙子，让顶盖与侧立石板一起下沉入位）安装完成的。这个墓室是"一个技术奇迹，彻头彻尾的创新"，因为其顶盖部分是一整块石英石的巨大石板，且重达一百多吨。

墓室里有两个石棺，分别属于阿蒙内姆哈特三世和他的女儿内菲露普塔。这个安排在《石棺铭文》中得到了相应的解释说明，其中有咒语表示这是为了"在死的王国里召集起一家人：他下行去到水中寻找他的家人，寻找他心爱的亲人。我将会在水中，永远永远永生——此魔咒绝对会应验，一百万分正确！"

阿蒙内姆哈特三世执政四十六年后离世，被涂油制成木乃伊，葬进他的石棺。他的遗体倒是一直保存了下来，尽管已处于腐蚀分解的状态。出土时，考古学家记录说发现了"少量的骨头残片"沉在水中。安葬之际，金字塔中那复杂的锁闭机关被启动，完全密封了整个墓室。下葬的最后送别仪式由他的孩子们主持操办，也即新王阿蒙内姆哈特四世，还有公主内菲露普塔。

既然内菲露普塔还活着，那她就没法再安葬于父亲那已经封闭了的墓室。于是，王室做出了替代性的安排。1956 年，在哈瓦拉南边只有两千米处的地方，她的金字塔被最终定位和发掘，金字塔整体几乎原封未动。但正如她父亲墓室的情况，她遗体所存余下来的只是浸润了防腐树脂的亚麻布小碎块上所黏附的极少量皮肤残片，因为奥西里斯的水王国已经往上拓展了疆域，也把公主"收走"了。她的尸体、骨头和一切都在那浸满水的巨大花岗岩石棺内部空间中被分解液化了。

发现内菲露普塔墓葬的考古学家注意到了这一点，即便是在当时的古代，"河水漫灌季的那几个月，这里的水位也会上升到盖板的高度，从而渗入石棺"。墓室被完全浸没，这想必不是有意而为之。不过，所谓的"变身大河之咒语"却明确是这样念诵的，"我是大河之神，我到来，满怀欢心，我最亲爱的人们，我是大河之神，我永不会疲倦"，同时，还伴随着一个辅助咒语，"在水中呼吸空气"。

内菲露普塔的弟弟阿蒙内姆哈特四世（约公元前 1808—公元前 1799 年在位）戴上王冠时，肯定已经是一把年纪了，因为他父亲的统治时期相当漫长。他称王执政的时间被极为精确地记录下来，前后一共"九年三个月外加二十七天"。

尽管其他细节信息几乎无从得知，但在其当政的早期，他可能与姐姐内菲露普塔之间有过分权而治的某些安排，而这个新领导班底又是直接沿用了他们父亲的统治策略。"虽然没有证据表明新国王取得过什么引人瞩目的成就，但这个朝廷也没有显露出任何迹象表示埃及的社会繁荣和国家威望有任何严重的衰退"，因为政府官员还是继续被派往西奈半岛、哈马玛特谷地和胡狄谷地，去负责采挖绿松石、板岩和紫水晶。

与黎凡特地区的贸易也在持续。阿蒙内姆哈特四世向比布鲁斯当地亲埃及派的王公们赐予礼物以表示赏识，而这些人也修建起埃及风格的墓葬，随葬品中就包括收到的礼物，另外还有模仿埃及的珠宝首饰，以及一种本地特色的弯月形半长刀，叫作赫沛什（khopesh），刀把上镶嵌有黄金和黑色的乌银，而这种镶嵌工艺正是公元前 1800 年前后在比布鲁斯被发明出来的。

在埃及境内，阿蒙内姆哈特四世的朝臣们所享有的财富丰裕程度也相当可观。宫中的大管家柯穆尼（Kemuny）拥有一只精美的化妆兼首饰柜，配有可拉出推进的抽屉，内部还分成诸多分隔的格子。这柜子作为随葬品之一，陪他埋在了底比斯，而阿蒙内姆哈特四世似乎在那里也逗留过一段时期。不过，大约公元前 1799 年，国王驾崩之后还是被安葬在了北方，很可能是在达苏尔南边的玛兹古纳，当地的两座金字塔中，他或许是被下葬于更靠北的那一座。

接替其王位的是一位女性。这是他的又一位妹妹，名字是索贝克内芙露（Sobeknefru，约公元前 1799—公元前 1795 年在位）。作为第一位正式的女性国王，她的名分地位无可争议，也无法被故意贬低、轻慢或忽视。现代学界有人提出缺乏事实依据的论断，认为索贝克内芙露是"篡位夺权者"，但无论如何，在当时的帝王名录中以及相距一千五百年之后编纂的名录中，她都被确认为名正言顺的合法国王。她是"两方土地的女主人"，并拥有标准的王室至尊头衔："上下埃及之王"索贝克卡拉（Sobekkara，注："索贝克美人"之意）；"拉神之女"索贝克内芙露；"荷鲁斯"——受拉神钟爱的女主；"两位女神护佑的女王"——威力无边的女儿；"金色荷鲁斯"——持久长存的荣光丰采。

索贝克是王室威力的象征。这位新女王是以鳄鱼神命名的第一位埃及统治者，不仅出生名索贝克内芙露，而且即位掌权后采用的帝王尊号索贝克卡拉，都用到了"索贝克"这一文字。鳄鱼神的崇拜中心是法尤姆绿洲中的谢迪特（鳄鱼之城），这里顺理成章地成了女王建立其朝廷的选址。

与金字塔时代的肯塔维丝一世一样，索贝克内芙露的肖像结合了男性和女性双方的气质，她被呈现为戴着雄性阳刚条纹的君王头饰、身穿系腰带的男式短裙的模样，如此装扮可以掩盖她原先女性化的衣着。而在其他一些雕像中，她被塑造成穿着披风罩袍的样子，如此的衣装自然就跟加冕登基关联到了一起。

令人奇特的是，她的统治时段与尼罗河洪水水位的一个上涨期恰好重合。她执政的第三年，在努比亚库马的边塞堡垒那里有一条水文刻痕，记录的水文高度达 1.83 米。她下令在赫拉克勒奥波利斯和达巴丘（也即古时的阿瓦利斯）修建新神庙，那里也布置了她的雕像，真人大小，玄武岩石料，还有至少一座斯芬克司造型像，而她更多的雕像则是安置在了法尤姆。

在法尤姆，她的名字与阿蒙内姆哈特三世的刻在一起，表现出她的统治似乎是与父亲的一种联合执政，但这一举动"更多是传达怀念和尊敬，而不是陈述事实"。父女俩各自的盾徽图案顶部的荷鲁斯猎鹰，被设计成面对面的样式。老国王的猎鹰将代表生命的"安可"（ankh，上部为环状的十字形）符号传递给另一只荷鲁斯猎鹰——那是代表他已获君王身份的女儿。为进一步强调父女关系，索贝克内芙露将父亲在哈瓦拉那迷宫般的金字塔建筑群建设完工。在那里，她与父亲的名字，都在后来残留的石块上被考古人员发现。

不过，关于索贝克内芙露对自己陵墓的规划，后世知之甚少。虽然，处于玛兹古纳那里的两座金字塔中，较大的那座建有独立的吊闸门封闭机关，很可能就是她的安葬之所，但这一工程干到一半就已停掉。既然至今未曾发现她墓葬的任何蛛丝马迹，因此她去世的确切时间以及亡故的原因就一直是未知——关于这一点，几乎每一个埃及统治者的情况都是如此。

在正统和标准的历史典籍中即使有所提及，索贝克内芙露也只是被鄙夷地一带而过，说成是当时迫不得已的君王人选，而她的执政"标志着该王朝的终结，以及中王国的衰败"，因为"这种局面是如此反常，其本身就包含了灾难的种子"。

这些奇谈怪论毫无事实根据，因为王位实际上平稳地传递延续下去了。一连串的男性继任者构成了第十三王朝（约公元前1795—公元前1650年）。他们很可能是"阿蒙内姆哈特三世及其前任者与各自小妾所生下的后裔"，而那些小妾既有埃及人也有外国人，数量上来说可谓很多。第十三王朝国君们的时间被分配成两块，分别用于在北方和南方理政，这样是为了维持对上下埃及的控制。在拉罕和底比斯都有文献存留下来，揭示出当年君王前后交接和政府管理的连续性脉络，而主政者中除了埃及人，也有越来越多的巴勒斯坦人。

当时已经产生了海量的公文，"关于政权组织和政事管理的大量文件得以幸存"，而"相比之下，对于这些官员各自所效力的国王，我们的了解或可发掘的信息，却少得可怜"。

国王们频繁更替，人事变动的总量当然是相当大。第十三王朝那一百四十五年的时段，竟有六十位甚至更多君主的名字被列出，这让人几乎不可能给出他们各自执政的确切年月。但这也并不必然意味着王国政治上的没落，因为看起来王冠实际上是"循环接续"流程中的一个组成元素，在几个权贵家族之间相互传递，而他们分享权力的轮流安排显得井然有序。

这些大王继续派出远征队伍，到红海之滨的泽特山丘，到努比亚腹地的塞姆纳。他们也继续在传统的王室墓葬地修建自己的陵寝。

他们还遵循了索贝克内芙露所开的先例，用鳄鱼神的称谓来给自己命名。至少有八位名叫索贝克霍特普（Sobekhotep），其中的第一个选择安葬在古老的王室墓葬地阿比多斯。这位索贝克霍特普一世在当地的墓穴直到 2013 年才被发现，墓穴是用从图拉运至南方的石灰岩修筑而成，在红色石英岩砌造的墓室中，安顿着国王重达六十吨的石英岩石棺。

社会各阶层，从君王诸侯到"洗衣工赫佩特（Hepet）"之类的小人物依旧把阿比多斯当成一处朝圣之地，大王们于是慷慨地投入人力物力，继续给所谓的"奥西里斯之墓"增添东西。那里原本是第一王朝德耶尔大王的安息地。第一中间期的内战年月里，德耶尔的木乃伊不知所终。现在，取代遗体的是一个真人大小的黑色玄武岩雕像，表现为木乃伊状态的奥西里斯的模样被安放在他的葬祭床上。他的生殖器勃起挺立着，但被隐藏起来，实际上是应视为被保护起来，而保护之物来自伊希斯那张开的翅膀——形状如同风筝。伊希斯便是这样神奇地受孕，怀上了两人的儿子荷鲁斯。这一创作主题虽然有点离奇，但还是以精妙完美的艺术技巧完成了。下令启动此项目的是第十三王朝国王赫恩德耶尔（Khendjer），他的名字中包含了先王德耶尔的元素，但或许也暗示了某种巴勒斯坦或叙利亚的祖辈血统，这就让他成了埃及的第一位"闪米特族裔国王"。

巴勒斯坦人也出现在王国朝臣的家仆群体中，而且人数日益增多。阿比多斯的祭司阿蒙尼索恩布（Amenysonb）就雇用了一个混合族群的员工班子，包括"亚洲人"酿酒师艾尔西（Irsi）以及此人的同乡索贝克艾瑞（Sobekiry）和塞内布内比迪（Senebnebit），后两人用了埃及人的名字，部分是因为他们在文化上受到了同化。至于阿蒙尼索恩布本人，赫恩德耶尔大王委任他去清理修整阿比多斯。在首席大臣安胡（Ankhu）的协助之下，他"从外到里"，彻底"净化"了奥西里斯墓附近的神庙，然后安排画工来提升改善这里的环境装饰。在这里，对王室先祖的纪念与尊奉是信仰崇拜的核心内容，而现在，这一场所是奥西里斯的天下，一切以他为中心来运转。

关于自己的葬祭安排，赫恩德耶尔命人完成了一座 37 米高的金字塔。该建筑处于佩皮二世在萨卡拉靠南边与塞索斯特里斯三世在达苏尔靠北边所建金字塔的中间位置，因此，他能实实在在地永久安歇在先祖们中间了。与他同为第十三王朝君主的阿蒙尼-基马瓦（Ameny Qemau）——这个亚洲人法老也是如此，葬在了达苏尔一座规模大小差不多的金字塔中。

这种回望往昔、缅怀先人的强烈倾向，在底比斯也同样被发现。在卡纳克的"先祖庙堂"中，索贝克霍特普二世安置了他自己的一座雕像。眼下，圣上与朝廷停驻在底比斯的时间越来越长久和次数频繁，王室账本上也就列出了大量的宫廷服务机构，从"南方驻场行政事务部"到"看护保育专职工作组"，可谓是功能齐全，这个庞大团队的人员每天得到或消耗的食物包括了两千条面包和三百陶罐的啤酒作为工资。

索贝克霍特普三世随从人员的规模之大也与前任的差不多，其中最主要的是他的两位王后以及那些王室公主。一位公主的绰号叫芬迪（Fendy），意思是"鼻子，或者更可能是 Nosy，指其爱管闲事"。这位公主的外号与其父王的名字被刻写在了同一个盾徽图案中。索贝克霍特普三世还为他"亲爱的妈妈"伊乌赫特布（Iuhete-bu）及其丈夫造像立于殿堂门口，而该男人的头衔就透露出，他自己并不是什么帝王君主。国王母后的第二任丈夫，他根本就没有任何头衔，很可能表示其出身于一个中等甚或是下等阶层家庭，而这一点在当时来说一定是千真万确的：这些人是因富而贵的暴发户，而这也是第十三王朝权力"循环接续"的一个部分。

此时，王族与朝臣之间的界限已经不再那么明晰，因为两个群体常常相互通婚，就像古王国末期所发生的情况一般。比如，第十三王朝的公主雷妮森涅布（Reniseneb）就嫁给了阿比多斯的市长。这对幸福的夫妇住在丈夫位于阿比多斯南边、轩敞的市长府邸中。那里有一样特别的物品透露出日常生活中一个非常亲切、私密的侧面——那是一块独特的"生育砖"，上面画着一位母亲怀抱她的新生儿，陪伴她的是哈索尔以及女神的几个神界"同事"。这样的砖是诸多同类砖块中的一块，孕妇临盆时就蹲坐在这些垒砌的砖块上面进行生产。砖块"以三维立体的形式，具体地复现了太阳神的诞生之地"，而生育行为在伴随的唱诵仪式文本中有提及——"请为我敞开。我是建造者，为哈索尔建起跨坐的塔门，她撩起衣裙，如此就可以生产了"。

另一件独特的文物则表现了顺利生育的成果。这是一座青铜小雕像，显示第十三王朝公主索贝克纳赫特（Sobeknakht）跪坐着给她的小孩子喂奶。这位公主的图像也出现在了矗立于埃得夫的一座石匾上，这是因为当时的朝廷显然正在持续装点修饰那些重要的宗教崇拜中心，而公主无疑是颇为恰当的图像主体。

神灵和王族的雕像都是在宫廷御用的雕刻工坊中制作。霍雷姆哈乌夫（Horemkhauf）原是锡拉孔波利斯这里"荷鲁斯祭司工作组的督导主任"，他职业生涯的光彩亮点就是接到王室诏令，北上前去位于伊特耶—塔维（利希特墓场即在此城附近）的宫殿，"去恭请锡拉孔波利斯的荷鲁斯还有他的母亲伊希斯"——这母子俩的新雕像已经完工，"在国王的现场见证下，督导主任在利希特的'物资办公室'将雕像捧入怀中"，随后带回他的城市，安顿在了当地的荷鲁斯神庙中。

索贝克霍特普三世的继任者是内弗尔霍特普一世（Neferhotep I），其执政期间持续建造高品质的各类雕像。在阿比多斯，奥西里斯以及同受敬拜的其他神灵的新雕像安装时，他还亲自指导和监督。这位新王依旧能收到来自比布鲁斯及该地归顺埃及的统治者延廷（Yantin）——昵称为"乔纳森"（Jonathan）——的朝贡。

内弗尔霍特普一世的名字在布恒也有发现，尽管此时，努比亚连同那里丰富的矿产资源已经处于当地土人头领组成的一个联盟政权的控制之下。联盟的君王将上努比亚（库什）作为势力范围，把宫廷建于克尔玛（Kerma）——这是"在埃及之外非洲最早和最大的城市"。克尔玛从境外进口陶器，最远的来自地中海区域；这里也有当地自产的"克尔玛器皿"，以及用银子和象牙制成的各类物品，"主要而言是埃及风格，但也经过了很多改良，加入了大量的非洲元素"。克尔玛君王们那巨大的墓冢内，不仅有殉葬的家仆用人，还埋入了他们不时突袭埃及境内所掳回的战利品，包括漂亮的森努薇（Sennuwy）与其丈夫赫普德耶法（Hepdjefa）的花岗岩雕像。赫普德耶法是塞索斯特里斯一世朝廷中大权在握的艾斯尤特省长，去世三百年后，这对夫妻的联合墓葬遭到努比亚人的洗劫。作为凯旋的纪念品，他们的雕像被长途运送至努比亚，在敌方一位君王的墓葬中占据显眼的位置，仿佛成了永恒的人质与俘虏。

内弗尔霍特普一世的权力中心是底比斯。他与王后瑟内布森（Senebsen）热衷于强调他们在底比斯的存在感和渊源，在卡纳克竖起了夫妻俩的雕像。他的弟弟兼继任者索贝克霍特普四世也是如此，骄傲地宣告自己事实上是在底比斯出生。与此同时，第十三王朝拜谒卡纳克的次数也越来越频繁——帝王们去那里寻求神的帮助和眷顾。

尽管尼罗河灾难性的枯水周期加速了古王国的覆灭，但自从公元前18世纪70年代起，那具有同等危害性的高水位洪水也成了一个持续的问题。到了索贝克霍特普八世的执政期，洪水已经蔓延覆盖了卡纳克很多的地方并不断造成破坏，于是"大王陛下前往他的神庙殿堂时，人们便看到伟大的哈皮（尼罗河神，这里指洪水）向着大王陛下和他的神庙殿堂冲过来且带来的全是水。大王陛下与工人们一起在水中艰难跋涉"。来自当年的这些现场报道可以在人们脑海中唤起一幅幅生动的画面，正说明内弗尔霍特普一世已然不再那么庄严凛然、不可一世了。

中王国"一步步地衰退，从强大政府治下的繁荣兴盛局面沦为穷困和混乱无序"。中央权威衰减最明显的一个迹象体现在这一事实上：埃及再次分解为那两方土地的传统格局，上埃及与下埃及各自为政。

根据后世修撰的帝王名录，及至公元前1750年前后，另一个王室朝廷在努比亚人内赫希（Nehesy）的统领下，已经在北方三角洲地区的索伊斯［Xois，又称萨哈（Sakha）］建立了他们的权力中心。第十四王朝与第十三王朝并行共存，而后者眼下已经完全以底比斯为行政中心。尽管没有证据显示双方曾有过军事冲突，但这样的政治分裂不可避免地削弱了埃及的实力。

　　不久后，埃及史上第一个外族王朝便充分利用了当时这一南北分治的政局而趁机兴起。

14. 分裂与征服：
约公元前 1650—公元前 1550 年

　　仅从表面上看，统治埃及的第十三王朝中至少三位君王拥有巴勒斯坦的血统背景。埃及政权内部的巴勒斯坦"阿姆人"（"亚洲人"）逐渐地掌控了政府，并最终接管了国家的北半部分，这代表着第二个中间期的开始，也标志着此时国家没有唯一和统一的中央权威。

　　埃及慢慢分化裂解成原初的政局状态——两方土地。第十三王朝现在以南方的底比斯为大本营，而同期共存的第十四王朝则在北方，以索伊斯为行政中心。这个局面自然有利于巴勒斯坦人逐渐壮大实力，让夺权之路变得更为容易。

　　不过，当代的考古成果表明，南北两方之间还出现了第三股割据势力，活动中心为阿比多斯。近些年来发现了他们首领乌色里卜拉·塞内布凯（Useribra Senebkay）的墓葬，为此说法提供了"最基础的首批实体物证，表明曾有一个被遗忘的阿比多斯王朝存在于约公元前 1650—公元前 1600 年"，而此前学界对这段历史一无所知。

　　与此同时，生活在三角洲东部的那些埃及化的巴勒斯坦人通过政权内部转移，已经和平地接管了这一区域。他们的大王名为萨利狄斯（Salitis），自封为"（来自）高地的统治者"，但埃及人称他们为 heka-hasut，意为来自异邦的统治者。在后来的帝王名录中，他们被命名为喜克索斯（Hyksos）君主，其政权则被列为第十五与十六王朝。这同一份文献还表明，"这些无名种族的侵入者来自东方，他们带着胜利的信心长驱直入，进军我们的土地"，"借助凶悍的主力部队，他们轻易夺取了地盘和权力，连一次攻击都无须发起"。这个历史记录还补充说，他们纵火焚烧埃及的城市，毁坏神庙，屠杀或奴役埃及的民众，接着便拥立了他们自己的最高统治者。

早期的古埃及学者把这一具体明晰的叙述当作历史事实。他们认为在约公元前1650年，横冲直撞的喜克索斯族裔巴勒斯坦人突然发动了侵略，他们驾驶着新奇的先进战车席卷而来，快速攻占了埃及。

但真相实则远远没有这般戏剧化，尽管破坏程度并不因此减弱半分，或者说，有时候血腥程度并不减少分毫。

喜克索斯王朝的历史得到修正是由于在20世纪发现了他们的城市遗址。这座城市为阿瓦利斯，位于现今埃及三角洲地区东北部的达巴丘。那里最初是埃及和巴勒斯坦之间边界的一部分，曾建有军事化堡垒。阿蒙内姆哈特二世时期，一千五百五十四名亚洲人战俘被安置在这里，与作为水手、造船木工、矿工和士兵以及为埃及政府效力的那些巴勒斯坦人一起在此定居生活。这个地区随之发展，成为一个兴旺的贸易中心，来自巴勒斯坦的驴子驮队定期经过这里，而尼罗河支流裴路西亚（Pelusiac）的水上交通则运来了克里特和塞浦路斯的葡萄酒、橄榄油，以及手工艺人。

阿蒙内姆哈特三世执政期间，阿瓦利斯已经存在大量不同种族的居民，并很快成为地中海东部沿岸最大、最国际化的城市之一。公元前1650年前后，王室首府伊特耶—塔维（也即利希特）被弃用，阿瓦利斯便取而代之，成为新登台的第十五王朝那些喜克索斯君主的大本营。

阿瓦利斯的城区面积最终扩展到 4 平方千米，9 米厚的堡垒城墙环绕着大片巴勒斯坦设计风格的屋宇。喜克索斯人保留了他们本族的丧葬传统，其中有一点就是把死者埋在自家屋舍近旁，而这种做法从史前时代起便是埃及北方的典型风俗。有些人甚至为房屋修建附加延伸部分，用于专门安置死者，尸体被埋时蜷缩如胎儿状，并伴有特色鲜明的陪葬品。以喜克索斯王朝的阿姆——亚洲人——副司库为例，他的陪葬品包括他那凿子形状的战斧和短刀，他生前使用的陶器，而他在长途远行从事贸易活动时骑过的驴子，也被当作牺牲宰杀，跟着他殉葬了。

其他有些人则更喜欢埃及风格的墓葬，比如一位无名氏贵族的坟冢便是如此。有人甚至将其等同于那位"《圣经》传说中的约瑟"。（译注：据《旧约·创世纪》，雅各晚年得子，名约瑟，宠爱有加，为其增添漂亮的"多彩衣"，引起其他儿子们的嫉妒。兄长们设计将约瑟卖往埃及为奴。凭其德行与解梦天赋，约瑟最终晋升为埃及的执政官"维西尔"，略等于古代中国的宰相。）他的雕像是身穿五彩花长袍的模样，与衣服相得益彰的是一头红发，被梳成了布丁蒸盆的样式。另一座受埃及文化影响的陵墓是为索贝克姆哈特（Sobekemhat）所修建。索贝克姆哈特是"外邦土地的主管人和贸易商队头领"，其陪葬品有他的叙利亚短刀和紫水晶圣甲虫护身符，以及喜克索斯特色的兵器、埃及风格珠宝与克里特样式的金器所组成的大杂烩。而在此地其他墓葬中也频繁出土了克里特金器，虽然对此考古学家已习以为常。

既然阿瓦利斯继续推进与克里特、比布鲁斯、乌加里特和阿勒颇（叙利亚）的贸易往来，埃及喜克索斯王朝国王们的名字当然就广为传播，一直远至克诺索斯。在赫梯（Hittite）帝国的首府哈图萨［Hattusha，在当今土耳其的博阿兹卡莱（Boğazkale）］和巴格达都为人所知，而就喜克索斯公主塔娃（Tawa）而言，她的芳名向西甚至传到了西班牙。

在埃及本国，喜克索斯统治者的权势扩展到了孟斐斯，并最终向南延伸至赫莫波利斯（Hermopolis）。在更向南大约 40 千米的梅尔（Meir），统治者对边境线实施管控，并对在尼罗河上往返经过的所有货物强行征税。他们对北方埃及的把控，在南方得到了呼应和平衡，那就是与在克尔玛盘踞的努比亚统治者结为盟友，而这让他们能顺利获取努比亚的金矿资源，同时实现对整个埃及南方更稳固的控制。此时，第十三王朝的旧势力还据守在底比斯，"力求埃及人独立政权的余烬不会死灭"。

不过，坦白而言，底比斯现在类似于三明治中间的夹心层，被喜克索斯王朝和他们的努比亚盟友从南北两面包抄围困。这自然是一种岌岌可危的存在状态，况且努比亚的部落武装还时不时地向北呼啸而至，来抢劫一番。索贝克纳赫特（Sobeknakht）在卡布领导的地方政权与底比斯是同盟，他向朝廷汇报军情，"库什人来了，他们已经侵袭了瓦瓦特的各个部族、蓬特王国和梅德雅伊，到处不得安宁"；他声言在他们当地女神奈荷贝特的保护和帮助下，他和手下才勉强得以击退敌人，而奈荷贝特"意志坚定，一心反对努比亚人"，所以"那游民匪帮的头人在女神喷发的火焰中翻落倒地"。

在南方，埃及的文物遗产被努比亚的游牧武装抢劫运走，同样的洗劫和破坏行为也在北方进行。喜克索斯人看上了诸多古代的地标性建构物，便设法迁移它们运过三角洲和孟斐斯，重新安置到阿瓦利斯。阿蒙内姆哈特三世的巨大斯芬克司石像至少有四座被弄到了喜克索斯都城，并刻上了该王朝君主阿波菲斯（Apophis）的名字。

从此以后，埃及人一直咒骂喜克索斯人，贬斥其野蛮愚昧。但无论如何，这些没教养的蛮族却也采用了传统的埃及称谓，其中就包括僭号自命为"拉神之子"，还在他们自己的大型建筑和雕塑上刻写了传统的象形文字。阿波菲斯大王甚至还雇请埃及人书吏来抄录古文献，比如《兰德数学纸草》（*Rhind Mathematical Papyrus*，以古文物收藏家 Rhind 命名）。此书卷原初名为"研究万物所需之精确计算，世间奥秘、难解之事及万物知识"。书中是一系列的数学分析，最主要的内容有方程式、分数和代数，用于解决各种问题，从计算金字塔的坡度到对比圈养雁鹅与自由放养雁鹅所需的粮食消耗量，可谓应有尽有。阿波菲斯本人甚至还能阅读这些文献，因为他声称自己是"拉神的一个抄书吏，由学识之神托特亲手教出来的"，因此拥有所需的学养，可以"忠实准确地读懂书卷中所有艰深复杂的章节"。

之所以提到托特，是因为喜克索斯王朝也同样标举对埃及诸神的崇拜，其中的塞斯是他们尤其恭敬尊奉的。从第十四王朝的统治者内赫希自命为"塞斯的宠儿，阿瓦利斯的主宰者"开始，塞斯在阿瓦利斯就一直受到敬拜，而阿波菲斯干脆"把塞斯指认为他个人的至上天神"，并为其新建了一座神庙。喜克索斯人将塞斯等同于他们自己的风暴之神巴力（Baal），而这位主神的搭档或伴侣"比布鲁斯神女"阿丝塔特（Astarte），则直接就相当于哈索尔的另一个变体。在埃及那种具有高度灵活性的宗教信仰体系下，两位异教大神毫不费力地就得到接纳，融入其中。

不过，喜克索斯人对埃及文明最大的影响是通过他们的技术能力得以实现的。他们引入了金属加工的先进工艺，造型图案方面综合了叙利亚、克里特和埃及本土的元素，并生产出埃及人之前根本就从未有过的、服务于军事用途的五金器具：复合材料长弓、青铜护身铠甲、头盔、更小且轻便的盾牌，还有刀刃弯月形的半长刀，即赫沛什弯刀。

不过，所有新事物中最突出的还是战车，而拉动战车的马匹也是差不多在同一时期被喜克索斯人首次引入埃及。此前，埃及主要的交通运输方式是船只、驴子和滑竿轿椅，所以战车是具有革命性意义的工具，不仅改变了整个古代世界的战争形态，而且作为高贵地位或特殊身份的象征，它也促成了一个新的精英群体的诞生——驾乘战车的武士们，唤作"马利阿努"（maryannu），即"青年英豪"之意。

这些军备创新技术一旦引入埃及，被底比斯人模仿借用只是一个时间早晚的问题。随后导致的局面，就仿佛是古代世界的一场军备竞赛。

底比斯的第十三王朝被迫与喜克索斯人分享他们的国家，在口头上尊奉后者的强权。通过反思历史，他们将政权"重命名"为第十七王朝。他们开始在卡纳克神庙墙壁上描绘自己的形象，伴随出现的是当地神祇阿蒙、孟图和瓦塞特。瓦塞特是底比斯城本身的拟人化呈现，现在配上了新式武装——复合材料长弓与喜克索斯风格的赫沛什弯刀。底比斯人在等待自己东山再起的时机。

他们当然认为自己才是本土传统的捍卫者，是正统的传人。底比斯人保存古代文本的同时，也构思制订新文本，将经典的《金字塔铭文》与《石棺铭文》相组合并写在莎草纸上，创作出了《重见天日的经文》（*The Book of Coming Forth by Day*），即后来所称的《亡灵书》（*Book of the Dead*）。任何人都可以得到一本，但要付出的代价是大概六个月的工资，换言之就相当于三头驴。

已知最早的《亡灵书》，是为公元前 1650 年前后底比斯当地头人德耶胡狄（Djehuty）的妻子孟图霍特普（Montuhotep）而制作的。该书在此女位于底比斯西岸的墓葬中被发现。人们选择在那里安葬的传统已经延续了几个世纪，大部分是埋在开阔的平地之中，而地方显贵则葬在平民上方、在德拉阿布—纳迦那高耸岩壁间凿挖出的石窟墓穴里。后来的底比斯国王索贝克姆沙夫（Sobekemsaf）及其王后努布哈丝（Nubkhas）在公元前 1570 年前后就安息在此。入葬时，两人盛装威仪，佩戴有正式王冠、装饰冠冕。"胸部挂件饰品和黄金首饰"合成金锭的话，总重量甚至达到了一百四十四千克之多——根据大约四百五十年后盗挖该墓葬的团伙成员所透露的信息，至少就是如此。

索贝克姆沙夫与努布哈丝的继承者是两人的儿子因特夫六世，他明确意识到与治下领地上的神庙维持良好关系具有重要的政治价值。于是，当柯普托斯的神职人员警示说，那里祭司中的某个人偷了一件"神圣的遗物"时，他便启动了正式的调查。查证过程中，那位被控有罪的祭司被驱逐出了神庙，名字也从神庙记录和账册中彻底抹去。

因特夫六世强调底比斯与古城阿比多斯以及当地最早王室大墓场的关联，不仅给那里的奥西里斯神庙添加新物件，还给这位大神新修了一座石灰岩材质的庙宇，位于沙漠间底比斯通往阿比多斯的大路旁，但离底比斯相对更近，就在国王谷上方那些山岭中，这里直到 1992 年才被发现。作为"可明确是归属于第十七王朝的唯一大型建筑"，因特夫六世的奥西里斯新神庙证明了，底比斯人那传统的西岸大墓场"被认为是阿比迪恩（Abydene，假定短暂存在过的阿比多斯本地王朝）墓园的一个延伸"，而从这两处墓场的位置来看，这个推论确实是相当明白易懂——只要把它们与尼罗河在基纳这里显著的大拐弯关联起来加以考虑就成。

通过这些举措，因特夫六世宣告他自己和他的第十七王朝才是埃及早期帝王们真正的继承人。1827年，他在德拉阿布—纳迦的墓葬被发现，而这是第一座在近代所发现的埃及王室墓葬。此墓上方原本覆盖着一座13米高的金字塔，那几乎原封未动的石窟墓穴中仍旧保存着黄金包覆的棺材，其图案造型挺抢眼，应是国王专用的、带条纹的包头布。不过，虽然陪葬的弓和箭还在棺材里面，他的木乃伊遗体却惨遭破坏——曾有盗贼潜入寻宝所致。

在德拉阿布—纳迦发现的另一座墓葬，其中的镀金棺材上也是国王专用的条纹包头巾图案，里面存放的是一位女性遗体，一起安葬的还有一个小女孩，想必是这女人的女儿。两人都佩戴着珠宝首饰，年长的女性盛装打扮，戴有已知最早的"金质荣誉勋章"（gold of honour），那是由数排黄金串珠组成的一个项链。按传统，项链由国王颁发，而这"被授予某位个体之人，就代表着社会地位的提升"。这位女子，尽管现在的身份只是无名氏，但在其有生之年，她显然相当有权势。对其木乃伊遗体的分析也透露出，她当年被涂油防腐，用的是一种很不寻常的新方式和新材料。

由于喜克索斯人控制了与黎巴嫩的贸易通路，底比斯这里的松柏树脂供应日益缩减。这具木乃伊所能使用的树脂也微乎其微，其余百分之九十九的涂油防腐材料是由纯化后的绵羊油制成。象征底比斯大神阿蒙的神圣动物是一头公羊，这种独特的新型防腐绵羊油膏，显然是因其与阿蒙的关联而受到青睐。而这个木乃伊处理方式，构成了一种虽隐形但也很确定的纽带，将死去的女人与她当地的大神维系在一起。

靠现代科学分析近年才解密的这个纽带也表明了，底比斯的精英阶层正探索和运用越来越复杂的涂油防腐技术，精心选择原料成分来对政治意图做出强有力——不妨也是更微妙——的表述。他们通过回首过往去寻找灵感启发，重新在一种溶液中利用起天然泡碱，而这种方式的上一次使用，则已是金字塔时代的事情了。作为防腐处理过程的一道工序，这不仅营造出最为栩栩如生的肤色效果，而且遗体从泡碱液体中取出时，具象生动地重演了亡魂们再生进入来生世界的场面——不久之后，在底比斯新帝王的统领下，埃及也在很大程度上会同样再生。

这种木乃伊制作方式是如此成功，以至当时底比斯这一非常杰出的王室家族很多成员的遗体得以保存。尽管因特夫六世自己的木乃伊消失无踪，一如他的继任者塔奥（Tao）的遗体，但塔奥那威仪凛然的妻子忒狄希瑞（Tetisheri）的遗体却幸存了下来。

王后的父亲是"法官"特耶纳（Tjenna），其母内芙露（Neferu）则只是家庭妇女。虽然不是王族血统，忒狄希瑞依旧被一代代的后人尊为其王室世系的源头和创始者。

后继的帝王夫妇塞肯拉（Seqenra）与安霍特普（Ahhotep）兄妹俩便是忒狄希瑞的子女。死后很多年，"伟大的女先祖"忒狄希瑞仍然受到敬拜，被奉为"必不可少、存亡攸关的生命力卡（ka）的化身与传递者"。生命力卡（ka）是底比斯人的灵魂所系，被认为储存于忒狄希瑞的木乃伊遗体中——遗体于1881年被发现。

遗体得到过技艺精湛的处理，在泡碱溶液中细致地浸没腌泡——及至此时，防腐的程序已标准化，要耗费七十天——这也是天上最亮的星星索希斯（天狼星）每年从夜空消失的那段时间。不过，在亚麻布的重重裹扎下，这位"伟大的女先祖"事实上在辞世时就是个瘦小干巴的老妇人。她稀疏的花白头发曾做过接发，被混编在一起，她还有很明显的上颌前突症状，也即龅牙。这一鲜明的家族遗传特征在王族世系中将继续体现，直至未来的几百年。

在统治底比斯王国期间，塞肯拉与安霍特普兄妹生了至少五个孩子，一男四女全都用同一个名字——阿赫摩斯（Ahmose），只不过在四个女儿那里分别加上了区分彼此的第二个名号。家族在壮大，扩张疆土的雄心也在增长，于是塞肯拉与安霍特普修建了一座新王宫，位于底比斯以北 40 千米处的德尔—巴拉斯（Deir el-Ballas）。这个建筑群防卫森严，外围有士兵驻守的前沿堡垒，还有一座 8 米高的瞭望哨。

当底比斯与阿瓦利斯之间不时发生冲突之时，这样的防御工事当然就很有必要了。埃及古文学中的一个故事《阿波菲斯与塞肯拉的争执》有这样的叙述，说喜克索斯的"大统领"派信使去见"南方城市的亲王"塞肯拉，他提出底比斯的河马池塘应该让他来控制，因为里面的那些"畜生"发出的吵闹声太大，让他没法睡个好觉。

既然底比斯与阿瓦利斯相距达 650 千米，这个奇异的故事就不免有了很多的解读方式，但最有可能的是这代表了一个委婉的暗示，指向底比斯那些王族女性，把她们的权势力量等同于好战的河马女神塔维里特（Taweret）。塔维里特通常被描绘成暴怒起立的样子，仅靠两条后腿站着，双臂挥舞着刀剑，保护她的子孙后代。她的形象也被刻绘在仪式用途的战斧斧头上。塞肯拉的妹妹兼妻子安霍特普，不仅拥有不少这样的战斧，而且还是卡纳克的最高级女祭司——也被指称为"阿蒙神之妻"。她的角色要求她在神庙的圣湖中沐浴，故事里所谓的"河马池塘"可能说的就是此圣湖。该湖最初所在的卡纳克的这一地方，与塔维里特、塞克美特以及她们的同类女神姆忒（Mut）都有关联。安霍特普在宗教仪式上的常规动作，也包括拉弓射箭，射向代表埃及敌人的那些目标，还有将敌人的蜡制小雕像在青铜火盆中焚烧。阿波菲斯大王对此感到不快，就没什么好奇怪的了！

喜克索斯王朝与底比斯之间的口水战持续升级，乃至发生了公开的武力冲突。塞肯拉被杀死的情形相当暴力和惨烈，正如他的木乃伊尸身所呈现出来的状态：双手双臂仍处于死时的痉挛抽搐状；嘴角依旧是向后方扯动的样子，仿佛是做鬼脸的表情；头发仍然缠结着，光泽暗沉——致其死亡的头部伤口所流出的血沾染了头发。他的胳膊和身体躯干上没有其他伤痕，这就暗示着他死时没能去反击打斗，而他的头部伤口则暗示，他要么是在睡梦中遭到刺杀，要么是在战场上没意识到有人攻击时就被突袭夺命，要么就是"在底比斯人落败的某场战役之后，为了示众而进行的仪式化行刑活动现场，被敌方一位指挥官"爆头处决了。

法医研究显示，致命的头部伤口由喜克索斯风格样式的利器造成，具体来说是前额上遭到一把凿子形状的战斧猛击，所留下的创痕呈现为"当年的巴勒斯坦战斧斧头典型的尺寸大小"。战斧砍伤的另一处地方是他的左脸颊部位，致使他的下巴断裂。此外，一把短剑从他耳后刺入，还有狼牙棒从上方抢下来，砸碎了他的颧骨。

及至塞肯拉的部队把他那残损的尸体运回，遗体已经开始腐败了。20世纪60年代，这具木乃伊被出土研究时，仍然散发出一种"恶臭、油腻的气味"，而这正是肉体腐烂分解的典型气味，因为即便过去了数千年，遗体中的脂肪仍在继续降解。

不过，塞肯拉并非是唯一遭遇此惨烈命运的人。因为近年以来，在阿瓦利斯喜克索斯王宫觐见大殿的下方，考古学家们发现了十六只被砍下的人类右手，"尺寸之大和强壮有力的程度颇为异常"。这很可能代表着塞肯拉手下一些底比斯将士的结局：他们战败之后，手被对方砍下当成了胜利的奖杯，而这一举动很快将会变成埃及人自己用以统计敌军死亡人数的方式。

塞肯拉死亡之际，他的孩子们还十分年幼，无法掌管国家，于是他们的母亲安霍特普担任起摄政王的角色。在卡纳克神庙刻写的铭文中曾如此表述她的权力：

> 赞颂陆地国土之女主，赞颂北方岛屿（即指爱琴海）海岸之女主；她的英名在每个外邦土地上得到欢呼颂扬；她是八方万众的统领者，是帝王之妻，是帝王之姐妹，是帝王之女，是雍容的帝王之母，是打理照料埃及的智者；她看护这里的军队并予以怜悯保护，她体恤关怀国土上的流亡者，将沙漠游民团结聚拢在一起；她平息抚慰了南方，有胆敢冒犯者，她必赶尽杀绝。

简而言之，安霍特普整顿起溃败离散的乱局而继续战斗。为旌表其成就，她获颁两套埃及最高级别的军功勋章"勇气金苍蝇"。这是用来嘉奖战场上的勇猛将士，通常做成小苍蝇的样式，因为这种昆虫象征着坚韧顽强。不过，安霍特普的苍蝇勋章因尺寸被放大了许多，变成了19厘米长的巨型黄金苍蝇穿在挂链上。她生前应该长期佩戴这些项链，而在死后，它们仍然挂在她的颈上。

这只是其丰富陪葬品的一部分。1859年，当地人在德拉阿布—纳迦发现她的墓葬时，这些东西依旧完好无损。巨大的镀金棺材里面仍然包含着她的木乃伊遗体，但悲剧的是，当等到尸体上佩挂的那些沉甸甸的金饰品被盗抢完毕时，这具木乃伊便被胡乱弃置了。

与那些金苍蝇相伴的是大大的黄金镯子，也是因"英勇军功"而颁给受奖者的物品，它们通常被成对授予，只不过安霍特普拥有四对共计八只。其余更多的金手镯上面刻注了其儿子阿赫摩斯的名字，手镯上镶嵌了珍稀宝石和埃及已知最早的玻璃，而一条明显受到爱琴海风格影响的宽领圈则呼应和反映了安霍特普"北方岛屿海岸之女主"的头衔名号。除了镀金的镜子和扇子之类，与安霍特普一起埋到地下的还有一个兵器库。那些成套的武器，"既有仪式用的，也有实战用的"，从弓箭手的护腕到权杖、棍棒再到战斧与短剑，应有尽有。其中一把短剑，尾部带有一个环形，便于系在衣服上，"在形制和技术上而言都是爱琴海特色"；剑柄上还有黑金的镶嵌画面，描绘了猎捕狮子的场景，而那显然属于迈锡尼文明。

这些武器固然支撑了底比斯王后悍勇善战的名声，而且在这片土地上，女性坟墓中伴有武器陪葬品的风俗现象已延续了两千年，所以这绝非什么新鲜事。不过，安霍特普的军事成就还是遭到了有些人的否认或贬低，他们声称这些武器和勋章都是属于王后的男性亲属所有。

王族男性之一，叫"勇士"卡摩西（Kamose，约公元前1555—公元前1550年在位），或许是安霍特普的另一个儿子，他对喜克索斯王朝及其努比亚盟友都展开了攻势。后来在卡纳克竖起的双石碑上，有详细的铭文透露出当时的政治局面；他的执政顾问们显然对现状感到满足，但卡摩西则根本不吃这一套且意见截然相反："我想知道，既然阿瓦利斯那边有个头领，库什那边还有另一个，还怎么能说我有自己的权威力量？我坐在这里，受制于一个亚洲人和一个努比亚人，他们各自占据着埃及的一部分，雄霸一方，来跟我分治这片土地。那亚洲佬收重税如同抢劫，没有人能安居乐业。所以，我要跟他一决高下。我要切开他的肚子！我决心要拯救埃及，要痛击亚洲人！"

于是他开始了行动，从攻打努比亚开始，他夺取了布恒的旧军事要塞，然后安排自己的亲信入驻，担任努比亚库什地区的总督，号称"在库什的国王之子"，以此来抗击和遏制更南方的克尔玛那强有力的部族统治者。然后卡摩西率领舰队向北征伐，对喜克索斯王朝领土的最南端区域发起了攻击，并抓获一个赶往南方库什的信使，此人带着喜克索斯君王阿波菲斯的一封密信，通知其努比亚盟友北上来联手击溃卡摩西。

卡摩西无所畏惧，乘胜进军，攻向阿瓦利斯，来到阿波菲斯那号称铜墙铁壁、刀枪不入的堡垒城墙边上。卡摩西与敌手的距离如此之近，足以"监视到对方屋顶平台上的妻妾女眷们，她们也从窗子后面朝外窥视港口这边，像困在洞中的小动物，低头搜寻逃亡通道，女人们都说'他动作可真快！'"。

面对如此一群囚徒般的观众，卡摩西获得了完美的舞台，让他可以趾高气扬、耀武扬威地发表一通演说。他对着阿波菲斯大吼："看着我！我在这里，成功了，胜利了！即使我离开之后，也绝不听任或允许你再踏上我的土地！你这邪恶肮脏的亚洲佬，你承认失败了吧？看着！我在畅饮你葡萄园的美酒，我俘虏的亚洲人为我将葡萄压榨制成美酒。我已经捣毁了你的行宫，我砍倒了你的树木，让你的女人们走进我的舰船侍候。我已经夺走了你的马匹；你那千百艘雪松木制造的船只装满了无以数计的金子、天青石、银子、绿松石、青铜战斧，现在都已属于我，连一块船板都不会给你留下。我全部没收了！一样东西也不会留在阿瓦利斯！"

尽管卡摩西最终并未能攻取阿瓦利斯，他仍然占领和收复了北方的大部分地区，然后胜利返回底比斯，并在卡纳克下船登岸。在这里，"阿蒙将弯月短刀授予了阿蒙之子卡摩西"，喜克索斯人的弯月刀现在被他牢牢地抓在了手里，同时还有对方的骏马。这些战利品让卡摩西得以扩充强化他的军队，准备发起终极大攻势，夺回整个埃及。

他下令"将大王陛下在战争中所完成的每一件壮举都铭刻在一座石碑上，永远竖立在卡纳克"。于是，那座所谓的卡摩西石碑便成了这位国王一生业绩最恰切的实证之物。他那短暂但充满戏剧化高潮片段的统治期，随着他在公元前1550年前后的离世而宣告终结，与此同时第十七王朝也拉上了帷幕。

15. 黄金时代的黎明：

约公元前 1550—公元前 1425 年

埃及第十八王朝的开始标志着新王国时期的序幕拉开，也标志着一个真正的黄金时代的开始。

该王朝最初的统治者是阿赫摩斯一世（约公元前 1550—公元前 1525 年在位），号称"两方土地的君主"和"拉神之子"，还有他的妹妹兼妻子阿赫摩斯－内芙尔塔里（Ahmose Nefertari），号称"两方土地的女主人"和"拉神之女"。因为"她与丈夫一起，都是她父亲塞肯拉地位权益的继承人"，所以她也参与国家大事决策。

这其中就包括了修建一座衣冠冢的计划，以此来纪念和敬奉两人共同的祖母武狄希瑞。阿赫摩斯吐露心事说："想为她修建一座金字塔和礼拜堂，就在那神圣的土地上。"那神圣的土地指的是阿比多斯，而这些建筑也会是在埃及修建的最后一个王室金字塔综合体项目的一部分。

在沙漠石壁上挖凿建成的一座阶梯台地状神庙是这一工程项目中抢眼的亮点。庙宇经由一条长达一千米的长堤通道与武狄希瑞的金字塔连通起来。而这个项目的终结部分，就是新君主夫妻俩自己的衣冠冢金字塔。此金字塔高度为 50 米，周围的附属建筑群中突出呈现了宣扬帝王丰功伟业的各种浮雕与壁画场景，比如紧密列阵的大量弓箭手、马匹、战车以及跌落坠地的亚洲人——这些战败者的形象有的注上了喜克索斯君王阿波菲斯的名字，还有的则写成阿瓦利斯这个城市的名字。

这些场景图像记录了"独立战争"最后阶段和围攻阿瓦利斯的情况。其中主宰画面的是身高 1.5 米的矮个子国王，但在这里却被拔高美化成了"超人英雄阿赫摩斯"。他大获全胜，夺回了北方的红色王冠，并戴着此王冠胜利返回底比斯，在卡纳克向阿蒙表示感谢。阿波菲斯的继任人哈穆狄（Khamudi）主政后的第十一年，喜克索斯王朝被阿赫摩斯一世成功地摧毁。

阿赫摩斯的一个军官名叫"伊巴拉所生之子阿赫摩斯"（Ahmose son of Ebana，用到了他母亲伊巴拉的名字，以便与国王大人区分开）。在他位于卡布的墓葬所发现的文物中有他作为目击亲历者所提供的一份记述。这位军官跟随国王进军阿瓦利斯，与国王并肩作战，与敌人正面相对，近身搏杀。在杀死喜克索斯士兵之后，他就割下他们的手来计数，看自己斩获多少条性命。战争到了这个晚期阶段，埃及人已经明显占有技术上的优势，因为他们拥有的青铜合金的武器更为锐利，而喜克索斯人却只有非合金的铜质兵器可用——做合金用的锡需要进口，而这一材料的供应显然已经被埃及人切断。

埃及人全面获胜之后，便允许喜克索斯人自行离开埃及。在阿瓦利斯考古发掘获取的证物也支持了"集体大逃亡"这一事实的合理性，而后世的一些历史学家也提到了"游牧部族大批离去，从埃及逃往耶路撒冷"的现象。

不过，这并非一刀两断、一别两清。阿赫摩斯的埃及军力继续向北推进，在一段长久的围攻之后，他拿下了喜克索斯人在巴勒斯坦的大本营沙鲁恒。到了大约公元前 1527 年，王朝的势力已经延伸至叙利亚的纳哈林［Naharin，也称米坦尼（Mitanni）］，并将幼发拉底河设定为埃及的边境。阿赫摩斯对东部地中海沿岸地区的征服促成了埃及与其长期贸易伙伴克里特结成盟友关系，而后者是当时最先进、强大的海上力量。

解决喜克索斯人，只是阿赫摩斯帝王大任的部分内容。于是，"当陛下放倒了那些亚洲游牧部族后，他又向南扬帆远航，去摧毁努比亚的弓箭手，格杀勿论、伏尸百万"。与母亲安霍特普和王后阿赫摩斯-内芙尔塔里一起，他造访了布恒，拜谒当地为荷鲁斯新建的神庙。他甚至将南方边境拓展到远至赛伊岛（Sai Island）要塞。在那里，他的雕像被矗立起来，永远警醒地看护着国土。

埃及的国土不仅得以扩张，而且国家也变得稳固安定了。阿赫摩斯终于能够将精力聚焦到本国内部来，在孟斐斯与赫里奥波利斯的那些重建项目，便是其宏图的起始。阿瓦利斯此前已被夷为平地，现在也得以重建，被收回重新成为埃及领土的一部分，并拥有了新名字叫佩鲁内弗尔（Perunefer）。当地建有防御城墙和巨大的粮仓，可以有效维持相当数量的人口，其中包括埃及士兵、招引自努比亚和爱琴海地区的雇佣兵、叙利亚和克里特的造船工匠，另外还有充足的物资和补给储备，以应对可能的战略需要。

一场严重的风暴让卡纳克损伤严重，因此在底比斯也需要展开修复工程。阿赫摩斯于是献上了琳琅满目的众多宝贝，既有继承了五百年的祖传的金银器皿，也有给神庙中雕像配置的全新黄金冠饰和项链。

王族女性也佩戴这些象征身份的饰物，尤其是君王的母亲，也即太后安霍特普。当时她已年近八旬，她的女儿阿赫摩斯-内芙尔塔里承袭了其母转交的角色，担任起"阿蒙神之妻"。王后还被任命为"阿蒙的第二位先知代言人"——最高大祭司副职。这些头衔都意味着巨大的财富、威望和特权。

在卡纳克执行角色使命时，与所有的神职人员一样，阿赫摩斯-内芙尔塔里也必须在神庙的圣湖中沐浴，穿上纯亚麻的袍服。然后，她带领圣洁的女祭司队列，在最高大祭司——国王或其指派的副手——的陪同下进入庙中最里面的圣堂，为大神奉上每日供品。神之妻的角色职责也包括其他的作法仪式，比如焚烧代表敌人的小雕像或类似的图像，比如在仪式上向设定的目标射箭，比如充当"神之手"——以特定手法撩拨刺激阿蒙神（注：根据埃及信仰，阿蒙神不通过性交行为繁殖），诱使大神让自己受孕。因为，阿蒙经常被展现成旻神的状态，具有同样的超强生殖力。阿蒙神像那挺立的阳具要定期用"香甜油膏"涂抹保养，而那些以蜂蜜为基本原料的油膏正是旻神的最爱。

阿赫摩斯-内芙尔塔里自己的生殖力也相当可观。她生了三个女儿和至少两个儿子，其中一个儿子叫阿蒙霍特普（Amenhotep）。这个儿子后来被确立为王位继承人，也就将母亲提升至"国王之母"的地位。与其既有的"国王之女""国王之妹"和"国王之妻"身份相叠加，这无疑给阿赫摩斯-内芙尔塔里的名字注入了极大的权威。她的椭圆形盾徽被刻画在其兄长兼丈夫阿赫摩斯的那些盾徽的两边，就仿佛是在守卫与保护丈夫，而这一概念在一些壁画场景中也得到了复制——王后以护卫的姿态拥抱国王，而在她的镜像中则怀抱着儿子。

公元前 1525 年前后，身经百战而动作僵硬——也许当时已患有轻微关节炎——的阿赫摩斯国王驾崩，终年三十五岁。王后主持料理了他的丧事，下葬于德拉阿布—纳迦的一座石窟陵寝中。那被涂用于阿赫摩斯尸体的"无限量厚厚一层"松柏树脂，也同样厚实地涂覆在了他那卷曲的须发上。同时期的一份医学文档甚至记录那是来自"比布鲁斯的伞形金松"。如此充裕地使用这种奢华的防腐树脂，相当于发出了一份永久声明，表示埃及再次控制了那些生产此物的外邦地区，因为国王的遗体几乎是浸泡在了他掌控的那些土地的精华特产之中。

父亲去世时，阿蒙霍特普（约公元前 1525—公元前 1504 年在位）还是个少年，于是阿赫摩斯-内芙尔塔里充当了摄政者，甚至当儿子正式称王，并按照家族传统娶了妹妹之后，这位王太后依旧担任共同执政者的角色，而且在儿子任期内一直持续着。

在底比斯东岸的卡纳克，她的权威早已长期确立；在西岸她的个人领地上，她则建立了一座女祭司的培训学院。这位母亲与儿子一起也被尊奉为附近德尔—梅迪纳（Deir el Medina）村庄的联合创建者，村庄中住的都是修建国王谷王室陵墓的劳工。在这里，埃及君主们可是比阿蒙神更有人气，他们的小雕像是人们在屋舍中私下敬拜的焦点对象，在村里神庙的日常礼拜中也同样如此，工人们把雕像当作获知神谕的来源，每天求告咨询"咱能拿到口粮和报酬不？""俺该不该烧了这东西？""她能找到安生的地儿吗？会不会死了？"之类的事。村民们甚至确立了个一年一度的节日来向他们亲爱的村庄创建者表达敬意，其中的一个重头戏是"痛痛快快地畅饮四天"。

村民们的官方任务就是修建王室陵墓。传统上，在国王执政的早期阶段此工程就会开工，为的是有充分的时间来完成项目。"王后阿赫摩斯-内芙尔塔里宫中的"书记员阿尼（Ani）给出的建议是王族要员在年轻的时候就开始修造陵墓——"在沙漠中选定你的地方，把那里做成你身体隐藏和安息的地方，把这当成你的正事，一件重大的事……去做吧，你会感到快乐和欣慰"。阿蒙霍特普即位时还是个孩子，所以更有可能是他摄政的母亲下令开始了这位年幼国王的陵墓修建工程。

不过，与此前确立的常规操作有所背离的是此墓或许并未修在家族先辈陆续入葬的德拉阿布—纳迦，而很可能是建在了国王谷——那里离原先的家族墓场远了点儿。太后下令修建的陵墓极有可能就是现在国王谷编号为国王谷第 39 号陵墓（国王谷第 39 号陵墓的发现地就在此处）。这无疑是谷地中最高的陵墓，紧靠着金字塔形状的库尔恩（el Qurn）山巅。这座山是梅里特塞吉尔（Meret-seger）的大本营，这位"喜爱寂静的女士"是眼镜蛇女神，象征或代表她造型的实物蓝本是生活在此地的那些蛇，至今活动仍相当频繁。

这座墓葬最终在 20 世纪晚期被挖掘出土，主导发掘的考古学家声称这"是在国王谷建造的第一座陵寝"。宫廷建筑师"伊内尼（Ineni）可能被应召来监理阿蒙霍特普一世此墓的工程，此墓并未能完全确定就是国王谷第 39 号陵墓，但极有可能是"。因为里面的墓室，按照当时王室墓葬的风格布置，显得简单朴素，而这里有两间墓室，大概是为阿蒙霍特普一世准备之外，另一间是给其母亲，或者是给其他家庭成员。

跟以前的王室墓葬有所不同，国王谷第 39 号陵墓的入口被费尽心机地藏了起来，试图保持其隐秘状态。毕竟，此前的很多墓葬都被偷盗劫掠了。墓葬边上没有附加的神堂或供祭献用的建筑空间——那只会吸引盗墓贼的注意力。太后与国王这母子俩是最早将葬祭庙与墓葬隔开一定距离的王族，并非只是巧合，两人的葬祭庙建在陵墓下方相当远的迪尔-巴哈里（Deir el Bahari）河湾盆地，此处建筑所用的砖头上印有阿赫摩斯-内芙尔塔里的名字。

深得信任的伊内尼还受命去设计卡纳克的神庙石刻画面，描绘太后与儿子一起向阿蒙以及第十一王朝的底比斯先祖们献上供品，而那些先祖也曾让分裂的国土恢复统一。正如先帝们热衷于展示他的军事实力，阿蒙霍特普一世发动了一场打进努比亚的战役，强化巩固了赛伊岛那里的埃及边界堡垒，并效仿他的父亲，在父亲的雕像边安置了他自己的石像，然后满载黄金与当地的税贡班师回朝。

不过，阿蒙霍特普一世在二十多岁时便暴毙了，死因不明。官方的通告只简单宣布国王"度过了幸福的一生与和平安宁的岁月，前往天国与阿吞会合了"。从古王国时期起，"阿吞"（aten）这一概念就被用来指圆环与盘状物，及至此时已惯常用来描述太阳。

阿赫摩斯-内芙尔塔里的儿子似乎是没留下任何子嗣，于是晋升为下一任国王的是她的女婿图特摩西斯（Tuthmosis，公元前1504—公元前1492年在位）。尽管新王娶了老王后的女儿，即另一位阿赫摩斯公主，但他的帝王盾徽却依然只能与似乎将永存人间的阿赫摩斯-内芙尔塔里的盾徽并列共存，因为这位太后依旧是埃及权势最大的女人。

当她年近七旬，最终辞世时，官方通报说"神之妻已飞去，上了天国"。她的尸体被放入泡碱溶液，做成木乃伊。亚麻布包裹的遗体，长度只有1.5米，但被安葬于一具超过4米长的棺材中，这就强调了她的优越地位和特殊身份。她很可能与儿子一起被葬在了国王谷第39号陵墓，就在其中的第二个墓室。因为这一王室家族中有其他的妇女被发现葬于其中，尽管尸骨已残损破坏，但与太后一样有着特征鲜明的龅牙。

阿赫摩斯-内芙尔塔里死后还获得了几个谥号，比如"天空夫人"和"西方女主"。作为"复兴与复活女神"，她被描绘有着黑色或蓝色肌肤的模样，而这两种颜色"都是表示复活的色彩"。她在卡纳克神庙墙上的形象，与诸神那接受敬拜的雕像具有同等的法力。这些形象被朦胧化地呈现出来，仿佛面纱遮蔽，就如数码时代的像素图标那样，借助轮廓周边环绕的那些楔状小孔点阵来显示出图像。作为"底比斯王室大墓地的守护女神",她是在墓葬建筑队的官方报告中被指名列为神灵的第一位王族女性,后来在五十多座底比斯墓葬的壁画场景中都将她作为描绘的重点。

第十八王朝继续扩张壮大,图特摩西斯一世有了至少五个孩子,生母分别为其妃嫔和王后阿赫摩斯。王后孕期怀着大女儿的形象被颇为独特地呈现出来。父亲为大女儿起名为哈特谢普特(Hatsheput),意思是"最为高贵的一个"。图特摩西斯一世还公开指认她是"荷鲁斯的女继承人",在朝廷百官面前宣告"她是继承我王座的人选",并警告说,"凡效忠尊敬她的,可活;凡说她坏话、亵渎她尊驾的,斩立决!"

作为"埃及最伟大的武士君王",在长达十一年的执政期中,图特摩西斯一世大部分时间都在外征伐,征伐地包括叙利亚和努比亚,意在巩固他所继承的庞大帝国。

在其执政早期,努比亚发生了叛乱。这位大王便扬帆南行,前去镇压克尔玛附近的库什头领。他走上战场,"勇猛凶悍如豹子",顷刻之间就干掉了敌方统领,"他射出的第一支箭刺穿了对手的胸口,此人倒下后,箭仍插在其尸体上"。他们洗劫了克尔玛,并将该城镇付之一炬。在克尔玛北边不多远的汤波斯(Tombos),新的南方边境就此确立。图特摩西斯在那里铭文纪念他的大获全胜,夸耀说"敌军将士无一幸存,努比亚的弓箭手被挥剑砍倒,满口鲜血,喷涌如注;他们尸横遍野,被砍成碎块,连吃腐肉的动物都已餍足;敌人的内脏填满了山谷"。

遵照埃及的本土文化,为了来世永生,他们自己的内脏无一例外要干净利落地收拾整齐,包好了埋掉。而有关此次南征的描述自然很能说明他们的态度——对敌人的处置,是如此的残忍骇人。王室船队扬帆向北归航时,这种态度也得到了充分的印证:"那倒霉的弓箭手，那努比亚衰人（死于我们大王的第一箭），头下脚上，被倒挂在陛下大船的船头上。"战事记述中的象形文字字符还细心地描述了图特摩西斯的那支箭仍旧插在敌方首领的胸上，而敌人那倒挂的、爬满苍蝇的尸体，对看到这血腥暴虐的游河示众场面的所有人，都是一个具象真切的恫吓警示。

第二年，图特摩西斯一世对努比亚又发起一次征讨。他设想了一趟连续的、无障碍的沿河航程，随船扈从阵势庞大，有士兵、书吏和祭司。于是，他责令手下的努比亚总督疏浚第一瀑布的那段旧运河河道，因为"陛下发现那里有碎石淤积堵塞了河床，没有航船能通过，便下令将这运河挖深"。

图特摩西斯是向南航行越过汤波斯的第一位埃及国王，然后又过了巴卡尔山丘（Gebel Barkal）。这里地名的意思是"纯净之山"，是一处突出地表的壮观的砂岩岩层，几乎高达 100 米，随行的祭司将此认定为"创世的陆地土丘"，也是底比斯大神阿蒙洪荒之初的家园。他们继续航行，直至柯尔古斯（Kurgus），往前不远处的第五瀑布。那里有一块巨石叫作哈格尔—梅瓦（Hagr el Merwa），"对当地土著人群可能有着重大的精神或性灵上的意义"，大王命人将他的名字刻在了巨石上既存的、原住民所刻绘的图案上面。石刻的信息透露了，国王这趟史诗般的行程有王后阿赫摩斯陪伴，而且显然还有两人的女儿哈特谢普苏特（Hatshepsut，注：很多古埃及人名拼写并不统一，略有差异）公主同行。两位女性出现在身边，就如哈索尔—塞克美特的代表，将她们那保护的力量带到了这一动荡不安的地区。

另一趟远程航行，将图特摩西斯一世向北带到了比布鲁斯，在那里甚至更北边的地方发动了一场战役。此战不仅巩固了埃及之前扩张的成果，而且更进一步拓展，直至埃及军队跨过幼发拉底河。

此河由北向南的流向与尼罗河是如此不同，所以埃及人描述此河是"水流反了，水在以逆流向上的方向往下游去"。

在幼发拉底河北部边远河岸的卡赫美士（Carchemish），图特摩西斯立起了一块石碑，标示出埃及政权当时所扩张触及的最远范围。而且，并非简单巧合的是这石碑立在了彼时国际贸易商路的十字路口，以便让所有的经过者都能看到。为庆祝远征胜利，埃及人在尼雅（Niy，位于海岸城镇乌加里特的东部内陆）湿地搞了一场猎象活动。国王也犒赏了他的手下，比如"伊巴拉所生之子阿赫摩斯"，虽已老迈，但精力还是足够充沛，在战场上俘获了一台战车以及驾车的敌方士兵，因此第七次荣获了金质英勇勋章。这位老军官与将士们一起凯旋之后，终于觉得一辈子的活儿都干完了，"我已经老了，也算高龄了。一如从前，我受到神的恩宠和喜爱，我将在墓中安歇"。

图特摩西斯一世所获得的不仅是从幼发拉底河向南延伸直到苏丹的广袤帝国疆土，还有伴随扩张而来的全部财富。于是，他便修建起与其财力相衬的宏大建筑来感谢神保佑其战无不胜。他也去往赫里奥波利斯和孟斐斯这些北方城市考察巡视。在吉萨，当时已经有游客享受起"愉快的徒步观光"，去看那些著名的金字塔墓葬。在当地，国王将注意力放在了大斯芬克司雕像上。这座雕像是以哈夫拉法老的容貌为原型，现在被重命名为霍雷马赫特（Horema-khet），意为"地平线上的荷鲁斯"；这座雕像是为了确认和支持图特摩西斯自己的声明——他是"从阿吞太阳圆盘那里来的"，而阿吞此时已经被正式认可为完整意义上的一位独立大神。

位于佩鲁内弗尔（之前的阿瓦利斯）的王室宫殿被扩建，或许是为了安顿和款待一位公主。作为克里特与埃及持续盟友关系的表示，这位公主被送来嫁给图特摩西斯一世。正因为此，负责装饰宫殿的是克里特的工匠，克诺索斯宫和锡拉岛（Thera）上的那种浅浮雕技术也同样被引进和应用了，突出呈现为流动感很强的图像造型，有螺旋纹理，有"飞翔奔跑"步态的豹子和狗，还有长头发的杂技表演者玩着在克诺索斯壁画中最出名的一种游戏运动——在公牛身上跳跃翻腾而过。尽管在埃及本尼—哈桑的墓室墙壁石刻上，此前已经发现过类似画面。

不过，图特摩西斯一世的王室工程大部分还是聚焦于其家族的核心之地底比斯。在那里的卡纳克神庙旁边，国王建起了一座新宫殿，而受命负责主持修建新神庙的是资深的御用建筑师伊内尼。神庙有两个巨大的塔门门楼，两旁矗立着雪松木的旗杆，上面飘动着神祇们的三角旗标，旗标依据"神"这个字的象形字符来模拟制作。国王下令在庙中安置了他自己和阿赫摩斯-内芙尔塔里的雕像，还兴建了一间以雪松木为柱的多柱式大厅堂，另外又竖立起两座高达20米的花岗岩方尖碑。方尖碑重量为一百四十吨，伊内尼使用了专为搬运此碑而建造的船只，才将方尖碑从阿斯旺的采石场运过来。

忙碌的伊内尼还受命在西岸的国王谷为国王修建"崖壁石墓"（现在被推定为国王谷第20号陵墓）。在石窟墓的选址处，伊内尼可能此前已经监理过阿蒙霍特普一世和阿赫摩斯-内芙尔塔里墓葬的建造工程。现在，新的石墓也完工了，而且是悄悄地完工，"没人看见，没人听见"，因为王室墓葬地的安全保密依旧是头等大事。

这墓很快就被使用了，因为图特摩西斯一世在公元前1492年前后亡故。在官方记录中，伊内尼通报说，"大王丢开生活琐务，去安歇了，去向天国，结束了他的年岁，心中无限喜乐"。

两个大儿子死于国王之前，所以王位被传给了仍在世的另一个儿子图特摩西斯二世（约公元前1492—公元前1479年在位），还有这位先王早就指定的继承人——他的大女儿哈特谢普苏特。新国王生母是一位妃嫔，而哈特谢普苏特则是"伟大的女先祖"忒狄希瑞以及外婆阿赫摩斯-内芙尔塔里的直系后裔，并继承了外婆"神之妻"的角色头衔。

按照传统，图特摩西斯二世与哈特谢普苏特结成了夫妻，二人有了个女儿，名为内芙鲁拉（Neferura）。不过，正如其父亲一般，国王也跟一位妃子生有一个儿子。他与父亲的战略也颇为一致，对努比亚人采取了军事行动。有报告说那里发生了动乱，他便派遣军队向南远征，要把"邪恶库什"的所有男性居民都变成刀下之鬼，除了当地的一位王子——此人被带回埃及，成了明确已知的第一位王族人质。

王室家族也开始规划她们在底比斯的墓葬。在迪尔-巴哈里以南一处僻远谷地的岩壁上，两座石窟墓葬就此动工，供哈特谢普苏特与内芙鲁拉日后安眠。

不过，"病弱的"图特摩西斯二世在短暂的执政期后亡故，工程也就全被打断了。国王的儿子图特摩西斯三世（公元前1479—公元前1425年在位）尚且年幼，于是哈特谢普苏特摄政治国。尽管她不是"国王之母"，而只是庶母（但正室出身）或曰养母，但她毫无疑问同时是先王的女儿、姐妹和妻子，而且与外婆阿赫摩斯-内芙尔塔里一样，还是女祭司，是"神之妻"。她想必也完全清晰地意识到了她的外婆还拥有"拉神之女"和"两方土地的女主人"这两个名号。

哈特谢普苏特肯定也知道，在吉萨的大理石上，曾有肯塔维丝一世刻写的"上下埃及之王"称号，正如肯塔维丝二世在阿布希尔也曾得到过类似的头衔名分。官方的帝王名录还透露出，索贝克内芙露也拥有过全套的王室君王称谓，比如"荷鲁斯""两方土地的女主人""上下埃及之王"和"拉神之女"。哈特谢普苏特无疑受到了索贝克内芙露及其父亲阿蒙内姆哈特三世的启示，两位先人在法尤姆那已存在三百多年的石刻铭文，成为手下为哈特谢普苏特原样逐字照抄官方名衔的部分模板。

抄录的人很可能是哈特谢普苏特的档案专员内弗尔赫维特（Neferkhewet），或者是她的总管事务长，此人来自阿曼特的森穆特（Senmut of Armant），他对哈特谢普苏特的头衔精心研究，甚至还设计了如同密码般的新书写方式。他这样描述自己的发明："这些符号图像是借助我内心的设计、经由我自己的辛苦劳动才完成的——在祖辈和先帝们的书面材料中从未发现过这样的符号。"

同样是这些先祖的文献，早在第二王朝就"明确了女人也可以执掌朝政，居帝王之位"，于是，在摄政七年之后，哈特谢普苏特登临王位（约公元前 1473—公元前 1458 年在位）。她仿效前辈女性君主的先例，在新年第一天举行加冕礼，戴上了上埃及和下埃及的两重王冠，接受了权杖，在脖子后面挂起了牛尾巴，甚至还戴上假胡子，就像一千年前肯塔维丝一世所经历的一样。

不过，既然埃及的历史记述中通常会将女性君主故意遗漏，哈特谢普苏特也就经常被当作一个特例来证明此一潜在规则。根据一位历史学家的见解，这是"一个全新的开端，让女性扮演和打扮成男人的样子……来炫示王室头衔的权威"。而与之相反，另一位专家则断言，"宫里和朝廷的正统惯例都被歪曲和扭曲了，就为了去适应一个女人对国家的统治"。实际上，对哈特谢普苏特的敌意描述可谓应有尽有，从"这个虚荣、野心勃勃和寡廉鲜耻的女人"，到一个"邪恶的"和"令人憎恶的妖婆太后"，不一而足。

到了更近的一些时期，她得到某种程度上的平反昭雪，被说成是"一个坚毅果断、善于自控的女人"，是名副其实的"圣女贞德式的女英雄”。但如果有人问，“哈特谢普苏特会变成一个女权主义的标杆偶像吗”之类的问题，这无疑就太落伍了，因为他迟了一百年。妇女参政论者早已高度认可了这位女王的成就。尤其是 19 世纪晚期“妇女参政联盟”的一位副会长，她赞赏“这位非凡女性的天才和精神活力”，并追随这位遥远的前辈，创立了两个世界上领先的埃及学研究机构，“埃及探索协会”（即后来的“埃及探索社团”）以及在伦敦大学学院设立的英国第一个埃及学讲席教授职位。

尽管舆论对这位豪杰奇女子的评价褒贬不一，但“普遍承认和同意的是，到了图特摩西斯三世即位的第七年，哈特谢普苏特已经形成和采用了她对公众呈示的最终外在仪表形象。从此以后，她都装扮成一位男性帝王——戴的王冠和穿的服饰都是男性法老的典型衣着，也执行他们按义务要完成的所有宗教仪式。不过，在图像伴随的说明文字中，对她的指称还是一以贯之地用了阴性代词”——对一位仍然完全承认其男性共同执政者的女性帝王来说，这些倒也恰到好处。

哈特谢普苏特拥有了全套的王室头衔：“上下埃及之王”——“玛阿特卡雷”（Maatkare，意即“玛阿特是拉神的灵魂”）；“拉神之女”—赫内美特阿蒙（Khnemet-Amen，意即“与阿蒙神结合在一起”）；荷鲁斯—维塞雷卡乌（Weseretkau，意即“灵魂强大者”）；“两方土地之女主”—瓦吉尔恩普特（Wadjrenput，意即“永葆清新，经年不改”）；“金色荷鲁斯”—内耶尔伊特卡乌（Netjeretkhau，意即“具有神圣仪容”）。每个头衔后面附加上阴性化的结束成分，就把“儿子”转换成了“女儿”，把“主公”转换成了“女主”，连“陛下”这个词也转成了阴性指称。她的资政顾问们还编造出了另一个很有用的头衔，“宫里出来的那个人”或

"至尊权力所在"，原初表音的拼写在字面上可写为 per-aa，现在则发音为 pharaoh，即法老。

一旦戴上法老的冠冕，她就一直被尊为法老，甚至在图特摩西斯三世成年可独立当政之后，她仍与其共同治国。

协同执政期间，图特摩西斯三世发动了两次征伐，横扫巴勒斯坦。他被描述成武艺超群的猛士，"对着一个铜标靶射箭时，（固定铜标靶的）全部的木头部分都震成了碎片，脆弱如纸莎草茎秆"，而且即使是"一个铜标靶达到了三个厚度单位，当他的箭射到那里时，依旧能穿透到后面，冒出三个手掌宽度的箭杆"。

哈特谢普苏特自己则下令发动了"至少一次军事远征，攻入叙利亚和巴勒斯坦这一区域"。女王明显曾随同父亲一路南行直到柯尔古斯（Kurgus）。或许是受到父亲的启迪，她再次向南到了努比亚。尽管有断言说在她的统治下，"军事上的雄心壮举完全缺失，只除了一次对努比亚的袭击，而且那也微不足道"，但实际上这样的征伐有多达四次。官方宣称，女王曾率领她的军队冲锋陷阵，"给敌人带来大屠杀般的伤亡"，"用她强有力的手臂夺取了每一寸领土"，由此她得到了"必成征服者之女主，以火焰将敌人燃为灰烬"的名号。

身为法老，哈特谢普苏特不能再承担"神之妻"女祭司的职责，因为这一角色必须是女性扮演才合理，于是，这个祖传的位子被转交给了她的女儿内芙鲁拉。森穆特成为公主内芙鲁拉的"父亲导师"，他声称"我培育了国王的女儿，我被选中来教育她，是因为我在实际效能上等于是代表了国王本人"。在森穆特的全部雕像中，几乎有一半都是年幼的内芙鲁拉坐在他腿上的造型。最终，作为公主的事务大总管，他陪护着公主到达西奈的哈索尔神庙敬拜，因为女王派遣了队伍去那里开拓统治边界。

　　哈特谢普苏特继续与比布鲁斯贸易，用埃及的莎草纸换他们的雪松木。埃及与克里特的盟友关系则将克里特的朝贡之物带进了尼罗河谷地。留着长头发且穿着花花绿绿的短裙的克里特人将这些礼物带过来。这类场景最初被呈现在森穆特的陵墓石刻上，此石刻位于他家乡阿曼特的神庙，收有克里特的香脂和香水罐子，罐子装饰是"海洋风格"，上面的图案有贝壳、海藻和章鱼。

　　随着锡拉岛上一次剧烈的、大规模的火山喷发，克里特的繁荣突然遭到毁灭性打击。随后发生的海啸破坏了克里特的港口，并席卷叙利亚、巴勒斯坦和埃及的地中海东岸地区。埃及三角洲第十八王朝时期的沉积层中发现了"很多的浮石"，而对这些样本的分析揭示出它们来自锡拉岛。火山爆发所产生的黑色火山灰覆盖了古代世界的诸多地域，埃及的历史文献后来甚至明确地记载"整整九天，人们都没法看到同伴的脸"。

　　域外的货品的另一个来源地是"神之地"蓬特王国，位于红海一路向南到头的地方，通常被认为是今日索马里所在之地。不过，在 2005 年，埃及第十八王朝载有蓬特货物的一艘贸易船被发现。经鉴定，沉船中载有的陶器是来自窄窄的曼德海峡两岸，这就意味着货物产地除了当代的索马里，也包括也门西部地区。也门与索马里一样，当地生长的一种灌木植物可提取防腐树脂，而也门那列柱廊道式的神庙、象形文字压花浮雕的印章和本土的木乃伊制作文化无疑都受到埃及的影响。因此，古埃及人所指的蓬特王国也许是一个宽泛的地理概念，涵盖了红海两岸的广袤区域。

　　哈特谢普苏特的远行商队，用"宫里的每一样好东西"作为交易等价物，在蓬特这里换取没药，不仅换取现成的没药树脂，还包括含有这种树脂的灌木，因为哈特谢普苏特宣称说阿蒙"要求我在他的底比斯神庙旁边栽种神之地的那种树木"。于是，这些灌木被大费周章地移植装入大坛子，挪到埃及的船只上。搬运的时候，那些士兵和工人相互警示，"哥们，注意你的脚啊，别被压到！这东西可是死沉死沉的！"

他们的辛苦付出在某种程度上都付诸东流了，因为移植到坛子里的灌木显然都没有树根。这或许是蓬特人的计谋，想保护和维持他们那有利可图的对外贸易，因为埃及人对没药的需求量相当之大。哈特谢普苏特对没药树油脂非常喜欢，以至于蓬特人对她也倍加吹捧，称其为"女性之太阳，如阿吞那般光芒闪耀"，出现时都涂有"最好的没药，涂满四肢，她的肌肤如镀金般闪闪发亮，就像星辰在整个国土前方闪烁照耀"。尽管没药的使用被视为宗教意义上仪式化的保护和防腐方式，但其护肤功效却事实存在。没药被确证能杀灭金黄葡萄球菌和枯草芽孢杆菌，在当时埃及的莎草纸医药文献中被奉为有效的"药物治疗"。

不过，绝大部分的没药还是被当作焚香烧掉了，并且就在正午时分的仪式期间。这些仪式所强调的是与诸神的关联，而其中最主要的就是阿蒙神——现在已被奉为哈特谢普苏特的神圣"天父"。

这位大神，原本只是八个创世神之一，且扮演配角而已。达到如今的这个至尊地位，无疑也走过了一段漫长的途程。他是底比斯的保护神，而这座城市自身权力地位的上升，也顺带提携了阿蒙以及他在卡纳克的神庙的地位。对外征伐所带来的财富日益增多，且大都被捐赠到了神庙这里，这又让庙里的神职人员获得了更大的政治权益，而他们全力支持的女王也就更加根基稳固、权势日增。

北方的祭司群体所尊奉的还是拉神。为了得到他们的支持，可行的方式就是将南北两位神祇组合起来，创造出一个超级大神，即阿蒙兼拉太阳神（Amen-Ra）。这个组合神受到了所有人的爱戴，工匠内布拉（Nebra）甚至宣称："当我在痛苦中向您呼告，您到来并拯救了我。您就是阿蒙拉神，底比斯的主宰，听到穷苦人的求告就会到来。"

哈特谢普苏特自己对这位大神的恭敬崇拜，在她的帝王名中就表达了出来，赫内美特阿蒙，也即"与阿蒙神结合在一起"，而她在卡纳克的宫室则被命名为"我离他（阿蒙）不远"。实际上，对卡纳克的美化修饰，她有着繁多的计划，而且不遗余力，全身心投入；她声称，"因为阿蒙的神庙，我废寝忘食"。作为"神之妻"，她此前就在那里侍奉阿蒙。

她同时也是阿蒙的孩子——官方施展了个政治宣传的小手段，宣称是阿蒙拉神让女王的母亲阿赫摩斯王后怀孕的。故事是这样讲的："王后在美轮美奂的宫殿卧房中睡觉，被神看到。神的芬芳气息让她醒来。于是神走向她，对她满怀渴慕。神将自己的心给了她，神的爱欲传递到了她的全身。王后惊呼道：'见到您是多么美妙，您将神的恩宠与我合为一体，您的雨露流进了我的躯体，我的四肢！'神便与她进行了床笫之事，为所欲为。"

在相应的神庙石刻壁画中，神与王后的手指相触，标志着受孕的时刻。哈特谢普苏特九个月之后出生，被标榜为阿蒙拉神的女儿，"千真万确，如假包换"。在古代世界，希腊语中指称"阿蒙的女儿"或"阿蒙降世"这一概念的词语 Amensis，在一千两百年后仍被人们当作哈特谢普苏特的名字而得到普遍认知。

既然哈特谢普苏特是阿蒙的女儿，这就意味着阿蒙拉神的神界伴侣姆忒便是女王的神仙母亲，所以女王下令在卡纳克"为她的神母姆忒建造了一座宏大圣堂，并为她将一处专供畅饮酣醉的柱式游廊修葺一新"，因为纵酒沉醉是与神界沟通交流的一种传统方式。哈特谢普苏特的"工程万事大总管"森穆特，受命去建一道塔门廊道，将姆忒女神的建筑群与阿蒙的建筑综合体连接起来，而拱卫在廊道两侧的则是女王那巨大的坐像。

"坐在宫中，想着我的创造者"阿蒙拉神，哈特谢普苏特又得到灵感启发，下令凿刻两座方尖碑。碑高30米，顶部包覆黄金，从尼罗河两岸都能看到，就像太阳之神"阿吞那般照亮两方土地"。另一座卡纳克的建筑也经过她细致的考虑，那就是她的"红神堂"。在那红色石英岩的墙体石刻场景中，描绘了君王拜神的典礼仪式。她居于画面中心，伴随她的是少年国王图特摩西斯三世和公主内芙鲁拉，公主现在扮演"神之妻"，在众神雕像前完成她的职责义务。

这座神堂从根本上来说像个神圣的大"车库"，存放的是一些船只。游行出巡的时候，阿蒙、姆忒和一众"伙伴"神祇的雕像就被装上船。

哈特谢普苏特设计的游行场面非常盛大，那安置于王座上的众神雕像，在每年一度的仪式上便沿着游行路线到处巡展，而卡纳克则处于典礼的核心位置。这种"诸多王座的聚集"，或曰"Ta-ipet-sut"，在希腊语中的发音就是Thebes，也即底比斯。

游行路线会把卡纳克与卢克索的一座新圣堂连接起来。圣堂是每年举办奥沛特节（Opet）的场地，而设立这一节庆是为了唤起神灵和王室家族的新活力。后来，在卢克索西岸的梅迪内—哈布（Medinet Habu），建起了一座相似的圣祠与东岸的神堂呼应。每年的另一个巡游庆典——"谷地美丽节"——期间，诸神的雕像便从卡纳克那里上船运过河。与雕像伴随的是底比斯人，他们在自己爱戴的过世亲人的墓地旁露营，举办热闹的派对。那些亡灵，听到地面上传来嬉闹活动的欢快声音，据说就会"起来回到这个世界上，观看西岸举办的庆典，结束之后再悠游地返回冥国"。

这种巡游节庆，不仅用于献给阿蒙拉神，也用于献给哈索尔。东岸主要属于男神的领地，而西岸则属于女神。女神那"神圣之地中最神圣的地方", 叫作"德耶塞—德耶塞鲁"（Djeser-Djeseru），现在通称的地名为迪尔-巴哈里，正是哈特谢普苏特葬祭庙的地址所在，恰如她在执政期所建的所有其他建筑那样，这座葬祭庙也是森穆特主持建造的。

这个地点与卡纳克成一条线排列，已经是哈特谢普苏特外婆阿赫摩斯-内芙尔塔里葬祭庙的所在地。英雄大帝孟图霍特普二世的陵寝综合体，以及他姐妹兼妻子内芙露王后的地下墓葬也都在这里。当时此地已经成为一处相当热门的游客观光地，于是森穆特设计了一个秘密隧道，作为他正在建设的新葬祭庙的一部分。不过，所有的这些当中最重要的一点则是：在岩壁陡崖的另一边的国王谷中，坐落着哈特谢普苏特父亲图特摩西斯一世的墓葬（国王谷第20号陵墓），而女王也想安葬在那里，所以她放弃了现成的王后墓，反而去极大地扩建了她父亲的陵寝，好让自己日后也能去合葬安息。

工匠们在陡崖两边勤快地劳作着。女王的葬祭庙之大，很快就让旁边孟图霍特普二世规模较小的陵寝综合体相形见绌。通往庙堂的是一条巡礼大道，两边排列着多座斯芬克司像。她的庙堂正面是几排廊柱，从低到高，如叠层瀑布。这种多立克式柱子，人们原本臆测是由公元前7世纪的希腊人所发明，但此风格实则在埃及早已出现。立柱正面巨大的人物造型都是哈特谢普苏特自己，但呈现为奥西里斯的形象。

柱廊向里的远处是一座露天祭坛，用以献给太阳神，而太阳元素的存在，也反映在那金色和银白的地板上。但庙堂最上方最重要的圣祠则是挖凿在崖壁里面，与前述那些空间构成反差，显得阴暗朦胧。阿蒙拉神的巡游船，每年一度从卡纳克过来暂停在此，停留一个夜晚，环绕左右的是烛火和花束。第二天，花束会被分发给那些虔敬忠诚的民众，让他们献给各自作古的亲友先人。

对于哈特谢普苏特庙堂的墙壁，她决定用自己执政期间的重大事件场景来装饰，从父亲图特摩西斯一世宣告她作为继承人，到这父女俩被描绘为斯芬克司将敌人踩在脚下，诸如此类等等。画面当然也包括了她的加冕礼，她的蓬特远征，她被孕育和降生的神圣奇迹——这个叙事场景中，幼小的哈特谢普苏特坐在她至尊无上的父亲阿蒙拉神的掌中。

不过，这里最为有趣的图像，恐怕还是这神庙的建造者森穆特的图像。这一图像悄悄地隐藏在庙中小神堂的壁龛龛位里面，几乎就只相当于一个作者签名。伊内尼与森穆特同为宫廷朝臣，前者曾自诩，"女王陛下夸赞我，给我的屋子里装满了金银财宝，还有宫里的每一样好东西"；而后者得到的丰厚犒赏甚至比前者更奢华——两座墓葬，一座位于神庙上方高处的山丘，其中发现了森穆特的石棺，另一座想必是后来才建的，在神庙那宏阔大殿厅堂的地板下面开工。

森穆特一辈子未婚，又有大把钱财可花，于是就慷慨地孝敬他那多年寡居的母亲哈特内菲尔（Hatnefer）。这位寡妇的木乃伊被发现是装在黄金裹覆的棺材中。从遗体来看，这位老妇人被伺候得无微不至。她那整齐的头发，因为有了数百条编好嵌入的接发才显得蓬松厚实；手上戴着数个戒指，指甲用"海娜"色料染成了红色。这一风尚仿效自女王，女王本人的指甲被染成了红黑组合的抢眼的双色，在象征意义上把埃及的两半，也即"红土地与黑土地"放在了她的指尖上。

不过，哈特内菲尔老太太在墓中并不孤独。她的亡夫拉摩西（Ramose），老两口的两个女儿，还有女儿们的孩子，这些在森穆特爬上权势高位之前就去世的亲人，现在都被从地下挖出来重新包裹，与哈特内菲尔葬在了一起，紧靠着森穆特的第一座墓葬。森穆特的马也是如此，被葬了他身边，而马在当时可绝对是身份地位的实力象征，跟如今的炫酷跑车不相上下。

森穆特当然也配得起这些犒劳——他设计和主持建造的神庙近乎完美绝伦。外围那些环境，是为了让哈索尔开心享受，有荷花池和纸莎草池塘，边上还环绕有油梨树林。残留下的树根，至今仍然可以看得出。有座单独的小礼拜堂，也是为这位女神而建。其中的石刻场景，有哈特谢普苏特的童年时光，有其士兵的阵容——既有行军的，也有舞蹈的。还有对一种仪式活动的描绘，是已知最早的这类图像，图像中的这种仪式活动看上去像游戏，叫作"为了哈索尔击球"，共同执政的小国王图特摩西斯三世拿着一块板子击打小球，此球或许是黏土做成的，大概相当于诅咒敌人时所烧掉的蜡制小人，设计用意就是拿来击打和摧毁，这一活动可谓"泥鸽"飞碟射击的最早版本。

哈特谢普苏特献给哈索尔的这座小礼拜堂，强调突出女神的角色形象不仅代表着一个保护神，而且也象征了无穷尽的生殖力的源泉。人们来到这里，尽量靠近女神，祈祷自己能怀孕生产。敬拜者留下各种供品，有木雕的阳具，有婴儿衣服，还有耳朵的模型——帮助神灵来"倾听敬仰和依赖哈索尔的每一位姑娘的求告"。墙上刻有一条铭文，用于向"富贵女士连同穷苦姑娘，以及任何时候来到这里的所有女人"发声，后面附带着的是一个保证，说哈索尔将会帮助她们获得"幸福，得到一个孩子和一位好丈夫"。

不过，哈特谢普苏特的目光可不会仅仅聚焦和局限于底比斯。在尼罗河谷上下，她都有所活动，并正式启动了若干的建筑项目。在赛伊岛上，她在先王们矗立的雕像中加入了自己；在布恒，得到一个归化埃及的努比亚人官员阿蒙内姆哈特（Amenemhat）的协助，她重建了荷鲁斯的神庙。在她执政期间，"瓦瓦特那里库什人精英成员的埃及化过程十分迅速"，当地的土人头领"取了埃及人的名字，与代表国王的地区总督行政当局合作，死后也埋入埃及风格的墓葬"。

从这里一路向北，哈特谢普苏特整修装饰了法拉斯（Faras）、伊布里姆堡（Qasr Ibrim）和库班（Quban），还有巨象岛、康姆翁波、卡布、锡拉孔波利斯和阿曼特等地既存的建筑。她下令从哈特努布的采石场挖取雪花石，在孟斐斯雕凿成更多的斯芬克司。他还分别在梅尔为哈索尔和赫莫波利斯为托特重建了神庙。她命令司库主管德耶胡狄（Djehuty）在本尼—哈桑的崖壁间，也即"刀子谷地"（Valley of the Knife）的上方，开凿出一座石窟神庙，这一区域是属于大猫女神帕赫特（Pakhet）的神圣领地。这位"利爪抓挠者"在沙漠中转悠，寻找猎物，但平和安详的时候，则会变成母亲们的保护神。于是，哈特谢普苏特与内芙鲁拉一起向帕赫特表达敬意，奉上了一座样子像岩洞的神庙（speos）。这神庙因后来在希腊语中的名称 Speos Artemidos（注：意为"月亮兼狩猎女神阿尔忒弥斯的洞穴"）而为世人所知。神庙正面墙上的铭文描述了哈特谢普苏特修缮和复建神庙的宏大业绩，而这些神庙曾在大约八十年前的喜克索斯王朝期间沦为废墟：

"库塞（Cusae，也即梅尔）女主人哈索尔的神庙已经倾圮成为废墟。大地已经完全吞没了它那庄严的圣堂，孩童在上面戏耍嬉闹，任何节庆巡礼皆告阙如。因此，在下重建和装修了神庙，为哈索尔的圣像包覆黄金，以求她能保护那城市。在下也为大神帕赫特新建了神庙，庙门为金合欢之木打造，嵌以青铜"……除此之外，还有一长串已修缮完毕的神庙名录。

然后，哈特谢普苏特直接发出呼吁："民众们，你们所有的人听我说。我做这一切，都是出于我心中的计划……我修复那被摧毁的，重塑那被破坏肢解的——这些都是亚洲人在北方土地盘踞阿瓦利斯期间造成的，一切已创造的，都被他们推翻。"

她的这些宣言，被一个学者嗤之以鼻，说是"夸大其词，对其前任的成就和功绩不愿给予最起码的承认"。这位学者还补充道，哈特谢普苏特的共同执政者图特摩西斯三世的说法"值得一听，有相当高的可信度"。对如此这般的质疑，哈特谢普苏特已经早有预见。在铭文中，她同样致辞给"未来年月里来看我的地标建筑的所有人，万一你们想说'真不理解这一切是怎么做到的'，请先考虑清楚；我也不愿听到质疑的人跟风说，这一切只是吹嘘；我希望你们能公正评价说，'这才像是她的所作所为，有这样的继承人，这才对得起她的父亲'"。

近年的研究确证了哈特谢普苏特所言不虚，因为"文献记录表明，第十八王朝的国王，没有谁曾于哈特谢普苏特之前在中埃及完成过什么建筑工程"，而女王的那些大型地标项目反映了她"对重建埃及这一宏大计划的专注与执念"。

固然有种种革新之举，女王也同样借鉴和利用过往历史，尤其是阿蒙内姆哈特三世及其权倾一时的女儿内菲露普塔的成就；那位先王曾计划过与女儿葬在同一座陵寝中。因此，这也就不仅仅是巧合了：内菲露普塔的石棺铭文被原样照抄到了哈特谢普苏特的石棺上，而石棺被安置于其父亲图特摩西斯一世的墓葬中（国王谷第20号陵墓），为的是"永垂不朽，就像不灭的星辰"——这是她生前自己所言，还颇有几分诗意。

当了二十多年的法老之后，哈特谢普苏特在公元前1458年前后——其第二十二个执政年的第六月第十天——撒手人寰。按照她生前的心愿，制成木乃伊之后，她被下葬与父亲一起长眠。主持葬礼的是她时年十六岁的侄儿、养子兼协同执政者图特摩西斯三世。他完成了女王的那些地标建筑项目，并保留了很多原先的匠人。这就意味着他个人的雕像也出自同样的雕刻师，有着显得挺突出的高鼻子，很难与哈特谢普苏特的那些塑像区分开来。

不过，他终于还是成了独掌大权的法老。他的首席大臣雷赫麦尔（Rekhmire）宣告称："大王上位称帝，我看到了他的本尊真容，是拉神，是天空之主人；他显露了自己，是阿吞大神。"国王有两位"王室正宫娘娘"（王室大妃），第一位叫梅耶特尔-哈特谢普苏特（Meryetre-Hatshepsut），本身并非王室直系血统，但生下了王位继承人阿蒙霍特普（Amenhotep），而第二位正宫娘娘名为萨蒂娅（Satiah），是一位王室保姆的女儿。随着国王娶了更多的妃嫔，有了更多的儿女，而他们都需要配得上王室成员身份的居所，于是在法尤姆绿洲的米维尔［Miwer，也即古尔若（Gurob）］修建了一座新宫殿，而法尤姆地区被王室用作乡村静休行宫选址的历史十分久远。

终于能走出前任那持久光辉的遮蔽，图特摩西斯三世不仅继承了阿赫摩斯家族的龅牙，也继承了先辈们矮小的身材。不过，"这位拿破仑式的小个子男人"在大约二十年间发动了不少于十七次征伐行动，持续巩固了埃及在叙利亚—巴勒斯坦一带的控制力。

这一切的开始是由于一个消息说叙利亚卡迭石（Kadesh）的统治者正举办一次峰会，会谈对象是黎凡特那些地方首领，其中包括先前的喜克索斯王朝大本营沙鲁恒的头人。图特摩西斯三世知道，"自从喜克索斯人野蛮抢劫以来，尽管已经过去了很多年，但驻留在沙鲁恒镇子里的肯定还是以往的军队势力。从雅拉德亚（Yaradja）直到天边尽头，那些家伙已经开始对抗他大王陛下的权威了"。

于是在公元前 1458 年春季，他发动了"第一次军事战役"。攻占加沙之后，继续行军三周，让他来到了美吉多（Megiddo），在这《圣经》传说中的末日大决战之地，敌方的联合阵营正等着他。法老驾驶金色战车冲向战场，"像暴怒的雄狮般"直击对手，敌营的首领很快就"像沙地上的鱼一样躺倒在那儿了"。剩余的敌军都溃败撤进城中，慌忙关上城门，把自家的领头人都落在了城外，然后"那些人把他们拉了上去，抓着衣服拖上了城墙"。接下去，尽管美吉多经受住了长达七个月的围困，但最终还是被法老攻陷了。财宝全都搜罗一空，城中的首领们也被迫解散他们的反埃及联盟，返回各自主政的老地方，并定期向法老缴纳朝贡。

书记官提恩努尼（Tjennuny）负责记录国王的每日大事。他声言："我记载大王在每片土地上赢得的胜利，依据事实将它们写成文字。""大王陛下征讨敌人的事迹，一天天地记在一卷皮革纸上，皮革纸收藏在阿蒙神庙中直至今日"，因此，图特摩西斯三世所得到的战利品也留有清晰的记录，仅仅从美吉多一地就收获丰盛，清单列举如下：

> 获取两千五百人口，包括部落首领三名，三名战车驾驶者，各色妇女、孩童八十七个，以及一千七百九十六名男女仆人；战俘三百四十名；宝石，黄金，大量原银；饰品有黄金、白银、乌木与天青石用料之雕像若干；大量布料；饮酒器具与大釜锅两只；象牙、黄金和木头材质的床与椅子，另加脚凳；战车九百二十四辆，其中包括两台为黄金打造；铠甲二百套，另加美吉多与卡迭石首领所穿之青铜铠甲两套；弓五百零二张；卡迭石头领营帐所用之木头与银质柱杆七根；有人头雕像的权杖及狼牙棒；母马两千零四十一匹，马驹一百九十一匹，种马六匹；牛一千九百二十九头；山羊两千只，绵羊两万零五百只。

从被征服的敌人那里掳来的财宝，其中也包括他们的最珍爱之物：孩童。这些孩童被带到埃及，送进军队或宗教机构接受教育。如果被认为"适合撑遮阳扇"，可给王族扇扇风，那就送到宫里教育。归化埃及之后，很多孩子后来被送回其家乡，充当代理行政官，受埃及的委派去管理当地事务。

被押到埃及来的那些没有身份优势的俘虏，被重新部署和利用起来成为"雇佣兵、家仆、采石工、手工匠和建筑工"。他们经常也改名换姓，起个埃及化的名字，然后还有了埃及人伴侣。王室御用理发师萨巴斯泰特（Sabastet），一路跟在国王身边征战厮杀，就领了个叙利亚战俘回家当用人。他给这人重新起名叫伊乌亚门（Iuwyamen），还形成了很好的关系，以至于萨巴斯泰特允许叙利亚人娶了他的侄女，并宣告"我日后的遗产，侄女也将继承一份"。

不过，绝大多数婚姻涉及的还是叙利亚妇女。当地首领们的那些女儿，比如蒙赫特（Menhet）、蒙薇（Menwi）和梅蒂（Merti，根本上来说就是 Martha，即"情妇"）都进宫成了国王的妃嫔。1916 年，她们在底比斯的合葬墓被当地居民偶然发现时还完好无损。虽然间发到来的洪水将三个女人本身的所有遗迹都破坏殆尽，但她们那些洋洋大观的珠宝首饰却留存了下来——镶嵌宝石的头罩与小王冠，缀有黄金护身符的领圈、金耳环、脚镯、手镯、腰带，以及带有可旋转外圈的指环，而那外圈上刻有图特摩西斯三世及其前任哈特谢普苏特的名字。还有香水香脂的罐子，眼影油彩和面霜，以及琳琅满目的成套金银镶边的器皿，包括最早期的玻璃制品——工艺在米坦尼那里发育演化，然后被引入埃及，而埃及的王室工匠们将很快把这一玻璃制品提升为一种令人屏息叹赏的艺术形式。

同样奢华的各种宝物也被奖赏给了"北方异族土地的主管人"

德耶胡狄。其中包括有他的青铜短剑、金手镯、戒指、香水香脂罐子，还有金碗银碗，上面刻着"国王御赐，以示旌表；无论异域外邦，海中岛上，德耶胡狄皆与国君相随相伴；德耶胡狄是蛮夷外族土地提督，是军队指挥官，实乃栋梁之才，深得圣上赞赏"。

这些文物，连同德耶胡狄那包覆金箔的木乃伊，于 1824 年在其位于萨卡拉的墓葬中被发现。他曾担任图特摩西斯三世的大将军，且功绩非常突出。他出色的军事策略与才华，在围攻巴勒斯坦海岸城市雅法（Joppa，又名 Jaffa）的战役中得到了极好的展示和证明。

了解到雅法的亲王有意愿拜见"图特摩西斯国王的伟大权杖"，德耶胡狄便邀请对方来到城外他的营房商议。对方应约而至，他却突然抽出权杖，怒吼道："看着我，雅法亲王！这支权杖属于图特摩西斯大王——那暴怒的雄狮，塞克美特之子，他的父亲阿蒙赋予他力量来挥动这权杖。"然后，他自己用权杖"猛击雅法亲王的前额，亲王就直挺挺地倒在了他的面前"。接着，德耶胡狄将他计划中剩余的部分也付诸实施。他藏了二百个士兵在篮子中，让一队驴子驮着这些篮子——如同《阿里巴巴与四十大盗》里的套路——送到雅法城，声称里面装的是礼物。雅法的居民显然跟他们的亲王一样容易上当受骗，傻乎乎地把篮子抬进城中。埃及士兵从篮子里跳出来，夺取了那座城镇。这个故事可谓提早几个世纪预演了特洛伊木马的希腊传说。

公元前 1451 年前后，图特摩西斯三世通过海路将军队运到了比布鲁斯，随后攻占了叙利亚的核心城市卡迭石。四年后，他又重返此地，降伏了实力强大而又"邪恶的"米坦尼。他驱逐敌人"就像赶一个高山羊群那般"，让他们后退越过幼发拉底河。他自己则乘坐预先修造好的雪松木船只追击敌方，然后在河东岸他祖父图

特摩西斯一世所立石碑的旁边，又立起两块石碑，来标示他征服的
地域范围。他也像祖父一样，在尼雅湿地搞了一场猎象活动。在当
地，他的军官阿蒙内姆赫布（Amenemheb）被其中一头大象追赶，
最终他却在闪转腾挪中杀了那动物，砍下它的长鼻——官方日志将
此描述成是大象的"手"。

战胜米坦尼，他自然也得到了回报，法老从巴比伦王国，从赫
梯帝国和"塔纳居"（Tanaju）都收到了丰厚的赠礼以及朝贡。"塔
纳居"这一地域也包括了迈锡尼，来自那里的特使给法老献上了一
只米诺安风格的银壶与数个铁质的杯子——在青铜时代，铁可是极
稀有的宝物。

图特摩西斯三世在巴勒斯坦和黎凡特一带的征战，一直断断续
续地进行着。最后一次战役于公元前 1438 年前后发生在叙利亚，
再次征服了那"可恶的纳哈林"——位于卡迭石以北、米坦尼人所
支持的这一地区。交战时，卡迭石的亲王放出一匹母马来分散公马
们的注意力，埃及的骑兵也因此而混乱了短短的一会儿，但那位
"屠象大将"阿蒙内姆赫布出手神勇，抓住了母马并将其就地正法，
还割下马尾巴呈交给他的大王。

对近东地区的密切关注，不可避免地意味着法老在努比亚相对
就没那么多行动。但他确实还是平息了一次叛乱。另外，"在南方
地区塔塞迪（Taseti）射箭"时，他甚至还活捉了一头犀牛。这只
猎物的体量是如此可观，所以回到北方，在阿曼特的神庙壁画场景
中，此事以石刻形式永久记录了下来，画面下方的解说词中还加入
了犀牛那令人生畏的巨大尺寸。这类的壮举当然是有意义的，因为
上下努比亚，也即库什和瓦瓦特，当地人由此心悸大王之威猛，都
乖乖奉上朝贡——包括在仅仅三年之内就送来了七百九十四千克的
黄金，重量委实惊人。

图特摩西斯三世在南方边境的巴卡尔山丘设有一要塞，名号为"异邦蛮族的屠戮之地"，还有一座阿蒙和姆忒的神庙。这样一来，埃及的要塞与神庙就沿着尼罗河一路向上，将王室势力的存在如印章一般戳到了努比亚腹地。国王从讨伐战役中以及他自己对蓬特的远征中得来的丰盛收获，有相当一部分被慷慨赠予尼罗河沿线的这些神庙。柯普托斯的旻神神庙位于通往红海的沙漠通路的起点，此路线的终极目的地实则就是蓬特王国。国王给旻神庙中献上肉桂香脂，同样也将类似的异国风情礼物分发给底比斯的子民。发东西时，乡亲们便大呼小叫："啊，有香喷喷的辣木油香脂耶！还有没药香膏呀！"

不过，绝大部分的宝贝最终会归于城中的卡纳克神庙，因为图特摩西斯三世将他的胜利归功于阿蒙拉神。庙中的相应图像把法老描绘成一个超级伟岸的英雄，满是力量，敢作敢当，单枪匹马的一个重击动作就将围攻的诸多叙利亚—巴勒斯坦头人打得稀巴烂，而他从敌人那里掳获的财富，都被描绘在神庙墙画中，从用来镶嵌神像人物的黄金，到给神庙员工增加人手的那一千五百八十八名战俘，可谓是形式多样。卡纳克实际上已经变成了一座微型城市，辅助服务的勤杂人员有纺织工、画师、雕刻师、屠夫、面包师、酿酒师、花匠和香脂香水调配师——甚至还有一个"卡纳克阿蒙神假发制作部主管人"。

神庙的那些花园都"栽种了非常赏心悦目的花草树木，为的是能给每天的拜祭提供植物类用品"，这里面也包括国王从叙利亚带回来的异国动植物种群。卡纳克的"植物园"主题厅的墙上，描绘了这些动植物，其中就有一只奇异的禽类，"每天都下蛋"——这是已知最早对鸡的指涉。这些园林强调了阿蒙对所有外邦土地的支配权，意味着通过其儿子也即国王的对外征伐扩张而建立的权威。

与此同时，法老那新近产生的、对花草植物的兴趣，也让他献给阿蒙的园林胜过了前任的同类献礼，因为里面终于种活了来自蓬特的没药树灌木。

另一方面胜过哈特谢普苏特的是这第三位图特摩西斯立起了若干的方尖碑，既有在赫里奥波利斯竖起的两座成对的，也有为卡纳克新凿制的五座方尖碑。他开挖了一个新的圣湖，用于净身沐浴仪式，还下令修造了两座新建筑：一座是庆典礼堂，其中的石头立柱呈现为帐篷支撑杆的样式，暗示和反映出他频繁出征，一生中相当多的时间是在帐篷中度过；另一座是"王室先祖纪念堂"，墙上刻绘了六十一位君主的肖像，从左塞尔开始，直到图特摩西斯三世自己。

按规矩，下一位坐上王位的是图特摩西斯的十八岁儿子，即阿蒙霍特普二世（Amenhotep Ⅱ，约公元前 1427—公元前 1400 年在位）。在阿蒙祭司们的祝福下，他首先是被拥立为辅佐父亲的共同执政者；两位国王在王冠上都采用了阿蒙那招牌性的弯曲公羊角，以此表示王权神授，天经地义。与此同时，图特摩西斯三世此前的共同执政者哈特谢普苏特的痕迹，开始逐渐淡出和消失。新修的先祖纪念堂中根本没有提及这位女王，而与之构成反差的是更早的索贝克内芙露女王则位列其中，未曾遗漏——南方的官方记录中，哈特谢普苏特的统治历史被系统化地抹除了。

哈特谢普苏特的名字和图像被有意去除这一情况，发生在她死后二十五年，这清楚地表明了此行为并非未经考虑的胡乱报复之举。因为她作为王后的形象都被保留下来，完好无损，而遭抹除的目标仅是聚焦于她身为国王的那段时间。她的名字被重新刻写，写成她父亲或兄弟的名字。由于一个事实——哈特谢普苏特的当政期是与图特摩西斯三世共同执掌朝政——对这一历史的改写变得相对容易了，而图特摩西斯现在想让他的后人们看到，他在位的那段时期，权力与政绩都完全属于他一人。他要把官方历史中属于他的当政岁月都弄到自己的名下。

他这样做，很可能是"受到内心忧虑的驱遣，也就是关于王位继承的问题，而一旦等到阿蒙霍特普二世安稳顺利地登基，他也就立刻收手了"。毕竟，图特摩西斯三世和他的儿子都是宫中妃嫔所生，出自先天不足的非直系血统，而哈特谢普苏特与其亲属则代表着第十八王朝的正统。于是，通过抹除哈特谢普苏特女王身份的所有痕迹，图特摩西斯三世"解除了一个危险，也即排除了冒出什么正当合理的人选来取代图特摩西斯家族代际传承的危险，并顺利促成了他儿子继承他的王位"。

如此一来，哈特谢普苏特的雕像被推翻，她的图像与名字被凿除，不仅在卡纳克是如此，河对岸的迪尔-巴哈里也是一样。在那里，图特摩西斯三世建了他自己的一座小神庙，敬奉哈索尔。庙的选址特意定在哈特谢普苏特和孟图霍特普二世分别修建的神庙之间，以此来切断他们之间的关联，由此也为每年一度从卡纳克过来的节庆游行活动提供了一个新场地。

神庙中那拱顶墓室一般的圣祠，是直接在岩壁上凿刻出来的；岩壁的另一侧便是国王谷，图特摩西斯三世已经命人在那里修建他的陵寝（国王谷第 34 号陵墓）。这是国王谷中第一座有装饰的墓葬，墓室天花板被涂刷成暗蓝色的夜空，点缀着闪烁的星辰。而墓室的墙壁被凿刻成一个帝王盾徽的样式，寓意提供保护。框形里的图像则突出了阿姆杜阿特（Amduat）——"地下世界的景象"——的片段，主要是其中的丧葬场面。这些画面呈现了女神哈索尔-伊希斯在给国王哺乳，不过女神是一棵树的样子，跟随国王的是他的三位妻子以及太阳神。不过，太阳神也有各种各样的伪装，那些托身假象之中就包括一只看似挺友好的猫咪。在墓室中心放置着图特摩西斯的石棺。棺盖底面刻有图案，最显眼的是"母亲努特"，呈现一个张开双臂的人形。如此一来，她就可以趴伏在上方以保护国王的遗体。公元前 1425 年前后，遗体被安置于石棺中，其时大王已"享用完毕他多年的人间寿命，勇猛无比，威力无边，无往不胜，战绩辉煌，现飞升去往天国，与太阳会合"。

1898 年，当墓葬被发现时，那松柏树脂防腐油膏的浓烈气味仍旧弥漫沉淀在墓室中。他的木乃伊尸体原本安葬于此，手中拿着权杖；石棺中按惯例堆满了大量的护身符饰物和数不胜数的珠宝首饰。但古代的盗墓贼几乎把所有的东西都偷走了，连穿着金鞋的双脚，甚至也直接扯掉了，这就进一步削减了他的身高，以至于都不足一米六。

图特摩西斯三世篡改了哈特谢普苏特的历史，同样地，他也重新设置了她的墓葬安排，将哈特谢普苏特和她父亲图特摩西斯一世的木乃伊从两人的合葬墓中挖出来，然后把图特摩西斯一世重葬于一座新墓（国王谷第 38 号陵墓），此新墓与他本人的十分相似。然后，在某个未有明确文献记录的时点，哈特谢普苏特的遗体再次入葬，埋进了她从前老保姆希特拉（Sitra）的小墓葬（国王谷第 60 号陵墓）。1903 年，这两个女人的遗体同时被发现。其中一个有着略带红棕色的金发，生前身高大约一米五，于 1966 年先被姑且认定为哈特谢普苏特，1990 年又再次检验，然后于 2007 年被送进了开罗博物馆。

不过在当时，国王谷并非唯一的王室墓葬地，另外可选择的还有王后谷。王后谷命名多少有点不太恰当，因为比如"王室马场管理员"内比里（Nebiri）之类的官员，这里也是他们的安息地。马的特殊地位，意味着这"弼马温"的头衔其实具有极高的含金量。

图特摩西斯三世的儿子阿蒙霍特普二世当王储的时候也领有这个官衔，然后转给了内比里——他很可能也是国王之子，只不过是妃嫔所生，或者是自小就在宫中长大的一个朝臣。他身份的不一般，显然体现在了他那制作成本高昂的木乃伊上，不仅外在的生理面貌保存良好，连内脏的防腐处理也如此完美，以至于专家们能够大概推断出他当年是死于心脏病突发。

但内比里的墓葬只是底比斯众多同类墓葬之一，因为跟金字塔时代那些寻求葬在统治者金字塔周边附近的朝臣官员相似，图特摩西斯三世的大部分手下人也同样处心积虑想尽量靠着他们的大王安息，位置就在底比斯西岸山地间的库尔纳（Qurna）和德拉阿布—纳迦。

这样的官员当中，最重要的是那些首席大臣。总理大臣乌塞拉蒙（Useramen）的班底中，一名名叫阿蒙内姆哈特（Amenemhat）的秘书有点特别，他明显对古代的重大建筑深感兴趣。这名秘书不仅探访了孟图霍特普妻子内芙露王后的旧墓葬，在那里的墙上留下了自己的名字，还去看了当时已有四百年之久的希奈特夫人（Lady Senet）的墓葬。他"发现墓室内部仿佛天堂一般"，就摹绘下那些有生动激情舞蹈场景的墙壁石刻，以便在他自己的墓室中复制挪用。

乌塞拉蒙的侄儿雷赫麦尔（Rekhmire）接过伯父的衣钵继续当总理大臣。他的安息之所是当时装饰最华丽的墓葬之一。墓葬墙上的场景包含有对每天日常行政事务的描绘，从国内每个地区给朝廷上交了多少实物税收，到他自己接见外国代表团等等，各类事项，应有尽有。尽管这里原初所呈现的是米诺安人，但他们那特色鲜明、独具一格的缠腰布后来被改成迈锡尼人的装束，因为锡拉岛的火山爆发之后，迈锡尼人取代他们，包办了希腊跟埃及之间的贸易。也有来自蓬特王国的使节，双手奉上了鸵鸟蛋和鸵鸟毛，以及更多的没药树灌木。而努比亚人则带来了成群的猎狗，还有一只长颈鹿，为王室动物观赏园充实资源。此外，还有将狗熊和小象加入这一动物大家庭的——那是叙利亚代表团友情赠送的，当然除了熊和象，马匹和战车也是少不了的好礼。

关于人工制品的那些场景，透露的信息甚至更为丰富。东西林林总总，品类繁多，从凉鞋到有木头脚手架围绕着的雕像，从"做得又安全又好"的烤糕饼，到把油莎豆（老虎豆）磨碎，做成高高的圆锥状蜜饯甜食，可以说是无所不有。艺术家们也在画面形式和透视上不断进行实验，所以人物现在不仅只是轮廓或侧面，也同样有从背后视角看到的形态，这其中就包括了在雷赫麦尔宴席上负责上菜的那些仆役，伴随酒宴的是当年传唱四方的流行金曲《给玛阿特的头发涂没药香脂》，而与此同时，雷赫麦尔家的闺女们还摇动起叉铃，营造出一点点哈索尔的魔幻气氛——万物复苏、生机盎然。

当阿蒙霍特普二世登基，晋升为唯一君王时，全套的仪式也由雷赫麦尔来组织操办，他在仪式上亲手向新王呈递"帝王徽章"。随后他继续担任了一段时间的总理大臣，一起辅佐朝政的还有身经百战的资深老指挥官阿蒙内姆赫布——这位"大动物屠手"的传奇在彼时的文献中屡有描述。

二十岁的阿蒙霍特普二世，不仅保留了父亲的军事顾问团队，也继承了他的军事才能，而在生理方面则更多遗传了母亲的基因，身材比其父亲要高。他是埃及王室最出色的运动健将，是"一位英俊的青年，发育良好"，有着"健壮的大腿"，能飞速奔跑，还是一位熟练的水手，在底比斯一年一度的奥沛特节庆中，他都独自划动圣船，劈波斩浪。之前当王子时，他负责监管阿瓦利斯的佩鲁内弗尔造船厂，由此获得了航海经验。他父亲也曾安排他去主管孟斐斯的王室马场，因为"他喜爱那些马匹，并在其中得到极大的乐趣。他知晓它们的性情，当把马匹们打理得很好时，他的心中就会感到平静和踏实。马匹如何调教，他知道得很多，可以说在这件事上，他成了专家"。

不过，这位新王最广为人知的才艺还是他从小就学习的射箭术。教他的官员叫作珉（Min），此人教导王子："拉弓，一直拉到你耳朵这里！两只胳膊都要用力，要有力！动作一定要有力，要刚强！"阿蒙霍特普二世在吉萨和孟斐斯一带练习射箭，在公众表演场合也定期展示他的这一才艺。这是"整个国土上全体民众眼前的一大乐趣"，看着国王拿起一张没有其他任何人能拉得开的强弓，一次射出多达四支箭，射向远处的青铜标靶，这是"谁都前所未见和前所未闻的壮举"。有一支箭甚至完全射穿了铜标靶，落在标靶的反面，这是"一个几乎绝无可能的奇迹，只有我们的陛下，我们威猛无比的大王能做到"。另外，这一成绩当然也超过了他的父亲图特摩西斯三世——先王的箭只是差不多穿透铜标靶，但没飞过去。

这样的技能当然很有必要，因为他刚刚独自执政后，巴勒斯坦的诸侯藩国就利用这次政权交接的时机进行反叛。阿蒙霍特普二世立即挥师北伐，粉碎了叛军。他亲自杀死的那些敌人，有二十只手被砍了下来，"挂在他胯下之马的项下"。此役俘获了"五百五十名敌方战车驾乘士兵和他们的二百四十名家眷，六百四十名巴勒斯坦人，各王公家的男性孩童二百三十二名，各王公家的女孩三百二十三名与女性乐手伶人二百七十名"，外加六百多千克黄金。

然后，法老以一场公开的射箭才艺表演来庆祝胜利，黎凡特一带以及流传到更远地区的圣甲虫小石雕上便描绘了庆典盛况。有人声称，阿蒙霍特普二世的独家箭艺也许影响了后世的希腊诗人荷马，其史诗中的角色奥德修斯就有一张弓，其他人都没有足够力量拉开，而大英雄自己能射穿用金属战斧充当的标靶。

尽管如此，弓箭并非阿蒙霍特普二世的唯一武器。七个反叛的诸侯王被他悉数抓获，押回埃及。他亲自"用他自己的权杖"处决了他们——为纪念此事件而分发给朝臣们的粗大银质戒指上刻画了这一主题，并有帝王印章为证。国王的曾祖父图特摩西斯一世曾将克尔玛部族首领的尸体挂在胜利归来的船头，而阿蒙霍特普二世也如法效仿，在沿尼罗河向南航行去往底比斯时，把七个反叛者的尸体串起来，挂在了满载战利品的大船前部。战争中掳掠的这些成果，首先要呈示给卡纳克那边阿蒙拉神的祭司们。"大王陛下，他心中满怀喜悦，来到他庄严可敬的父神阿蒙的居所，身后跟随的士兵多如蝗虫。"然后，六具尸体被挂在了底比斯的城墙上，这一血腥残暴的举动，既向阿蒙拉神表达敬意，同时也向那些野心勃勃的祭司群体传递了一条讯息，一条非常具象生动的警示讯息。至于那第七具尸体，则被往南送到了传说中阿蒙的出生地巴卡尔山丘以及纳帕塔城（Napata），"目的是让人们能永远永远看到陛下战无不胜的威猛神力"。

不过，在登上王座之后的第七年，阿蒙霍特普二世不得不再次北伐，去平定疆土更远处的动乱。他远航到了比布鲁斯，又横渡"湍流汹涌的"奥伦特斯河（Orontes），在那里，"大王陛下转身就看到了天地的尽头"。之后远征军向南行进，穿过加利利海（Galilee）和塔赫希（Takhsy）地区，"用射箭的战术"让叛军死伤无数。两年之后，在美吉多，他采取了同样的行动。因为在当时，埃及的商贸利益遭到极为严重的威胁，所以伊图灵（Iturin）的全部居民都遭屠灭。

这次大屠杀之后，在阿蒙霍特普二世任期的剩余时段，埃及帝国领土基本上平安无事。来自赫梯和巴比伦的使节团队，现在又有了米坦尼人的加入，"这些人来谒见大王，背来了朝贡礼品，向陛下寻求和平友好，只愿能近身感受他美好尊贵的鲜活气息——此等大事，当载史册"。

天下太平，国王现在可以展示出一些宽宏大量了。叙利亚的一个使节在宫中病倒，大王的御医将此人治愈；叙利亚、巴勒斯坦和腓尼基的商人们如今在孟斐斯周边也能安居乐业。但是，尽管没有更多对"邪恶"敌人的公开指涉，法老大君对他的诸侯王们仍不敢乐观，保持着戒心。在从底比斯发出的一封信中，他写道，虽然"坐在这里畅饮佳酿，欢享节日"，这位略有点醉意的帝王还是没忘了警示他的总督，要提防努比亚人，尤其是那里的巫师们。这封公函如此开头，"此信来自国王，挥剑刺杀是他所擅长"，接着表扬了他的总督是"勇敢者"，然后将他们两个与截然不同的低微平民相比较，"那来自巴比伦的妇人，那来自比布鲁斯的女佣，那阿拉拉赫（Alalakh）的小姑娘，那艾拉弗卡（Araphka）的老太太，还有塔赫希的那些人，根本什么都不是——说真的，他们能有什么用？"

不过，跟他父亲一样，阿蒙霍特普二世也很喜欢外国女郎。他继续前朝的政策，在军事征服之后提倡外交上的联姻，于是搞起了一个妻妾如云的后宫团，光是巴勒斯坦王公家族的姑娘，就娶来了三百二十三个——这还只是其超庞大妃嫔阵容的一部分。佳丽们被分成几组，分别安顿在孟斐斯、底比斯和古尔若。

早在当王子时，他就已经有了儿子。男孩中的五个被送到太子师何卡雷舒（Hekareshu）那里受教养，这位导师在卡纳克的姆忒神庙掌管着一所学校。五位王子中包括了未来的国王——又一位图特摩西斯，生母为阿蒙霍特普二世的王后迪雅（Tia）。她跟丈夫没有血缘关系，而是从她身为王室成员的婆婆那里承袭了卡纳克神庙中"神之妻"的角色地位。毕竟数任国王都在继续扩充卡纳克神庙这一建筑综合体。

然而，阿蒙霍特普二世对这座神庙中图像的选择，却透露出不同寻常的信息。因为他不仅增加了新壁画场景——以古代先王萨胡拉在阿布希尔的太阳神庙石刻为基础，而且将卡纳克新建的银地板的执政三十周年庆敬拜堂，用于装饰他自己的图像——齐全的一身行头和装备，明显是太阳崇拜的主题。

在军事才干与对外政策方面，他都与其先父图特摩西斯三世相差无几，但也已经有了鲜明的信号，强烈暗示着阿蒙霍特普二世的政治议程和目标意图与其先父会大有不同。

16. 太阳神的巅峰:

约公元前 1425—公元前 1352 年

到了阿蒙霍特普二世的统治期,卡纳克祭司群体的权力已经变得极为强大,甚至能干预或核准王位继承的大事。于是,国王采取了一些微妙的行动,来抑制祭司们的野心。

他巧妙地调整宗教权力之间的平衡,让古代的太阳神拉在"阿蒙—拉"的联合体中变成了日益占据主导地位的一方,因为在北方赫里奥波利斯的拉神的祭司们被证明是南方底比斯阿蒙神势力集团的理想抗衡。

随着阿蒙霍特普二世拥有一个新头衔,成为"赫里奥波利斯的统治者",他的正宫迪雅也被命名为"金合欢之屋杀生主理人"。金合欢之屋是赫里奥波利斯古代太阳神庙的一部分,在当地有肉食供奉和音乐歌舞表演来犒劳太阳神女儿那双重属性的神灵合体哈索尔—塞克美特。而自从金字塔时代位高权重的区区几位王后拥有过此头衔之后,迪雅是得此殊荣的第一位王室女性。

阿蒙霍特普二世进一步聚焦于金字塔时代对太阳神威力的推崇,重新造访他早年常去的旧游之地吉萨,在那里古老的斯芬克司旁建起一座行宫。驾驶战车兜上几圈之后,他会继续"在周围信马由缰,饱览这里的壮美环境,就在这蒙神恩宠祝福的胡夫和哈夫拉的安息之地",自觉地将他自己与这些最初的"拉神之子"等同起来，认祖归宗。

开发利用那些早已作古的先王的力量，以及他们谢世时与之融合的太阳神的力量，这一尝试性举措集中到了斯芬克司巨像身上。这石像原本是以哈夫拉为原型雕琢的，但如今被加上了第十八王朝的修饰，通过调整适当的眼部妆容，斯芬克司被转化成了拉神—荷拉赫狄（Ra-Horakhty），也即太阳神与帝王之神荷鲁斯的组合体，用以代表借由太阳的神力而复活的历代所有的君王。在巨像那力大无穷的前爪之间，阿蒙霍特普二世安置了一座他自己的高大雕像，还在附近建了一座新神庙，敬拜的不仅是哈夫拉、胡夫和太阳神斯芬克司，而且还有太阳圆盘本身，也即阿吞。尽管从图特摩西斯一世开始，阿吞就已经是完整和独立意义上的一个神祇，但只有到了阿蒙霍特普二世这里，阿吞才获得了其特征化的视觉形式：附带有人类双臂的一个圆盘。

此后，国王将对拉神—荷拉赫狄的崇拜推广开来，向南一直到了位于努比亚阿马达（Amada）的荷鲁斯神庙。另外，在他对埃及的既存神庙进行修缮装饰之际，还给赫莫波利斯的托特神庙增加了一座圣祠，在那里新开挖的、尼罗河水灌注的"荷塘湖"更是赏心悦目，以至国王给建筑师哈（Kha）赏赐了一根黄金的腕尺量杆。杆子上面刻有铭文，声称国王御驾亲征来到了赫莫波利斯，"并在洪水季的第二天在当地建了一座小神庙，此时河面处于宽广期，水位上升"，而在那些与洪水相关的宗教仪式中，这条黄金量杆可能真的使用过。

就跟其他技能熟练的手工艺人一样，建筑师哈想必也常沿河奔忙，为了工作而往返来回，因为他和妻子梅尔特（Meryt）一生中大部分时间还是住在底比斯西岸的德尔—梅迪纳。另一位底比斯居民克纳蒙（Kenamen）是国王的私人管家，也是从小到大的玩伴，他的墓葬壁画有他驾乘"陛下赐给他以示对其厚爱的马车"去打猎的场景。19世纪初期，这辆战车从他墓中出土，连同他本人的遗体一起，被送去意大利收藏。

国王的另一个童年小伙伴叫西内弗尔（Sennefer），当上了底比斯的市长，并且是卡纳克"阿蒙神之粮仓与田地、园林与牛群之主管"。这让他对大片广袤的农业地产都有支配权，在留存下来的一封信中，他给一个名叫巴基（Baki）的佃户写道："告诉你，三天之内，等国王的船队在胡特塞赫姆〔Hutsekhem，简称胡（Hu）〕停泊安歇之后，我就要去你那里考察。不要让我看到有任何闪失！给我多摘些莲花，还有其他鲜花，做成花束，无论摆放或当捧花，都要像个样子。你别给我偷懒！我可是知道的，你是个懒鬼，喜欢躺在床上吃东西！"西内弗尔，还有他王室保姆出身的妻子森纳伊（Sentnay）都获准在卡纳克立起了他们自己的雕像，而随着夫妻俩社会地位的飞速提升，他们最终在国王谷拥有了葬身之地。

至于阿蒙霍特普二世自己在国王谷中的陵寝（国王谷第35号陵墓）还是由才华出众的建筑师哈打理监管，所用的工匠是修建先王陵墓的同一批人。两座陵寝的墓室有相似的壁画场景，只是在阿蒙霍特普二世这里，他的灵魂被安排跟着太阳神游历了冥府地下世界。那位大神警示与他同行的人，"拉出你们的弓，射箭时动作要迅速干脆，去惩治我的敌人，因为他们躲在暗处的阴影中"。这是来自神灵、非尘世的一个召唤，对武器的召唤，而弓箭是这位骁勇善战的法老曾经最得心应手的武器。公元前1400年前后，他入土长眠，身边伴随的是他心爱的长弓。

他的木乃伊被用泡碱溶液处理，导致了皮肤下面出现小肿块。这一特征以前通常被解释成是天花症状，而涂覆到他身上的金色防腐树脂则保留了很多饰物留下的压痕——项链、腰带和护身符等饰品曾点缀在其遗体上。大王在墓中也并非孤家寡人，里面曾一同安葬着其母亲以及儿子"马场总管"维本塞努（Webensenu）的遗体。

这位法老的继承人是他年少的儿子图特摩西斯四世（约公元前1400—公元前1390 年在位）。新王走向权力顶峰的进程被描绘在了所谓的"睡梦石碑"上，石碑稍后竖立在了吉萨斯芬克司的脚下。上面的铭文声称，当还是个"像荷鲁斯的小伙子"时，图特摩西斯王子跟他父亲一样欢度他的青春，"在沙漠高地上逍遥自在，他的马儿比风更快，他驾驶战车到处飞驰，拉弓射箭，捕猎狮子与野山羊"。但有一天，他想小憩一番，便在斯芬克司的影子下睡着了。在梦中，斯芬克司对他说话，仿佛"就如父亲跟儿子交谈"。它说："吾儿图特摩西斯，你听我讲。我是你的父亲拉—荷拉赫狄。我要把这地上的帝王之位交给你，你将戴上国王的红色王冠，还有白色王冠。但是，看看我在遭受怎样的痛苦，我的身体几乎已是一堆废墟，因为现在沙漠的漫天沙尘总是来侵扰压迫我。我知道你是我的儿子，我的保护者，那么就来跟我多亲近吧，我与你同在，我是你的向导。"于是，在已知最早的一次"考古"挖掘行动中，王子命人清理掉了那些沙子，而他的另一项承诺——修补斯芬克司的爪子和胸部——也被现代的挖掘科考所证实，因为雕像四周的那些砖块上发现印有图特摩西斯四世的名字，这些砖块被垒成墙阻止沙地的进一步侵蚀。

不过，启发他行动的这个"民间传说"，实际上倒是聪明的舆论宣传，因为图特摩西斯四世的上位标志着政治力量和宗教效忠对象的一个重要转变。新国王有意疏远了卡纳克的祭司集团，而他们此前势力极大，对王位继承人的选择都能施加实质性影响。尽管阿蒙的祭司们仍然权倾一时，在新王的斯芬克司石碑上，阿蒙神的名字却完全没有被提及，因为现在太阳神才是"王室的立法者"，是王朝的正统之神。

在赫里奥波利斯举办过传统的加冕礼之后，图特摩西斯四世穿戴全套的金色帝王行头，包括头顶的一个太阳圆盘，去往吉萨接受认可仪式，在斯芬克司脚下宣告成为太阳神的儿子。跟父亲一样，他聚焦于对太阳神的敬拜，整修了赫里奥波利斯、阿布希尔以及埃及全境的神庙。在其一路向南巡视的航程中，有正宫王后，也即他妹妹伊阿蕾特（Iaret）伴随。他们每经过一地，诸神的雕像都被从当地的神庙中抬出来迎候他们，"男人们则高兴地欢呼，女人们则纷纷起舞"。

到达阿斯旺南边的柯诺索岛后，国王命人在当地塑造他自己的形象，呈现为勇猛进击的模样，"仿若塞克美特"，而伊阿蕾特也拿着狼牙棒权杖在图景中。在那些动荡不安的边境地区，这位王室女性象征着担任保护者的女神。另一次国王去往西奈视察绿松石矿场的远行，也由王后陪同，而纪念此事的壁画场景则更多，夫妻俩当然是画中的主题人物。

但最经常与图特摩西斯四世一起呈现出来的女性是他的母亲迪雅，在卡纳克被描绘成手持权杖的神之妻。那里还竖立起了一座真人大小、极为生动的雕像，表现了母亲微笑着与儿子拥抱。

国王足够圆滑机灵，能让阿蒙的祭司们也开开心心。他为祭司们的神庙增建了一处新厅堂，并将其祖父图特摩西斯三世启动的一座 105 英尺高的方尖碑竖立起来。他宣告："这石碑，在卡纳克南边这里已经横卧了三十五年之久。我受命为先祖竖立起此碑，因为我是他的孙子，也是他的捍卫者。"而矗立起来的方尖碑，标志和寓意着这碑所敬奉的对象——人类或神灵——获得新生，恢复活力。

　　王室的延续传承当然至关重要。为此，图特摩西斯四世娶纳了若干的妃嫔小妾，其中既有埃及女性，也有通过外交式联姻娶来的异国女郎。与埃及以前的敌人米坦尼人之间的友好协定便是以通婚手段来达成并明确的：法老"几次三番的要求"，劝服了米坦尼国王阿塔塔马（Artatama）将女儿嫁给他，而嫁妆则包括了乌加里特和阿穆鲁（Amurru），还有对卡迭石的控制。

　　努比亚的使节们带来的朝贡有黄金、乌木、焚香与豹皮，可能也同时送来了一位努比亚公主。因为，国王谷中有个颇为令人好奇的墓葬，里面埋的应该就是这么一位女性的儿子。此人名叫马伊赫佩拉（Maiherpera），是努比亚人，但长着龅牙——王室家族突出的生理遗传，曾被说是"王室保姆的孩子"，他在埃及被养大，然后担任了"国王右手边的掌扇人"。

　　毫无疑问，宫里人丁兴旺，国王的子女多达十七人。大儿子阿蒙内姆哈特（Amenemhat）不幸早夭，致使国王指认一个更年幼的儿子阿蒙霍特普担任王位继承人。这个儿子很可能生于古尔若，生母为妃嫔穆特姆维雅（Mutemwia）。这一王权接续的安排相当及时，因为公元前1390年前后，图特摩西斯四世亡故，结束了十年的统治。官方的通告说："雄鹰已经飞向天国，新王阿蒙霍特普已经登基就位。"

　　已故国王的木乃伊做得非常精致。这位美男的眼睫毛、齐肩的头发、长指甲和扎了大耳洞——法老中有如此特征的他是第一位——的双耳都原样保留。木乃伊随后被送往国王谷其陵寝中安葬（国王谷第43号陵墓），而这座陵墓，依旧由建筑师哈指挥他的工匠们打造。墓中已事先安顿了国王的大儿子阿蒙内姆哈特，还有公主泰恩塔曼（Tentamen）的遗体，这位女儿也是先于父亲辞世。

　　葬礼仪式由新王阿蒙霍特普三世（约公元前1390—公元前

1352 年在位）主理。但他当时才十岁左右，因此很可能是他的母亲穆特姆维雅代为摄政——在壁画场景中，她确实也被描绘在王座后面，相当于垂帘听政。

在加冕礼上，新王启用了帝王名号，叫奈布玛阿特拉（Neb-maatra），意即"拉，真理之神"。这就宣告了不仅会继续以太阳崇拜为要务，而且要继续仿效前代的先王们。因为奈布玛阿特（Neb-maat）曾经是斯奈夫鲁的帝王名号，奈布玛阿特拉也曾是阿蒙内姆哈特三世的帝王名。这两位古代帝王的成就将被新君主仔细研究，学习效仿。

哈特谢普苏特有森穆特辅佐，左塞尔有伊姆霍特普协助，而阿蒙霍特普三世也有他的左膀右臂式的大臣，此人也叫阿蒙霍特普，父母分别是哈普（Hapu）和雅图（Yatu）。这位"哈普之子"原本是一位有一定名气的学者，因受到朝廷赏识，被召去担任国王的资政研究员，详细考证那些古代文献。他声称："先人们所有的奥秘都透露给了我，大王就从它们当中寻求治国理政的参考。"国王还派官员去考察法尤姆、阿布希尔、达苏尔、吉萨、萨卡拉和梅杜姆的那些古老神庙和墓葬，例如抄书吏麦伊（May）就去"看了斯奈夫鲁大王那座宏伟的金字塔"。

加冕后不久，阿蒙霍特普三世跟随他父亲和祖父的足迹，站在了吉萨大斯芬克司面前，在古老的太阳神脚下，接受那过往年代累积至今的皇家力量，变身为与拉—荷拉赫狄合体的一种存在——荷鲁斯的太阳神形态。

一个太阳神国王雄踞于他的金色王国，他那金光闪闪的王朝标志着埃及权势的顶峰。阿蒙霍特普三世现在已成为"世上最富有的人"。作为埃及历史上最多产的古迹建造者，他完全对得起他的称号"蒙伟"（Menwy），意为"伟岸的男人"。另一个绰号，"世上最伟大的摇滚巨星", 也同样恰如其分, 因为在 20 世纪 90 年代早期, 这一广告词被广泛印刷和涂写, 从 T 恤到公交车车身上无一不有——为的是宣传一个大型展览, 令人叹为观止的展品就是这位法老的物品。

在十三岁左右, 阿蒙霍特普三世娶了同样年少的迪伊 (Tiy)。她成了他的王室大妃, 也即正宫。迪伊想必应是穆特姆维雅选定的女性, 很可能是出自她自己的家族。发送至帝国四面八方的通告直接宣布: "王室大妃是迪伊, 其父之名为于亚 (Yuya), 其母之名为图雅 (Tuya)。" 于亚的祖籍地很可能是叙利亚, 生活于阿克米姆, 那是一座 "移民人口占比很高的" 城市, 并与柯普托斯一样, 也是生育神旻神的一个敬拜中心。于亚是侍奉旻神的一位祭司, 他的妻子图雅则是 "旻神歌舞娱乐团的首席主演", 也是 "哈索尔的歌手", 很可能具有某个旁系小王族的血统, 而这支小王族大概是阿赫摩斯-内芙尔塔里的支系后裔, 而迪伊的名字或许是阿赫摩斯-内芙尔塔里的一种缩略形式。

女儿当了王后, 于亚便被提拔为 "御马场主管", 图雅也得到晋升, 成为卡纳克的 "阿蒙神歌舞团团长"。同样是在卡纳克, 这家的大儿子安恩 (Anen) 当上了副职大祭司; 家里的小儿子阿伊 (Ay), 后来接他父亲的班, 成为王室御马场主管, 且最终一路高升, 爬到了卡纳克大祭司的位子上。

迪伊的家人被安置担任卡纳克的重要职位, 代表了王室的利益, 但与之相悖的是在好几代王后中, 她倒是第一个没扮演阿蒙 "神之妻" 角色的王后。国王把王后应尽的这份义务只局限于为他自己服务, 因为 "她陪伴着陛下, 就像玛阿特陪伴着拉"。就这样, 女神王后陪伴着太阳神国王, 甚至在两人那巨大的雕像上, 王后看上去比国王还要高一点。雕像如今在开罗博物馆中俯视众生, 而王后比国王高大，想必是从古王国的某些作品中得到了启迪。因为在那些作品中，女性往往显得比男性略微大一些。

迪伊在这里之所以是如此大小，可能与她作为丈夫保护者的角色有关。她有时候被呈现为好战的河马女神塔维里特，示意了她那独特的头衔——"恐怖大主宰"。这位王后也会被呈示为塞克美特模样的斯芬克司，守卫着她丈夫的英名，无情践踏那些敌人。不过，塞克美特也能变形为哈索尔，于是同样地，迪伊作为"让宫中充满爱的女主人"，也有着足够浓密厚实的头发，以便让人联想到哈索尔，"长有美发的女神"。甚至王后的着装也被精心选择，她的一件袍服是用散发虹彩光泽的黑羽毛做成的，这就与奈荷贝特——帮助太阳神穿越天空的秃鹫女神——有了关联。羽毛被很仔细地编排连缀，所以袍服那如羽翼造型的部分恰好保护和支撑着王后的小腹，毕竟那里是王室下一代的家园。

王室家庭很快就扩大了，因为迪伊生下了两个儿子和四个女儿。她保留着王室大妃的称号，即使这同样的头衔被往上回溯用到了太后穆特姆维雅身上，又向下延伸用到了国王的两个大女儿头上。如此一来，就营造出哈索尔的代表者兼有三代女人的情形，也就强调了一个事实——这位女神同时是太阳神的母亲、妻子和女儿，而国王就是太阳神的象征。

作为国王公众形象的一部分，阿蒙霍特普三世需要定期炫示一下他的力量，于是，在这个暂时处于和平期的王国中，阿蒙霍特普三世效仿前辈们，玩起了大型动物狩猎活动。他在纳特伦谷地（Wadi Natrun）的几天之内就猎杀了九十六头公牛，然后在任期的第一个十年内，他似乎用"他自己的箭"射杀了一百零二头"凶暴的"狮子。

国王被描述成一位"无往不胜的弓箭手"，"跨马纵横飞驰时就像一颗金银合金的星星"。终于，公元前 1385 年前后，在努比亚部族首领"大话王伊赫尼"（Ikheny）发起叛乱后，他得以展现这些才华。法老对此立刻做出回应："冲锋向前，如荷鲁斯，如孟图，如眼中充满暴怒火焰的狮子，攫住了库什人，所有的酋长都被打倒在他们的谷地中，被扔在他们的血泊之中，一个堆在另一个上面。"哈普之子阿蒙霍特普还补充道："我看到他在战场上直接徒手搏斗。"

粉碎叛乱之后，阿蒙霍特普三世的胜利石碑被竖立在了阿斯旺通往菲莱的大路上，造型是他站在一个趴伏在地的库什人（库什特人）的头上，一边还做好了预备动作，要痛击另外两个土著。遵循传统，他在赛伊岛上安置了自己和迪伊的雕像，同样的夫妻档还在两座新神庙中联袂出场，接受敬拜。两座新庙，一个是在索利卜（Soleb），献给"努比亚之王"阿蒙霍特普，另一个是在附近的塞登加，献给迪伊——在此呈现为一个"护卫者斯芬克司"的形象，被视为"拉神之眼"以及哈索尔—塞克美特合体而受到敬拜。迪伊在米尔吉萨（Mirgissa）的雕像，甚至被供奉上了红色液体的祭酒，让朝拜者联想到原初的"拉神之眼"传说中的着色啤酒，而石像上沾染的红色印迹到现在仍然可见。

阿蒙霍特普三世向南远征，一直航行到了柯尔古斯。就是在这里，他的先祖图特摩西斯一世在哈格尔—梅瓦巨石上重绘铭文，覆盖了原住民所刻的图案。当地的卡罗伊（Karoy）矿坑为埃及提供了大量的黄金。在执政的第二十六年，国王对努比亚发起了第二次战争，他的努比亚总督梅里摩西（Merymose）对伊布赫特（Ibhet）那里的反叛者实施了"大屠杀"。而该区域位于奥拉基（Allaqi）谷地的深处，是一处重要的黄金产地，埃及由此夺取了更多的黄金财富。

财富的积累让国王大兴土木的规划甚至能够超越哈特谢普苏特的建设项目。正如这位女性前辈，阿蒙霍特普三世也把自己包装成是阿蒙拉神的孩子，而这"神播龙种"、让其母受孕的创意是国王自己构思出来的。不过，他现在主要强调的重点不再是阿蒙，而是拉神，以及与太阳关联最紧密的一些神灵。

他任命大儿子图特摩西斯王子为"南北两地众祭司总主管"，与此同时，他的大舅子安恩已经在卡纳克占据了权势第二位的副职，于是国王对那里的祭司团队发起了评估和审查。此事由哈普之子阿蒙霍特普领头，他声明："大王委任我来重组阿蒙的神庙，所以由我指派分配职位给祭司们。"哈普之子在卡纳克这一带安置了雕像，上面的铭文向看到其内容的所有人宣告了国王赋予他前所未有的巨大权力。因为这位高官自己已说："上下埃及的人们，看到这阿吞太阳圆盘的每一位，来底比斯向诸神之王祈祷的所有人——你们来我面前吧，我将把你们的话转告给阿蒙。"

于是，任何希望接近阿蒙的人，现在都被要求先通过圣上最信任的大臣这一关。这就显示出权力的平衡已经改变，并严重倾斜。国王眼下自我命名为"底比斯的阿蒙霍特普统治者"，强调底比斯是由北边（古尔若）出生的这位君王控制，而不是别的任何人。

当然，他也改变了底比斯的地貌——身为国王，如此改造底比斯，可谓是前无古人。他的底比斯建筑项目被列在一块 10 英尺高的石牌上，铭文宣称："这每一个纪念碑般宏大建筑的完成都让陛下心中欢喜；从两方土地初始以来，从未存在过于此相似的工程。"

工程由资深的建筑师哈，雕塑大师米恩（Men）以及建筑监理主管人双胞胎兄弟苏狄和霍尔（Suty，Hor）来实施，而全盘的负责人则是多才多艺的哈普之子阿蒙霍特普——"所有项目之总管大人"。此人放出豪言："我绝非模仿前朝所做过的工程"，而这次大兴土木的规模也没有过能与之相匹敌的——至少是前所未有。哈普之子让卡纳克成了"巨人"之城，其中就包括国王的一座巨像，高度超过 18 米，且这还没把王冠算在内，可谓是埃及有史以来最高大的人物雕像。

这位国王令人炫目的成就不仅是其工程规模，而且还有那大量的黄金。还是在卡纳克，一对方尖碑矗立了起来，每天太阳从两碑之间升上地平线。石碑拱卫的是一座新圣祠，献给玛阿特与阿蒙；下方基础上刻的铭文将国王描述为照亮两方土地的"拉神之形象，就如拉—荷拉赫狄是阳光的拥有者，脸上闪耀如太阳圆盘"。这并非夸大其词，因为阿蒙霍特普三世的这座新圣祠表面包覆了亮闪闪的黄金，重量超过五吨；用于镶嵌装饰的天青石，差不多有一吨。

神庙近旁配套的是一条塔门通道，也是"里里外外盖上了金箔"并"镶嵌了真货天青石"。一条新的圣船则以金银打造而成，用来在每年一度的节庆期间装载阿蒙和姆忒的祭仪雕像。船与雕像被抬着经过那新塔门，下到尼罗河，在河上壮丽航行，闪烁着一片金光。

这些庆典包括溯流上行五千米，去参加卢克索神庙一年一度的奥沛特节。神庙是阿蒙霍特普三世将哈特谢普苏特原先所修的圣祠大幅扩建后的成果。新墙上的壁画刻绘了阿蒙霍特普三世头戴公羊角形状的王冠，跪在阿蒙—拉的面前；壮观的一列廊柱通往一个太阳神膜拜堂，对着太阳敞开；神堂远处有一系列昏暗的内室，墙上描绘阿蒙霍特普三世如何经由"无玷受孕"而出生。这些画面是以原来哈特谢普苏特"神赐天女"的壁画场景为基础，展示了阿蒙霍特普三世的降生；哈索尔在一旁对阿蒙说："亲吻他！拥抱他！哺育他！因为我爱他，胜过爱这天地间所有他物！"奥沛特节期间，国王本人进入这些房间，据说可以通过秘密仪式，为自己补充能量；然后，一身黄金行头的大王重新现身，来到阳光下，"他的变化转世，所有人都能明显看到"；为了埃及这一片广袤帝国的利益，他将神的力量输导进了自己的身体。

阿蒙霍特普三世沿袭传统，在孟斐斯施政，管控全境。而历任君王们在位的大部分时间也都是常驻孟斐斯，但为了满足他们不时逍遥漫游的生活方式，其他地方都建有行宫。

不过，阿蒙霍特普三世却最终将朝廷迁址到了底比斯。但并非迁往卡纳克旁边的旧行宫，而是城市位于尼罗河对岸的另一处全新的场所。因为，他认为在底比斯的西岸"可以感受到山脉女神哈索尔那不可遏止的生命繁殖力中流动而出的统治权威"。于是，这里成了国王钦定之地，不仅在此建了他的陵寝和葬祭庙，而且还建了新王宫，把传统的死者领地变成了生者的福地。

作为政权首脑的恒久新驻地，可与凡尔赛宫或者华盛顿特区相比，这块原本死水一潭般的荒僻之地得到彻底改观，开发为成片的居住区域。有朝臣官员们的大别墅，"向西更远处是一排排五房一套的较小房屋则给小官吏或宫廷扈从与衙役们入住"。另外更小的营房式宿舍用于安置工人。原先的旧村庄德尔—梅迪纳扩大了两倍，那些作坊构成的工业片区，出产各类装置和家居家具类物品，服务于那辉煌的新王宫。

这座迷宫般的建筑综合体占地超过八十英亩，用规格一致的标准化泥砖砌筑，但浴室则是用石头构建。屋宇内是明亮的颜料涂刷、釉彩瓦片或地砖，以及镀金的镶嵌装饰。这是完美的居所，舒适又气度恢宏，可供神一般的大王与其家人亲眷生活，同时也在此治国理政。

在这里发现的私人物品也解释了此建筑群在阿拉伯语中的名字——马尔卡塔（Malkata），意即"捡到东西的地方"，因为这里仍然到处遗落和散布着宫廷生活的碎片——戒指、手镯、项链、镜子手柄、眼彩细管、香水香脂瓶、杯子、护身符和石刻圣甲虫。在这些物品中，有的标出了先辈统治者的名字。这种对过往年代的兴趣，也反映在一块当时已有两千年之久的前王朝化妆品研磨板的再度使用上——迪伊王后的身形被追加刻画于其上。宫中甚至有了自己的图书馆，那是一个"佩尔—梅雅特"（per medjat），意即"书之屋"，其中有上釉的陶瓷藏书票，刻写着"无花果树与辣木树之书"，还有"石榴树之书"，暗示出宫廷人物对园艺花木的兴趣。

打理良好的王室花园，确实是"遍植各类奇花异木"。尽管现在这里是沙漠，以往却是一片绿意葱茏的景象，其间水道纵横交错。最大的水路是庞大T字形的一个港口，与尼罗河连通，就在王宫正前方。河道长达两千米以上，宽度一千米有余，开挖时需要移除泥土一千一百万立方米——比四座大金字塔的体积之和还大。这是王宫一带所有特色水景之母，为王室游船提供了锚泊之地，让国王可以几乎脚不沾地地畅游至帝国的南北东西。尽管如此，在港口以南的地方也有一条额外的"交通"路线，一条五千米长的快速赛道，马拉战车在那里能跑到四十千米的时速。车子向前飞驰时，战车那金色的侧面看似有太阳的感觉，而那赛道可能曾用于官方仪式，因为它直接向上通到底比斯群山的山脚处，而太阳每日沉落于群山间，死者也在那里安葬。

阿蒙霍特普三世统治期间，西岸是个生机勃勃的地方，不仅是王室家族与朝廷官员和各类仆役的驻地，而且是"公主们所生孩子生活的叙利亚人安居区"——这是委婉指出国王的那些妃嫔小妾，是被异邦外族当作朝贡品，从古代世界的各地送过来的。

克诺索斯、罗德岛、斐斯托斯、特洛伊和迈锡尼都被阿蒙霍特普三世雄心勃勃地列入埃及的领土范围。他和迪伊的名字被刻写在了迈锡尼的礼拜神庙"圣像之屋"中。爱琴海的各种礼物被敬献到了马尔卡塔和古尔若，其中包括有葡萄酒、橄榄油、香水，甚至大概还有女人，因为古尔若的墓葬中有些尸骨是属于金发人种。

至于巴比伦、亚述和米坦尼这些王国，法老也同样维持着与它们之间的友好关系。留存下来的外交信函，给我们提供了一个极为有趣的视角，可以看到当年王室礼节的隐蔽世界。

国王通常以一段冗长的前奏来开始他的公函，比如"在此说话的是涅布穆阿雷阿（Nibmuarea），伟大的君主，埃及之王，你的弟兄"，涅布穆阿雷阿或涅姆阿雷亚（Nimmuaria），都是法老帝王名"奈布玛阿特拉"的不同变体，多在埃及的外邦友国中使用。接着，法老便唠家常，详细询问收信人整个家庭的健康状况，包括老婆和孩子如何，贵族大臣怎样，还有马匹、战车和各自的国土是否安好，然后还告诉对方，自己这边同样的这些事项都情况良好。不过，往往也会很微妙地附带提及一下他军队的"无数士兵"。

外交政策上，国王继续父亲的实践，实行和亲联姻，每赢得一个新的外邦君王结为同盟，就从该地娶一个新娘。从土耳其南部的阿扎瓦（Arzawa）的统治者那里，他就讨要了一位公主。甚至即使已经娶过巴比伦老国王的一个女儿，但当该国的继任者、新君主卡达希曼—恩利尔（Kadashman Enlil）上台后，他又向新王讨要一位姑娘。这位巴比伦新首领回应阿蒙霍特普："你在此提出要娶我女儿为妻，但我的妹妹已经被先父许配给了你，早已在你宫中，只是至今无人去见过她，也不知她是死是活。"法老进而反问："你可曾委派过什么重要的人前来，那人能认识你的妹妹，能够跟她说话，能辨认出她？你派来的都是无名小卒——有一个还是养驴子的牧人！"然后让对方放心，说他的妹妹安然无恙。

巴比伦国王当然认同这一共识，那就是在埃及，"金子在贵国仿佛如灰土，直接从地上捡起来就是"。但看起来，他向埃及索要黄金的次数过于频繁了，因为阿蒙霍特普三世这次告诫他："为了从邻居那儿得到大块的金子，把你的女儿们许配到那些王国，才是两全其美的好事。"于是，巴比伦人改变了策略，转而也向法老索求一位公主，但得到的答复是："从难以追忆的远古时期以来，未曾有过哪位埃及君王家的女儿会和亲送给外族。"巴比伦国王然后回应说："为什么不可以呢？你可是大王啊，你喜欢做什么都可以做。"甚至还提议："给我送个美女过来，假称她是你的女儿就行了。难道谁会说'她不是国王家的公主'？"阿蒙霍特普三世再次拒绝了送女儿和亲，别的女人也没送一个，但他还是送给了巴比伦国王一套"镶嵌着黄金"的家具作为暖房的礼品，因为，"我刚刚听说，你又建好了一些新宫室"。

之前，国王的父亲娶过一位米坦尼公主，埃及与米坦尼的友好关系就此板上钉钉。公元前 1380 年前后，米坦尼新国王舒塔尔纳（Shuttarna）就位，这一和亲的程序又重复了一遍：他将女儿齐鲁赫帕（Kiluhepa）嫁给法老，一起到来的是公主的整个随从团队，共三百一十七个女人。还有相伴而来的嫁妆和礼物，法老形容这是"一个奇观"，被展示出来让所有的朝臣官员参观，情形很像现代的婚礼喜宴。甚至，舒塔尔纳用于保佑自己的私藏雕像——形象为女神阿斯塔特（Astarte），等同于哈索尔——也被运来祝福女儿的婚姻。二十年之后，舒塔尔纳的儿子图希拉塔（Tushratta）继位，这整个的程序又重演了一遍。新王的女儿塔都赫帕（Taduhepa）如期嫁入埃及，甚至带来了更丰厚的礼品，其中也包括献给前新娘，也即其姑妈齐鲁赫帕的礼物。图希拉塔也再次运来了阿斯塔特的雕像，为的是让新娘塔都赫帕成为"满足我弟兄愿望、令他垂爱的形象"。他向法老表示："希望我们的女神阿斯塔特能给我们都带来极大的快乐，让我们继续当友好邻邦。"

这些热切巴结的言辞，与来自埃及诸侯藩王的那些谄媚逢迎的马屁相比，却又是小巫见大巫了。那些诸侯藩王向法老讨好卖乖："我是您的仆人，您脚下的尘埃！我要送我女儿去宫里，敬献给大王您，我的主，我的神，我的太阳！"尽管后宫已经有了数百上千的外族佳丽，阿蒙霍特普三世还是对其中一个藩王开了金口："我可以给你任何东西，只要找到美女来宫里负责斟酒。送几个绝色美女来吧，要毫无缺点的，争取能让本大王对你说：'这真是非常不错。'"

这些外国女郎来到宫廷，加入埃及国产的妃嫔行列。她们入乡随俗，取了本土化的名字，但那些名字翻译成英文之后却别有意趣，比如"追求者如云的尤物""猫一样的女子""像猎豹般火辣的脾气"，而就萨迪（Sati）夫人这一名字来说，意思则是"为了光辉灿烂的阿吞，此女带着暴怒火焰去击打"。尽管有人阐释说，这名字意味着萨迪夫人是一位古代的"挥鞭女郎"（SM），但这无疑是又一次指涉了哈索尔—塞克美特的双重人格特质：那种女性之美反倒会强化这女神的威力，而在各种仪式中，比如卡纳克的姆忒神庙里举行的仪式，这种威力会保护国王，从而维持和延续王室权威。

阿蒙霍特普三世是"姆忒的宠儿"，因此便在她的神庙中添置了更多的雕像。雕像都鲜明体现出猫科动物的主题，其中包括法老自己的两座巨大的斯芬克司像，虽然露出微笑表情，但会"在每一片外国土地上激起畏惧"。在1820年，这两座斯芬克司被运到了圣彼得堡。在那里，它们经常是被皑皑白雪覆盖着——略想一下，实在是很不协调。这两座狮身人面像曾经有不少于三百六十五座狮子头造型的花岗岩石像环绕四周。这些石像是塞克美特，"姆忒之火焰"，每个重量超过一吨。一年中正好每天一座石像，如此设计是要为国王提供连续的保护，而且还必须定期供奉大量的红葡萄酒与染红了的啤酒——这重现了古埃及神话中，女神打算要毁灭人类时，用于挫败其意图的方式。

这些象征符号与尼罗河洪水，与太阳的力量以及普遍意义上的生殖都直接关联，所以相似的仪式便在埃及全境的神庙中都得到模仿展演，尤其是在赫里奥波利斯——几乎从有记录可循的年代开始，塞克美特和拉神就在此得到膜拜。也是在赫里奥波利斯这里，阿蒙霍特普三世修建了献给阿吞的第一座神庙，还委派叙利亚出生但在埃及求学受教的阿培尔-埃尔（Aper El）担任庙里的最高大祭司。

在附近的孟斐斯，国王受到欢呼，被誉为"与普塔联合的"阿蒙霍特普。普塔是此城的创造者，国王于是指派他的大儿子图特摩西斯来担任普塔的最高大祭司。此头衔意味着那少年要去负责供奉创世大神的阿比斯神牛。此牛养在了神庙的金色畜栏中，死后也被做成木乃伊，内脏保存在差不多垃圾桶大小的"柯诺皮克"罐子中，它的木乃伊被葬入孟斐斯旁边萨卡拉的墓室中，入葬仪式由国王和大儿子领头主持。不过，图特摩西斯王子最出名之事是因为他的猫在萨卡拉也有墓葬。那猫叫"它喵"（Tamiu），这只饱受宠爱的小动物与太阳神之间有强烈关联，地位也因此进一步提升。因为，猫那感光灵敏度超高的眼睛，让它在黑暗之中也视力良好，所以在那些墓室壁画场景中，常常有猫眼睛，还加上镀金的涂层，好让它们能侦察和驱逐任何有可能危害墓葬主人灵魂的恶魔。

阿比多斯是另一个受到高度膜拜的地方，那里所谓的"奥西里斯之墓"依旧是信众们的朝圣之地。国王很可能有过计划，要建一座奥西里斯的地下圣祠，将每年一度尼罗河洪水上涨和退潮的水位组合呈现在建筑中。因为，在巨象岛已经建了献给女神萨蒂忒的一座新圣祠，来确认和感恩那座岛屿的作用——赋予埃及生命的洪水，在此处产生。

洪水当然也影响和惠及了阿蒙霍特普三世的诞生地法尤姆。阿蒙内姆哈特三世那"迷宫般"的宫殿综合体就建在那里。石英岩雕砌的他的两座巨型坐像矗立在卡伦湖畔，象征着这位老国王是"丰饶使者"，也象征着索贝克的无限神力。

这些壮观的具象化实体宣言，让阿蒙霍特普三世受到启发，他在苏梅努［Sumenu，也即达哈姆沙（Dahamsha）］为索贝克建了一座新神庙。1967 年，在当地一座垂直的、浸满水的竖井坑道中，发现了他的一座雪花石雕像，重达七吨。雕像中的国王与鳄鱼神在一起，而那竖井"据说是为了蓄养和繁殖索贝克在人间显灵的替身之物——鳄鱼"。

对尼罗河水的调配利用，不仅体现在马尔卡塔浩大河港的开挖上，还另有同样的一个案例——"在迪伊的家乡德雅如哈（Dja-rukha，也即阿克米姆）为她挖造一个湖"。这一片宽阔水域，可供王室成员登上游船，庆祝每年"大湖开启"的洪水节。第三处这样的水景，增建在了卢克索神庙的前面，注入的是"地下水，在湖中闪动欢乐清波"。底比斯西岸，位于康姆—赫坦（Kom el-Hetan）的国王的葬祭庙也融入了同样的水景设计。

这是埃及有史以来最大的王室庙堂，在这个地球上或许也是最大的，占地三十六公顷。这一规模空前庞大的项目，还由此时已然老迈的哈普之子来策划主理。这一片广袤浩瀚的建筑群，在一次地震——最近的年代测定表明发生于公元前 1200 年前后——之后，几乎完全消失了，随后又历经洗劫盗抢，只剩下两座被称为"门农巨像"（Colossi of Memnon）的法老雕像。不过，随着不断进行的考古挖掘将累积的尼罗河淤泥层清除掉，这座庙堂的遗迹也正逐渐重新露出地面。

葬祭庙被故意选址建在了洪水冲积平原的最低处，意图是利用每年 7 月到来的洪水的蛮力。大约一个月之后，随之出现的是地下水位的上升——在古埃及人眼中，这表明地下有第二条尼罗河，可以让死者获得新生活力。所以，就一座旨在复活国王的魂灵并为之持续提供给养的葬祭庙来说，这里是最佳地址。在这里，阿蒙内姆哈特三世那陷落在法尤姆洪水中的石英岩巨像，在五百年后经由阿蒙霍特普三世的石英岩巨像，得以复制再现。双子座石像矗立于庙堂第一道塔门前面，但塔门早已消失无踪，而石像前方据称曾是一个洪水灌注的人工湖。

雕像更远处另有两套塔门，两侧排列着的是更多国王的大型坐像，还有国王母亲、妻子和女儿们的石像。这些女性的石像也像门农巨像那样成对出现，但体积要小不少。一座多柱式厅堂引向了一个开放式的太阳神露天祭拜台，祭台周围环绕的一百六十六根柱子中间点缀着国王的雕像，雕像统一都是 7 米高。在北边的那些石像是棕色石英岩材质，代表下埃及；在南边的，是红色花岗岩，代表上埃及。以往朝代的王族再现时，雕像外层一般都是像奥西里斯那样被包扎起来，仿佛木乃伊形态，而这座葬祭庙中的石像身上披挂的都是常规衣物，打扮得像活人。

庙堂四边的墙体被后世的君王们拆除运走，弄到附近其他的地点去垒砌，刻画呈现他们自己的神庙壁画场景。聊以慰藉的是，建材的这种循环使用，倒也保存了阿蒙霍特普三世庙堂画面的原初色彩。在那些场景中，这位大王分别穿着各种各样的帝王行头，其中包括一个浑身披挂黄金、金光闪闪的太阳神的造型。

不过，这座庙堂最引人瞩目的一点，却是那些独立式雕像。多达一千座的雕像无须任何支撑物便矗立着，集体构成了"有史以来最大型的雕塑艺术项目"。除了王室家族的人物雕像，还有埃及的那些神圣生命体，比如鳄鱼、河马、蛇、圣甲虫和豺狗之类，以及数百座真人大小的诸神雕像——出自埃及四面八方的各路神灵。

王后的兄长，也即国舅安恩，是个天文学家兼祭司，据说知晓"天空的运行"。他在那庙堂中搞出了一个"三维立体的天文日历，来确保吉利欢庆的一年"。布阵当中包括另外又增加的三百六十五座塞克美特雕像，排列在太阳祭坛周围的那些柱子后面，藏在阴影里，以此代表一年中的每一个夜晚。在卡纳克建筑群的姆忒神庙中，已有三百六十五座塞克美特像，代表三百六十五个白昼。现在这里的夜晚布局被认为会与那边的白昼协同作用，而塞克美特是"大王陛下追随的女神，总数有七百三十个，是掌管年份的女主，是月份和日子的至尊主宰"，她的礼拜仪式如今可以恰切地度量测算出来。因为，原本只能白天使用的日晷，现在有了一项新发明来配合，那就是滴漏水钟，通过漏壶用量算过的水流来显示时间的流逝进度。那最早的水钟样板是雪花石材质，突出呈现在阿蒙霍特普三世的一个造型中——国王此形象的主题是"天空之神所钟爱者"。

塞克美特雕像因数量众多，现在可以在全球各地的博物馆中看到。但其他的雕像，眼下就只能取决于从地下到底能发现和发掘出多少了。已出土的，包括国王自己的一对站姿巨石像，各有13米高，重一百一十吨，近年被重新竖立起来，作为此葬祭庙最精华的构成元素之一。正如一位思维敏锐的现代雕塑家深有感触地说过，"生命短促，唯雕塑长存"，而这些雕像当年是被视为让国王永生的一种方式。国王死后，配备有专门的神职人员负责打理雕像，朝臣在此膜拜，定期供奉上祭品，以此来滋养存续阿蒙霍特普三世的灵魂。

这位大君最终在他的陵寝中安息了，而墓葬的地点又是完全标新立异的一种选择。因为，他最后的栖身之地是在国王谷人迹罕至的西侧边界。那里现在甚至还保留着那孤绝安谧的氛围，显得远离尘嚣，可谓是远离活人的天地。这个多层结构的庞大陵墓，内有三间墓室，分别为国王、王后和长公主预备。工程开始时，负责监管工人的依旧是经验老到的资深"工头"哈。经研究显示，哈自己的木乃伊，体内长有十四颗胆结石——如此荣耀的重任恐怕让他压力太大了吧。

不过，通过建造这座连神灵也欣喜的陵墓，哈得到了丰厚的犒赏。在其漫长职业生涯之初，国王祖父御赐他的那把黄金腕尺量杆，现在有了一只天然琥珀金碗来相配。碗上刻有阿蒙霍特普三世的名字，当初毫无疑问是装了昂贵的香水。与这两样东西相伴的，还有代表"金质荣誉勋章"的项链与配套的手镯，此物也一直戴在哈身上。他与妻子梅尔特的木乃伊都保存完好，于1906年在他们那原封未动的墓葬中被发现。夫妻二人的两具棺材上还覆盖着葬礼时撒到上面的那层灰土，而他们那数百件随葬品则完美呈现了一幅公元前14世纪埃及的生活画面。

两人的同代人，迪伊王后的父母于亚和图雅也有着同样幸福的命运。这对夫妻在1905年被发现，只比哈两口子提早一些。他们那基本上完好无缺的墓葬位于国王谷（国王谷第46号陵墓），是其法老女婿御赐的。当时参与发掘的考古学家写道："我真的几乎晕了……墓室看上去就像一座会客厅暂时闭门谢客的样子，只因主人们远行消夏去了。"因为，那里面除了图雅的首饰盒，于亚装假发的柜子，还有羽毛填塞的软座垫与镀金的椅子，而且还足够坚固，完全能承受法兰西王后的体重——墓葬发现后不久，那位考古学家就来参观了。夫妻俩那镀金的棺材与哈和梅尔特的是如此相似，所以肯定是在马尔卡塔的同一个作坊打造的。而这两人的木乃伊或许是有史以来制作得最精良的。于亚的下巴上仍然有着短硬的胡髭，图雅的左右耳则按当时的潮流分别扎过两个耳洞，两人的头发仍保持着黄褐色。

至于国王那不可计数的"兄弟姐妹、女人和后裔"，有的葬在国王谷别的地方，其他的则埋在库尔纳的山脚下，还有的则埋在西边远远的沙漠谷地中。王太后穆特姆维雅在儿子执政期的最后一个十年间去世，可能是葬在了马尔卡塔北边一点的王后谷。由于这里也安葬王子和朝臣们，所以图特摩西斯王子可能也最终长眠于此。作为王室长子和王位继承人，他在大约公元前1360年意外夭折，让父母一下乱了阵脚。

计划好的帝位传承同样也只能改弦更张，围绕剩下的儿子阿蒙霍特普来布局了。这位二王子此前的活动基地就是太阳神的崇拜中心赫里奥波利斯。他到达马尔卡塔的时机，正好赶上阿蒙霍特普三世第一个盛大的执政庆典，也即传统的即位三十周年庆。迪伊的私人管家赫鲁伊夫（Kheruef）记录了庆典盛况："大王陛下按照古人所写完成仪式。从祖先那时起，过往的一代代人还从未有过如此的周年大庆。"确实，至少是规模没这么大，远近各地、四海八荒的属国臣僚和外国代表团都带着贺礼纷至沓来，而每个底比斯人，从神职阶层到女佣，都被豁免税收，以此作为盛大庆祝活动的一个内容。

首先是国宴，即"国王的早餐"，包括面包、牛肉、禽肉和大量麦芽啤酒，然后国王夫妇乘坐金色游船驶过王宫前的河港，接着坐上滑竿轿椅去往国王的葬祭庙。在那里，君王的力量得到复原再生，必经的仪式涉及哈索尔，而代表哈索尔的是王后迪伊领头的王室女眷行列。这个光彩熠熠、华贵雍容的队伍中，包括所有的"王室女儿"以及外国首领家的公主。

及至此际，王室家庭成员和精心遴选而出的朝臣之外，神秘仪式的观众基本上就是那众多的神祇了，他们的精魂寄寓在各自的雕像中。一起集结在场的还有所有先王不死的英灵——都是"荷鲁斯的后继者"。在这一观众群的见证下，阿蒙霍特普上演"狩猎""祭献牺牲""胜利"的各个环节，当然还有跑步那道程序。

接下来是一个不眠之夜。舞蹈女郎们身穿古王国的服饰，热烈欢舞，伴随着《来吧，金色女神》这一主题歌曲那振奋昂扬的歌词："歌者在唱诵，心随之而起舞，真好！在安睡的时辰，照亮我们的欢宴，彻夜享受热舞！快乐的队列，从醉乡之地开始；女人们高高兴兴，醉汉们在这凉爽之夜为你摇起铃鼓；凡醒着的，尽皆为你祈福！"

得到必要的力量之后，复原新生的国王在黎明时分起来，去执行下一个仪式表演：竖起那类似于五月节花柱、代表奥西里斯脊椎的耶德柱（djed pillar）。柱子要用绳子向上拉动竖立，在象征意义上复活那位阴司之神，并将同样的稳定局面带给这片土地。面对这一力量的考验，国王再一次得到了那主要是女性组成的亲友团的激励和助威——通过言辞和肢体动作。演出完毕，法老对王座的占有权便成功续期。

然后，迪伊和公主们一起向法老呈上她们的叉铃，对他说，"伸手去追随美好的那一个，去抓住哈索尔的光彩之物，去靠近那天空女神的荣耀"，而女神本身也被假定会现身来审查和见证这全套进程的最高潮——国王重获青春，化身为拉神，"在地平线上熠熠闪光！因为您已再生，是天空中的太阳圆盘"。

既然已转世为"光芒闪耀的阿吞"，阿蒙霍特普三世不再被认作是太阳的代表，甚至也不复是太阳之子，而是按照官方的意志和说辞，直接就是在人间的太阳神本尊，要受万众崇拜敬呼："我的主，我的神，我的太阳！"

那些年，尼罗河洪水处于理想的最佳水位，让这片土地得到了最大限度的丰饶收获。于是，这位新的"神王一体"法老被呈现为丰满圆胖、雌雄同体的尼罗河神哈皮的模样。因此，尽管在现代曾被鄙薄地说成是"胖得令人生厌的一个老头"、一个"女人气的"异装男、"挺容易就会被误以为是女人"，但这位法老的这些造型却是有意为之，把他描绘成"神与人类的慈母模样"，而他的名号被拔高为"伟大的他—她"，将男神和女神的力量都集于一身。

不过，这些神力都需要定期地补给和更新。于是，在公元前1357年前后，又举办了第二次排场奢华的执政庆典。这一次，似乎是记得邀请巴比伦国王卡达希曼-恩利尔了吧，因为此人之前来函抱怨过，"搞那么风光的庆典，你却没有派信使来给我捎个口信说，'过来吃喝，热闹热闹'；节庆搞完了，你也没有送个纪念礼物给我"。可是，此前的冷落怠慢或许是故意的，因为法老在回复中给他写道："对你而言，你只送了一件贺礼给我。我们还怎么欢笑畅饮？"

国王的第三次执政庆典举办于公元前1354年前后，重点当然还是一如既往，展示王室英勇非凡的武艺。不过，与此前的同类活动比较，这次相当低调。因为国王已经五十岁了，那已被推拒和回避已久的大限之日正渐行渐近。一年之后，光芒闪耀的阿蒙霍特普三世驾崩。

消息传到叙利亚时，米坦尼国王向已成寡妇的迪伊致函："当我听说我的兄弟已顺从命运的召唤而去时，那一天，我坐着哀哭不已。那一天，我没吃东西也没喝水，就只是悲泣。"

不过，阿蒙霍特普三世继续被当作阿吞受到敬拜，死后一如生前。既然他实在的肉身构成了埃及最伟大神明的具体附体,那对他遗体的木乃伊制作就具有了无法估量的重要性。因此,尽管涂膏防腐技术现在已经达到了最高水平,可以制作出像王室岳父母于亚和图雅那样栩栩如生的木乃伊,但国王还是留下了指令,要把他的木乃伊做得与众不同,要蕴含和反映出他的太阳神身份。

制作程序当然是在他的葬祭庙中进行。那里独具匠心的建筑,将太阳和水的力量与奥西里斯的阴司力量结合在一起。内脏从国王的身体中取出;尸体被涂刷上一层树脂,形成金色的保护层,而树脂是来自广袤帝国的其他地域和境外。然后,尸体被浸没在溶液中,溶液是用尼罗河水与来自北方纳特伦谷地和南方卡布的天然泡碱制成;这一葬仪用品的配方,在联合了埃及两方土地的同时,也借助其中化学性质有微妙差异的两种泡碱,让防腐效果达到最优。

浸泡三十天之后,血红蛋白全都从遗体中滤出,形成一种亮红色的、羊水一般的液体,那尸体便从溶液中取出,仿佛在肉体意义上得到了重生。接着是风干过程,这期间通常都是满屋子的燃香烟雾——既是为了召唤神祇下来帮忙,更是为了驱赶苍蝇。然后,遗体被涂覆更厚实的第二层树脂,树脂被预先加热过,以便能将肢体严密地封闭起来。"这一步骤搞定之后,木乃伊的四肢器官各部位,除了本身的皮肤包覆,就都有了一层如石头般的硬外壳"。这是出于有意识的谋划设计,想让遗体转化为"一个雕像一般的木乃伊",就如国王的塑像那样受到长期敬拜,永垂不朽。

穿上黄金打造的帝王行头,再用多层亚麻布包裹,最后又锦上添花,罩上一只黄金死亡面具之后,国王的遗体被放进了黄金棺材的安乐巢穴中,终于准备妥当,可以进行国葬了。领头主持国葬的是大王的儿子兼继位者阿蒙霍特普,还有沦为寡妇的迪伊。

在国王谷西侧那阔大的墓葬(西国王谷第 22 号陵墓)中,国王被隆重下葬，最终可以安息了。修墓的工匠们封上了墓室的入口，用灰泥涂抹封闭严实。他们在墓室外面又另外刻画了国王与众神在一起的更多场景，就跟在陵墓其他区位所绘制的精致画面一样。然后，他们回填堵掉了墓穴中的通道，并将陵墓外侧主入口封闭。

至此，太阳神大王彻底长眠。

17. 太阳神的余晖所及：

约公元前 1352—公元前 1295 年

新法老阿蒙霍特普四世（约公元前 1352—公元前 1336 年在位）继承了父亲的王座、财富、宫殿、马匹和官员班底，甚至还有那些妻妾妃嫔，其中就包括米坦尼的塔都赫帕公主。然而，父亲的才干貌似没有遗传到他身上。

虽然现代学界继续把阿蒙霍特普三世的所有创新之举都归功于这位四世的名下，但这个儿子其实只是一个苍白的影子。尽管他不遗余力，真心想效仿他父亲，但没有同样的外交手腕来支撑，局面很快就开始分崩离析了。

米坦尼的图希拉塔仍心怀希望，写来公函："当他们告诉我，阿蒙霍特普与迪伊在世的最年长的儿子要继位称王时，我就说了：'我的兄弟没死！他的大儿子现在接替了他的位置，但不管什么都不会变化的，还将跟以前一样。'"然而，这位新王却得罪了他的米坦尼盟友——原本承诺送整块纯金给对方，结果送过去的却是镀金的雕像。

于是，迪伊接管了外交通信事务，发函让米坦尼国王安心："我的夫君一直对令尊表现出深厚的爱意，并对你也保持了这种情谊。你肯定不会忘了你对我夫君的爱戴；对我们的儿子，请给予更多的爱戴！你一定要继续派友好使团过来。请千万不要中断和取消！"图希拉塔给新王回复："我向令尊说过的所有那些话，令堂都一清二楚。除她而外，没别的人知道，所以你一定要向令堂询问，那她就可以告诉你详情。"作为王室位高权重的女性，迪伊以王太后的角色或资质伴随在儿子身边。其子的早期雕像，都突出显示母亲那指引方向的手臂环护在他身后。这至少是持续到了阿蒙霍特普四世称王的第二年。这一年，他选定娜芙蒂蒂（Nefertiti）为"王室大妃"。毫无疑问，这个王后人选是在他母亲的引导授意下胜出的。

这是埃及最广为人知的面孔之一，但娜芙蒂蒂的身世缘起却无从得知，尽管她很可能是属于某个旁系小王族，也许是阿赫摩斯－内芙尔塔里的支系后裔——"这位女先人在底比斯被当作神灵受到膜拜，其后嗣之一迪伊王后又大大推进了这膜拜敬仰"。有猜测指出，娜芙蒂蒂是迪伊的侄女，也即迪伊最小的弟弟艾伊（Ay）的女儿，而他的正室妻子苔伊（Ty），史界已确认曾为娜芙蒂蒂的奶妈。

也有另一种可能，那就是娜芙蒂蒂的父亲或许同为阿蒙霍特普三世，而生母则是法老的众多外国妃嫔之一。如此假说是因为娜芙蒂蒂的头衔之一是"女继承人"，而且她和新婚的丈夫被描绘成神界双胞胎舒和忒芙努特的样子，而那又是创世者太阳神——以阿蒙霍特普三世为象征——的两个孩子。这对夫妻联袂出现时，通常都是在敬拜太阳神阿吞，而新国王还反复地呼告说"阿吞吾父"——这意义倒也是实实在在，表明他爸爸已等同于太阳。两人把阿吞的名字写入成对的帝王盾徽中，甚至还修正自己的名字来融入阿吞的元素。娜芙蒂蒂取了第二个名号，曰"纳芙尔内芙露阿吞"（Neferneferuaten），意思是"阿吞精致又完美"，而她的丈夫紧随其后，把出生名阿蒙霍特普改成了如今世人更为熟悉的埃赫纳吞

（Akhenaten），意思是"对阿吞有益的人"。

尽管奉太阳神为至尊，并将其置于所有其他大神之上，但这对夫妻明显也继续尊重认可其余的传统神祇。他们手下的官员们仍然能够通报说，在孟斐斯的普塔大神庙中，"给所有男神女神的供奉都已足量发放了"，而就是在那里，新建的阿吞神庙已经装饰完毕，其中出色的壁画场景重点描绘了娜芙蒂蒂。同时，阿吞也被积极地宣扬普及到了南方，远至努比亚的卡瓦（Kawa）和索利卜。

至于在卡纳克的工程计划，国王夫妇想循着父辈开创的先例，将其发扬光大。不过，看看那座镶满宝物的圣祠，想要照传统模式超越前辈不免困难重重，因为仅仅这一个圣祠，原先用于包覆其表的亮闪闪的黄金，就重达六吨。于是，夫妻俩转而另寻他途，打破固有框架去思考——还相当名副其实，真是出了"框框"——弄出了全然新颖的一样作品。

"出框"的地方就是卡纳克外缘最东边的城郭，最靠近黎明时分太阳升起的地方。远在城郭外，他们的主神庙杰姆－帕－阿吞（Gem pa aten），意为"找到阿吞了"，很迅速地就成形了，长610米，宽200米。效率如此之高，是因为所用的小块石材，在砌筑时要容易得多。庙堂墙上刻画了膜拜阿吞的场景，娜芙蒂蒂在其中出现的频率是丈夫的双倍。她领头举行露天的太阳敬拜仪式，同时在场的还有两口子尚处婴儿期的女儿梅丽塔吞（Meritaten，意即"阿吞的宠儿"）。在很大程度上类似于先辈的"神之妻"女祭司们，娜芙蒂蒂还要"在神清晨起来时满足他"，以此来保持神圣火焰的热烈昂奋。

这阿吞新神庙最令人讶异的一点，却是二十八座帝王巨石像。石像是由宫廷御用雕塑家贝克（Bek）创作，或者至少说是重刻加工而成；贝克自称是"只受陛下本人指令差遣"。之所以让人惊愕，是因为有见解说这些卡纳克石像"实际上原本是阿蒙霍特普三世的雕像，在阿蒙霍特普四世执政初期被重刻了"，太阳神大君那圆脸被修改为瘦长形，变成一个新面相，具有夸张强调的五官特征。

每座石像都戴有法老王冠和假胡子，所以整体上被认为是代表了埃赫纳吞。不过，有几座像显示是裸体状态，而且缺少男性生殖器，这就导致了各种各样的理论推测，声称新王肯定是个太监，或者是阴阳人，或者是受到了畸形综合症的困扰，从弗洛里赫综合症（过度肥胖导致性器官发育不良）到马凡氏综合症都有可能。这一种理念，即石像中有一半也许就是女性，她们在人们的思维中消失了——他们拒绝承认有任何女性法老，只除了哈特谢普苏特。但这些雕像只不过是再现了埃赫纳吞和娜芙蒂蒂，重复成对出现则代表之前提过的太阳神家的双胞胎儿女。而原初的石雕正是表示太阳神的形象，而经过重刻，新雕像确实就是从其"母体"中生出（恰好对应了舒与忒芙努特诞生的传说）。

负载了如此强烈政治意味的造像，在古代的阿蒙神祭司们眼中显然离经叛道，而对很多埃及学家来说，这一现象被证实也同样令人心神不安。祭司群体开始发出反对的声音，埃赫纳吞则严厉指斥那些他听闻到的"坏话"。他声称，那些邪恶言语"比我父亲听到过的更坏，比我爷爷听到过的，比我曾祖父听到过的都更坏"。他列出的先王，向前一直延伸到阿蒙霍特普二世，原因就在于他是最早采取措施来限制卡纳克神职权力的法老，把太阳神抬升到了显要地位，为阿吞赋予了实在具体的形态。

新王夫妇做出了快速的反应。他们从叙利亚和巴勒斯坦的驻军中召回了相当多的兵力，然后开始销毁和清除阿蒙神的所有痕迹，派特别代表奔赴全国各地去抹除涉及阿蒙的任何文字与图像，意在让尊奉此神的祭司们沦为废物。底比斯是阿蒙的崇拜中心，审查和销毁行动的重点当然就在此地。卡纳克本身直接被强制关停，那里大量的各类人员即刻失业。全国范围内，对阿蒙的敬拜被勒令取消和解散。那些基于此信仰而形成的市民教友聚居区以及宗教活动中心都遭封闭或拆除，由此在实效上等于是动摇了——即便不是摧毁——国家很大一部分的基础设施。

从神庙府库中没收的、数百年累积下来的财富，现在陈列到了新神祇的脚下，这几位大神就是阿吞和他神圣的子女——埃赫纳吞与娜芙蒂蒂。现在，他们有了财政资源，可以开建一座全新的城市。新城远离底比斯，在中埃及一处偏远的地方。正如国王所宣告的那样，那里"不曾属于哪一位男神或女神，也不曾属于任何的男女统治者，也不曾属于任何其他人"。

如今，当地为人所知的地名叫阿玛纳丘地（Tell el Amarna），但法老夫妇最初将其命名为"埃赫塔吞"（Akhet Aten），意思是"阿吞的地平线"，因为太阳是从该地东边小山间的一道空隙处升起，构成了象形文字中的 akhet，也即"地平线"之意。这一名字也可能是基于"Akhet Khufu"，意即"胡夫的地平线"，而那是吉萨大金字塔最初的名称。正是吉萨当地的氛围启迪激发了第十八王朝的帝王们掀起的对太阳神的仰慕膜拜。

埃赫塔吞的边界，由一系列的十六块大石牌标示出来。牌子上的铭文宣布新城是对阿吞的一种纪念，在这里要建一系列阔大的新神庙，阿吞将在其中接受膜拜。此地还将有一个新的国王谷，不过不是在太阳沉落的阿玛纳的西岸，而是在东岸。

因为东岸是太阳升起的地方，在规划中的王室大墓场上方。国王下令，即使他们去世的时候远离这座新城，他和娜芙蒂蒂以及两人的孩子死后全都要葬在这里。他们还制订了进一步的计划，为赫里奥波利斯的神牛穆尼维斯（Mnevis）也另建一座墓穴——据信太阳神的精魂就寓居于那神兽体内。因此，甚至连阿蒙霍特普三世也有可能被重新下葬到了此地，或许就埋在那谷地中最长的墓穴里，该墓一直向斜下方延伸了 40 米，凿进了岩床。无论是王族还是朝臣，有时候都同样会被挖掘出来，与后世的家庭成员重葬在一起。所以，这看起来还是有相当大的可能性：既然特地建了一座新城来向阿吞献礼，那么太阳神的这两位最虔敬最热切的信徒，或许就已经计划要把阿吞的实在肉身（注：指阿蒙霍特普三世本人，因其已被奉为太阳神）从底比斯转移到这里来，况且底比斯已经不再享有全天候的安全保障。建造陵墓的工匠，现在迁居到了这新都城，以至于先前的"工人新村"德尔—梅迪纳也被废弃了。

在阿玛纳，先王阿蒙霍特普三世被描画成仿佛还活着的样子，在其寡妇妻子迪伊的陪伴下安享人生，而真正陪伴王太后在此消磨时光的是她的儿子与儿媳娜芙蒂蒂，还有夫妻俩那逐渐壮大的家庭。当他们的二女儿梅克塔吞（Meketaten）不幸早夭后，那做成木乃伊的遗体也同样被描画成活人一般，直直地站立着且身穿华服，而不是裹着木乃伊的包扎布。阿蒙霍特普三世在阿玛纳存在的实体，大概能解释史学界既有的一个假想，即这段时期是父子联合执政，但事实上那老国王只是一个沉睡的死人搭档而已。这与更早期索贝克内芙露和她亡父阿蒙内姆哈特三世之间的联合执政很相似，不过此疑问已经被澄清了，因为它"更多是表达追怀纪念，而不是陈述事实"。

因此，或许这一点能够成立：自封为光芒闪耀的阿吞本尊的先王，其木乃伊被移葬到此，是为了让这座新城的建造名正言顺。太阳神真身成为这里最核心的焦点之物，城中的主神庙建筑群都要与之匹配。

这座城市的修建速度自然是相当之快。1892 年，在这里研究的

最早一批考古学家认为城区的大小与英国的布莱顿堪可比拟。他们
画出了这里的平面布局，同时也画出了其中的道路系统；王室家
庭，甚至包括年幼的公主们，都曾在这些道路上驾乘过马车。他们
那四座宏大的宫殿，分布在有精致园林设计的这片地域中。宫殿之
间，除了车道这一交通方式，还附加配套了类似天桥的步行通路，
可供在大王宫与国王的寝宫之间走路来回。而寝宫那富丽堂皇的室
内装饰则仿造马尔卡塔的样式，引人注目的是同样自然写实的壁画
场景和奢华的装饰设计。也有一些家庭生活主题的亲密画面，描绘
了曾在此生活的那些王室人物；壁画里甚至包括了国王家庭中有些
成员自己的贡献——根据低矮处墙壁上体现孩童特征的胡乱涂抹，
考古学家们辨认出了王室育婴室与儿童游戏室。

不过，王室家庭不仅包含娜芙蒂蒂的六个女儿，还包括她们同
父异母的兄弟（或者甚至可能就是亲兄弟）图坦卡吞（Tutankhat-
en），其出生名的意思是"阿吞活着的形象"。几乎可以确定，他在
阿玛纳出生，父亲是埃赫纳吞。尽管他的生母依旧难有定论——是
不是埃赫纳吞的妃子吉雅（Kiya），或者按照有人猜测的，就是娜
芙蒂蒂本人——但至少在相当程度上，这男孩是由玛雅（Maia）夫
人抚养长大的。她自豪地宣称她是幸运者，曾"养育了（太阳）
神的骨肉"。

除了日益壮大的家庭，国王夫妇的精力也专注于阿吞膜拜活
动。信仰聚焦之处就是那些新神庙，其中最主要的是阿吞大神庙。
此庙特意设定了方位走向，旨在与周边的地貌协同。它沿着王室墓
园与东方的地平线延伸了几乎有 760 米，这座广阔的无顶式露天综
合体，其间安置了总数达一千多的供奉桌、祭坛与国王夫妇手捧石
盘向身前托出的雕像。大量的图像还被复制到了神庙墙壁上，都是
重复出场的埃赫纳吞与娜芙蒂蒂在进行日常祭拜，供奉之物有鲜

花、香水香脂、焚香、食物和酒水。酒水中包括了在娜芙蒂蒂自己的酿造作坊里生产的啤酒。1990 年，根据遗址中残存的遗留物，该啤酒被重新酿制出来，在伦敦哈罗德百货出售，以此作为一种新奇的方式来筹资赞助仍在进行中的考古发掘项目。而那些宗教仪式也并非十分庄严沉闷，反倒在风格上有点像福音派传道的狂热氛围，伴随有"歌者与乐师，在埃赫塔吞的所有神庙中抑扬顿挫、亢奋激昂地呼喊咏唱，颇有快感"。

除神庙与宫殿之外，城中也有用于政府办公的建筑，其中就包括外交部，或者说是"法老通信事务局"，有不少的外交信函在那里被发现。朝廷重臣们的别墅也建在新城，比如总理大臣纳赫特（Nakht）、最高大祭司帕尼赫希（Panehesy）以及王室亲眷艾伊和苔伊夫妇的别墅，他们当中有很多人也得到了御赐的豪华石窟墓葬，就在与新城相邻的山地崖壁间。城中还有工匠们的家和作坊，比如说首席建造师哈迪阿伊（Hatiay）与御用雕塑家图斯摩西（Tuthmose），后者的木架子上曾陈列着非常出色的艺术品，例如娜芙蒂蒂那尊闻名遐迩、戴着高高的蓝色后冠的彩绘胸像——如今，这件永恒的杰作收藏在德国柏林的埃及博物馆。

埃赫塔吞的制造业设施生产出玻璃与陶瓷器皿，仓库和谷仓用于储存食物，畜栏棚舍中圈养牛、绵羊和猪。此外，还有那些简陋的居住用房与近些年才发现的平民墓地——彼时该城的人口大概有三万，其中绝大多数人只能享有这些东西。建造、维持和养护新城的民众是构成三万人口的主力，但这里也有负责守卫城市的大量士兵，其中包括来自叙利亚以及更远地域的外籍雇佣兵。在一座房屋中发现的莎草纸残片上就突出描绘了爱琴海装束模样的士兵，穿着特色鲜明的兽皮铠甲，戴着野猪獠牙样式的头盔，他们被认为是迈锡尼人，"在法老的军队中服役效力"。强有力的军事存在是至关重要的，王室家庭在他们豪奢的世界中安然度日，出席各种仪式，外围总有一层"茧"负责护卫，那就是"锦衣卫""飞虎队"，领头的是警察总长马胡（Mahu）。这支快速行动卫队奔走在王室御辇的前后左右，气势就像现代的总统车队。

这类场面中所弥散着的剑拔弩张的威吓气息，在埃赫纳吞与娜芙蒂蒂处决敌人的图像中也反映出来。两人都穿着一身壮汉气质的行头，有时候还有阿吞的现场协助，阿吞有多条胳膊，常常同时挥舞着狼牙棒和半月弯刀。埃赫纳吞固然被誉为一个温和的改革者，也是"世界上第一个单一神论者"，但他那所谓的"宗教革命"从根本上来说就是对阿蒙祭司集团的镇压。外族的那些封臣则受到警告，任何的背叛者都将戴上镣铐押到埃及来，他们和他们的家族成员"将会死于法老的利斧之下"。公元前 1340 年前后的一场叛乱平定之后，努比亚的阿库雅狄（Akujati）部族造反者，甚至被国王下令钉在尖木桩上处死。

虽然有如此残酷的镇压，埃及的大帝国仍旧开始分裂。随着大批量的军队被召回本土境内维护秩序，外邦的封臣诸侯们相互打起了内战，展开利益争夺。比布鲁斯的芮布哈达（Ribhadda）与约旦谷地的女王尼努马赫姆丝（Ninurmahmes）都送来呈文，说发生严重动乱，请求法老的兵力援助；卡特纳（Qatna）的亲王阿基兹（Akizzi）也发来求援信，但还未等到救兵，他的王宫就被摧毁了。正如卡特纳的行政长官所汇报的那样，家园土地被践踏，"到处冒起火焰"，入侵者是赫梯人，他们现在"攻占抢夺了原本属于米坦尼国王的全部地盘"，而米坦尼正是埃及长期的同盟国。

但是，王室夫妇却将注意力放在了展示帝国实力的另一种方式上：举办一场隆重气派的国宴式招待会，地址就在他们的新都城中，而这个王权新驻地是为了向阿吞致敬，带给其更大的荣耀；作为阿吞的联合代表人，这也是他们的荣耀。

为此，他们邀请各地代表团来赴会，远至叙利亚、巴勒斯坦和蓬特、努比亚，还有爱琴海地区，甚至是惹麻烦的赫梯都受到了约请。阿玛纳的壁画场景描绘了这些客人的到来，一并带来的礼物也被这样列举出来，"有叙利亚和苏丹的朝贡，有西方和东方的礼赠，来自所有国家的贺礼都在同一时间送达，绿色大海中的岛国也出席"；绿色大海，即指地中海。这倒也并非夸大其词，在阿玛纳发现的大量迈锡尼陶瓷文物只是进入埃及的外国货的一个代表例证而已，"有一船货，从阿尔戈利德（Argolid）直接运往埃及宫廷……其中包含有芬芳的橄榄油，作为问候之礼献给埃赫塔吞"。

新城的居民们也加入庆祝活动。他们拍手称快，尽兴起舞，兴奋地上蹿下跳、欢呼雀跃，一边眼馋心热地看着来自世界各地的新奇货物。朝臣们的墓葬壁画也描绘了各种肤色的外国使臣双臂高举着表示崇敬爱慕，然后趴伏在地亲吻国王夫妇面前的地板，而尽量多的观众也被召集前来，来现场亲眼见证——看起来，那像是一次公开张扬的加冕礼。

既然埃赫纳吞已经称王十二年，因此这样假设也并非不合理：这个盛大事件标志着娜芙蒂蒂自己晋升为完全和正式意义上的联合执政者，而彼时她也恰好启用了新名字"安柯赫普鲁拉·内芙尔娜芙鲁阿吞"（Ankhkheperura Neferneferuaten）。她的形象显示她所戴的王冠和所穿的王室服饰都与她丈夫的一样，属于帝王专利。加冕时，两人彼此靠得非常近，以至于他们的身影轮廓几乎融合成了单一的王权实体，两人的手也交缠在一起。由此带来的画面中王后的空位，现在由他们的大女儿来填补，这是仿效了哈特谢普苏特创设的最早先例。

不过，虽然得到了古代世界的欢呼和认可，这一排场壮观的仪式却并不能阻止帝国全境各地不断增强的无政府动乱趋势。随着国家的进一步分化，来到王室新都城的就并非只有丰富的外邦朝贡了。

尽管有层层设防、多种多样的安保警卫措施，"一个杀手"已经悄然抵达。

阿蒙霍特普三世执政期间，已经有过外交信函警示说，"吾邦域中有瘟疫！"国王然后就向"瘟疫女神"塞克美特寻求救助。塞克美特的祭司们的任务就是要安抚这女神，让她别发脾气，于是他们编写了"针对那'亚洲病'的咒语，用克里特人的语言说出来"，而那很可能就是为了对付腺鼠疫。

在整个近东地区，这一疫病扩散开来，传染比例已达到瘟疫规模。乌加里特的统治者请求埃赫纳吞给他派去一名医生，而伽兹如（Gazru）的市政长官则在信中写道，"吾主，请派弓箭手前来，请赐予没药用于治疗"——那里面临双重威胁，有战乱也有疾病。

在埃及境内，瘟疫已经至少让被送来和亲的一位巴比伦公主丧命了。在阿玛纳那居民过于密集拥挤的后街小巷中，"传染病扩散的条件已经成熟"。王室家庭甚至也难保安全，因为根据图像资料判断，那场国宴式招待会是有些成员最后一次出现的公众场合。受害者可能是娜芙蒂蒂最小的女儿，她们那幼小的尸身应该也被安置在了王室陵墓中，就像她们早夭于七岁的姐姐梅克塔吞——已经葬于那里的一个侧边墓室中。

古代法老们将他们的女性亲属葬在自己的陵寝综合体中的惯例仍在延续。公元前 1338 年前后，王太后迪伊薨逝，也照例埋在了阿玛纳的王室陵墓中。埃赫纳吞的一个妃子吉雅似乎也葬在了那里。

埃赫纳吞自己的大限也很快到来了，就在他有记录可查的最后一个执政年稍后，大约是在公元前 1336 年。他殒命的确切时间，以及死因都无从知晓，有可能是自然死亡，要么就是感染了瘟疫，或者是多种综合症之一导致了死亡——有人声称那些病症影响和困扰了他的一生。还有人甚至指出说他也遭遇了几位前辈法老的不幸命运，被刺杀而死，因为当时肯定有一些人希望这位离经叛道的非正统国王早点死亡，而他那些灾难性的政策也能就此停止施行。

反正他是死了。不过，权力现在稳稳地落在了他既存的联合执政者，即安柯赫普鲁拉·内芙尔娜芙鲁阿吞，也即娜芙蒂蒂——她眼下又用了一个新名号"斯蒙赫卡拉"（Smenkhkara，约公元前1338—公元前 1336 年在位）手中。她的头衔按传统写出来都带有一个指示女性的限定成分，后世的官方帝王名录也承认了第十八王朝的末期有过一位女法老的存在。这位统治者被描绘成头戴王冠的样子，却明显是女性的体形。

但直至 20 世纪上半叶告终，很多埃及学家仍旧坚持主张法老只能是男性，只接受哈特谢普苏特是唯一的例外，而不愿承认有任何其他的女性法老。令人困惑不解的"斯蒙赫卡拉"，其文献证据出现时，妇女参政论者都已经在伦敦白厅街上示威游行，并高声呼喊和质询：为何在古埃及女性就已能独掌绝对最高权力，反倒她们现在却连基本的选举权都没有，但这个事实对那些顽固派毫无作用。只要涉及男权建制派的利益，看似最好的解释就是把斯蒙赫卡拉想象为某个身世玄秘的王子，长得女性化，取代娜芙蒂蒂赢得了埃赫纳吞的欢心——就跟"哈德良皇帝与少年安提诺乌斯"的版本一样。或者，干脆就像《星期日泰晤士报》在近些年简洁明了地提出过的，其"更可能是男同，而非女性"。

既然至今还未有任何切实证据表明有过一个名叫"斯蒙赫卡拉"的男人，因而埃赫纳吞那女性模样的继任者肯定就是娜芙蒂蒂本人，只不过启用了帝王名"斯蒙赫卡拉"。她的大女儿梅丽塔吞继续扮演王后的角色，而她活着的第二个女儿安赫森帕阿吞（Ankhesenpaaten）则被嫁给了其同父异母的哥哥图坦卡吞，由此将存留下来的王室血统线索编结到了一起，构成一个新形式的君主政权。

她们领头操办了埃赫纳吞的葬礼仪式。葬礼配套的咒语唱诵声称，他的灵魂"将被永生的阿吞的臂膀托举着，飞向天空；没有任何灾祸能危害你的肢体，你将保持完整，你的躯体永不会腐坏，因为阿吞在黎明升起时，你便追随着他"。

然后，埃赫纳吞的木乃伊被葬在了阿玛纳的王室陵墓中。石棺上刻有他的各种名字、头衔和阿吞的名称，而在石棺的每一个角上刻的都是娜芙蒂蒂站立的造型，张开双臂为死去的法老提供最大限度的保护。这一陵寝中，娜芙蒂蒂的名字是出现最为频繁的，这就暗示了丈夫的葬礼由她负责操办，随后她便开始执掌朝政，但持续期可能只是一年或两年的样子。这位女性君王有一个雕塑造型特别令人吃惊，年龄显得比她那尽人皆知的胸像要老不少，在她纤柔的肩膀上似乎承担着整个世界的重压。

过往的十七年间发生过许多动乱，埃及也因此举步维艰，几近崩溃。民众在经济上忍受着深重的苦难，整个帝国摇摇欲坠。局势越来越糟糕，在这个与世隔绝的偏远新都城来治理国家已是困难重重，务实的君主看似发起了逐步回归的动作，想通过恢复旧秩序来逆转家国命运。这想必是听从了亲属的建议，而那位国王正是艾伊，即王太后迪伊那极具影响力的弟弟，也即图坦卡吞的舅公。

随着阿玛纳被逐渐抛弃，孟斐斯再次成为行政首都。王室家庭的时间分别在孟斐斯和底比斯度过，这似乎表示卡纳克的祭司群体又获准重操旧业。在这动荡不安的时期，能说明这一事件的线索虽

然非常少，却仍有保存，其中之一就包含在底比斯祭司帕瓦
（Pawah）所写下的墙壁刻字里。那段话是以"赞美阿蒙！"开始，
而阿蒙的名字已遭禁绝许久。帕瓦接着坦白道，"能说出您的名字
真是开心！就像又尝到了生命的味道！回来拯救我们吧！万物皆为
虚无时，您就在这里，万物消失之后，您仍将在这里。请从远方归
来，让您的仆人帕瓦能再次目睹您的荣耀！哦，阿蒙，伟大的主，
请驱走我们的恐惧！请让我们心中充满快慰！"

这是真正发自内心的呼喊，祈求阿蒙归来并恢复秩序。但阿蒙
此前已遭多年怠慢，祭拜体系荒废已久。有报告说："从三角洲到
阿斯旺，男女众神们的庙堂都已沦为废墟。圣祠已然倾圮崩坏，埋
没在野草丛中，建筑原址成了（公众的）通道。诸神已经抛弃埃
及，背对吾国。如果现在派军队去远征黎凡特，就不会有胜利。即
使有人向众神祷告，他们不会回应也不会来。人心衰弱，意气低
迷，只因曾有的一切都已被毁坏。"

政府出资的修复工作开始了。朝廷"从当地官员的孩子中选拔
祭司，安排任职"，人员短缺的情况下，就调用王室的仆役去补足。
此前的那些从业者，不管是祭司或是在神职领域服务的其他人也能
得到任用，重操旧业，而那些老神庙的重新开张也标志着经济开始
恢复。

民众和众神都被描述说是"心中充满了快乐，既然好事已经发
生，欢笑就传遍了整个国土"。底比斯的大神再次被尊为国家主神。
这一公开的最高层表态，对王权与宗教集团之间的和平休战给予了
正式确认。

图坦卡吞与安赫森帕阿吞，两人都以官方姿态放弃了阿吞，转
而向阿蒙示好，改名为后人更熟悉的图坦卡蒙（Tutankhamen，约
公元前 1336—公元前 1327 年在位）与安赫森阿蒙（Ankhese-

namen）。在卡纳克那整饬一新的神圣地盘上，他们的新雕像被竖立起来。新王获得了一个修饰性的别称"图坦卡蒙，一生都在重塑神灵形象的人"，埃及和努比亚的神庙也由此再度成为各色传统神祇的居所，而伴随这些神灵造像的就是新的法老夫妇。卢克索神庙中的工程，在图坦卡蒙祖父阿蒙霍特普三世的执政时期开始，但被埃赫纳吞中止，现在又重新续建了。在远至努比亚南方的索利卜，图坦卡蒙那光辉杰出的祖父曾修建壮观的神庙，他则又为之增加了自己的装饰组件。

艾伊现在成了总理大臣，也是阿蒙新任的最高大祭司。埃及的实力逐渐恢复，又可以派军队远征异域，去开始赢回此前的帝国领土，而军事统领则是能力超强的大将军霍雷姆赫布（Horemheb）。

此人生于赫拉克勒奥波利斯，受过良好教育，颇有学问，其早年的雕像把他呈现为书吏模样，是"学识之神托特"的追随者。作为"对外事务王室发言人"，他带领一个外交代表团去过努比亚，结果促使阿尼巴（Aniba）亲王回访，拜见了图坦卡蒙，之后霍雷姆赫布被任命为军队总司令。这些事迹在他的墓葬壁画中都有描绘，而法老为他提供的陵墓是位于萨卡拉王室墓场最显贵、最荣耀的区域。

他的墓葬最初发现于 19 世纪，被埋在流沙之下。尽管其中的一座夫妻双人雕像最终收藏在了大英博物馆，但上面缺少铭文，也没有精确的发现地信息，这就意味着雕像原型的身份一直无从辨认，直到墓葬在 1975 年得到重新发掘，墓主才被确认为霍雷姆赫布。而坟墓再发掘时发现的一双交握在一起的石灰岩材质的手，正好完美地配上了之前残损的雕像。霍雷姆赫布对其首任妻子阿美尼亚（Amenia）的一片深情，正是最终辨认出两人图像造型的线索和途径，让人回想起其时代广为流传的一个说法："你的手在她手中，这就是幸福快乐。"

除了这令人感动的雕像，在霍雷姆赫布的萨卡拉墓葬中，满是壁画，内容是他的军事功业，还有他在黎凡特捷报频传之后，图坦卡蒙和安赫森阿蒙奖赏的各种装饰品宝贝。赫梯人在国王萨皮鲁琉马斯（Suppiluliumas）一世的率领下，当时已侵入黎凡特，急需采取行动进行反击。赫梯国王充分利用了阿玛纳时期的权力真空，听闻埃赫纳吞的死讯后，即围攻卡赫美士。

在埃赫纳吞继任者的斡旋之下，尝试性的谈判随后或许已经展开。因为，在土耳其南部赫梯中心领土地带的沿海曾发现有沉船残骸，其中的一批货品上有当时埃及王室的封印，只有唯一的一个名字——娜芙蒂蒂。

另一个更为耐人寻味的线索，在赫梯首府哈图萨的外交文献档案中被发现。那是一封信的抄写件，原件来自埃及，发信人叫达哈曼珠（Dahamanzu）——此为赫梯文，对应于埃及的"ta hemet nisu"，意即"王室大妃"。埃及文中的 ta 相当于英文中的定冠词 the，在这里不同寻常的用法是为了强调写信人是特指的王室大妃，很大可能就是娜芙蒂蒂，而她这封信的内容绝对令人匪夷所思。因为，她告诉敌方国王萨皮鲁琉马斯："我丈夫谢世了，而我又没有儿子。但人们说，你有很多儿子。如果你能送我一个儿子，他就可以成为我的新丈夫，我根本不想从我的那些仆役中挑一个来当丈夫。"

这是前所未有的事情。不仅是埃及和赫梯以前从未如此敌对过，而且埃及的王族女性也从未嫁给过外邦。不出所料，赫梯国王不敢接受此提议。他感叹，"我有生以来，这样的事情闻所未闻"。他疑心重重，派了一位信使去探察原信的真伪。这让发信给他的人，也即埃及王后大为不快，反问道，"你怎么会觉得我欺骗了你呢？如果我有儿子，那我还要这么丢脸蒙羞地写信给外邦吗？你不信任我，你已经那样说了。但是，我丈夫已经去世了，我一个儿子也没有，我也绝不会在仆从中选一个男人当丈夫。我没有联系其他任何国家，只给你写了信，而你又有那么多的儿子。所以，请派他们之中的一个到我这里来当我的丈夫，当埃及的国王！"

赫梯国王最终被说服，想必是如此联姻的好处让他心动了——大把的财富还有尊荣的地位——他派了一个儿子赞南扎（Zannanza）前往。但不幸的是，正如我们所熟知的那样，这等于将羔羊送往屠宰场，赞南扎与他的随从团队集体消失了——大约是被悉数谋杀。

这是否从一开始就是一个阴谋或计策，由艾伊，或是霍雷姆赫布，甚至也许是娜芙蒂蒂自己设计，至今不得而知。另一种可能是倒霉的王子死于娜芙蒂蒂的敌人手下，因为对方不愿接受这样的一个和亲计划。或许，娜芙蒂蒂甚至也一同遭遇了她未来丈夫的命运，因为她之后也消失了。她到底何时又是怎样去世的，或者她一开始到底是被埋在了哪里，这些都成为未知。

最有可能的地方还是底比斯。国王谷已经被官方重新确认为王室墓葬地，其中一座陵墓（国王谷第 56 号陵墓）在此开建，建筑风格与阿玛纳的王室陵寝一模一样，看来是为十八王朝晚期的一位王室女性而准备。此墓向下凿挖直至谷底岩床，与这一时期修建的其他几座墓靠得很近，其中包括近些年才发现的国王谷第 63 号陵墓，还有神秘的国王谷第 55 号陵墓。

这几座墓，每一个里面都包含阿玛纳时期制作的丧葬用品的残余物。葬于阿玛纳的王室死者由图坦卡蒙下令挖掘出来，运到底比斯重新安葬。这一举动，要么是表达虔敬和尊重，要么就是因为阿玛纳那里已经不再安全——两种考虑也许兼而有之。重新安葬，这一主题至今依旧具有极大的争议性，也带来了一个非常复杂的挑战。这跟你争我夺的抢椅子游戏不无相似之处——只是不免阴森怪诞，因为棺材与它们原初的主人分离了，死尸们"抢"到的原是他人的安居之所。近些年才发现的国王谷第 63 号陵墓，里面是几具空棺材，而埃赫纳吞的遗体则最终安息在了其妃子吉雅那珠宝镶嵌的棺材里，这具棺材被重新安葬于国王谷第 55 号陵墓中，旁边在一起的还有迪伊王后的遗体。

至于他自己的陵寝，图坦卡蒙似乎是计划葬在国王谷西翼的尽头，那里是其祖父阿蒙霍特普三世首创启用的。紧靠祖父那宏伟的葬祭庙，图坦卡蒙在梅迪内—哈布（Medinet Habu）开建他自己的庙堂，其中竖立了两座漂亮的石英岩巨像——原型当然就是他本人。

图坦卡蒙亡故时，尽管说起来已经执政十年，却未满二十周岁。他的葬祭庙尚未完工，因此他的木乃伊想必是在其他地方制作的，而制作方式与他祖父的木乃伊很是相似。据发现木乃伊的考古学家们估算，有"两整桶"黏稠的金色树脂被浇在了遗体全身，操办者有意识地将死者塑形为雕像一样的木乃伊，与其祖父的一般。外面包覆好亚麻布之后，木乃伊便可下葬。一起安葬的还有他两个小女儿的木乃伊，或许都是其同父异母的妹妹兼王后安赫森阿蒙所生，不过都是死胎。两个死婴的基因缺陷包括有脊柱侧弯和脊柱裂，这些很可能是家族近亲繁殖导致的后果。

既然图坦卡蒙计划中的墓葬地（西国王谷第 23 号陵墓）也未完工，国王谷中间地段一座既存的墓穴（国王谷第 62 号陵墓）就先被征用了。这里紧靠他直系亲属的那些墓葬，标准的木乃伊制作周期为七十天，在这期间临时小墓室的内墙被刷成了金黄色，绘制了即将到来的他的葬礼的场景，还有他受到那些传统神灵接纳款待的画面。他那多少有点圆胖的体形比例倒是与他的三围尺寸相一致的，因为他遗存下来的服装透露出，此人块头可观，臀部巨大，臀围达到 110 厘米。

至于他的陪葬品，很快就从前辈家庭成员那里"筹集"到位了。有些物件还带有原主人的名字，比如用来裹扎几座墓葬雕像的亚麻布，上面有埃赫纳吞的名字，又比如娜芙蒂蒂的名字，刻写在有些首饰盒、镯子和镀金弓箭上面。图坦卡蒙木乃伊身上放置的嵌有珠宝的黄金饰带上，以及保存他内脏器官的四个黄金小棺材的里面，也刻有娜芙蒂蒂的名字。

在这些原本是为其他人定制的物品中有一把黄金座椅，椅子上面两位前任君主埃赫纳吞和娜芙蒂蒂处于阿吞光芒照耀下的名字以及人像被改掉了，取而代之的是图坦卡蒙与安赫森阿蒙。两个镀金的君王人像站在豹子背上，通常假设都是代表着图坦卡蒙，但两者根本不是相同的一对。因为其中一个是男性，而另一人则显然是有乳房的。那乳房是如此显眼，所以不能被简简单单、轻描淡写地说成是阿玛纳艺术无伤大雅的一个小小怪癖。因此，这应该是那位形迹模糊的女性君王——娜芙蒂蒂——的又一个影像造型。

同样地，用于安葬图坦卡蒙的三具金棺材中的一具也很可疑，因为"第二具棺材的形态特征与第一和第三具都有显著的差异"。正如一位业内领军专家所指出的，"有各种理由相信，此棺材原意图中的主人并非图坦卡蒙"；而且有补充意见认为，甚至那黄金面具，那埃及历史上最具符号标志意义的物件，"原本也是归娜芙蒂蒂所有"。所以，可能有两种情况，一种是她死后还没几年，遗体所附带的各种宝物就被无情剥夺了；另一种情况是，她确实安葬在了她那未完工的陵墓（国王谷第 56 号陵墓）中，但那是场打了折扣、因陋就简的葬礼，她未能享有这些随葬品。

等到墓葬仓促地准备就绪，图坦卡蒙的葬礼随之举行。主办人是他老迈的舅公艾伊，墓葬壁画中描绘了艾伊，正在驾崩国王那直立的木乃伊上演示执行"开口"这一葬仪环节。

艾伊（约公元前1327—公元前1323年在位）之后变身为图坦卡蒙的继任者，或许甚至有一段时间是与寡妇王后安赫森阿蒙协同执政。不过，艾伊的王后仍是其妻子苔伊，这在其位于国王谷西翼的墓葬（西国王谷第23号陵墓）壁画场景中得到了证实。开建此墓原本是为了图坦卡蒙，但现在则由艾伊完工。看起来，他还接手了图坦卡蒙在梅迪内—哈布的葬祭庙，以及那对相当漂亮的巨石像。

这些雕像复兴了阿蒙霍特普三世时期匠人们奢华的完美主义风格，并与阿玛纳时期经过打磨改进的一种新的写实主义结合起来。这一艺术特点，也明显体现在一座高达11米的王室女性人像的面部五官上。此像刻有后世一位王后的名字，于1981年在阿赫米姆被发现，那里是艾伊家族的故乡，也是生殖之神旻神的崇拜中心之一。

艾伊借用此古代神灵的名字来命名他那英俊的儿子，称之为纳赫特旻（Nakhtmin）。艾伊对这个儿子抱有殷切的期待，因为纳赫特旻看来就是艾伊亲自选定的继任者。

但公元前1323年前后，老艾伊离世，纳赫特旻也消失了。他的雕像，在鼻子和嘴巴部位都遭到了严重损坏，王位没有传给他，而是到了大将军霍雷姆赫布手里。

图坦卡蒙死后，霍雷姆赫布（约公元前1323—公元前1295年在位）一直在黎凡特打仗，忙于收复埃及帝国的领土。因有埃及军队的支持，他夺取了王位。在艾伊执政时期，大将军的首任妻子阿美尼亚去世了，于是他有了第二次婚姻，与仍在世的王室成员结成了夫妻，王后是娜芙蒂蒂的妹妹姆忒诺德耶美特（Mutnodjmet）——此名意思是女神"姆忒真美好"。

一座真人大小的花岗岩雕像，刻画了这对新王夫妇登基时的形象。石像背后刻有霍雷姆赫布的加冕训令，甚至声称在他出生之前，荷鲁斯就已经选定他作为未来的统治者。艾伊死后，荷鲁斯显然是把他的保护对象带到了卡纳克。在那里，他的神界伙伴阿蒙立刻就认可了霍雷姆赫布作为正当继位者的资格，当场为他戴上了王冠。

他在底比斯的加冕礼也是强调回归绝对正统的一个表现手段。典礼聚焦于卡纳克，霍雷姆赫布在那里修改图坦卡蒙的雕像，将之归于他自己的名下，同时还推倒了埃赫纳吞和娜芙蒂蒂的雕像。他还拆毁了这对夫妻所建的阿吞神庙，并循环利用那些小块石材，作为自己新建筑的填料，由此无意之中把那些石砖保留到了现代。

在他的"大诏书"中，霍雷姆赫布宣称："只要我在这地上的生命还在，全部精力就将用来为众神修建大庙。"他还制订了法律和社会改革的计划纲要，想以此重建国家急需的政治经济秩序。他下令给政府职员涨了一次工资。军队中的有些人，只要其忠诚可靠，也得到奖赏，被任命为神庙祭司。但任何士兵只要被证实有偷盗行为，得到的便是一百大板的抽打，还有五处羞辱的外伤。如果有人抢夺用于政府公务的船只，那他的鼻子就会被割掉，然后被流放到西奈去，那里有个定居点叫 Rhinocolura，意即"割鼻子镇"。

霍雷姆赫布的铁腕改革还延伸到了军队之外。他重组了法庭和政府的雇员队伍，这也包括了墓葬工人所聚居的德尔—梅迪纳村镇。在阿玛纳时期，当地曾遭受严重火灾，然后就被废弃了。而此时则得到了重建，幸存下来的旧房舍被翻修改造，在延长扩建后的村镇边界墙以内，新房舍也先后被砌筑完成。

因为霍雷姆赫布需要这里的居住者给他在国王谷建造一座陵寝。这壮观的陵墓（国王谷第 57 号陵墓）中，华丽的壁画比此前任何一位法老的都更多，场景更宏大。他那反复出现的形象，还有围绕在他身边的各路神祇，看上去都像是从墙上微微凸起的浅浮雕的灰蓝表面冒出来似的，极为生动。

国王谷的安保也被加强了。之前的王室墓葬，在宫廷迁往阿玛纳期间疏于看管，沦为易受盗劫的地方，现在均由朝廷官员马雅（Maya）及其助理，即书记员迪胡特摩西（Djhutmose），加以登记检查。

有专人对图特摩西斯四世墓葬所遭的破坏进行了修复。破碎的陪葬陶器得到了修补。这位先王的木乃伊也被打理拾掇整齐。但在一定程度上，新近安葬艾伊的那座陵墓的情况却正好相反。他的名字和图像被从墙上凿除了，他的木乃伊——如今已杳无踪迹——想必也遭到了破坏。而艾伊在梅迪内—哈布的葬祭庙，被另作他用，扩建之后成了霍雷姆赫布的专利，其中当然也包括那两座石英岩巨像——艾伊之前从图坦卡蒙那里窃取挪用之物。

当霍雷姆赫布在国王谷的新陵墓还在建造时，他的王后姆忒诺德耶美特便薨逝了。于是，就像大将军第一任妻子阿美尼亚那样，王后也被安葬在了国王原先位于萨卡拉的墓穴中。最终姆忒诺德耶美特那曾经处理成木乃伊的遗体所剩下的只有骸骨，遗骨透露出她身材细小，还不足 1.5 米高，去世时在三十五到四十五岁之间。在有生之年较早时期，她的牙齿就全都掉光了，可能是由于严重的贫血症。考古学家们还拼凑还原出了一个新生儿的遗骨，暗示这位不幸的王后是死于生产——她想让法老丈夫获得一个子嗣。

没有自己的儿女，霍雷姆赫布只好做出变通的替代安排，即认领了一个继承人，军官出身而后成为总理大臣的帕拉美苏（Paramessu），名字意即"太阳神拉是生下他的那一位"。这是一个来自三角洲东部的可信可靠之人，是完美的继任者，因为他即位之际，就有了自己现成的一个王室家族。与霍雷姆赫布不同，他不仅与妻子希特拉（Sitra）生了个儿子，而且还已经有了个孙子。

这是十分及时的权力交接安排，因为霍雷姆赫布在大概公元前1295年的某个时候就去世了。尽管他的墓葬与其他每一位帝王的陵寝几乎一样，都在古时候遭到了盗挖，连他的尸体也未曾被发现过，但他毕竟是为下一个黩武王朝法老们的统治奠定了基础。在帕拉美苏自己的执政期，他也被视为是黩武的法老，以及作为新的第十九王朝的首任君主。

18. 拉美西斯家族的统治：

约公元前 1295—公元前 1069 年

帕拉美苏被誉为是第十九王朝的开启者。登基之际，他的名字被简化成了拉美苏（Ramessu），或称拉美西斯（Ramses）。

总共有十一位君王用了这个名字。这第一位，拉美西斯一世（约公元前 1295—公元前 1294 年在位）上位时已经差不多五十岁了，其统治只有短短的十六个月，被另称为"与灰衣等同之人"。他继续了前任的法律和社会改革，作为之前的总理大臣，他对此已经是熟门熟路。

他也继续了前任的建筑项目，接着装修卡纳克，还下令在国王谷中一条河流的上方，开建一座新陵墓（国王谷第 16 号陵墓）。此墓在尺寸规模上虽然比较小，但相当精美，墙上雕饰有国王的多个影像，旁边有众神护佑。这与隔壁紧邻的、他的前任兼老上级霍雷姆赫布的陵墓壁画是如此相似，几乎完全可以肯定是出自同一批的艺人工匠们。

拉美西斯一世死后，顺利在此入葬。传统的葬礼仪式由其儿子塞狄（Seti）领头。父亲亡故之前，塞狄就已经是协同执政者了，这样是为了确保王权的无缝衔接。

新法老塞狄（约公元前 1294—公元前 1279 年在位）此时已经三十有余，显然是个形貌惊人的角色，甚至有可能是一头红发。这当然也解释了他名字的内涵，其名字基于古代神灵塞斯（Seth），在喜克索斯旧王朝的首府阿瓦利斯一带尤其受到尊崇，而这个新的王室家族就是在那里发源。塞斯之名长期以来都与红色关联，在传统上这也是代表富于敌意的沙漠的颜色。而塞斯的追随者，被称为"红头样貌"群落，声名狼藉，被视为状态不稳定的一群，与外界格格不入。事情大概是这样变化的：既然新王的头发可能天生是红色的，关于塞斯及其狂暴本性的任何负面消极看法，现在都转化成了正面积极因素，而塞斯的惊天伟力在神话中是用来保护太阳神拉，也转而成为新王的优势。新王让匠人把他描绘成长有塞斯头颅的斯芬克斯，在赫里奥波利斯向拉神祭献。

塞狄一世极为成功的统治，无疑是基于强大的领导力，还有从家族两方面都承袭而得的军事才能。他的母亲希特拉（Sitra）本身就是军人之女，而他自己的妻子图雅（Tuya）则是军队战车分队副队长的女儿。

塞狄制订了向黎凡特进行军事扩张的计划，便在三角洲东部的坎迪尔（Qantir）建立了一个新据点。除了一处新王宫，那里还有制造武器和战车的王室工坊，以及大片驻扎的既有埃及军队也有外国雇佣兵的军营。士兵中似乎就包括了迈锡尼人——"迈锡尼精英武士所戴的著名的野猪獠牙样式的头盔，有部分残余"在当地被发现，这就暗示了这些雇佣兵的存在。

塞狄一世对巴勒斯坦南部沙苏贝都因（Shasu Bedouin）部族的战役大获全胜，然后向北进军决战赫梯，攻占收复了长期被你争我夺的城市卡迭石。接着，他又处理了西部边境利比亚部族不时会零星入侵的问题。而在努比亚的征战，是为了保障对埃及而言最重要的黄金供应，同时他也需要更多囚徒来扩大劳动力队伍，因为这对那些宏大的工程项目来说很有必要。

塞狄热切地想对埃及的往昔表达虔敬之情，于是回到了阿比多斯——奥西里斯的崇拜中心与埃及最早期先王们的安息之地。在这里，他建起了壮观的奥西里斯神庙，原初旧庙的小天窗仍然被使用着，让日光渗入照射到特定区域，增强了庙中独特又奇妙的气氛。

室内的墙壁上装饰有反复出现的塞狄一世的图像，且身边同时伴随着各路神灵。所有画面的品质都极高，出色的浅浮雕令人过目难忘。神庙中包含有一个"先祖名人堂"，那完好无损的墙面上刻有一份长长的帝王名录，塞狄之前的君主们从首位统一南北的那尔迈开始，都被收入在内——或者说，所有那些被认为值得提及的都无一遗漏。

因为，名录中阿蒙霍特普三世的盾徽之后紧跟着的是霍雷姆赫布的帝王盾徽。埃赫纳吞、娜芙蒂蒂、图坦卡蒙和艾伊都"被消失"了，而他们那大约三十年的统治都归到了霍雷姆赫布名下，这就让他在位的时间达到了五十九年——不太可能是事实，而只是源于塞狄的慷慨。同样消失的，还有喜克索斯王朝、哈特谢普苏特与其他全部女性法老，而名单的结束处是塞狄自己的盾徽，重复了一遍又一遍。

因为，这就是埃及的历史，第十九王朝风格的历史。

不过，对过往的改写，固然是对不受欢迎的前任们怀恨在心的情况，但并非只是简单的报复打击，因为帝王名录在国家治理中还有着具体的功用。这在先祖纪念仪式中是一个关键环节：那些被认为是治国有方的明君名字被大声诵读出来，他们的力量就会聚拢起来，被重新利用，为埃及的利益服务。

这个仪式程序，实际上就被刻绘在帝王名录旁边：塞狄与年少的儿子拉美西斯王储站在一起，而这位王子尚是"国王抱在怀中的幼儿"时，就已被立为协同摄政王。与之前一个王朝不同——那时的王室王子几乎不会与他们的帝王父亲一起出现——现在的政策有了彻底的改变，年幼的男性继承人也成为王室阵容中具有高度曝光率的组成部分。他大声读出一卷莎草纸上的法老名字，而他的父亲则拉着他的手指向那累积起来的历代君王盾徽，似乎在说"儿子，将来有一天，这都将归你所有"。

这些都是新王朝意志的一部分。他们希望被视为靠自身资质发言的合格的统治者，因此也有能力维持那至关重要的王位承袭传递大事，而这一点尤其重要，因为他们非常清醒地意识到他们不是原初的王室世系血统。彰显男性阳刚的第十九王朝军国政权，对过往历史的价值有真正的理解，尝试着接续起往日的荣光。这也反映在一座神庙综合体的局部，建筑名为"奥西里恩"（Osireion，也即奥西里斯神庙）。

这是一个极为重要且高度神秘的地方，上部曾经有一座丘冢，通常被认为是属于塞狄，被描述为他的"衣冠冢"。奥西里恩建在沙漠中足够低的地方，每年都会遭洪水淹没，其中心部位是"一个石棺类似物，以及一只（装木乃伊内脏的）柯诺皮克式样的柜子立于凸起的岛状地形上，环绕的地下水象征着创世之初的洪荒大水"。

中王国时期，王室墓室的选址也尽量靠近地下水位，以期先帝亡灵能借助上升的洪水来获得再生。阿蒙霍特普三世重复了这一做法，他自己的葬祭庙正位于底比斯一洪水冲积平原的低处。而阿比多斯的奥西里恩自然是对中王国传统的遥远回应——这里或许最初也是阿蒙霍特普三世的工程计划，因为我们已知，他在当地附近的德耶尔法老的墓葬上面曾修建过一座新的奥西里斯圣祠，旨在以此方式去"开掘利用"埃及最早期统治者们的力量。

奥西里恩这里当然会有先祖帝王名录，以便让两者协同作用。因为在此，第十九王朝的新君主们可以获得累积至今的王室力量，而这正是由他们之前的一代代法老们汇聚而成之物。那些法老在现世的人间已经死了，但被认为在另一个世界仍安然生活着，跟活人一样，而在那个世界中他们被等同于奥西里斯本尊。

不过，塞狄最伟大的建筑成就是在卡纳克。在当地，他相当清晰地表现了对国立官方大神阿蒙的虔诚信仰。他修建了神庙中最为著名的区域，即"百柱大厅"，共有一百三十四根巨大的石柱，重新营造出远古时代大沼泽的感觉——按埃及传说，生命最初就是从沼泽中诞生的。这些柱子原先的设计者再次被认为是阿蒙霍特普三世，但工程在其继任者手中被中断荒废，似乎是塞狄一世重启了这一计划，完成了一个令人惊叹的大型建筑构造，而敬拜阿蒙的仪式队列想必曾从其中穿过。

环绕大厅的墙面上刻画的场景都是塞狄一世与那些再度掌握大权的阿蒙祭司参加的神圣典礼。厅堂内墙画面氛围昏暗而肃静，外墙上的场面正好与此相反。那些描绘塞狄在阿蒙的护佑助力之下，驾驶战车击溃埃及的各路敌人的动态场景生动捕捉了战争的混乱动荡和残酷气氛，又加之刻画在外墙上，无疑向外部世界展示了塞狄的威猛神勇。

就在百柱大厅的正对面，即尼罗河的对岸，塞狄一世的葬祭庙也开工了。在那里将供奉维持他亡灵永生的祭献品。

最终在公元前 1279 年前后，塞狄一世身故。他的遗体处理后，成为"男子汉尊严"的一个完美范例——20 世纪初第一位研究了塞狄木乃伊的解剖学家如是说。更近期的分析也透露出即便是在尸体防腐这件事上，新王朝也与此前的常规做法大相径庭，有明显的区别。他们不再使用泡碱溶液——直白地模仿复现生产的过程，不再玩弄那种穿凿附会的噱头，而是反转到过去，使用标准的天然干泡碱来给王族尸体防腐。

然后包上亚麻布，再盖好一层黄色裹尸布，塞狄那具剃了光头的遗体被放入其大墓（国王谷第 17 号陵墓）安息，此墓是国王谷彼时曾建造过的最大规模的法老陵墓。

墓室表面几乎都被画师帕伊（Pay）和帕斯赫杜（Pashedu）涂上了颜色。1817 年，墓葬最初被发现时，他们的画笔依旧在墓室地上。头顶天花板上突出呈现了北方天空那黑色与金色的天象图案，此间众多的神灵中就包括了塞斯——他已经被完全恢复名誉，成为太阳神的保护者之一。

在这一被指精妙表现的天堂主题下方，安置着塞狄的雪花石棺材。在石棺下方的墓室的后部有一条秘密的隧道，近些年才被发掘出来，表明这墓葬实际向下延伸了整整 174 米，直到奥西里斯的冥界王国，而塞狄一世的亡灵可以随心所欲地从他的木乃伊躯壳中离开，下行至冥界王国。

塞狄的葬礼由其儿子兼继承人拉美西斯二世（约公元前1279—公元前 1213 年在位）主理。毫无疑问，这是埃及最为著名的法老之一，甚至有些人将其描述为最伟大的法老。他还被比喻成木星朱庇特——"从远处看来是闪亮耀眼，但实质上只是一个大气团"。之所以有此一说，是因为这位法老最令人瞩目的功绩似乎就只是活得足够长久而已，他的统治期实际上占到了公元前 13 世纪的大部分时间。

在埃及任何地方，要想切断与这位法老的历史联系几乎是不可能的事情，因为遍布埃及和努比亚的各种各样的标志性建筑都被归到他的名下。不过，在很多个案中，他只是在既存作品上加进他自己的元素罢了，要么是将早年先帝雕像的面部凿刻修改，变成他自己那更瘦长的面相，要么就是直接把他的盾徽标记添加上去。拉美西斯二世的名字就这样无休无止地到处出现，被深深地刻入各处的墙体，与先前凸起式浅浮雕所用的、更为耗时费力的技法构成了鲜明的对照。

也许可以说，有一场经济衰退已初露端倪，大概迫使了这位法老去改造前辈的作品，而不是另外创造。不过，有些埃及学家则持有这样的观点："拉美西斯二世的历史遗迹，靠数量和体量给人留下印象，而不是靠它们的精妙工艺和完美品质"，这是因为"他这个人，归根结底来说，是属于喜欢粗制滥造和品位低下的那一类"。

然而，"在拉美西斯的执政期，优秀艺术也并非乏善可陈，尤其是在早年，当曾效力于他父亲宫廷的艺术家们还仍旧活跃之时"。拉美西斯自己的衣冠冢神庙位于阿比多斯，紧靠其父塞狄的衣冠冢，而在自己的衣冠冢神庙里就明显能看到这些宫廷艺术家的作品。色彩缤纷的墙上，图案造型相当引人入胜，突出展示了一份复刻版的帝王名录，其中"被禁绝的王室成员"与塞狄时期的如出一辙——除了女法老，还有阿玛纳的那四位。

尽管有这种审查过滤动作，第十九王朝对过往历史倒也有清晰的感知。他们的官员持续地探访古代建筑与遗址，既是为了寻求启迪，也是为了休闲放松。首席大臣帕塞尔（Paser）参观了柯纳蒙（Kenamen）在底比斯的墓葬，并在墓室壁画上涂鸦写下评价——"非常之美"。而财政内库书记员哈德纳赫特（Hadnakhte）则追加述说，他造访了萨卡拉的梯级金字塔，在那"散散步闲逛，自得其乐"。不过，那时也有人对在古遗迹上的这种涂鸦表示强烈谴责，声称："当我看到他们那些'狗爪子'做出的好事时，我心里厌恶至极……甚至在他们进去之前，如果有人警告教训他们该多好。"

拉美西斯二世执政期间，萨卡拉无疑是一处兴盛的王室大墓场。而在下方的谷地里，孟斐斯的神庙则得到了扩建，雕像纷纷竖立起来，法老的名字被到处刻写。三角洲地区的坎迪尔——塞狄在那里新建的要塞据点——也被拉美西斯接管过来，并重新命名为培尔—拉美西斯（Per Ramesse），也即"拉美西斯之屋"，他由此成为用自己的名字命名一座城市的首位法老。

尽管到了现今，培尔—拉美西斯几乎没剩下什么痕迹，但它在彼时却很快成为"这个国家最重要的国际贸易中心和军事基地"。那里拥有船坞和仓库，居民区和街道，政府机构办公室和多座大型神庙——里面满是廊柱、方尖碑，以及无所不在的拉美西斯雕像。他父亲的行宫经过扩建，"美丽非凡的阳台，天青石和绿松石点缀的厅堂令人眼花缭乱"。现在那里的特色还有花园，长着异国风情的苹果树和橄榄树；另外还有王室动物园，养着一只从外国引进的长颈鹿，以及法老的宠物狮子。

不过，培尔—拉美西斯最主要的动物是马匹。拉美西斯在此加建了一座马厩综合体，包括有四百六十个槽位以及一个巨大的跑马训练场。这位法老酷爱骏马，他最喜欢的两匹马分别叫作"让姆忒满意"和"底比斯的胜利"，似乎由"他亲手"喂养。

培尔—拉美西斯是个非常理想的据点，可以从这里监视近东的风吹草动，而埃及在那里的利益仍然受到赫梯人的威胁。父亲塞狄曾在卡迭石击溃了赫梯人，当时十五岁的拉美西斯陪伴着父亲。自己执政后的第五年，即公元前 1274 年前后，他再次来处理赫梯人的问题，目标是将他们从叙利亚北部赶走。

他率领四路大军发起进攻，但事情出了点麻烦，战事开局不妙，因为他收到了赫梯人就在大概 150 千米以外的错误情报，由于相信了这一情报，他只统领一路人马，在主力部队之前向北进军，穿过后来《圣经》中通称的迦南美地，去往卡迭石，结果发现赫梯人就在附近不远处，但为时已晚，埃及的战车队伍遭到袭击，敌军人多势众，拉美西斯处境被动。不过，后来官方的说法却是他"面对千百万的外敌，安之若素，毫无畏惧，他看着对方，就仿佛那都是稻草做成的胎儿"。甚至，当他的手下丢下他溃逃，迫使他以寡敌众、单兵作战之际，诸神似乎出现了，塞克美特"陪伴他跨骑在他的战马上，她的手与他在一起"，而阿蒙则激励他："向前冲！我跟你在一起！"而实际情形则大概是埃及的援军赶了过来，还算及时。

他们成功地将战局扭转了过来，迫使赫梯兵力退回到了奥伦特斯河边。很多敌军士兵"别无选择，只好自己冲向河里，就像鳄鱼一样稀里哗啦地溅起一片水花"，这其中也包括阿勒颇（Aleppo）的王子。王子不会游泳，只能靠自己一方的人来营救。他们把王子头向下脚朝上地扛在肩上颠动，才让其把喝进去的水吐出来。对这一细节，当埃及人加以记录时，表露出无以复加的欢乐。

第二天上午，双方重新排兵列阵，又对垒较量起来。尽管埃及的战车阵容比对手赫梯人的更强大，但双方都只能固守各自的阵地，最终战争陷于僵局。

双方都宣称获得了胜利，最终在公元前 1259 年前后，双方达成了正式的和平协议。协议用埃及象形文字和苏美尔楔形文字组合写成，刻在装饰繁复的银板上，副本文件在埃及和赫梯首府哈图萨都得以保存。一个现代的副本如今则挂在联合国总部大楼里面。

协定签署之后，埃及与赫梯之间的定期外交通信便由此顺利展开。拉美西斯的母亲，寡居的王太后图雅（Tuya）向友邦送去问候。而法老最宠爱的妻子纳芙塔里（Nefertari）则写信"给我的姐妹普杜赫帕（Puduhepa），赫梯尊贵的大妃"，接着还说："但愿埃及的太阳神和赫梯的风暴神都会带给你快乐，让和平的日子如此美好……我派人送了件礼物给你，以此向你问好，我的姐妹，那是只纯金的项链，由十二股金丝绞扭而成，重八十八谢克尔（约一千三百克），此外还有些染了色的亚麻布，可供你家大王做件王袍。"

这种亲切诚恳的关系继续发展，拉美西斯二世派了自己的御用医生去治疗赫梯国王的眼疾，还尝试帮助国王的妹妹玛塔纳琪（Matanazi）怀孕。不过，法老在信中加了句不太厚道、有失风度的文字："她五十岁了吧？不可能！一定都六十了！没人能给她弄出灵药，让她生出孩子。"所以，法老派了一位埃及巫师同去，给御医当后援！

赫梯专家则来到培尔—拉美西斯提供武器制造技术咨询。不过，穿越从哈图萨到埃及那大约 1300 千米的旅程、远道而来的最重要的人物当属赫梯君王的大女儿，如今，她为人所知的是其埃及名字玛阿特霍尔纳芙鲁拉（Maathorneferura）。公元前 1245 年前后，她嫁给拉美西斯二世，以此隆重地为和平协定盖上了联姻的封印。在嫁妆问题上，法老提出了过分的要求，以至于招来了新娘母亲普杜赫帕的严厉斥责。这位丈母娘告诉女婿："你啊，我的大兄弟，想要从我这里占便宜，把宝贝塞你自己兜里，真是既不友好又丢脸！"

不过，玛阿特霍尔纳芙鲁拉本人倒似乎是"一个真正的女神"，拉美西斯"爱她胜过爱任何东西"。她理所应当地获得了"王室大妃"的身份。在拉美西斯二世那漫长的统治期内，共有七位女性拥有此头衔，她是其中之一。法老主要的两位"大妃"都是埃及人：纳芙塔里很可能是南方人，出自第十八王朝的王族世系；另一个叫伊希忒诺芙蕾特（Isetnofret），名字意思是"伊希斯乃大美人"。

所有这些女人，与来自埃及、巴比伦的妃嫔以及后来的第二位赫梯公主一起，为法老生育了大概四十五个儿子和四十个女儿。其中四个女儿也被提升到了"王室大妃"的地位，这是追随了阿蒙霍特普三世的先例——拉美西斯经常仿效这位先辈。

在宗教典礼上，后宫妃嫔们为国王那显而易见的雄性角色提供了必要的女性元素。卢克索的神庙墙壁上便描绘了这些场景，"王室大妃"纳芙塔里在诸神面前摇动叉铃哗啦作响，同时还唱诵圣歌，她这是在参加"旻神之桅帆"节庆。在活动中，男性参加的比赛是攀爬一套高高的木杆，以此向旻神表达敬意。国王与王后主持木杆的竖立仪式，画面显示纳芙塔里正在舞蹈，用双手的姿势将观者的注意力引向她的胸部——设计这一姿势，是为了刺激旻神雄起。

相似的壁画场景也出现在尼罗河西岸的拉美西斯二世的葬祭庙中，那里被称为"拉美西斯博物馆"（Ramesseum），阿蒙霍特普三世那些被重复利用的雕像也安置在此处。这些巨石像中有一座的上半部分，在 1816 年被一位文物猎人——此人改行之前大概是马戏团的大力士——拖走了，此像最终在大英博物馆得到归宿，激发了大众对古埃及广泛而高涨的兴趣。而至今残余的那些石像，其中一座上面的雕刻曾让英国诗人珀西·雪莱灵感大发，写下了他的著名诗篇，吟咏至高君权和绝对尊严的特质。诗篇的标题为《奥兹曼迪亚斯》（*Ozymandias*），是拉美西斯二世帝王名号乌塞尔玛阿特拉（Usermaatra）的希腊文版本。不过这座激发了诗人才思的雕像，最初是阿蒙霍特普三世的作品，只是后来被拉美西斯挪用篡改并放入到了他的葬祭庙之中而已。

"拉美西斯博物馆"占地面积约等于四个足球场，如今是一处氛围微妙、幽思绵邈的所在。这里曾经分布着诸多的建筑，还有数座更小型的神庙，献给三代"王室大妃"——拉美西斯的母亲图雅，他的妻子纳芙塔里，还有两人的女儿梅丽塔蒙（Meritamun）。同时，这里还有一座宫殿，供王室南巡时入住。

"拉美西斯博物馆"也有过埃及已知最早的学校建筑。建造者将工艺作坊与一系列巨大的泥砖储藏室组合在一起,储藏室那拱形的构造下面存放的则是谷物和其他物品,可满足每日的神庙供奉所需。物资储备如此充裕,这一庙堂综合体很快成了西底比斯的行政管理中心,充当着当地的"银行"——政府雇员从这里领到薪水,而薪水的形式则是配给的食物。

雇员中包括了附近德尔—梅迪纳的工人。那里在当时得扩张,村镇界墙之内有了七十栋房屋,墙垛之外的边缘区还有另外四十栋,形成了直到如今仍存留着的一片遗址。

大约有十二个居住者在他们的门框上留下了名字,比如画师普拉霍特普(Prahotep)、工匠哈贝克奈特(Khabekhnet),还有他们的邻居,即工头森内德耶姆(Sennedjem)与其妻子艾伊内弗蒂(Iyneferti)。这对夫妻的财物被安放在他们的家族墓葬中,墓葬在山坡向上几米高的地方。此墓于1886年被发现,一直原封未动,里面有全家九位成员的木乃伊。艾伊内弗蒂死于七十多岁,还戴着一只刻有阿蒙霍特普三世名字的戒指,这反映了那位前朝老国王在这一地区长期受到民众爱戴。

尽管工头家的墓葬相当小,却被村民们装饰得非常精致。每个为期十天的工作周中,有两天是休息日,他们就利用这空闲来为彼此描画墓室,事实上也描画各自的住处。这些石匠、泥灰工、制图工和画师都是受到高度重视的工人,也会找出些虚构编造的旷工理由去逍遥一番。编造的理由五花八门,从同一位亲戚三番五次的"过世",到要去酿啤酒,无奇不有。他们甚至会待在家里畅饮啤酒!他们暂离工作的时间平均数可以达到如此地步——实际上一年只干了六个月的活儿。工作日则是由两组人马轮班,每次四个钟头,中午时分还有很具现代人道水准的午餐休息时段。

他们工作和生活都是近距离接触在一起，但令人瞩目的是基本上没有什么暴力冲突的事件消息流传出来。虽然偶尔还是会发生打斗，例如有一次，墓葬建筑工奥纳赫特（Aonakht）被流放去采石场做工受罚，"因为他殴打了德杰德杰（Djaydjay）、帕伊德胡（Paidehu）和孟图帕哈皮（Montupahapy），差点把人家打得头破血流"。不过，有个叫帕内布（Paneb）的村民却是臭名昭著，他是个屡教不改的惯犯，其违反公序良俗的恶行，包括：严重盗窃、乱搞男女关系、聚众斗殴。一次在村镇街道上，这无赖一边当众追打他的继父，一边还叫嚣："夜里我要杀了这老东西！"

这些留存下来的古代生活细节，是德尔—梅迪纳村民读写水平较高的一个直接反映。估计当时此地人口的识字率能够达到百分之四十，而相比之下，全国平均的脱盲率最多也只有百分之一。"工人新村"有成百上千的信件和成千上万的便条短笺留存了下来，内容五花八门。例如帕塞尔（Paser）给妻子图图伊雅（Tutuia）写道："你托人捎了口信给我，我就来了。"再如类似明信片的信函，其内容是让家人知道："我在顺流而下，去孟斐斯。"还有，这里有位女村民叫伊希斯（Isis），向她姐姐内布维姆努（Nebuemnu）发出请求："请尽快给我织一块披巾，我背部后面也需要一块。"村里洗衣房的登记清单上，也发现了类似的概念指称，由此透露出这种所谓的"后面用的布带"很可能就是月经带。

来自德尔—梅迪纳的大量书面材料，内容上无所不包，从自助手册到医药文档，从鬼故事到武士冒险传奇，应有尽有——书记员肯希尔霍普谢夫（Kenhirkhopshef）甚至还拥有他自己的小图书馆。与此同时，情诗与情歌在此城中也曾风靡一时。法老时代埃及的这些文字创作，任何一个体裁的已知范例几乎都来自德尔—梅迪纳，只除了一个例外——这一体裁的样本差不多就是在"拉美西斯博物馆"的通道路边发现的。其中一个样本包含有这样的台词："当她对你说'用胳膊抱住我，让我们就这样躺着直到天亮'时，你便得到了她，在夜晚让她重又恢复活力。"此段台词被归于"来自音乐房的塔秀丽（Tashery）"名下，而这个女人被后世描述为已知最早的（舞台）表演艺术家。

即便是远离底比斯的地方，拉美西斯二世的子民们也在忙碌着。埃及南北有多长，臣民们就要跑多远，向南一直到了努比亚，国王下令在当地挖凿，建造七座石窟庙堂。其中两座最著名的位于阿布辛贝，在阿斯旺东南 250 千米的地方。1813 年，在不断变化的流沙之下，神庙被发现了。而到了 1881 年，一位无所畏惧的强悍女游客，不仅再次清理移除了那些沙子，而且还用咖啡泡成的一种溶液去浸染了新近暴露出来的岩石，以便让石头色调改变，与其余部分融合一致！到了 1966 年，神庙面临水淹的威胁，因为新阿斯旺大坝要修建，将形成纳赛尔水库，这就意味着努比亚的大片地区和许多的建筑遗迹，将被永远淹没在水下。于是在联合国教科文组织的安排下，有几座神庙，包括阿布辛贝的那两座，被煞费苦心地仔细挖掘上来，转移到更高的地方，并按原样重新组装。这是一项浩大的工程，部分经费则来源于此——图坦卡蒙的那些宝贝举办了首次世界巡展，展出收入用于资助神庙搬迁。

单单是作为古代建筑的壮观成果而言，那些神庙无疑值得耗巨资来拯救。

最大的那座神庙是在一处巨大的裸露砂岩层间凿挖而成，外立面突出陈列了拉美西斯二世的四座坐姿巨石像。公元前 1248 年前后，就在巨像完成之后几年，一场地震不期而至，一座石像被震倒。每座巨像都高达二十多米，旁边环绕的是王太后、王后纳芙塔里与拉美西斯诸多后裔的小雕像，它们都在巨石像的脚下。在有柱子支撑的神庙内部往岩层深处延伸了 50 米之多，那里的岩壁上凿刻出的场景，描绘了在埃及古迹中无处不在的卡迭石战役大捷，以及法老夫妇的形象——两人除了祭献供奉上神，也处决俘虏，纳芙塔里在这些场合中"与国王默契联合"，扮演和代表着哈索尔-塞克美特。不过，更令人惊叹连连的物品还是保留在了更里面的密室之中。其中一座真人大小的拉美西斯二世雕像，踞坐于阿蒙—拉神、拉神—荷拉赫狄与普塔的旁边。这几座像本身谈不上是多好的艺术作品，但它们的空间定位却非常精确、大有讲究：每年两天——分别是 2 月 22 日，也即法老登基之日；还有 10 月 22 日，也即法老生日——早晨最初的、如手指般伸出的一缕阳光，会正好照亮拉美西斯雕像的面部，时长持续约二十分钟。这无疑是"天文学和建筑工程领域中一个很难得的奇观"。

阿蒙霍特普三世为妻子迪伊在努比亚修建了神庙，紧靠着他自己的那座。有样学样，拉美西斯二世也建造了相伴的另一座石窟神庙，给纳芙塔里。"正因为她，太阳才会闪亮照耀"——王后神庙外立面上的铭文如此宣告。这座庙凿挖在另一块外露凸起的巨大砂岩岩层中，庙里有拉美西斯二世的另外四座石雕像，石像高度大约是 10 米，但它们是在拱卫着中间纳芙塔里的两座雕像。她那特征鲜明的、代表哈索尔的羽毛王冠，让她显得比丈夫甚至还要稍微高一点——当然，这样一种艺术规范只是在埃及边界之外，在天高皇帝远的努比亚才会得到允许。她的这两座大石像被呈现为哈索尔-塞克美特的模样，寓意着在这个常有波澜的动荡地区，永远守望护卫着埃及。

公元前 1255 年前后，当这两座石窟庙最终完工后，揭幕启用的庆祝仪式在 2 月举办。不过，3000 千米的往返行程是纳芙塔里最后一次公开露面。据说，她当时已经病情严重，实际上已无法完成那些必要的仪式表演，而她的女儿梅丽塔蒙挺身救场，扮演了她的角色。在这一年的某个日子里，纳芙塔里最终撒手人寰。

她的遗体做成了完美的木乃伊，亚麻裹布外面还罩上了"亚麻红布女神"哈索尔-塞克美特那红色的亚麻裹尸布。纳芙塔里下葬于哈索尔那神圣的王后谷中，陵寝（王后谷第 66 号陵墓）确实相当豪华。此墓最初发现于 1904 年，近些年才被保护起来的壁画依旧完美无缺，简直跟才画出来一样。这是绝对无疑的证据，表明当时高质量的艺术创作，"当不必屈从或忌惮于法老那膨胀自我的重压时，艺术还是会继续繁荣"。

说实话，法老拉美西斯在这里缺席，反倒令人更清晰地联想到了他。不过，眼前无他，还是更令人悦目娱心。纳芙塔里是壁画场景的中心人物，她那整齐利落的仪表，在黄金配饰和银耳环的陪衬下越发出彩。有人猜测耳环是来自爱琴海地区，属于给王后的献礼。画面中，诸神与王后相伴，哈索尔给了她一个"安可"生命十字章，保证她的灵魂永生。王后也出现在头部为朱鹮（朱鹭）的学识之神托特面前，两人之间有一块抄书吏的写字板。场景中的文字出自《亡灵书》，其中还包括王后本人的一句话："哦，众神在上，请看，我是个书记员，会写字！"——这个声明十分有趣，只要我们联想到王后与赫梯国之间的书信往来。

尽管她的墓葬在古代曾遭盗劫，但所幸保存下了一些"沙卜替"仆役人偶，服饰残片和一双鞋，木质储物柜的部分以及刻有第十八王朝国王艾伊名字的一只瓷釉圆头把手。艾伊可能是纳芙塔里的祖先之一。在那些最初的陪葬品残留物中，还发现了托特的一座精美小雕像。甚至还有一些残余物是纳芙塔里钟爱的珠宝首饰的一部分：一只金手镯、一只莲花造型耳坠，以及两块银质和金质的研磨板。这些古董发现于 1904 年，之后到了 1988 年，又出乎意料地增加了新东西——壁画的基底泥灰有松脱现象，一位从事修复工作的技师在这片墙壁后面发现了暗藏的另一件金器，上面装饰雕刻着纳芙塔里的名字。不过，至于这位"王室大妃"本人那精心制作成木乃伊的遗体，最终剩下的只有她的双膝部分，散落在粉色花岗岩石棺的碎片中。

不过，此墓的命运还是比庞大的国王谷第 5 号陵墓要好一些。国王谷第 5 号陵墓要么是拉美西斯在国王谷从零开始修建的，要么至少是将既存的一座第十八王朝墓葬大规模扩增升级而成的。此墓早在 1825 年就为人所知，是整个王室墓园中最大的一座陵寝，修造之初也是给拉美西斯众多儿子中的几个人提供长眠之地。这是个多层构造的工程，有一百二十多间墓室，配有走廊作为连接通道，类似于一座地下的"多层立体停车场"。1995 年，这里被重新发掘。年复一年的洪水将剥落的石头碎屑冲进来，以至发掘时不得不先挖除若干吨的累积物。大部分的墙壁装饰遭水浸破坏，而那些曾做成木乃伊的王子的尸体，也只剩下了残损的白骨。

纳芙塔里的大儿子阿蒙希尔霍普谢夫（Amenhirkhopshef）此前显然已经被立为王位继承人，但他在父亲之前就去世了。其后的两个儿子也都是如此，直到拉美西斯指认他的第四个儿子继承王位。

这就是哈姆维西（Khamwese）王子，生母为另一"王室大妃"伊希忒诺芙蕾特（Isetnofret）。他长期以来留给人们的印象，是"一位非常博学的书记员和魔法师，时间都花在对古代辉煌建筑和古籍的研究上"。他还被授予另一殊荣，即"首位埃及学家"，而他对古迹的兴趣却也与当年的时代精神相一致。

与他那好勇崇武的父亲和祖父不同，年轻的哈姆维西之前选择的是神职道路，担任了孟斐斯城创世之神普塔的祭司。孟斐斯与邻近城市赫里奥波利斯的神庙都有图书馆，哈姆维西充分利用了这个条件，被授命负责组织筹备父亲的执政三十周年大庆。按照传统，法老在位三十周年之际便会举行盛大庆典，之后视情况需要，可在或长或短的间隔后不定期举行庆祝。既然拉美西斯如此长寿，所以就有过不少于十四次庆典，每次都是仿效遵循先祖的礼制——回溯直至第一王朝，而哈姆维西的筹备工作自然就变得十分繁忙。

他还在萨卡拉和吉萨附近启动了一个文物修复项目，"因为他热爱修复前朝君王们的宏伟建筑，让那些已经沦为废墟的建筑重新变得坚固"。每个工程完毕时，他都派人在古建筑上刻写正式的铭文。除了建筑最初主人的名字，还有当代法老也即他父亲的名字，并且简短地描述所进行的工作，这些铭文被后世称为"人类全部历史上最大的博物馆文物标签"。

在萨卡拉，这些铭文之一依旧清晰可见，就刻在乌纳斯金字塔的南立面上。他还主持修复了梯级金字塔、乌塞卡夫金字塔和第四王朝国王谢普塞卡夫的马斯塔巴，将这位先帝之前消失了的名字加到了其宏大建筑上。在阿布希尔，他维修了萨胡拉的金字塔和尼乌色拉的太阳神庙。在吉萨，拉美西斯二世此前已从哈夫拉的金字塔综合体拆除征用了石料，去赫里奥波利斯修建一座新神庙，而哈姆维西就尽其所能，去维护存留下来的建筑体。建筑师主管马亚（Maya）被任命为工程队长兼经理，修复胡夫大金字塔。在这过程中，他和哈姆维西的工人们挖掘出土了一座已达千年之久的胡夫儿子的雕像。据文献记载，"在胡夫陵寝的井道区域，在一道竖井那塞满的填充沙土中，他发现了法老儿子卡瓦布的雕像，哈姆维西王子对此大为欣喜"。王子随后将古董雕像安置于一座圣祠中。从一定意义上说，那就像是某种博物馆，"因为他爱戴过往的那些高贵先辈，而他们就寓居存身于古文物之中，他也敬慕先人们所创造成果的卓越品质"。这实在是一种非常细腻微妙的高尚情感。

及至三十岁，哈姆维西王子已经晋升为普塔的最高大祭司，负责的不仅是孟斐斯普塔大神庙中的日常敬拜祭礼，而且还有大神的神圣动物阿比斯神牛的福利。这是"所有神圣动物中的王者"，据信，普塔的精魂就包含在神牛体内。每头神牛在死亡之后也被做成木乃伊，安葬于萨卡拉。这一传统习俗至少可回溯至阿蒙霍特普三世的年代，以及他的儿子图特摩西斯王子当大祭司的时候。

公元前 1263 年前后，阿比斯神牛升天，安葬仪式由哈姆维西与其父王主持。神牛的陪葬品同样非常丰盛，有珠宝首饰、驱魔护身符和"沙卜替"人偶，而这些东西也是王室墓葬用品中常规的配置。有些物品上刻写了哈姆维西的名字，另外的则刻上了希望展示其虔诚心愿的朝臣的名字。神牛墓在 1852 年被发现时，墓室积有沙子的地板上所留下的葬仪人员的脚印仍旧清晰可见。

大概十四年之后，哈姆维西主理了下一头神牛的葬礼。这一次，他给神牛配上了镀金的棺材和黄金面具，安葬的方式也有所改变。

他没有给每头神牛安排一个单独的墓葬，而是模仿和复制了他哥哥们在国王谷的多重复合墓室的结构设计。他启动了一座只有单个地下大墓窟的建筑体——后来这里被称为塞拉培翁（Serapeum）——墓窟侧边有单独的墓室分配给每头神牛，每个墓室中都安置了一具花岗岩石棺，重达八十吨。

为了敬拜阿比斯，他在大墓窟上方建了一座新神庙，即塞拉培翁神庙，配有这样的石刻铭文："哦，诸君，此乃我为阿比斯所建之神庙，你们进来便可看到；我所做之事已镌刻于石墙之上，你们进来便可看到。如此壮举，已付诸实施！此类盛事，前所未有。只要各位注意到先辈们的作品曾被弃之不顾、处境堪忧，那我之所为，当为诸君喜闻乐见。因此，当未来有新工程开建（要危及此神庙）时，请记住我的名字吧——哦，阿比斯，大神在上，我是哈姆维西王子，更是神之仆人！"

及至公元前 1229 年前后，五十五岁的哈姆维西终于正式成为王储。但他也先于父亲去世了——是在封为王储之后仅仅五年。他选择葬在塞拉培翁这一带，紧靠着阿比斯神牛的大墓窟，他的墓葬现在仍埋在流沙之下。不过，他当然是留下了历史印记。正如他所希望的，他的名字被后世人们传诵持续达一千多年，在形形色色的各种民间故事中得到了永生。在这些生动的传说中，他在萨卡拉周边转悠，遇到了一个大家族的鬼魂——世代守护着一本终极普适智慧的秘籍，又与一位美丽不可方物的幽灵女子共浴爱河，并生出一个神奇的孩子，这孩子后来成了古埃及的一位著名魔法师。

至于哈姆维西那无人不知的父王拉美西斯二世，公元前 1213 年前后，在八十多岁的年纪，最终一命归西了。正如可以预见到的，他的尸体按极高的规格水准做成了木乃伊。他那稀疏谢顶的白发，用较淡的"海娜"染发剂着色了，复现出他年轻时的红发模样。他那显著的大鼻子，被用树脂和干胡椒粒进行了填充，以便在多层的亚麻布包扎下能保持明显挺立的形状。1886 年，在当时的埃及统治者特维非克总督（Khedive Tewfiq）的面前，这位法老的木乃伊包裹层被正式打开，三千多年捆扎压力的释放让拉美西斯的双臂慢慢地抬升起来，仿似僵尸复活，让在场的目击者都大为惊恐。

与父亲塞狄一世一样，他也安息在一具雪花石石棺里，葬于国王谷的宏大陵寝（国王谷第 7 号陵墓）中。跟其他每一座墓葬一样，这里在古代也遭受了盗劫和千百年的洪水浸渍，地上是成吨剥落的碎石屑。

这位传奇般长寿老国王的王位，最终由他还活着的第十三个儿子梅伦普塔（Merenptah）继承。梅伦普塔是哈姆维西的一个弟弟，但当时也已五十有余。梅伦普塔的执政期只有十年（约公元前1213—公元前1203年），而且不可避免地，这段时间有很大部分仍是处于他父亲那长长的阴影之下。

梅伦普塔，"普塔的宠儿"，最初是安居于孟斐斯的王宫中。宫殿建在普塔神庙的旁边，而他的名字也是源于这位创世大神。但很快他的主要居住地变成了培尔—拉美西斯，为的是更接近事发地，好去处理近东快速变化的局势。

他尊重父亲与赫梯国缔结的和平协约，向对方提供食物补给。那时发生了分布广泛的骚乱动荡，标志着青铜时代的终结，赫梯帝国也在此冲击下开始分崩离析，因此来自埃及的食品援助就变得越发必要。这一连串的事件也导致了希腊大陆地区所谓"宫殿文化"（Palace Culture）的崩溃，并影响到希腊各海岛区和爱奥尼亚（Io-nia），由此产生了大量流离失所的难民。他们开始从地中海区域向东迁移，去往黎凡特海岸寻求更好的生活，而背井离乡途程的终点指向了埃及，传说中的丰足之地，因此很多流民将目光锁定于此。

流民们拖家带口，结帮成伙，最终与利比亚人形成了联盟，并尝试从陆地和海上两条战线来侵入埃及。于是，埃及人便指称他们为"海上民族"，还分别给予不同的命名，比如"谢登人"（Sherden），所来自的地方大概是今日的撒丁岛；比如"埃克维希人"（Ekwesh），被认为来自希腊的亚该亚（阿哈伊亚）；比如"卢卡人"（Lukka），指来自小亚细亚吕西亚（Lycia）的海盗般的劫掠者；比如"希利希人"（Sheklesh），也许是指他们来自西西里岛；还有"特雷西人"（Teresh）——有研究者宣称这是伊楚斯坎人（Etruscans，又称伊特鲁里亚人）的先驱。

公元前1208年前后，有一万六千多人的联军进入了三角洲东部地区，并向南行军，朝孟斐斯和赫里奥波利斯进发。梅伦普塔与他们交锋，进行了一场长达六小时的战役。他的军队杀敌六千，剩下的都被抓获成为战俘。战俘们随后在三角洲一带的多个驻军据点被分散安顿。

梅伦普塔在一块石碑上刻写记录他的辉煌胜利，宣告说"所有的浪游流寇都已被镇压和制伏"，利比亚已遭覆灭。他又附加道，埃及的巴勒斯坦人诸侯国，在迦南地、阿什克伦和基色（Gezer）也发生过叛乱，他均已成功处理。有一个特别的部族人群，他给出了有史以来已知最早的指称——"以色列"，梅伦普塔宣称那里"已被摧毁，沦为废墟，再生传承的种子已不复存在"。

一块五吨重的花岗岩石板，现在广为人知的名称是"以色列石碑"，是在阿蒙霍特普三世那宏大葬祭庙的最后部被发现的。梅伦普塔在那里修建了他自己的庙，但是规模较小，几乎只是其伟大先祖那葬祭庙的一个附属物。他试图在太阳神国王余晖的照耀下得到一点点荣光。于是，像他父亲拉美西斯一样，梅伦普塔也循环利用了阿蒙霍特普原初建筑的很多材料。实际上，"他自己葬祭庙所用的建筑材料，几乎全部"来自阿蒙霍特普那里。

不过，破坏远远不是汪达尔人野蛮行为造成的结果。近些年的研究显示，到了公元前 1200 年前后，阿蒙霍特普三世的葬祭庙在一场地震中受损严重；地震让门农巨石像产生了破裂，还把其他所有的东西都震倒了，让原先辉煌壮观的宏大建筑变得甚至不如一处废品回收站，只不过这些"废品"有王室格调而已。梅伦普塔看来是把那些残片都检查了一番，将残片翻转过来，在反面刻写铭文，利用到了旁边他自己的葬祭庙上。

于是，他的"以色列碑文"就刻在了一块石碑的背面，而那块石板起初是阿蒙霍特普三世的作品。以差不多完全一样的方式，他的葬祭庙也是重新利用那些已垮塌的早期建筑的石料砌造而成。20

世纪 90 年代，梅伦普塔的这座庙开始被发掘。考古学家们发现其基本上是阿蒙霍特普葬祭庙的翻版，只是规模小了很多，而且一定程度上等于是把之前的庙里外翻转过来，因为那些被循环利用的石材的反面还覆盖有阿蒙霍特普的石刻图像，令人一见难忘。借由梅伦普塔对这些材料的挪用，原图像那生动明丽的色彩得以保存至今。

在用了"再生材料"的葬祭庙处于顺利的施工过程中，梅伦普塔又下令在国王谷开建他的陵墓（国王谷第 8 号陵墓）。这是一座巨大的墓窟，沿着一道下沉的直行通道，挖凿在岩床深处。其中有个独特的侧边墓室，用于献给他的父亲拉美西斯二世，墓室墙上的壁画类似于他自己的以及塞狄一世墓室中的场景，但加上了红头发的神祇形象。等到工程的主体完成，国王便安排他的墓葬设施提前按计划的格局摆放，首先是诸神雕像，然后是他的四具大型石棺——这一复杂又困难的安装过程由总理大臣帕尼赫希（Panehesy）监督执行。棺材是一个个顺次安放在另一个里面。外层的三个花岗岩石棺都有棺材盖，上面刻着国王的肖像。盖板朝下的那一面刻着天空女神努特四肢伸展开的形象，她将兑现那永恒的誓言——"我到来，所以才能展开四肢环抱你，所以你的心你的灵才能存活"。最里边的石棺则跟他父亲和祖父的一样，用雪花石制成，梅伦普塔的镀金雪松木棺材将安置其中。

当工匠们完成了剩余的所有细节后，法老龙心大悦，对结果甚为满意，便给了他们额外的配给，有肉、水果、芝麻油和啤酒。在当时通胀日渐严重、经济困难不断加剧的背景下，这些配给让工匠们欢欣鼓舞。

梅伦普塔死于公元前 1203 年前后。他的木乃伊，制作技艺非常高超，以至于后世仍然可以看出他的家族遗传特征，样貌与拉美西斯二世和塞狄一世颇为相似。1907 年，研究其遗体的解剖专家通报说，木乃伊有"一种怡人的气味，就像托钵僧的香膏（安息香）"。遗体皮肤则白得惊人，如此外观很可能是被用作干燥剂的天然碱粉在肌肤上结晶附着而导致，但这也曾引发了错误的猜测，认为梅伦普塔肯定就是《出埃及记》中那位淹死在红海的法老——皮肤被海水泡白了！

不过，接下去的王位传承远远谈不上按部就班、简单明了，因为梅伦普塔较小的一个儿子阿蒙梅西（Amenmesse，约公元前1203—公元前1200年在位）曾短期僭越篡夺了王权。当王座最终传递到了预先指定的继承人，即梅伦普塔的另一个儿子塞狄二世（约公元前1200—公元前1194年）时，他即刻就抹去了篡权前任的全部痕迹，并明确指称其为"敌人"。

塞狄二世即位时年龄大约为五十五岁。他是拉美西斯二世的孙子，而他的"王室大妃"则是同一祖父的孙女，名叫塔沃丝蕾特（Tawosret），意思是"强大有力者"。塞狄二世为自己在国王谷准备了陵墓（国王谷第14号陵墓），夫妻俩被描绘在了那壁画的各种场景之中。直到有一天，修建陵墓的工人惊讶地看到有人来访，"来的是警察总长，对他们说，'猎鹰已经飞向天堂了，那就是塞狄陛下，另一位已经登临就职，接替了他的位置'"。

塞狄二世驾崩的消息刚传开，新国王就被宣告和确认。那是先帝的红头发儿子西普塔（Siptah，约公元前1194—公元前1188年在位），生母为来自迦南地的异族妃子。年轻的西普塔曾患有小儿麻痹症，即位的时候才只是大约十岁的样子，于是他的继母塔沃丝蕾特成了"统领全部国土的摄政大君"。

这对新的王权组合得到了叙利亚出生的书记官拜伊（Bay）的辅佐。此人很快被提拔为"国土全境之总理大臣"。在国王谷，他的陵墓（国王谷第13号陵墓）也随之开建。他自封为有能力拥立国王的元老，声称已经"帮国王登上他父王的大座，地位得到确立"。这样的一种描述，通常只能用在神祇的名下，即所谓"君权神授"，而拜伊竟然如此自况，说明他野心过大，自视甚高。此人膨胀过度，以至于当西普塔年及十六之际，便亲自下令处决了拜伊。墓葬工人们也接到放下工具的指令，因为"大敌拜伊"的墓葬不再需要建设了。

不过没过多久，少年国王西普塔也亡故了。塔沃丝蕾特晋升为法老（约公元前 1188—公元前 1186 年在位），取了几个新的帝王名：希特拉-梅丽塔蒙（Sitra meritamen）、"拉神之女，阿蒙最爱"、"姆忒选定之人"和"强健之牛，玛阿特之宠儿"。后世的一位历史学家指称其为"索里斯国王"（Thuoris），"在其执政期，特洛伊被攻陷"。关于特洛伊战事，传统上来说发生于公元前 12 世纪 80 年代，而那时塔沃丝蕾特确实是以法老身份统治埃及。她的盾徽形制模仿了祖父拉美西斯二世的先例，而她的雕像也与先辈一样，竖立在了赫里奥波利斯和底比斯，雕像的服饰造型完全是男性风格。

这样一位女性法老，拥有与此前的娜芙蒂蒂相似的全部地位权力，所以随后的一个情况就成了顺理成章的巧合：关于国王谷的国王谷第 56 号陵墓，根据重新开挖发掘该遗址的专家的见解，此墓最初是为娜芙蒂蒂而修建，而现在又被拿来再利用了。

1908 年，此墓首次被发现，墓中藏有大量的珠宝首饰，以至于考古学家们干脆称之为"金墓"。他们从那里出土了数量惊人的耳环耳坠、手镯、挂链护身符、项链、鞋子以及王冠样式的冠冕。

因为其中有几件上面刻着塔沃丝蕾特与塞狄二世的名字，所以人们便猜想此墓肯定是被重新利用来安葬了塔沃丝蕾特，或者是她的孩子。不过，墓中那少量的金叶子和拉毛灰泥更可能是来自一只珠宝盒，而不是一具棺材。通过详细考察这些珠宝，表明它们制作出来并非为了佩戴，因为如果是用于佩戴，有些盾徽应该被做成上下颠倒的样式才合理。这些珠宝上的图案也同样耐人寻味，别有意趣：有一对手镯上刻着塔沃丝蕾特为坐着的塞狄二世倒饮料或斟酒，姿态与娜芙蒂蒂和埃赫纳吞此前所采用过的完全一样；另有一对手镯上面显示塔沃丝蕾特身为领头人物，位于塞狄二世前面。既然娜芙蒂蒂很可能是塔沃丝蕾特的角色范本，那这些珠宝自然是后者最恰当的献礼，代表了感恩还愿，供奉给她的女性前辈。

塔沃丝蕾特所生活的时期，基本可说是王国风云诡谲、动荡不安的年代，即便是缺少文献记录，也留有内战的证据，而她自己也曾置身于某种形式的军事冲突当中。一块石灰岩大石板上的简笔石刻显示一位王室女性从一辆战车上向一个男性对手射出利箭，而那或许可能就是她的男性继任者塞斯纳赫特（Sethnakht）。

大约公元前1186年，塔沃丝蕾特离世。她不仅是第十九王朝的最后一任国王，也是过去近一千年间最后的一位女性法老。

新的第二十王朝的首任君主是塞斯纳赫特（约公元前1186—公元前1184年）。尽管其身世来源不得而知，但他随塞斯命名，所以背景有可能是前朝两位塞狄国王的后裔，只是出于侧室的母系血统。

塞斯纳赫特在国王谷的陵墓（国王谷第11号陵墓），根据计划已在建造之中，但随后突然中断放弃了，因为工人们施工时向下意外地挖进了先王阿蒙梅西的墓葬。于是，塞斯纳赫特转而占用了前任塔沃丝蕾特的墓葬（国王谷第14号陵墓），将其扩建，并把这位女前辈的尸骨、随葬品与名字全都清除。

塞斯纳赫特的执政期，与塔沃丝蕾特的在位时间一样短暂，但后世却有文献记载他"让曾是骚乱暴动的全境国土恢复了秩序；在埃及土地上的反叛者，他格杀勿论；埃及的王权大座，被他正本清源，打理干净，他是两方土地的统治者"。不过，他对埃及历史的最大贡献，是与他的王后迪伊-梅伦尼塞特（Tiy Mereniset）联合培养出这个国度最伟大的一位武士君王，那就是拉美西斯三世（约公元前 1184—公元前 1153 年在位）。

第三位拉美西斯，其执政期当然比他父亲的要长得多，但当中也有些年份充满了暴力因素。利比亚人再次试图从西线侵入埃及，又一次与"海上民族"结成进击同盟，除了"谢登人""希利希人"和"特雷西人"，现在加入的还有"邓尼恩人"（Denyen）——有史学家认为这就是指希腊的达南人（Danaans），还有"皮勒塞特人"（Peleset）——可能就是指腓力斯人，以及"提耶克人"（Tjeker）与"维西维西人"（Weshwesh）——很有可能是来自迦南地。

根据文献记载，大约公元前 1176 年，"这些人突然行动起来，没有一个邦国能抵挡他们的武器，赫梯、西利西亚（Cilicia）、卡赫美士、塞浦路斯以及其他地方"全都在入侵者面前沦陷了。现在他们又一次向埃及席卷而来，"他们的口号与目标是'行动!'，但他们的愿望中所充斥的是种种恶行与变态行径"。不过，拉美西斯三世在三角洲海岸边等着他们。这位法老相信，有女神阿奈特（Anat）与阿斯塔蒂（Astarte）充当其刀枪不入的安全盾牌；他宣告，"他们的计划被粉碎了，被神之意愿颠覆摧毁"，因为"那些来犯者，我都打翻他们。从海岛来的邓尼恩人，被我屠戮倒地，提耶克人被化为灰烬，来自海洋的谢登人和维西维西人被尽数杀灭，如同从未存在"。

敌方的伤亡，借助一堆堆的肢体部位得以计算。这些从阵亡敌人的身体上割下来的部位不仅有右手，还有死者的阴茎——这种仪式化的去势阉割，可上溯至那尔迈的时代。至于战俘，则被强迫定居在三角洲地区，还有埃及在迦南地的各处军事据点兼殖民地。他们很快就被重新征用，当起了雇佣兵，后来竟成为埃及军队的主力。

敌人被击溃，埃及重获安定，因而拉美西斯三世豪迈地宣告："朕所在的年代，天下太平，寡人的士兵与战车都可悠闲歇息。"不仅如此，"寡人还让埃及的妇人们可以安心地自由行走，想去何处便去何处，在路上不用担心遭他人骚扰侵犯"。

这位法老执政的大部分时间都常驻北方，他的官员们在赫里奥波利斯这里显然是忙得不可开交，因为他掌权的期间，拉神在该地接受供奉的献花总共不少于二百五十二万八千一百六十八束！国王还给神庙场地做了绿化修饰，他禀告拉神，"在您的圣城赫里奥波利斯，我为您种植了橄榄林，配备有园丁与若干人员来制取纯油脂，埃及最好的橄榄油，只为点燃您神圣居所的明灯"。

在赫里奥波利斯北边和雅胡迪雅丘地（Tell el-Yahudiya），拉美西斯三世建造了一座精美的宫殿。宝石一般的釉彩地砖装饰着他接受觐见的王座大殿，地砖图案突出显示了那些被绑缚的，来自叙利亚、努比亚和利比亚的战俘。他无论何时走过那地面，总是会踩在那些战俘身上；同样是这些俘虏，也被绘制在王室鞋履的鞋底鞋帮上——毫无疑问，当外国使节来拜访谒见法老时，这肯定会让他们受到具体真切的心理打击。

同一类型的装饰也出现在拉美西斯三世于底比斯建造的宫殿中。他那廊柱式的王座大殿，就附加修建在其位于梅迪内—哈布的宏大葬祭庙旁边。大殿隔壁有卧室，带有配套的卫浴间，浴室衬墙为石灰岩板材。大殿的一边有一扇"法老现身显形之窗"（window of appearances），经由此处，他可观看毗邻的葬祭庙中所进行的仪式。那座葬祭庙耗时十二年才建成。

恰如拉美西斯二世及其儿子梅伦普塔，拉美西斯三世也从附近阿蒙霍特普三世的神庙遗址中借用了相当多的雕塑，并安置在自己的梅迪内—哈布葬祭庙中。这一地名在阿拉伯语中意思很简单，就是"哈普的城镇"。这是为了纪念阿蒙霍特普三世的得力重臣，即"哈普之子"阿蒙霍特普。最初正是他，组织安置了这些石像。

拉美西斯三世的葬祭庙面前曾经有一个连通着尼罗河的河港，在那最初高达 18 米的泥砖墙内部，神庙与原初生动的彩绘大部分还保持着完好无损的状态。其独特的入口，采用了叙利亚风格的"密多"（migdol）门楼样式；门洞上面的房间装有显眼的大窗户，便于让下午的清风吹入其中，而窗子的两侧则是雕饰，呈现的是外国战俘的头像。

远离前面的大塔楼——横贯其上的是拉美西斯三世单手将敌人拎着，挥拳痛击——神庙内墙上装饰的壁画场景，详细描绘了近期他与利比亚人和海上民族之间的较量。场景中充满混乱又狂暴的气息。按照描述，一个利比亚人酋长"被完全开膛，刀口大开，仰面倒地"，而法老的书记员们详尽地记录敌方的死亡人数："手，12659 只；包皮（龟头），12859 片"；与此同时，被捆绑的战俘们被串在长绳上，一队接一队地被牵走。

其他地方的壁画则用棍棒打斗以及摔跤的场景来表现埃及武士如何对付来自利比亚、叙利亚和努比亚的比赛对手。在这些形式化的展示表演中，应邀而来的观众包括各国使节、朝廷臣僚以及国王本人。擂台上的裁判借由吹响一只小号来示意每一轮角力的开始，而参加比赛的埃及选手则高呼："我主法老与我同在，支持我来干掉你！"必然地，最终获胜的是埃及斗士，正如埃及迎击整个世界的敌手而战无不胜——无论是运动场上，还是战场上都无坚不摧。

然后，场景进一步展开。拉美西斯三世本人陪同着祭司。有些祭司举着大大的盾徽，上面列出此前三十位统治者的名字，从阿蒙霍特普三世到塔沃丝蕾特；而那位有一半叙利亚血统的"王室大妃"伊丝（Ese）则在旻神的大公牛面前表演仪式化的舞蹈——激发生殖的欲望。

法老当然还有成群结队的妃嫔。在神庙相对没那么严肃正式的区域，有壁画描绘了她们陪法老玩棋盘类游戏，而法老则左拥右抱、偎红倚翠，甚至挠触她们的下巴，撩拨她们。不过，后宫如此之多的侍妾，再加上她们为国王所生出的全部子嗣，将最终导致拉美西斯三世的毁灭。

因为，尽管在抵御外来威胁方面，拉美西斯三世毫无疑问成功地保护了埃及，但他最终却是在自己家人的手中一命呜呼。

大概过了差不多三十年，在这一王朝的尾声，拉美西斯三世庆祝执政的第一个三十周年。他追随阿蒙霍特普三世的先例，将朝政永久搬迁到了底比斯。但仅仅一年之后，他在底比斯的时间便被斩断，戛然而止。

官方的审判记录显示，法老的偏室王后特雅（Teya）想让她的儿子彭塔维尔（Pentawere）继任王位，但是一个与其争风头的妃子之子被指定为继承人，这让那对母子都大为不快。

在试图改变王位传承的人选顺序这一问题上，特雅既有动机也有机会。她随后被抓捕，罪名是"与后宫中的女人们合谋策划事项，并在施行叛乱"，协同者有一位宫廷男管家、一个厨师、国王的私人御医，还有宫廷魔法师普瑞卡蒙内夫（Prekamenef）——根据指控，此人打算运用其魔法和蜡制人偶来让王宫卫士失去行动能力，从而使国王处于易受伤害和攻击的状态。

总共有三十八个串谋者最终被定罪，其中包括偏室王后及其儿子。这两人表面上是"出于自愿"结束了生命，但之所以自杀也是别无选择的结果。其他被定罪的人则被活活烧死，行刑地就在法老葬祭庙的大门之外，而那是传统上最常用的惩罚执行地点。此外还有三个法官因为与叛乱方有牵连勾结，被割掉了耳朵与鼻子。

官方的历史记录永远也不愿承认这位神圣非凡的君主被谋杀了。任何敏感的宫廷变故都是用最隐晦的委婉陈述来含糊其词。看起来，篡位阴谋似乎被及时发现并制止了。因为在 1886 年，当拉美西斯三世的木乃伊被部分拆开时，虽然没有发现其死亡的可疑之处，但那木乃伊的整体神态还是有诡异之处，令人心神不安。此情节正为 1932 年的电影《木乃伊》提供了灵感来源。

但到了 2012 年，此木乃伊接受了 CT 扫描。在遗体颈部残余的包裹布之下，发现法老喉头下面有一道严重的伤口，所有的软组织被切开，一直刺到骨头。如此猛刺之后，他应当是即刻毙命的。

同样，这次扫描还显示出入殓师在进行防腐处理时，小心地将一只"荷鲁斯之眼"的辟邪神符填入颈部那伤口之中，以此象征其身体的完整与健康——至少在阴间或来生世界是如此。

然后，拉美西斯三世的遗体被送往国王谷安葬（国王谷第 11 号陵墓）。此墓最初是由其父亲塞斯纳赫特开建，直至建筑工人们发现它与一座先辈的墓穴有冲突，才半途而废。而拉美西斯三世的建筑师们只简单地改了下墓室入口通道的方向，接着就继续挖凿出一个洞穴状的、有多个墓室的地下结构。此墓最终停止修筑是在工人们接到消息的时候——"雄鹰已经飞向天堂"；这是在告诉他们，拉美西斯三世死了。

陵墓建筑工们的专项报告通常相当冗长，但与之形成强烈反差的是他们这次的说法简单明了，"棺材入葬仪式举办完毕"。这或许是反映了一个事实：经济下行，日渐萧条，让他们也跟着益发受窘，而行政管理部门的渎职与公然嚣张的贪腐，让他们的处境更为恶化；官方的食物供给，也即他们的工资，此前已经变得越来越没保障，时有时无。工头霍恩苏（Khonsu）也提出过正式的投诉，最初还收到过一些正面的效果。

但当后一个月的酬劳再次未能兑现时，工人们放下了手中的工具。这是史上有记录的第一次罢工行动，发生于拉美西斯三世执政的第二十九年，大约是公元前1155年。他们集体游行，来到附带有大型谷仓、储放神庙祭祀食品的"拉美西斯博物馆"进行了长达一天的静坐请愿，除了呼喊"我们在饿肚子"，还发出"严正的誓言"——赌咒威胁。第二天，他们又来到神庙，这次的示威持续了一整夜。对经过的官员，其中也包括当地的行政首长，他们都呐喊抗议。但无论怎样声讨，直到拉美西斯三世执政三十周年庆典之前，他们的工资才得以支付——想必是要让他们暂时闭口吧。

法老的绝大部分心思都用在了赫里奥波利斯、孟斐斯和底比斯的那些主要神庙上。他拿土地奖赏给祭司群体，极为慷慨大方，以至于到了他执政的末期，埃及的可耕种土地，竟有三分之一都归神庙所有。在这些土地中，又有令人瞠目的百分之七十五被卡纳克占有；卡纳克的祭司们此刻成了国家权力的经纪人。因此这就不足为怪了：人们将法老称为"阿蒙的宠儿"，以花岗岩石雕的形式将其角色恒定固化——法老是替祭司们的大神扛旗的人！

如此的慷慨馈赠，显然会对官方的财政收支平衡造成巨大的冲击。而随着食物价格的持续上涨，政府雇员们的工资很快就被一再拖欠了。于是，有些人就不得不寻求变通的收入来源，办法是偷盗。比如有个村妇何娅（Herya）就偷过一只铜质的凿子，再比如神庙园丁卡尔（Kar）从庙门侧柱上剥下小块的镀金片去换食物，甚至还有人试图进入拉美西斯二世、图坦卡蒙以及于亚和图雅在国王谷的墓葬，去偷窃那些陪葬的小件物品；亚麻布在外面很容易用于交易，金属制品可以烧熔了销赃，而昂贵的香水香脂也有市场——从图坦卡蒙墓中偷出的物品，盗贼是用勺子之类的舀出来的，因此留下了指纹印记。

但朝廷对自己子民这一持续的经济困境似乎不管不顾。拉美西斯三世对众神的大手笔捐赠也一如既往，对此加以记录的方式也同样排场十足——41 米长的插图莎草纸长卷，由法老儿子兼继任者拉美西斯四世（约公元前 1153—公元前 1147 年在位）创制。他是被指定的继承人，生母为拉美西斯三世偏室王后泰蒂（Tyti）。

这位新王有着不少大型的计划。

他立刻开始了一个野心勃勃的工程项目，那就是扩建霍恩苏此前负责施工的、其父亲在卡纳克的神庙。在那里，拉美西斯四世的姐妹兼妻子，特恩托佩特（Tentopet）王后，也担任"神之妻"女祭司的角色。

拉美西斯四世也下令在国王谷开建他自己的陵墓（国王谷第 2 号陵墓）。首先，他派首席大臣去到国王谷，"选择合适的地点，以便顺利挖凿他的王室墓葬"。接着，施工便正式开始，工人人数翻了一倍，达到一百二十人。陵寝方案由德尔—梅迪纳的书记官阿蒙纳赫特（Amennakht）绘制。此人用了不同的色彩来制作那原先提议中的红色花岗岩石棺，而安葬法老的那间墓室被他标注为"黄金屋"。他的莎草纸蓝图手稿被复制到了一块巨大的石灰岩剥片上，供工人们在现场参照执行。

法老需要一具超大号的石棺，工程也需要巨量的建筑石料，这就让一系列的采石远征成了必要之举。大约八千人被派往东部沙漠的哈马玛特谷地去备料。他们带了一张详细的地图，而地图当然又是出自阿蒙纳赫特的手笔，他再次选用了不同的颜色来表示不同类型的石材。如此一来，产生的不仅是高度精确的文献记录，而且也是到目前为止世界上已知最古老的地图。

他还以其特征鲜明的书法在地图反面写上了自己的名字，甚至在德尔—梅迪纳村落的门框上也刻下了他的大名。因此，如果现在要去参观他在三千一百六十五年前执行公务、勉力尽职的具体地址，仍然是可行的。当年，他的视力已经逐渐衰退，也许甚至曾坐在其居所的屋顶平台上，以便能在白天日照的光线下看得清楚一些。他向当地的女神梅里特塞吉尔（Meretseger）祷告："你让我在白日能看清暗昧之物，我必将向他人宣扬您的无边法力。请对我仁慈，以你的仁善助我一臂之力！"他的施工图石板上也刻绘了这位神祇以及恳请施恩的祈祷者——值得注意的是，画面中的女神与乞求者都没有眼睛。

阿蒙纳赫特的大王，即拉美西斯四世，也同样祈祷，求告"让我的肢体充满力量"，请奥西里斯保佑他的执政期，要有先王拉美西斯二世的两倍长。但很显然地，大神充耳不闻，懒得搭理他的心愿。因为，即位六年之后，第四位拉美西斯便一命呜呼。

他的全套丧葬用品需要四百五十人运去墓地，其中包括一百二十个墓葬工人和六十名警戒人员。此事的监督主管人是"各项要务超级总管"，也是国家的总理大臣——卡纳克最高大祭司拉美西斯纳赫特（Ramsesnakht）。

政府给公务员或雇工们发酬劳时，拉美西斯纳赫特甚至也陪同在一旁，"暗示着是阿蒙神庙，而不是国王的政府，现在至少是部分掌握了予取予夺的大权，发工资需要由祭司首肯"。拉美西斯纳赫特的儿子是"阿蒙地产的管家"，控制着中埃及广袤的国有良田，从法尤姆到明亚，绵延 120 千米。这个儿子还成了国家的"税收主任长官"。

及至此时，王宫对神庙事务的影响力已日益式微。而且，法老对朝廷本身的政务也没什么控制力了。因为卡纳克宗教势力的抬升与壮大已难以遏制，而且国王的更替也过于频繁——虽然还是名叫拉美西斯——这都对王权造成了不利影响。

拉美西斯五世（约公元前 1147—公元前 1143 年）的短暂执政，几乎也提供不了什么空间来酝酿和实施任何的大作为。他死的时候，其在国王谷的陵墓（国王谷第 9 号陵墓）仍未完工。

不过，这并非是由于陵墓建筑工的懒散懈怠——尽管他们的人数已经削减到了六十人——而是因为那里有着真实存在的可怕危险。正如他们自己所陈述的："警察局长来过告诉工头说：'不要去谷地那边干活了，直到你们能确信，能明白情况会怎么样再去。'我到时候会找你的，我到时会过来，再叫你们去那里接着干。"

工人们自己宣称，他们"停工是因为有敌人"。确实如此，利比亚的流窜入侵者不时会发起袭击。此外，也有迹象表明，宫廷与卡纳克神职集团的矛盾争执又一次激化。

下一任君王，拉美西斯六世（约公元前 1143—公元前 1136 年）是拉美西斯三世一个较小的儿子。他的帝王名号叫"奈布玛阿特拉"，这是直接抄袭借用了阿蒙霍特普三世的尊号。他还启用了"赫里奥波利斯大神统治者"这一称号。这表明他大概做了一些努力，来重振王室的权威，约束管控卡纳克的宗教神权。

至于拉美西斯五世的葬礼仪式，拉美西斯六世自然也下了命令，要以不同的方式来操办。不仅是先王的脸部"被涂绘成了土红色"来象征他的新生，他的皮肤上也遍布着小小的肿块，与阿蒙霍特普二世的情形极为相似。1907 年，打开拉美西斯五世木乃伊的解

剖专家声称，这"有极高的可能性表示其患过天花"。此推断很快
变成了"事实，说明法老死于天花"，而且这一观点现在也被业内
人士完全接受了。然而，通过对皮肤残片的分析，发现并没有天花
病毒的证据存在。实际上，对其遗骸的 X 光检测显示那些痘疮小肿
块实则是皮肤下方的泡碱结晶体，因为拉美西斯五世曾被浸没于泡
碱溶液中——又回归到了第十八王朝木乃伊制作的老方法。

　　不过，故事的发展还存在着更多的悬疑枝节。拉美西斯五世那
完美制作的木乃伊，差不多有两年都未下葬，这恐怕是因为国王谷
仍旧是一个"禁止前往"的区域。遗体最终葬在了法老原初的陵寝
（国王谷第 9 号陵墓），及至此时，其继位者拉美西斯六世已经完成
了这座墓的修建，而他本人也计划葬在这一地点。于是，他将自己
与前任的名字都加到了墓室壁画上，而在那新风格的装饰中，从始
至终，"拉神被赋予了更大的重要性和更显著的地位"——这是自
塞狄一世以来第一次产生的变化。墓室的顶部现在绘制的是努特，
那双重的努特影像非常精彩：她吞下了太阳，然后太阳又是她生出
来的，如此这般永恒循环。

　　但是，正如上一次所发生的那样，也即在迁都阿玛纳期间，当
帝王如此专注于宗教与政治纷争的内部事务时，埃及残存的帝国威
慑力也日渐萎缩，所剩无几。边疆要塞被放弃，随后被摧毁，迦南
地已彻底失守。而在西奈半岛埃及法老的名字常出现的石刻铭文
中，拉美西斯六世已是最后一个名字。

　　拉美西斯六世亡故，与他的前任拉美西斯五世葬进了同一处共
享陵墓（国王谷第 9 号陵墓），随后接任的是其儿子拉美西斯七世
（约公元前 1136—公元前 1129 年在位）。新王上台掌权——或者应
该说是掌握帝国所残存的江山社稷。

　　通胀急剧上升且达到了最高点，埃及的经济与财政岌岌可危。

拉美西斯七世未能留下任何实质性的业绩作为，便葬身于他那相对简陋的墓穴（国王谷第 1 号陵墓）中，而他的遗体也从未被找到过。拉美西斯七世的侄儿（注：原文如此，按后文所述实际应是其叔叔）拉美西斯八世（约公元前 1129—公元前 1126 年在位），也即拉美西斯三世最小的一个儿子，同样是死不见尸，甚至连他的墓葬到底在哪里都未有定论。

拉美西斯九世（约公元前 1126—公元前 1108 年）至少带给了埃及这个国家所急需的一段安定局面。他可能是拉美西斯三世的孙子，其名字在诸多外域边地被发现，北边远至迦南地的基色（Gezer），西边远至达拉哈［Daklaha，或称 Dakhla（达克拉）］绿洲，南边远至努比亚的阿马拉（Amara）——尽管，他所谓开发攫取这一地区金矿的丰功伟绩实质上近乎是空白。

在财务上捉襟见肘的朝廷，现在主要常驻于北方，拉美西斯九世将精力聚焦于赫里奥波利斯和太阳神身上，而太阳神的最高大祭司就是法老自己的儿子——奈布玛阿特拉王子。

南方的卡纳克，现在是神职权势集团的领地。一些壁画相当清楚地表明了王室与宗教界之间的权力关系：法老拉美西斯九世向卡纳克的新任最高大祭司阿蒙霍特普授权，而接受加持的那一方却令人意外地竟然与法老同样高大！

对待君权的这一态度，相当具体地体现在了墙上的壁画中。

在尼罗河的西岸，举行罢工的墓葬工人们依旧心怀不满，因为工资的发放仍旧不稳定，时有时无。于是，阿蒙霍特普大祭司的妻子希拉蕾（Herere）便给施工队长佩西杰（Peseg）发来亲笔函："关于大墓场的那些人员，我已经写过信给你，告诉你'要给他们发定额配给'，而你至今什么都没发放，这是怎么回事？一旦见到我的来信，你一定要去找粮食，弄回来之后就给他们按额度发放。

不要再因此事向我投诉，跟我啰唆！"

但情状并未发生任何改善，大规模的盗劫行为随之而来。窃取目标正是王室墓葬。

根据审判记录所透露，石匠阿蒙帕努费尔（Amenpanufer）与他的江湖朋友们侵入了第十七王朝国王索贝克姆沙夫及其王后努布哈丝的墓葬。他们在法庭上坦白，团伙偷盗了大量的财宝，合成金锭计算，可达一百四十四千克。

接下去的某个时段，封闭不太久的拉美西斯五世与六世的合葬墓（国王谷第9号陵墓），也遭到入侵，里面值钱的金属物件和织物都被偷走。但金钱上的利益不只是此盗劫行径的唯一目的，因为拉美西斯六世的木乃伊也遭到了严重的损害，导致创伤的工具是斧头，木乃伊实质上已四分五裂。根据最简单的物理定律推测，这也不可能是其遗体包扎完好的情况下所能造成的结果，因为实验已经证明，仅仅三层的亚麻布加树脂，就足以让即便是最锋利的斧子或"马谢特"大砍刀都从裹扎的表面弹回去。因此，拉美西斯六世遗体所遭受的破坏，只能在其外部包扎去除的前提下才能实现。而在破坏之后，他的脸部已经惨遭损毁，面目全非，他的嘴被撬开捣烂，胳膊从肘部被砍掉。即使是他的石棺，也被费尽心机、不遗余力地砸烂了。

这不可能是鬼鬼祟祟、慌慌张张的盗墓者所为。因为他们只能争取在最短的时间之内，闯进墓穴，胡乱之中盗走一些宝物便溜之大吉。同时，盗墓者心里也很清楚，一旦被抓获，等着他们的只有各种折磨拷问，还有尖木桩的刺刑伺候。所以，拉美西斯六世被当作特别的攻击目标，很可能是公开行为。而他的前任拉美西斯五世的遗体却安然无恙、完好无损——这一事实更证明了前述推断所成立的理由。

当然有传言说到了官方的串通合谋。西底比斯的行政长官帕维拉（Paweraa）就被指控失职，不能维护当地安全。对那些申诉到他面前的案件，他都不加理会；对那些很可能是部分祭司亲自策划实施的野蛮行为，他也装聋作哑、视而不见。王后谷中的王室陵墓，还有迪尔-巴哈里这一带的王室葬祭庙，已经被祭司们拿来再利用，变成他们自己的安息之所。而他们或许也利用了相似的时机，想在国王谷算旧账、报宿仇。

在拉美西斯九世的陵寝（国王谷第 6 号陵墓）修建期间，这样一个机会似乎出现了。挖凿墓葬一处侧边墓室的工人们，意外地挖进了早期从阿玛纳移来的国王谷第 55 号陵墓——就在他们作业点的正下方。政府的主管人员随即被喊到了现场，官方部门发现了"大罪人"埃赫纳吞的木乃伊遗体，然后借此机会抢走了其棺材上覆盖的表层黄金，并对其面庞的下半部分进行了破坏，意在让他的亡灵在来生世界中不能呼吸，或者是不能说话。既已有效地废掉了埃赫纳吞，他们还是感到不满足，又将他的名字从墓葬中全部清除，同时被清理的还有他母亲迪伊王后的遗体——就安葬在埃赫纳吞近旁。他们还试图取出王太后的葬祭圣祠，那是黄金打造的几座神龛。不过，此举以失败告终，因为神龛被卡在了墓室门径通道，从此就一直保持着原状。1907 年，考古学家们发现了这一情况，着实惊奇不已，而后他们的后辈学者则对那墓中剩余的文物项目展开了热烈的争论，他们各执一词，意见纷纭。

拉美西斯九世的墓葬工继续施工，按计划建造了上方的那座陵寝。公元前 1108 年前后，法老去世，下葬于这座已完工的墓穴中。仪式是由其继任者拉美西斯十世（约公元前 1108—公元前 1099 年在位）来主持。十世后来也下葬于国王谷（国王谷第 18 号陵墓），不过他的木乃伊一直下落不明。

　　这个王朝的最后一任君主是拉美西斯十一世（约公元前1099—公元前1069年在位）。但是，有关他的史实甚至更为匮乏，因此，如果有人说"这一令人困惑的时段，对应的历史仍有待书写"，这也绝非是夸张。

　　这位末代拉美西斯统治了大约三十年，主要是在孟斐斯这里执政。培尔—拉美西斯已经遭到遗弃，因为随着尼罗河逐渐向东改道，当地的河港码头淤积了大量沙子，最终被堵塞和填埋了。

　　在底比斯，卡纳克的最高大祭司阿蒙霍特普不仅是首席大臣，而且自封为"其主人陛下的伟大密友"。主人自然就是国王，但在壁画中，大祭司被描绘得与法老一样高大。

　　至于拉美西斯十一世的陵墓（国王谷第4号陵墓），有证据表明其施工进度越来越成问题，工程时断时续，因为在利比亚袭击者的面前，工人们只能束手就擒。最终，他们别无选择，只好放弃德尔—梅迪纳，而那里成为工人们的家园，已经持续了五百多年。

　　这些工人连同家庭各奔东西去寻找归宿，有些永久迁居到了新家——位于梅迪内—哈布那建有防御工事的神庙综合体中。其中一人是德尔—梅迪纳的原任书记官迪胡特摩西（Djhutmose），他曾记录："我们现在搬来这里生活，在梅迪内—哈布……然而，墓葬那边的小伙子们（也即墓葬工）都走了，在底比斯生活。"

　　不过，迪胡特摩西至少还能跟家人团聚。这里有他的儿子兼同僚书记员布特哈蒙（Butehamen），还有他的儿媳妇伊赫塔伊（Ikhtay）——兼职女祭司，同时也是农妇。他们的邻居赫努特塔瓦伊（Henuttawy）女士是当地的行政官，负责接收并记录发运过来的粮食，也组织安排雇工们的薪水口粮配给，因为这一地区现在已受到饥荒的威胁困扰。一位颇为大胆的农夫宣称，这名女长官弄到了数量可观的银子，"而作为交换，她给人家发公粮大麦，因为在这萧条之时，发生了饥荒"。与此同时，法老、王后与贵族墓葬中发生的偷盗行为仍在继续，而王室葬祭庙，甚至是被遗弃的宫殿也一样成为盗窃的目标。

现在很有必要采取一些有效行动了。于是，拉美西斯十一世召回了他的努比亚总督帕尼赫希（Panehesy）。此人向北来到底比斯，让自己担任了"粮仓总管"，同时也自命为总理大臣，试图去掌控国家的经济局势。

这自然导致他与底比斯最主要的大地主，也即最高大祭司阿蒙霍特普发生了冲突。随着情形进一步恶化，发生了"对最高大祭司的战争"，结果是阿蒙霍特普被迫退守到了尼罗河另一边，在梅迪内—哈布那军事堡垒一般的城墙之内躲避保命。

在帕尼赫希的封锁围攻之下，大祭司无计可施，只能去向国王求情呼告。法老派了他的利比亚人雇佣军兵团前去解围，而该武装的头领是务实严肃的利比亚将军皮安赫（Piankh）。

事态随之升级，发展成内战，而发起内战的双方都是国王手下的重臣。努比亚人帕尼赫希最终被利比亚人皮安赫击败出逃，他的头衔也被后者悉数承接。之后，由于阿蒙霍特普的亡故，他的那些职务权益也都落到了大将军皮安赫的名下。

皮安赫起初只是国王的特使，他以此起家，现在控制了整个底比斯与南方，强大到足以单边制定一个正式的权力分享方案。他称之为是"再次诞生"——名副其实的政权新生，因为，拉美西斯十一世身为国王的第十九年，也即大约公元前 1080 年，这一年被官方在底比斯宣告和记录中定为"元年"（初始第一年）。王权与神权之间的区别也变得非常模糊，以至于皮安赫的儿子意气昂扬、不可一世地口出狂言，"法老？如今他还能是谁的主人？"

皮安赫还娶了国王的女儿诺德耶美特（Nodjmet）。她成了丈夫的副手。皮安赫外巡或远行时，她都向他通报底比斯的最新消息。她警示他说有叛徒，皮安赫便让她去调查审讯，直接杀了嫌犯："把这两个家伙押到我办公的大屋去，你应该可以让他们说出心底的实话的，把他们的那点鬼心思全都掏出来！然后你就杀了他们，派人夜里把他们扔到水里去。"然后，他换了语气，温和地告诉妻子："所路过的每一位神祇，无论男女，我都向他们祷告，祝福你安然无恙、健康长久，一定要让我回去时能看到你，让我眼中全都是你的身影，每一天都是！"

尽管皮安赫此刻实际上已是南方的统治者，但他为了保住地位，依旧需要大量的财富来做后盾，来维持统治机构的运转。不过，随着帕尼赫希在外游离飘荡之后回到努比亚，他又控制了当地的金矿，皮安赫只能被迫把目光投向一个替代性的黄金来源。那里离他的领地要近得多，那就是贯穿了整条国王谷的王室墓葬黄金"矿层"。

也就是在这一时期，公然的"盗墓"成了政府的官方策略。王室陵墓遭到系统性的挖掘拆解，里面的财宝被洗劫。那些木乃伊主人先被扒掉了外层的亚麻裹布，然后被重新包扎，在公元前 11 世纪剩下的时段中都被搬来移去，而按照官方文献的描述，这是所谓的"修复工程"。

帝王木乃伊是先辈祖传神力的存身之处与存续手段，要不惜一切代价保护，这是埃及数千年来的信念。但利比亚人皮安赫对此却毫无顾忌，他的想法显然极为不同。

在写给书记官迪胡特摩西与其儿子布特哈蒙的信中，皮安赫告诉他们"去给我执行一项公务，那是你们从未做过的……去打开一处墓葬，也就是先人陵墓中的一座"。迪胡特摩西只能领命，回信道："请将在底比斯那边的墓葬从业人员召集起来，派他们到河的这一边来。"他还要求这些人"被指定受书记员布特哈蒙的监管",也就是要听命于他儿子的管理。他的儿子此时已领受了一个多少算是可观的官方头衔，叫作"王室大墓场门户开启专员"。

搜寻法老墓葬黄金的行动就此展开。

他们的基地在梅迪内—哈布。从这里出发，迪胡特摩西、布特哈蒙与那些同僚定期地频繁走过西岸小山群之间纵横交错的通道，给那些墓葬的位置做出标注。他们一路走，一路涂画着做记录。这其中的一百三十个标注，正是出自"开门专员"布特哈蒙那特点鲜明的笔迹。

他那"迫害名单"所列出的墓葬，其中之一就是拉美西斯三世的陵寝。当墓中财宝被搜罗一空后，布特哈蒙将法老的木乃伊带回了梅迪内—哈布，而木乃伊原初很可能就是在那里制作完成的。但现在的程序正好是颠倒了过来，遗体包裹被拆开，随身的那些珠宝和护身符挂饰被转移到了皮安赫的财政内库。当尸体重新包扎后，布特哈蒙在法老的新亚麻尸衣上直接写道："今日，最高大祭司向书记员布特哈蒙发令，将乌塞尔玛阿特拉—梅里阿蒙（Usermaatra Meryamen）—拉美西斯法老化形为奥西里斯。其龙体已紧固如前，可永恒长存。"这大概是必要的身份标示，以便识别，因为帝王棺材上的金饰都已被剥除，最初的那些名号标识也随之消失无踪。

公元前 1069 年前后，拉美西斯十一世辞世，标志着整个新王国时期的终结。一个时代走到了尽头。

他自己那巨大的陵墓（国王谷第 4 号陵墓），尽管已经接近于完工，但前辈法老们的命运就在眼前——无论他们长眠于哪个角落，都被从各自的墓中请了出来——这显然传递了太多的信息。于是，在经过五百年的漫长时光之后，作为王室墓园的国王谷终于遭到遗弃，拉美西斯十一世葬在了他处。

　　虽然他的葬身之地一直未能发现，但很可能是在阿比多斯。1859年，那里的一处沙漠大墓地得到发掘，出土了一具大型棺材，里面安放的木乃伊性别不明。恰如经常出现的情形一般，该遗体一碰便碎。不过，作为陪葬品的八十件珠宝上，倒是突出显示着拉美西斯十一世的名字。那遗体的本尊或许是一位忠诚的朝臣——如果他碰巧又极为富有，但也或许就是法老本人。这位死者实践了当年的时代精神——"再次诞生"，而方式就是选择回到埃及最早期的先王们身边，安息于传说中奥西里斯的埋葬之地。

19. 衰退、崛起和败落：

约公元前 1069—公元前 332 年

新王国时期终结，让位于第三中间期。这一历史时段是"一个声名丑恶的黑暗年代"。埃及又一次分裂，回到了原初的局面：两个王国，南北分治。

在北方，斯门德斯（Smendes）接替了拉美西斯十一世，成为第二十一王朝的首任君主（约公元前 1069—公元前 1043 年在位）。这是"一个身份背景不明，但势力极大的家伙"，还娶了特恩塔蒙（Tentamen）。这位王后极可能是出自拉美西斯旧家族世系的一位公主。国王夫妇被描述为"阿蒙在其北方土地上设置的支柱"。

而在南方，阿蒙的高级祭司们现在就成了不容争议的主人。皮安赫的继任者叫赫里霍尔（Herihor）。他不仅接过前任的头衔成为最高大祭司，甚至同时也是努比亚总督，而且还娶了皮安赫的遗孀诺德耶美特，以此来巩固他的权力地位。

身为拉美西斯十一世的女儿，诺德耶美特自然是王室血统。这样一来，赫里霍尔也就有了王族身份，他和诺德耶美特的名字便都出现在了帝王盾徽中。在他们的肖像画中，两人都戴着帝王专享的神蛇头饰，而赫里霍尔甚至戴着南北方双重王冠。第十八王朝君王们的恐惧忧心，"曾驱动他们发起了在阿玛纳的革命之举，但现在又变成了现实"，因为阿蒙的祭司们最终实现了神职集团的终极目标。

作为众神的帝王，阿蒙的名字现在也刻进了一个盾徽。其崇拜中心卡纳克，是神权统治的核心之地，所以依旧得到丰足奢华的美化装饰。赫里霍尔命人新造一艘巡游船，用于在庆典仪式时装运大神的敬拜雕像。按照传统，船应以最好的黎巴嫩雪松木打造，赫里霍尔于是派遣官员维纳蒙（Wenamen）前往比布鲁斯。埃及从前有多个诸侯封邑，宗主国从那些地方拿东西，几乎都是随心所欲，但如今维纳蒙不得不央求着，看比布鲁斯藩王的脸色，因为这位大王对阿蒙的使节说，"我可不是你的仆人，那位派你来的人，我也不是他的仆人！"

至于新船的镀金问题，赫里霍尔继续了皮安赫的策略，即去王室墓葬盗抢。他自己墓中的陪葬品据说也极为可观，有人甚至宣称，那些陪葬品简直可让"图坦卡蒙的墓葬文物看上去如沃尔沃斯超市的货品"——言其廉价。

赫里霍尔的陵墓和他的遗体，至今都无处可寻，但他妻子诺德耶美特却不是同样的命运。她去世的时候已经相当老迈，不过依旧多少保持了其肖像中的那种优雅别致的风采。制作木乃伊的入殓师，很有效地让她青春焕发，给其用了各种化妆品、填充物、假眉毛和一顶编成多股辫子的长长的假发。诺德耶美特的遗体能保存得如此完好，显然是得益于"那些在处理第十八、十九和二十王朝的木乃伊时所提供的，过目难忘的实物教学课"，而那些"实物教学"就发生在皮安赫主政时所谓的"修复工程"期间。

赫里霍尔的继任者是祭司国王兼大将军皮努德耶姆一世（Pinudjem I）。他上台之后，继续滥用古迹。他那帝王风范的造作虚荣，不仅涉及将图特摩西斯一世原初的棺材挪作己用，甚至还占用了国王谷的一座陵寝。

拉美西斯十一世的陵墓（国王谷第4号陵墓）从未启用过。这位新王便在墓室墙上增加了他自己的盾徽标志。这里现在已经变成了重新包扎王室木乃伊的工作间，在这里有不少上面标注有图特摩西斯三世、哈特谢普苏特或拉美西斯四世名字的镀金残片被发现。国王谷最古老的国王谷第39号陵墓中，也发现过黄金残片与大量的木乃伊包扎物，可知那里也充当过同样的工作场地。这座墓穴，据信是为阿赫摩斯－内芙尔塔里和她的儿子阿蒙霍特普一世所建。其中的图像显示"开门专员"布特哈蒙正向两位先人统治者敬献祭品。这就暗示了"他也参与了这两座更早期墓葬的'修复'"。

王族的木乃伊，即便被拆解后再重新包扎，也依旧被认为保留着其象征性的价值。因此，皮努德耶姆选择将拉美西斯一世、塞狄一世与拉美西斯二世的木乃伊安葬在他自己身旁。他大概是这样盘算的：这些先王与他同在，将会为他在来生世界做证，提升他的合法地位或正统资质。

对自己在人间的权势，皮努德耶姆也设法强化，他采用的是外交联姻，娶了北方法老斯门德斯的女儿赫努特塔薇（Henuttawy）。这一结合，在北方的君王与南方的祭司君王之间缔造了和谐气氛。夫妻俩的孩子随后统治了埃及，两个儿子追随父亲的步履，相继成为卡纳克的最高大祭司，而他们的妹妹则继承了母亲的诸多角色头衔，担任最高女祭司。

不过，最终接替外公斯门德斯成为法老的却是三儿子帕西巴哈恩纽特（Pasebakhaenniut）。他被誉为"城中出现的星星"，后人更为熟悉的是他在希腊文中的名字苏塞恩尼斯（Psusennes，约公元前1039—公元前991年在位）。与他一起治理国家的是其妹妹兼妻子姆忒诺德耶美特（Mutnodjmet）。

苏塞恩尼斯与他的王朝迁都后，驻于一处新的王室首府塔尼斯

(Tanis)，紧靠三角洲东部的布巴斯迪斯。拉美西斯王朝的旧都培尔—拉美西斯被遗弃之后，塔尼斯便应运而生。旧都很多宏大的石头建构被移到了新城，以增加庄严气度。对未来的考古学者而言，这当然也就造成了困惑——实在难以想象和理解。

厚度达 15 米的泥砖城墙环绕着塔尼斯。新城以底比斯为对应副本，城中也有一座大型的中央神庙，供奉阿蒙和姆忒。这座神庙综合体也是新的王室墓葬地，此时埃及的法老们已经以北方为大本营，无论是生前还是死后。

苏塞恩尼斯此前在吉萨修建过一座神庙，敬献给号称为"金字塔女士"的哈索尔-伊希斯合体女神。由此可知，吉萨的马斯塔巴墓葬对他影响颇深，他本人以及第二十一王朝他的后继者们都袭用马斯塔巴的形式，在塔尼斯神庙区域内修建了自己的陵寝。

1939 年，这些墓葬被发现时，基本上原封未动。墓室中仍旧装满了令人惊叹的宝物，可与图坦卡蒙墓中发现的相媲美，而其中有些东西显然是苏塞恩尼斯一世的父亲——大祭司皮努德耶姆——从国王谷那里搜刮来的。苏塞恩尼斯自己的陪葬品包括有一张令人叹赏的黄金面罩与一具银棺材，两者大概都是来自某位拉美西斯君王。另外还有来自梅伦普塔的花岗岩石棺，以及原本属于阿赫摩斯一世的黄金舟船。

尽管部分复制和循环利用了国王谷的陵寝，塔尼斯的法老们当然还是无法控制气候和环境上的地区差异。苏塞恩尼斯一世那被精心制作的木乃伊遗体，在塔尼斯那地下水充溢的墓葬中已经被腐蚀得只剩下一堆遗骨。而他那些当祭司的哥哥们，因为埋在干燥的底比斯山地间，仍然遗体饱满，仪容可辨，仿如刚去世的时候。

塔尼斯的陵墓中，不仅有君主们的奢华陪葬品，还包括利比亚大将军们的遗物。伴随文狄耶巴恩耶德（Wendjebaendjed）将军的就有一张非常精美的黄金面具，这件宝物自然是第十九王朝出品的古董，另有一只镶嵌宝石的大大的圣甲虫，刻写的是拉美西斯七世的名字，以及一枚天青石戒指，上面有拉美西斯九世的名字。

这些军界要员显然被认为足够重要，因此不仅得以分享王室安息地，而且也分享王室财宝。苏塞恩尼斯一世的接任者，叫大奥索尔孔（Osorkon the Elder，约公元前984—公元前978年在位），是利比亚血统。而他的继任者是其儿子西阿蒙（Siamen，约公元前978—公元前959年在位）。而西阿蒙的执政期相对较长，让他得以扩建了赫里奥波利斯、孟斐斯还有塔尼斯的神庙。那些壁画，描绘了他正在痛击敌人的雄姿。有些敌人是从前"海上民族"的皮勒塞特人，或曰腓力斯人，因为他们威胁了埃及与腓尼基之间的贸易通路。于是，西阿蒙发起了一场战役，摧毁了腓力斯人的城市基色，并与以色列国王所罗门（Solomon）结为盟友。所罗门随后接管基色，巩固了其国度的南方边境，并娶了西阿蒙的女儿，以此正式绑定了两国的同盟关系。

西阿蒙与底比斯之间也维持着良好的关系，那里世袭的最高大祭司兼国王，现在是皮努德耶姆一世的孙子，尊号为皮努德耶姆二世。正是他组织安排将先王们的木乃伊进行规模化安置，再次葬入了一系列的隐蔽墓葬或洞穴中。

其中大约四十具木乃伊被安葬在位于迪尔-巴哈里的大祭司家族穹顶大墓中（迪尔-巴哈里第320号墓），就在卡纳克的正对面，并在那里保存了约两千八百五十五年。1871年，当地一户人家发现了这一墓址。通过偷卖棺材上零碎装饰和小物件，这家人日子过得富足安稳。古董市场上出现的这些东西让当局警觉起来，终于他们循迹追踪到了墓葬，并在十年后进行了"官方"的发掘。那些木乃伊被迅速移出，沿着尼罗河向北运往开罗博物馆，运送所用的那艘政府汽船，成了"史上最大的灵车"。汽船经过时，西岸上的妇女们都从家里跑出来观望。她们那戏剧性的哀恸表现，尽管被有些人嗤之以鼻，认为那只是出于一个丧失上佳收入来源后的反应，但或许更合理的是，那是"一种真情的自然流露，一种对传统遗失的悲伤"，因为那些君王，原本在如此长久的年代里都属于她们，属于这里特殊的地貌环境，而现在却从她们身边消失了。

但仍然有些王族成员遭到了遗漏，此情况直到1898年才被注意到。阿蒙霍特普二世的墓葬（国王谷第35号陵墓）在那一年初次被发现，这位法老依旧躺在他的石棺内，但是在一具廉价的替代品棺材内，因为他的镀金棺材此前已被大祭司国王们挪用了。他们还夺走了他的珠宝随葬品，但还是将一把长弓留在了他身边。

就在他墓室的一旁，有一间较小的偏房，里面是阿蒙霍特普二世之子图特摩西斯四世那装入棺材的木乃伊。此外，图特摩西斯四世之子阿蒙霍特普三世，连同梅伦普塔、塞狄二世、西普塔，还有拉美西斯四世、五世和六世，以及一位身份不明但有人声称是塔沃丝蕾特的女性的木乃伊也都在此偏房中。木乃伊的裹尸布上甚至标注了大约公元前966年他们被集体安顿在这里的确切日期："当朝第十二年，冬季第四个月的第六天。此日，诸先君重新安葬，由阿蒙的最高大祭司皮努德耶姆执行。"

虽然墓室中仍有可用的空间，另外三具遗体却被单独安置在了第二间偏房。那是两位成年女性与一位少年的木乃伊，未曾重新包扎过，也没有替代品棺材，三人的名字也没有列出来。尽管被当作无名氏处理，而且与其他人分开安置，这三位应当还是出自第十八王朝的王族，因为三人的遗体防腐手法，用的就是那一时期的泡碱溶液。根据20世纪70年代以来所累积的研究结果，这几乎可以肯定他们应是迪伊王后，她的大儿子图特摩西斯王子，还有女法老娜芙蒂蒂。这样的身份认定一直具有争议，但毕竟也是基于面部的测量数据，测量结果与娜芙蒂蒂那著名的胸像几乎完全相符，误差只在一毫米的精度之内。而且，木乃伊的脑门上还有长期绑饰带所留下的印痕，这种饰带不仅是王室专利，更是娜芙蒂蒂的典型装束。此外，左右双耳洞也是仅仅在阿玛纳时期才有的风尚，还有那些散落的珠子，也是出自阿玛纳风格的领圈饰物——就像在娜芙蒂蒂丈夫埃赫纳吞遗体上发现的那一领圈。另外，她自己的右臂曾弯曲横放在胸前，而这正是执政法老手握权杖的标准姿势。

不过，她的遗体无疑遭受过亵渎破坏。右胳膊几乎被从肩膀下面给肢解扯掉了；她的嘴部被用锋利的金属刀具近距离砍击过，受损严重。如此的损伤，只能是在木乃伊被解开后才可造成，而不是盗墓者隔着外层裹布胡乱斫剁所形成，这非常接近和类似于隔壁墓室中拉美西斯六世木乃伊所遭受的损伤。

事实上，所有这些先人的安葬地都选择在这个地方是相当吊诡和耐人寻味的，因为国王谷第 35 号陵墓既不是最大的也不是最隐蔽的。为这些人物确定这一墓室，似乎因他们与墓葬原主人阿蒙霍特普二世相关——是这位法老首次将阿吞推向前台显要位置，启动了对卡纳克祭司集团的最初挑战。因此，侧旁的墓室就用来安置他的直接继任者，那继续支持阿吞崇拜的图特摩西斯四世；还有阿蒙霍特普三世、迪伊和娜芙蒂蒂，以及在稍后的新王国时期对卡纳克不是特别友好的那些王族。于是，这些人当中没有一个被安顿在祭司国王们那俯瞰卡纳克的家族穹顶大墓中，就像图特摩西斯三世和拉美西斯三世这些法老所享受的待遇——他们的木乃伊将神庙一般的穹顶库房几乎都填满了。

当然，这也有可能是出于一种纯粹的巧合，而王室的那些木乃伊只是被随意胡乱安置，哪个墓葬方便顺手就放在了哪里。但是，只要进行略微细致和深入的研究，一个清晰的图景就会浮现出来，那些祭司似乎是利用了这一时机，不仅只是攫取财宝，而且是在算旧账、报宿仇，故意对多位特定先辈统治者的遗体施加别有意图的损坏，因为他们在世时曾打击和动摇了祭司群体的权威。归根结底，王室的木乃伊，以及木乃伊所代表的一切，仍然被进一步利用，来助推卡纳克大祭司皮努德耶姆二世及其王朝的政治野心，提升他们的地位。

皮努德耶姆二世娶了前任最高大祭司的女儿奈斯霍恩丝（Neskhons），这无疑更强化了他的权力。与丈夫一样，这位王后也是与塔尼斯君王们的血统世系有亲缘关联。在卡纳克，奈斯霍恩丝伴随于丈夫身边，协同执政，被尊为"众神之王阿蒙—拉神后宫之大妃"。她另有众多头衔，比如"南方山地之主管"，努比亚总督等。

奈斯霍恩丝的权势地位，反映在她那珠光宝气的形象上，甚至是她的棺材也透露出她的喜好。这位王后尤其热衷佩戴大大的耳环，据闻每个耳环重达一百多克。如此的耳坠子，也许是挺好看，但也把耳朵拉得严重变形，以至于奈斯霍恩丝的耳垂都变成了"长绳圈"，而与她共事的那些女祭司，有人的耳垂甚至几乎都垂到了肩膀！

奈斯霍恩丝的木乃伊还透露出，生下第四个孩子没多久，她便死了。随后，其丈夫皮努德耶姆二世与妹妹兼妻子伊希姆赫布（Isimkheb）又生了三个子女，其中包括苏塞恩尼斯二世（约公元前959—公元前945年在位），他继承了父亲最高大祭司的头衔。

不过，苏塞恩尼斯二世的事业并未只局限在卡纳克，因为他不仅是最高军事统帅，而且是全埃及的法老。

他的执政期缺乏详细记录，只能说个概略。尽管如此，他终究统一了这片国土。这一功业是在他的利比亚军事顾问、大将军谢斯弘克（Sheshonq）的协助下完成的，而这位将军自己最终也成了埃及的国王。

谢斯弘克（约公元前945—公元前924年在位）创立了一个新的利比亚王朝，大本营位于三角洲的布巴斯迪斯。这是一位强硬的统治者，确立他的儿子伊乌普特（Iuput）担任卡纳克的最高大祭司，他由此便控制了卡纳克。

为了巩固对埃及的掌控，他把信任的家族成员都安置到了关键的职位上。他恢复了与比布鲁斯的贸易往来，还在公元前925年前后发动了对以色列和犹大王国的战役。谢斯弘克的阵容包括了一千二百台战车，还有他的利比亚和努比亚雇佣军。他们一举夺回了加沙和美吉多两地，并洗劫了耶路撒冷的神庙。就在那里，在那精美的黄金天使"基路伯"——"名字出自希伯来语，指那个长有翼翅的人形，狮子身体女人头，而在希腊文中就是斯芬克司"——的下方，法老谢斯弘克"把雅赫维（Yahweh，也即后来所称之耶和华）神庙和王室宫殿中的宝物一扫而空，他卷走了每一样东西"。《圣经》中将其称为"埃及国王希斯哈克（Shishak）"。在卡纳克的神庙壁画上也呈现了谢斯弘克一世强悍的形象，描绘他在痛击以色列和犹大王国的对手，而阿蒙则在一旁观战——这位大神的身形现在只有法老的一半大小而已。

远征大捷之后不久，大概是公元前924年，谢斯弘克一世离世。但他的墓葬地一直无处寻觅，他儿子奥索尔孔一世（Osorkon Ⅰ，约公元前924—公元前889年在位）的墓葬地也同样如此，尽管有文献记录透露说奥索尔孔是葬在南方底比斯某处，其陵墓成了"底比斯大墓场的一个地标"。

他的继任者们反倒更喜欢去修缮装饰北方。其孙子奥索尔孔二世（约公元前 874—公元前 850 年在位）与王后卡若玛玛（Karo-mama）就在布巴斯迪斯为猫科女神巴斯泰特修建了一座壮观的红色花岗岩神庙。环绕新庙堂的有树木和宽宽的运河水道，这里成了一年一度古老的丰饶（繁育）节庆的举办场地。朝圣者纷纷"从河上到来，每艘船上都各有众多男女。有些女人摇动叉铃，弄出热闹喧响，还有吹奏笛子的。而其余的女人，以及男人则伴着音乐歌唱、拍手。这一路的游船前往的是布巴斯迪斯，在靠近沿途的任何城镇时，他们都将船靠向岸边。然后船上的有些女人就大呼小叫，嘲笑此镇子里的妇女。另外有些就在船上跳舞，还有其他人会站起来，对岸上居民挑衅，显露他们的相貌。等他们到达布巴斯迪斯之后，在那狂欢节庆中畅饮的酒，比一整年喝的还要多"。

神庙的"节庆大厅"中，也绘制有奥索尔孔二世执政周年大庆的场景。奥索尔孔自己在主持一场赛跑，参与者有三人，他们或许是他的儿子与候补继任者们，以此来竞争晋升王座的资格。这让人联想到关于恩狄弥翁（Endymion）的希腊神话，他的儿子们也通过这样的一场赛跑争夺其在伊利斯（Elis）的领地的继承权，而那片地域中正包括了最原初的奥运会的场地。

这些相似之处颇为有趣，且耐人寻味，因为此刻埃及的大本营在三角洲，让第二十二王朝的人能很容易地到达地中海，也即他们所指称的"希腊人之海"，也很容易接触到希腊人为贸易而拓展的殖民地——这些据点很快从小亚细亚延伸到了意大利。《伊利亚特》和《奥德赛》被归于希腊诗人荷马名下，这两部史诗可回溯至公元前 8 世纪，其中提到了埃及的地中海海岸与"百门之城"底比斯，说"那里的房屋装修精雅，极尽奢华"。而那一时期，在萨摩斯岛上，埃及的青铜器已经被用作供品，敬奉给希腊人的天后女神赫拉。

埃及的金属制品或许让希腊人大开眼界、印象深刻，而当埃及人看到从国王谷外流入的出色工艺的古董金属物件时，印象深刻，叹赏不已，随后他们从这些工艺品学到了许多技艺。匠人们很快就技艺纯熟了，将黄金与其他金属熔合，产生出不同的色调。于是奥索尔孔二世给埃及的诸多神庙捐赠了不少非常杰出的新型黄金饰品，而在他位于塔尼斯的马斯塔巴中，也仍然包括了一些精美的陪葬品——古代盗贼因为遗漏而未及带走。

在南方，财富水平也达到了相当的高度，正如卡纳克祭司们棺材的金质包覆所反映出来的一般。这些特权人士，包括了一位"阿蒙的诵诗女歌手"，名为迪恩特姆忒恩格布啼乌（Tjentmutengebt-iu），她的木乃伊于1992年在伦敦的一间医院进行了扫描——这项最新的超声波技术研发出来原本是要造福活人，却在人体干尸上先进行了实验。化学分析还透露出，同样是这些人所用的防腐涂膏，有些材料甚至是从远东获取而来。因此，埃及历史上这个所谓的"衰退期"，比起学界已习惯常用的这一描述或许要更有活力且更富足。

卡纳克头衔最高贵的闻达之人，依旧认为国王谷是最佳和最气派的安息之地。2012年，那里发现了一座墓，该墓原本是为阿蒙霍特普三世的一个女儿所修建，后被"阿蒙的诵诗女歌手"尼赫美丝-巴斯泰特（Nehmes-Bastet）循环利用了，而这位女歌手是卡纳克大祭司的千金。

王权与神权之间的融合还在继续，奥索尔孔二世继续利用神庙这边的层级体系和组织结构来维持他的权力，将自己的孩子安置到关键的岗位上，同时附带着限制性条款——"兄弟之间不得相互嫉妒"。一个儿子被任命为孟斐斯的大祭司，另一个则是卡纳克的大祭司。他的女儿也叫卡若玛玛，也在卡纳克担任了"神之妻"女祭司的角色。她的青铜像令人惊叹，镶嵌有粉色调的金饰，还有银与琥珀金。雕像是敬献给"两方土地之女主、阿蒙神之圣妻、拉神之女、王冠女主人"，这些头衔揭示出卡若玛玛被视为与最高统治者等同的人物，在实质上也分享着那一职位的诸多独有特权。

奥索尔孔二世试图靠家族的纽带关系来维系国家，但最终导致的却是王子们各自争权。及至公元前 818 年前后，有几个儿子甚至自称为——尽管说的不够准确——"上下埃及之王"，已经在雷昂托波利斯、赫拉克勒奥波利斯和赫莫波利斯创建了自己的小王国。后来，这些小王国相互调和，携手创立了第二十三王朝（约公元前 818—公元前 715 年），与第二十二王朝（约公元前 945—公元前 715 年）共存。到了公元前 800 年，"埃及有三个法老"，于是连埃及人自己也感到混乱了，不知谁才是他们的领导者。卡纳克的神权团体也承认这片国土"在此时已经陷入了混乱"。

但还有更糟糕的在后面。在北方国王奥索尔孔三世（约公元前 777—公元前 749 年）执政期间，他的女儿希佩恩维佩特一世（Shepenwepet Ⅰ）担任卡纳克的"神之妻"。当地神庙的各种传统仪式都被严重扰乱，直至中断，因为"大河河水在这整个土地上急剧上涨，就像创世之初那样，甚至都到了沙漠中的两座陡崖那里。土地处于大水威力的肆虐之下。人类搭建的任何堤坝都无法抵挡大水的力量。洪水滔天，汪洋恣肆。底比斯的所有神庙都如同沼泽地，阿蒙大神城中的人们，就像是在水里游泳"。

从南方席卷而来、不可阻挡的破坏力，还不仅仅是洪水，因为埃及很快就将被蛮勇的努比亚武力所吞噬。

公元前 11 世纪，努比亚总督帕尼赫希曾围攻过底比斯，极度威胁和挑战了埃及的政权。从那以后，库什（上努比亚，即当代的苏丹）统治者的势力逐渐增长壮大。他们的首府为纳帕塔，是一座紧靠第四瀑布的城镇。

库什国王卡西塔（Kashta）的实力已经非常强大，控制范围向北竟扩张到了阿斯旺。他自命为"上下埃及之王"，甚至安排好了自己的女儿阿蒙尼尔迪丝（Amenirdis）——威尔第著名歌剧《阿依达》中阿姆尼尔瑞丝（Amneris）公主的灵感原型——等着去接替奥索尔孔三世的女儿希佩恩维佩特一世，担任卡纳克阿蒙神的"神之妻"，想以此让他对底比斯的控制显得更加名正言顺、天经地义。

死亡断送了卡西塔的政治野心，但他的儿子皮耶（Piye）则继承了他的遗志，大张旗鼓地修复了图特摩西斯三世的阿蒙旧神庙。神庙位于巴卡尔山丘，埃及人长期以来都坚称阿蒙就是在此地出生。埃及人此前都说，阿蒙既然在此神山出生，那就给了他们统治努比亚的理由，而努比亚人现在则据此大做文章，声言这个渊源证明了他们统治埃及的合理性。

阿蒙是在自家土地上诞生的，努比亚人对此天赋神力便深信不疑，皮耶也就展开了一场他自认的圣战。他入侵埃及，几乎没遇到什么抵抗就占领了底比斯。他在卡纳克戴上了法老的王冠，王冠上的双重神蛇标识宣告了他在埃及和努比亚君临天下的地位。然后他安排姐姐阿蒙尼尔迪丝一世在卡纳克担任了"神之妻"女祭司，这位新"妻"的名字被刻在神庙新门的青铜配件上，以此向外界宣示这里已处于新势力的管制之下。皮耶返回其在努比亚的故乡之后，她便自己独立统治上埃及，"几乎在每个方面，从意图到实际成效，就跟国王一个样"。

为了对抗入侵，居于三角洲的利比亚世系的王子们结成了联盟，领头的是雄踞赛伊斯的特夫纳赫特（Tefnakht）。但是，就在他开始向南进发，挺入尼罗河谷地之际，皮耶在大约公元前 727 年又回来与他正面交锋。

努比亚人在卡纳克稍作停留，并向阿蒙献祭。开拔之前，士兵们被指令在尼罗河水中洗浴，完成洁净仪式。然后，皮耶率其大军向北出征，"就如洪水激流"，而皮耶显然"勇猛凶悍如豹子"——这差不多就是八百年之前的同样表述，用以描绘图特摩西斯一世去平定努比亚叛乱的雄姿。

皮耶一路所向披靡，强攻拿下了孟斐斯，成为埃及第二十五王朝（约公元前747—公元前656年）的首任君主。在孟斐斯的普塔神庙中，他竖立起一块石碑，并用碑文宣告了他的胜利，同时也向埃及的诸神——当然也是他自己的神——表示敬意。在赫里奥波利斯，他先是在"圣水水池"中沐浴净身，然后也举行过同样的敬拜活动。皮耶在古老的太阳神面前执行"日出仪式"，神庙的祭司们配合表演，"伸展四肢，脸朝下趴在地上，直到新王说'哦，万岁，荷鲁斯，赫里奥波利斯的至爱，永生之神'"。

北方雷昂托波利斯、赫莫波利斯和塔尼斯三地战败的亲王，随后也接受了这同样的姿态，在神庙宣告："哦，向您致敬，荷鲁斯；哦，你是最强神牛，征服其他众牛！"赫莫波利斯的亲王与其妻子甚至向皮耶礼赠马匹，以求欢心。只有赛伊斯的特夫纳赫特拒绝亲自到场示好，而是派信使传达了他的臣服之意。

在执政期剩余的那些年份，皮耶将三角洲的这些亲王笼络在麾下，封为北方的藩王。他的姐姐阿蒙尼尔迪丝一世负责掌控南方，而他自己则又返回了努比亚老家，在巴卡尔山丘神庙中新增了壁画来炫示他的胜利。公元前716年前后，他撒手人寰，遗体被做成木乃伊，下葬在位于库鲁（el-Kurru）的库什王室墓地的金字塔中，他的战车和他最心爱的四匹马也陪葬在近旁。

他的弟弟沙巴卡（Shabaqa，约公元前716—公元前702年在位）接替了他的王位，但登基后没多久就打仗去了。因为特夫纳赫特的继承人巴克恩热内夫（Bakenrenef）——埃及那昙花一现的第二十四王朝（约公元前 727—公元前 715 年）唯一的君王——试图要扩张他的领地。

于是，公元前 715 年前后，沙巴卡再次杀入埃及，最终占领了整个埃及，由此建立起一个庞大的王国，延展范围从当代的喀土穆直到地中海，覆盖了尼罗河流经的全部土地。

沙巴卡热衷于在其新领土留下印迹。他对埃及古代文化最出名的贡献就是挽救了孟斐斯神庙图书馆中一些最为重要的文献，其中就包括了自古留存的"创世故事"。当原初的莎草纸文本被发现已遭损坏，"陛下就在其父亲普塔的神庙中，将此文稿重新抄录了一份，因为陛下发现这是先祖们流传下来的作品，但已经被虫子蛀蚀，没法从头到尾顺利理解了"。这一切都被铭刻在一块巨大的玄武岩石板上，此石板现在通称为"沙巴卡石碑"。

在卡纳克，近些年的发掘成果呈现了沙巴卡财政内库建筑的遗迹，而他的姐姐阿蒙尼尔迪丝依旧是那里的"神之妻"女祭司。底比斯的市长孟图伊姆哈特（Montuemhat）充当了她的大管家，而且最终通过婚姻进入了库什王朝的王室家族。他的权势是如此之大，以至于就在迪尔-巴哈里前方，获赠了一座多达五十七个墓室的巨大陵寝，而阿蒙尼尔迪丝自己则葬于在梅迪内—哈布那安全壁垒之内所修建的一座新墓葬。

而后，沙巴卡也去与姐姐团聚，进入来生世界。他下葬于库鲁王室家族墓地的一座金字塔中，接班人是他的侄儿，也即皮耶的儿子沙比特卡（Shabitqa，约公元前 702—公元前 690 年在位）。但该王朝最伟大的君主却是皮耶的另一个儿子，即强悍威猛的塔哈尔卡（Taharqa，公元前 690—公元前 664 年在位）。

他在公元前 690 年登基，这标志着确切历史年份的开始，或者至少说是固定纪年法的开始，在此年表中，年月日不用再去估算。新法老塔哈尔卡显然也主理了一个新的黄金时代。他在孟斐斯以传统的埃及仪式就职，戴上了王冠；这里现在成了他主要的居住地，毕竟从这里能最有效地掌控北方。塔哈尔卡对下埃及以及那里古老的金字塔满心认同，怀有亲切之感。因为其在努比亚故乡所建金字塔的灵感正源于此。

孟斐斯和努比亚之间是卡纳克，塔哈尔卡的妹妹希佩恩维佩特二世在那里担任神之妻女祭司长达五十年，表明这一家族对阿蒙的虔诚始终不渝。塔哈尔卡为卡纳克的第一间庭院加建了宏伟的柱廊，柱子带有莲花造型。在神庙的圣湖边，他修缮装饰了一座奥西里斯的神堂，增添的壁画描绘了他在一边举行执政周年大庆的跑步仪式，一边还向场地的几个基准点投掷泥球。同样是这些基准定位点，"神之妻"希佩恩维佩特二世的规定动作则是向其中射箭。

公元前 683 年，尼罗河水上涨，达到多柱大厅地板以上 84 厘米之高，卡纳克的日常祭拜仪式就此中断。塔哈尔卡宣称大洪水是"一件奇妙惊人的事情"，之所以发生是因为"陛下大人祈祷大河河水能丰足充沛，他的父亲阿蒙—拉神便将此变成了现实。洪水季节到来时，水位每天都显著上涨，漫灌和淹没了南方的山地还有北方的低地。于是，国土变得就像洪荒之初停滞般的汪洋泽国，从水面上完全看不到哪里有河岸"。

塔哈尔卡的祈祷甚至在努比亚也得到了应验。在那里，"从天上降下的倾盆之水，让群山闪闪发亮，连最远处的山尖都发亮。努比亚的每个人都很富足，每一样东西都丰足，埃及也是物阜民丰。所有人都感激国王"。

塔哈尔卡尽管长住埃及，却也没忘记他在努比亚的故乡。他派埃及的建筑工和手工匠人南下，在菲莱岛上为伊希斯建造了一座神庙，还在遥远南方的卡瓦为阿蒙—拉神立起一座庙。神庙墙壁上刻画的场景借鉴抄袭了萨卡拉和阿布希尔的古王国壁画，把塔哈尔卡描绘成斯芬克司，将敌人踩踏在脚下。庙中伴随的是花岗岩的斯芬克司雕像，面部是塔哈尔卡，非洲人的五官特征十分明显。

塔哈尔卡最令人称道的作品，还是留给了努里（Nuri）和巴卡尔山丘。他在努里开辟了一处新的王室墓场，所建的金字塔为库什金字塔中最大的一座，高达 49 米。墓室周围护城河一般的走廊通道，是受中王国的先例启发，但现在是用来复制再现奥西里斯冥界的地下王国。在尼罗河对岸，在阿蒙神的诞生地，也即巴卡尔山丘，塔哈尔卡增添了很多新元素。在阿蒙和姆忒的神庙中，他添置了本人的花岗岩巨像，高达 4 米。另外，他还竖起了一系列红花岗岩的石狮和灰花岗岩的公羊石像，这些都是从稍北边位于索利卜的阿蒙霍特普三世神庙中挪移过来的。此地强调新生和生殖力的象征意义一直延续至今，当希望能怀孕时，当地妇女依旧会偷偷摸摸地爬到公羊石像上面。

至于巴卡尔山丘，在那座高约 92 米的圣山中，也即阿蒙诞生的确切地点，塔哈尔卡建造了一座令人惊叹的小礼拜堂，礼拜堂的墙上壁画刻画了他和他的母亲阿巴尔（Abar）以及他的妹妹兼妻子塔卡哈塔蒙（Takahatamen）一起出现在诸神面前。壁画中的塔哈尔卡的形象模仿了阿蒙霍特普三世的造型，被涂绘成金黄色，背景则是一片蓝，他的王冠上有着代表阿蒙神的显眼的弯曲的公羊角。

除了对圣山的内部进行装点，塔哈尔卡对山的外部也做了同样的处理。那形状特异的山峰尖顶，被认为是一个巨型的神蛇符号，以强调此山就是阿蒙所授予的王室权力的真正发源地。塔哈尔卡命人将山尖包上黄金，来反射日出时的阳光，就像埃及传统的方尖碑一样，充当一面光芒四射的闪亮镜子，将阳光折射进沙漠区域，使得人们从数千米之外都能看到。在山尖最顶部的地方，他命人刻写了一句铭文，也用黄金加以包覆，但那里实在是难以令人接近，只能留给众神观赏了。另外值得一提的是那些勇敢的匠人，他们冒着生命危险搭建了作业用的脚手架——要弄出那个铭文和镏金效果，岩壁上的支架必不可少。

除了在建筑上做出的这些努力和成果，库什的法老们也致力于保卫边境国土。他们与犹大王国的国王希西家（Hezekiah）结为同盟，而后者因想要压制亚述王国（今伊拉克）不断壮大的势力，也需要盟友。

为了让自己的军队保持最佳状态，塔哈尔卡可谓是不遗余力。恰如"塔哈尔卡跑步石牌"的铭文所透露的，这位法老倡导定期行军长跑训练。有一次，他下令军队执行一个行程 100 千米的徒步项目，从孟斐斯跑到法尤姆，然后再返回。石牌上的记述宣称，塔哈尔卡不仅驾乘战车伴随他的军队，一路激励他们，而且还下车参与到将士当中，在为时四个钟头的去程期间亲自跑了一个钟头；这次训练明智地选择在夜晚完成，以便能利用和受益于相对凉爽的气温。到达法尤姆之后，他们休息两个钟头，然后返程跑往孟斐斯；这趟回程大概需要五个钟头，因为白天气温会逐渐上升。行军结束之际，速度快的获胜者便得到奖赏，而所有跑完全程的人都可享受美酒佳肴，费用由朝廷负担。那些最优秀、最有毅力的运动健将会被国王选为奇袭突击队，去执行特定的使命。

而这样的任务在十年后不约而至，在公元前 674 年，亚述国王以撒哈顿（Esarhaddon）对埃及在黎凡特一带的干涉心怀不满，同时也想寻找新的财源，便发起对埃及的侵略。

最初，塔哈尔卡和他率领的精锐之师挫败了亚述人，但以撒哈顿在公元前 671 年又卷土重来，攻占了孟斐斯，还意气昂扬地宣告："我每天都浴血奋战，每一战都力搏塔尔库（Tarku［原文如此］）。那埃及与埃塞俄比亚之王，那众神尽皆诅咒之人，我的弓箭射中他五次，让他负伤而逃。然后我围攻孟斐斯，即他的王室驻地所在。我灭了这城，拆毁了它的城墙，将它付之一炬。"

尽管以撒哈顿没能抓住塔哈尔卡本人，但他还是斩获了库什国王的三座雕像，作为活人的替代物，运回了他的亚述王国都城尼尼微（Nineveh）。同时俘获回去的，还有塔哈尔卡的王后和儿子，连同埃及最一流的手工艺人。

塔哈尔卡向南方逃生了，但他后来又返回孟斐斯继续战斗。不过，虽然以撒哈顿已经亡故，他的儿子亚述巴尼帕（Ashurbanipal）却迅速即位，并在公元前 667 年对埃及发动了第二次入侵。这一次，亚述人进一步向南推进，迫使塔哈尔卡逃回努比亚。公元前 664 年，塔哈尔卡在家乡离世，入葬于他在努里的金字塔中。

塔哈尔卡任命在北方的利比亚藩王都遭到了亚述人的处决，只有赛伊斯的亲王尼柯（Necho）除外。尼柯被立为代理国王，替亚述人统治埃及。按照亚述国王的说法："我给他穿上了彩色袍服，让他戴上金项链；这些是他君王身份的象征物，是我为他定制；我在他手指上套上金戒指；在一把嵌有黄金装饰的铁剑上，我刻下我的名字，交付给他。"

不幸的尼柯扮演新角色之后却没能维持多久，他于公元前 664 年被杀身亡。当时，塔哈尔卡的侄儿与继承人坦塔蒙（Tantamen，公元前 664—公元前 656 年在位）重又收复了埃及。按照亚述人的情报资源所说，坦塔蒙"把底比斯与赫里奥波利斯变成了他的军事要塞，将他的军事力量都已集结起来"。

但亚述人忍无可忍，凶猛反扑。他们出动了全部可调用的兵力，于公元前 663 年再次侵入和洗劫了埃及，向南一直攻入底比斯，在全城大肆抢劫，甚至做出了无法想象之事——将卡纳克大神庙抢了个一干二净。

坦塔蒙亡命逃窜，回了努比亚，并一去不复返。努比亚对埃及的控制权实质上已完全沦丧，第二十五王朝就此戛然而止。

尽管埃及此时属于亚述人，但他们的荣耀时刻转瞬即逝。由于巴比伦爆发了严重的起义叛乱，他们全部的注意力和精力不得不转移到东方。尼柯的儿子萨美提克斯（Psammetichus）在孟斐斯被任命为代理国王之后，亚述人便离开了埃及，萨美提克斯从此得以自主行事。

他娶了赫里奥波利斯最高大祭司的女儿梅特恩维丝赫特（Mehtenweskhet），强化了其在三角洲的权势基础，逐渐被认可为埃及的法老，于是拉开了非比寻常的第二十六王朝（公元前 664—公元前 525 年）的帷幕。

赛伊斯是新王朝在三角洲的首府，持续一个多世纪的本土复兴也以此城为中心。宏伟的城墙围着宫殿，还有一座辉煌的神庙，献给赛伊斯的主神奈斯。赛伊斯君主们指称这位女神时，都敬呼其为"陛下"；在奈斯雕像前，他们五体投地，趴伏敬拜。萨美提克斯一世与梅特恩维丝赫特甚至为女儿之一起名叫尼托克丽丝（Nitocris），变体拼写就是 Neith-ikret（奈斯—伊克里特），意即"奈斯卓越非凡"，而这个姑娘成了他父亲统一两方土地的秘密武器。

公元前 656 年，埃及名义上的国王坦塔蒙在库什亡故，底比斯权力阶层便觉得可以在官方层面公开指认萨美提克斯为本国君王。为充分把握这一时机，萨美提克斯将时年十岁的尼托克丽丝派往南方，由赛伊斯的舰队伴随驶向底比斯。沿途经过的每个地区（省份），他们都稍作停留，来接受当地统治者对国王的效忠宣誓，并收取给阿蒙的朝贡。

尼托克丽丝抵达卡纳克，排场盛大，威仪凛然。皮耶的女儿希佩恩维佩特二世，这位现任的"神之妻"，以及她的顺位直接继承人，即塔哈尔卡的女儿阿蒙尼尔迪丝二世，都别无选择，只有接纳年幼的赛伊斯公主来担当她们最终的继任者。尼托克丽丝在这里扎下根来，直到公元前585年去世，活到了八十多岁，并在其漫长的一生中都维护了赛伊斯在南方的权益。

埃及统一之后，萨美提克斯一世从爱奥尼亚和卡利亚招募了三万名"穿青铜"（铠甲）的雇佣兵，将他们驻扎在狄芬尼（Defenneh）一带的军营中，而那里紧靠埃及的东北边境。另有其他士兵的驻扎地更靠近赛伊斯，就在诺克拉提（Nokratj），此地在希腊文中被写为瑙克拉迪斯（Naukratis）。由于其处于尼罗河柯诺普斯支流（Canopic branch）上的绝佳位置，因此很容易到达埃及在海岸边的主要出海点索尼斯（Thonis）。

在萨美提克斯一世的儿子和继承人尼柯二世（Necho Ⅱ，公元前610—公元前595年在位）的手下，这些希腊雇佣兵成为埃及军队的一支关键力量。他们不仅为埃及提供了急需的保护，去抗击在东方接管和取代了亚述王国的巴比伦人，而且跟随尼柯二世远征黎凡特，在美吉多击溃了犹大王国。埃及人向北方进击，远至卡赫美士，让尼柯二世成为自图特摩西斯三世之后跨过幼发拉底河的第一位法老。他所穿的戎装被送去位于爱奥尼亚的米利都（Miletus）的神庙，向希腊的太阳神阿波罗表示供奉，而希腊的阿波罗正等同于埃及的荷鲁斯。

尼柯二世的胜利只是短暂的成功，因为巴比伦人在公元前605

年又夺回了黎凡特。公元前601年，巴比伦人试图入侵埃及本土，但被尼柯那忠心耿耿的希腊雇佣军奋勇击退了，埃及也趁此在加沙建立了边境防务。

按后世所描述的，尼柯二世是"一个彻头彻尾的行动派，拥有极大的想象力，大概远超他的同代人"，他利用那些来自爱奥尼亚的希腊士兵组成了埃及史上第一支海军。三重桨座的战船是当时最先进的战舰，这支海军游弋巡航在埃及的地中海和红海沿岸。

古希腊的一个文献甚至记载，尼柯曾派出配备有来自腓尼基的船员的数艘新船环绕非洲航行了一圈。环航历时三年，沿红海下行，经过蓬特古国，顺着印度洋海岸一路向南，接着绕过好望角。记录还说，船员们注意"保持太阳在他们的右侧——他们就这样向北行进"，直到经由直布罗陀海峡返回埃及。

因为这发生在达·迦马航海之前的两千年，所以很多人对此说法表示怀疑。尽管，此前"那些去往蓬特的航程已经表明了古埃及人对付大海、劈波斩浪的必要技能，也体现了他们为寻求珍稀货品不惜长途远航的意愿"。但是，尼柯二世在船上配备腓尼基船员却是有意而为之，因为就像希腊人一样，腓尼基人在整个地中海周边都有商贸站点，他们勇于冒险，将船驶出直布罗陀海峡，远航至不列颠群岛。

尼柯二世意识到这种大规模贸易的潜力和前景，便允许希腊贸易商在瑙克拉迪斯设立店铺，由此改变了埃及的经济形态。他还重拾起中王国时代的一个计划，开挖了一条运河，将尼罗河和三角洲与红海连通起来，这似乎预言了两千四百多年后的苏伊士运河。另外，他还开通了一条道路，从东方进口奢侈品货物，其中就包括来自示巴王国（Saba，或拼为Sheba，位于今日之也门）的没药——这是从一条陆地商贸线路向北方运送，途中经过佩特拉古城。佩特拉那长翅膀的天狮神庙中，曾发现一尊雕像，那是赛伊斯王国侍奉奥西里斯的一位祭司。而到了此时，埃及风格的木乃伊制作手法也在阿拉伯半岛范围内得到了采用。这些都是更进一步的证据，表明两个地区之间有着长期的接触。

公元前 595 年，尼柯二世告别人世。与他妻子希德巴贝涅特（Khedebarbenet）一样，他也被葬在了赛伊斯的大神庙建筑综合体中。他的儿子和接班人萨美提克斯二世（公元前 595—公元前 589 年在位）娶了塔胡特（Takhut），这是来自三角洲城市艾斯利比斯的一位公主，她那原封未动的墓葬和陪葬财宝于 1950 年在当地被发现。

新王渴望像他父亲那样去拓展埃及的疆域，于是发起对巴勒斯坦的远征，启动了打击巴比伦王国的反制举措。不过，他的主要聚焦点还是南方，因为坦塔蒙的一位后继者在那里复兴了库什的势力。萨美提克斯二世担心此人或许会再次入侵埃及，而且也很清楚正是坦塔蒙杀害了他的曾祖父尼柯一世。因此，在公元前 592 年，他集结了由希腊人、埃及人和犹太人组成的一支大军，扬帆向南征伐。

萨美提克斯在阿斯旺这里登岸，他那能力超群的大将军阿赫摩斯（Ahmose）则带领军队的一部分继续南行。他们到了阿布辛贝拉美西斯二世所建的古代神庙，希腊雇佣兵们在拉美西斯巨石像之一的腿部刻写了一些涂鸦。铭文宣告："萨美提克斯大王来到巨象岛时，其他人继续驾船航行，珀塔西姆托（Potasimto）指挥外籍士兵，埃及人由阿赫摩斯统领，我们到达此地并写下这一留言。留言人为阿肯（Archon）与佩雷科斯（Pelekos）。"这成为埃及最古老的希腊语铭文。

与埃及过往遗迹的接触，让这支有众多雇佣兵的队伍感到兴奋和鼓舞。他们继续向南到了纳帕塔，与库什人对阵贴身激战，在这场战役中，"你从他们的血水中走过，就像跋涉过小河"。库什首都纳帕塔随后遭到洗劫，幸存者最终向南撤退了约 300 千米，在梅罗埃建立了一座新都城。

萨美提克斯二世下令，将第二十五王朝的所有痕迹从埃及抹除。他拆毁了塔哈尔卡在菲莱的伊希斯神庙，那些石料被用来作为地基，填入在原址所建新神庙的地板之下。他还让一部分犹太人士兵留守菲莱，充当卫戍部队。这些士兵在当地用雪松木建造了一座耶和华神庙，与旁边萨蒂忒和克努姆的神庙一起，分别接受各自的信众礼拜，这一局面持续了几乎二百年。那一地区著名的花岗岩矿藏，当然也被充分利用起来，服务于国王雄心勃勃的建筑工程计划。

尽管只有六年的短暂执政期，萨美提克斯二世的建筑成果却相当丰富。赫里奥波利斯是他女儿梅尼胡巴斯特（Menekhubaste）担任女祭司的地方，他在那里竖立起了花岗岩方尖碑；在三角洲城镇塞本尼托斯附近，他也修建了一座花岗岩神庙。此外，在僻远的西部沙漠中，他在哈迦（Kharga，另译为哈里杰）绿洲建造了希比斯（Hibis）神庙，敬奉阿蒙和姆忒。

在卡纳克，他则遵循传统。公元前594年，他的另一个女儿安赫尼丝内菲瑞布丽（Ankhnesneferibre）被派往南方，到卡纳克接受姑妈尼托克丽丝的辅导，担任"神之妻"的后继人选。此前遭到亚述人的洗劫之后，卡纳克被重新添置了一些新雕像。哈普之子阿蒙霍特普虽然在几百年前就死了，但他的一座花岗岩巨石像现在矗立在了神庙入口近处，而如今则是在开罗博物馆的大门旁边，每天依旧执行"迎来送往"的日常礼仪。卡纳克还多了一个造型骇人的雕塑作品，即凶暴的河马女神塔维里特，呈现其"近乎是过于完美的斩杀敌人的场景"。授意雕制此像的是尼托克丽丝一世的大管家帕巴萨（Pabasa），这一雕像的特定意图则是为了保护尼托克丽丝的神圣财产。

在卡纳克周边是人迹错杂的郊区，叫作"母牛之屋"，但在希腊文中则称之为"金色之城"。在这里，大概有四分之一的屋舍都归女性拥有，当地的一位企业家狄耶赫伊（Djekhy）与儿子经营的生意相当兴旺，他们放贷款并出租西岸的土地，他们也充当葬礼顾问，以及"柯基狄斯"（choachytes）——直译过来的意思是"洒水之人"——职责就是将供品送到指定的现存坟墓前，帮助准备亡故者的丧事，还有运送木乃伊遗体。现在，如若要埋葬在大墓场地界范围之内，每具木乃伊都需缴交一份税金。

至于卡纳克的祭司们，他们死后主要是葬在迪尔-巴哈里的哈特谢普苏特神庙的地下。这中间包括了安赫芬霍恩苏（Ankhefenk-honsu）祭司，他的木质葬仪牌子还给那名噪一时的黑魔法师和神秘学术士阿莱斯特·克劳利（Aleister Crowley）带来过启示，不过是借由此牌子在现代的登记编号 666——在开罗博物馆的一份文物目录清单中，碰巧是这个序号。根据底比斯的祭司阶层，他们入葬时还伴有各自个性化的《亡灵书》抄本，为祭司之妻塔希蕾特纳塞特（Tasheretenaset）所制作的一个抄本与在孟斐斯所完成的另一个抄本是如此相似，因此母版底本应是"从底比斯的作坊中一度流传到了孟斐斯"。类似的模式，在其他事项上也照样被复制，比如常驻孟斐斯的一个官员哈比蒙（Hapimen），曾派他的建筑师前往国王谷中图特摩西斯三世的陵寝考察，为的是给他自己的墓葬按那位先王石棺的形制打造一具一模一样的复制品。

如此的思古幽情，无疑是对埃及在世界格局中曾占有举足轻重地位的一种旧时缅怀，也显然是对较近期历史的一个反馈，一种间接的责难，因为这一期间的外来侵略已经摧毁了众多的埃及古代遗产，更不用说这个国家的自豪与荣耀。也正源于此，赛伊斯王朝才向后回顾本国遥远的往昔。他们的陪葬品中，有古代《金字塔铭文》的节选复制件，此外还有"底比斯大墓场中，已知属于赛伊斯时期的金字塔形墓冢"，而朝臣们甚至选择葬在萨卡拉和吉萨古代先帝金字塔附近的地方。

在这处古旧的王室大墓场，有些赛伊斯政要向地下挖了二十米，在最深最神秘的地方为自己准备墓葬。萨卡拉的那些深墓坑，其中早期开挖的一座，在挖的时候发现了伊姆霍特普的墓葬，他们"将那墓重新修整，做成了这位先辈的首席圣祠"。赛伊斯王朝持续不断地努力，试图复兴埃及往日的荣耀，王室成员亲自进入金字塔，去寻找安葬其中的伟大先贤。在左塞尔梯级金字塔中发现的遗体，被重新包扎后又再次安葬。当时存在误导性的假设，以为那具遗体就是左塞尔的，恰如在门卡乌拉的吉萨金字塔中所发生的那样——那里的一具遗体也同样被重新包扎了，甚至还为它置办了一具新棺材，而伴随这一切的误解也如出一辙：此遗体就是古王国的那位法老本人。

现代的碳素法年代测定结果显示出，那些遗体存世的年头没有到金字塔时代那么久远。不过，这种与辞世已久的先祖们面对面的接触——无论死者的身份是否确切——显然给赛伊斯的王公们带来了启迪或触动，因为他们改变了木乃伊制作的常规方式。从前的死者安放好进行防腐处理时，胳膊的姿态总是像打旗语一般，标示出身份地位。赛伊斯的入殓师便参照这种方式，复兴了古代的惯例，将尸体的胳膊交叉放置在胸前，让他们的主顾因此与过往的先人有了一种直接的关联。此外，还有一个民主化的动向：任何人，只要足够富有能出资做木乃伊的，其遗体便可在处理过程中做成一种之前只能是王室独享的姿势。

而且，这种防腐待遇也不仅限于人类。大规模的动物遗体木乃伊——埃及人也是因此而声名远扬的——便是肇始于赛伊斯王朝。一些特定的动物，比如神牛，虽然其遗体早就存在涂膏防腐的先例，但是，随着萨美提克斯一世启用了阿比斯的新壁画柱廊，这一实践极速地扩展了千万倍，因为每一个神祇都给配备了各自专属的神圣动物木乃伊。从属于荷鲁斯的猎鹰，到托特的朱鹭，再到猫和狗、鳄鱼和公羊、狒狒和猕猴、鼩鼱、鱼类和昆虫——事实上，埃及的绝大部分动物种群都会与那些大神关联，得到神圣化，在死后被做成亚麻布包裹的、形如它自身雕像的供奉物，向神献礼。

这些动物"标本"，产出数量过大，以至于"希阿戈伊"（theagoi，意为"神的搬运工"）祭司们都没法继续按常规方式操持宗教仪式——过去是捧着或抬着单个的神圣生灵干尸，而现在只能直接用推车或拖车来成堆运送啦！那些动物木乃伊是由虔敬信徒购置，他们现在能够实际触碰到神祇或圣灵的一个具象实体——那些动物——然后将其奉还给神，以求得祝福保佑。

在赛伊斯王朝的商业主义理念中，任何东西都可以拿来买卖，从动物干尸到用模具大批量制作的护身符挂饰，甚至连神庙墙壁也是如此，因为从那里的石墙上面刮下来的粉末，竟然是很多人趋之若鹜的神奇商品，因为这些粉末被认为有特殊魔力。

这些奥义无边的秘传之物，不仅对祭典仪式很重要，而且现在成了一种形象生动的手段，来向所有的异邦外族展示埃及特殊文化的独有魅力。这类奥秘难解的仪式，自然也让一些老外访客一见难忘、好奇不已，他们中间很多人因此相信了埃及是人类全部智慧的中心源泉，甚至连希腊人也认为"是埃及人首创了典礼集会，并教授希腊人如何去应用"。公元前 590 年，来自奥林匹亚（伊利斯）

的一个代表团拜访了萨美提克斯二世，为的是就奥林匹克竞技项目的规则，从"世间最能干的民族"埃及人这里听取意见，希望能得到高明的指教。而法老的顾问委员会的成员则根据他们自己的经验，给出了一些改进建议。因为，埃及的体育活动实践和希腊的运动会一样，都是与各种仪式密切相关的，只不过后者是有史以来第一次试图组织一场国际范围内的和平运动会，而这些竞赛运动就如早期的戏剧表演，都被当作是向神界传递敬意的宗教大事件。

在其短暂的执政期间，萨美提克斯二世成了国际舞台上受人尊敬的一位人物，在国内和国外都取得了很大的成就。他的继任者是儿子瓦西布拉（Wahibra），在公元前 589 年 2 月晋升成为法老，但其在希腊文中的名字阿普利斯（Apries，公元前 589—公元前 570年在位）更加为人们所熟知。

他那壁垒森严的新王宫位于孟斐斯，建在一座 13 米高的巨大泥砖地基平台上，以便能从高处看到梯级金字塔的全景样貌。阿普利斯还为位于孟斐斯、赛伊斯以及他母亲塔胡特故乡艾斯利比斯的多座神庙添置了新物件。在南方的卡纳克，他的妹妹安赫尼丝内菲瑞布丽则继续担任"神之妻"女祭司。她的主理大管家索申克（Shoshen）定制了一座伊希斯的精美雕像，其中的伊希斯比奥西里斯的造型更显高大，她那羽翼般的双臂拥抱保护着奥西里斯。这是"神之妻"超强力量的象证，但尽管如此，卡纳克还是处于王室的稳固控制之下。

给阿普利斯招致灭顶之灾的是他对国外事务的干预介入。

他曾派埃及士兵和手下的希腊雇佣军开赴利比亚，帮助当地的统治者驱赶大量的多利安人——来自希腊的这一族群在当地纷纷定居。但多利安人打败了他的军队，并引发阿普利斯的埃及将士的叛乱，因为希腊雇佣兵能给他们的法老施加很大的影响，他们对此深为不满。

于是，阿普利斯派出了他的埃及大将军阿赫摩斯。在阿普利斯父亲麾下服务时，这位大将因努比亚之役而功成名就。尽管阿赫摩斯做出了最大的努力，哗变叛军仍继续对国王表示抗议，并宣告阿赫摩斯应该成为他们的首领。然后，阿普利斯发出了一道圣旨诏令阿赫摩斯回朝，但及至此时，大将军显然对叛乱阵营那边的提议有了想法——其实是个合情合理的好主意。因此，他豪迈地跨骑在战马之上，"在马鞍上挺立起身，放了个屁（broke wind，原文如此，或也暗指顶住风浪和压力），对钦差说，把诏令带回给他的主子去吧"。

失去众人的支持，阿普利斯也就等于被废黜了。尽管他试图重夺王位，但在战场上落马丧命。阿赫摩斯将他埋在了该王朝的首府赛伊斯，葬礼仪式是最高规格，一点没亏待他，阿普利斯的女儿随后则成了新王的妻子。

作为久经沙场的老战士和人民爱戴的首领，阿赫摩斯"很喜欢信口开玩笑，也超迷恋他的酒杯，从未想过要忙什么严肃的正经大事"。但既然民意拥戴，他就晋升成为埃及的法老，帝号阿赫摩斯二世（公元前570—公元前526年在位）。

一开始，有些朝臣对他那低微的身世背景颇感轻蔑，也有人认为他"过分的任性轻浮"不免离经叛道，"不符合国王的身份"。于是，为了表明自己的观点，阿赫摩斯正经八百地熔掉了一只黄金足浴盆，做成一座膜拜雕像，陈列在赛伊斯的神庙。看到此前对他颇有微词的那群臣僚敬拜该雕像，他"透露指出，那深受尊崇的雕像原来只是一只足浴盆，曾被用来洗脚，还往里面撒尿，往里面呕吐"。这还不算完，他又补充说，他们对他的态度也差不多是一码事："以前他只是个普通人，但眼下却成了他们的国王。"他们现在不得不敬仰和尊重，就跟膜拜那"脚盆雕像"一个德行！

阿赫摩斯二世沿用了阿普利斯的行政班底，将老臣佩夫图阿奈斯（Peftuaneith）派往南方，去视察埃及最神圣的一处宗教场址。于是这位官员不辱使命地宣告："不才将阿比多斯的情况向宫里做了汇报，陛下亲耳听到了，并命令微臣在阿比多斯展开工作，以期修复和重建阿比多斯。"

从孟斐斯到菲莱，一路都有建筑项目启动。赛伊斯的神庙得到大幅度扩建，这是敬奉给奈斯——赛伊斯的保护主神，而在希腊人的眼中，奈斯则被拿来与他们自己的雅典娜女神相提并论。赛伊斯的祭司们对希腊来客热情相助，尤其是雅典人，在他们看来"在某种意义上就是自家的亲戚"。

于是，作为与奈斯对应的女神，雅典娜在希腊的各处礼拜中心都从阿赫摩斯二世这里收到了颇有品位的赠礼。这位女神的一座黄金雕像，以及法老本人的一幅画像被送到了昔兰尼（Cyrene，位于利比亚，当时的希腊古城）；一尊玄武岩人像造型被送到了罗德岛，委托了希腊技艺最高的雕塑匠人雕制的四腕尺高的绿石头雕像被送到了林多斯。林多斯和斯巴达则都收到了非常出色的镀金护胸甲，它们由浇了树脂的亚麻布制成，运用了彼时最新的军事技术，后来这一技术被希腊人进一步改良，达到惊人的效果，并用于实战。

阿赫摩斯二世照样通过外交联姻来巩固与友邦的联盟关系，其中就包括迎娶希腊贵族女子、昔兰尼的拉狄丝（Ladice）——他显然对得起他的修饰性绰号"亲希腊分子"。他的盟友还包括萨摩斯的统治者珀利克拉帝（Polykrates），"此君借由为埃及国王提供士兵弄到了巨量的财富，生活豪奢之至"。阿赫摩斯向萨摩斯的赫拉天后神庙赠送他自己的雕像，由此更加夯实了双方的联盟协定。由于阿波罗在希腊的地位类似于埃及的荷鲁斯，因此在德尔斐的神庙重建时，阿赫摩斯甚至提供了资助。德尔斐是奥运会的四个举办场地之一，世上第一座用于战车竞速比赛的跑马场也是在那里。体育运动上的这层关联，无疑深得法老欢心，因为他的高超骑术可是比他的虔诚出名多了——"他把神灵们不太当回事"，只除了看重他们在政治上的用处。

因为在地中海周边广结盟友，稳固关系，阿赫摩斯二世与埃及从此获益，尤其是在公元前562年，当强大的巴比伦国王尼布甲尼撒（Nebuchadnezzar）死了之后，仅仅过了两年，阿赫摩斯便拿下了塞浦路斯，接管了那里的舰队，并"终于能够宣称是巴勒斯坦和黎凡特一带的主宰力量"。

东北部边境上不再需要重兵驻扎，阿赫摩斯二世便将他的三万名希腊雇佣兵从达夫纳（Daphnae）调回了孟斐斯。在这座"国际友人"日渐增多的大都市中，普塔的大神庙，或曰 Hut-ka-Ptah，意即"普塔的灵魂居所"，长久以来都被希腊人叫作"埃吉普托斯"，而这就是现代埃及国名的渊源。

政治稳定的新局面下，贸易也跟着繁荣起来。国与国之间的商贸活动，随着世界上最早铸币的出现而改变，该货币由吕底亚（Lydia，土耳其西部）国王克罗伊斯（Croesus）创制于公元前550年。尽管埃及人继续维持他们那传统的、基于物物交换的经济形态，新发明的硬币还是在瑙克拉迪斯被使用了起来。当时此地成了一个巨大的商业中心（贸易人口聚居地），几乎垄断了希腊陶器、银器、葡萄酒和橄榄油的进口，而埃及用于交换的则是谷物、亚麻布、香水香脂和莎草纸。

瑙克拉迪斯融汇了希腊与埃及的文化，这种国际化的特色反映在当地的神庙用途上，既有敬奉奈斯、阿蒙和托特的，也有献给赫拉、阿波罗和阿芙洛狄忒这些希腊神明的。

瑙克拉迪斯也像一块磁石，吸引了诗人、历史学者、名妓、政治家和哲学家从整个希腊全境陆续到来。他们当中的很多人从当地祭司那里了解到埃及的历史。作为古代文化的保管人，祭司是埃及那百分之一识字精英中的一部分，他们能够解释神秘的图画式文字的奥秘，而希腊人将那文字称作"神圣石刻"，或者是 hieroglyphs，也即象形文字。

祭司们告诉来访的雅典城邦立法人梭伦（Solon），说他和他的同胞们还只是孩童，因为他们的历史如此之短。他们跟斯巴达的政治家莱克格斯（Lycurgus）闲聊过，与希腊哲学家泰利斯（Thales）也有过交谈。泰利斯在阿赫摩斯二世执政期间到访，来测量吉萨大金字塔的高度，"用的是一根杆子和那高大建筑本身的影子"。公元前 6 世纪来到埃及的还有毕达哥拉斯，他那尽人皆知的关于直角三角形三条边长度关系的勾股定理，想来大概受了埃及人的影响——此前一千多年，埃及人计算金字塔的占地面积、高度、倾斜角和体积，提供了研究先例。

有两个希腊人，欧多克索斯（Eudoxos）与阿纳克萨戈拉斯（Anaxagoras），对每年一度的尼罗河洪水现象特别感兴趣。鉴于他们对埃及这条大河的关注，这两位希腊人成为此河的命名者也就不足为奇了。当时，这条河一直以来只是被简单地叫作"大河"，或者是 pa iteru aa，在干流分岔为三角洲那些较小支流的地方，它又变成了 na iteru，意思是"多条河流"。到了公元前 6 世纪，na iteru 中的 t 已经逐渐被省略，那埃及特色的 r 又被希腊语中的 l 取代，由此生成的 Neilos，就是此河现代名称 Nile（尼罗河）的原型。

不过，即便有当地祭司的引导和解说，希腊人仍旧觉得有些事物完全匪夷所思、无从理解。他们评论说："埃及的兄弟们，他们本身的行为方式和风俗民情，看似颠覆了人类通常的习惯做法。"

因为，"尊贵的"希腊女性都遵守相当严格的规范限制，只在万不得已的情形下才会走出家门，而且还不是抛头露面，要从上到下都裹严实，但与此构成鲜明对照的是埃及的女性却可以"去市场采买，被各行各业雇用了去工作，而男人们却待在家里，纺纱织布"。当然，另外还有一点，那就是希腊人亡故时被火化了事，而埃及人则大费周章、不辞劳苦地保存死者的遗体。

在希腊人对埃及那庞大历史建筑的描述中，从一些片段也能发现类似的弦外之音。尽管他们是真的欣赏和叹服看到的大部分东西，但当面对一座座宏大的墓葬时，他们的反应禁不住就带上了一定程度的揶揄；埃及人把那些叫作 mer，但如今它们为世人所知的名字，却原本是希腊人用来指称一种三角形小糕点的——pyramis，这就是 pyramid（金字塔）一词的由来。与此相类似，那上端逐渐变细的石柱，即埃及人所说的 tekhen，现在更为通行的名称是 obelisk（方尖碑），而在希腊语中，这原本是指烤肉串之类美食所用的串肉钎。

不过，埃及与希腊语地区之间特别的友情关系，将很快受到最大限度的考验，因为两国现在都要面对来自强大的波斯帝国那穷兵黩武的威胁。因为波斯意在将前两者吞并。

波斯人在东方已经取代了亚述王国与巴比伦，并不可阻挡地向着西方挺进，一路上将途经的一切都据为己有。从埃及人控制的塞浦路斯，到克里索斯国王的吕底亚，也包括位于小亚细亚的希腊人的殖民地，越来越多的地方进入了波斯帝国的版图。对那些穿戴整齐讲究的波斯人，希腊人最初的反应是嘲弄，耻笑对方是穿裤子的懦夫，是女性做派，甚至还用特洛伊战争来证明他们对脆弱的东方邻国所具有的优势。然而，现实要远远残酷得多——希腊语国度和埃及不久都将会明白这一点。

阿赫摩斯二世让埃及成了该地区最富庶的强国，他于公元前526 年辞世，恰好"就在暴风雨轰然而至之前"。他的遗体按传统方式制成了木乃伊，那浸润亚麻裹布的涂层是油类与树脂的混合物——过去的四千年间，这种会硬化的配方一直用来做木乃伊，所形成的那几乎刀枪不入的外包裹层，如今也被照样复制，被做成最先进的亚麻护身铠甲。然后，根据由来已久的风俗，阿赫摩斯由其儿子和继任者萨美提克斯三世（约公元前 526—公元前 525 年在位）主持葬礼，葬在了其位于赛伊斯、内有多柱支撑的陵墓中。而那是"一座回廊环绕的大型石头建筑"。

不过，他在这里未能安眠多久。

因为，波斯国王冈比西斯（Cambyses）心意已决，要将埃及加入其已征服国家的名单中。埃及在地中海东部新部署的海军力量，让波斯国王的这一决心益发地坚定起来。

埃及以前的盟友逐一都被征服，或者像萨摩斯的珀利克拉帝那样见风使舵般转变了立场。于是，新王萨美提克斯三世只能在其东部边境的裴路秀来迎战冈比西斯的大军。随着埃及人落败，法老只好回撤到了孟斐斯，而他的海军大将维亚霍利斯奈特（Wedjahor-resnet）则变节投向了波斯人的怀抱，因为后者的战船已经"能够刺穿三角洲地区，直到孟斐斯的城墙之下"。

虽然保卫战打得惨烈又勇猛，孟斐斯在十天之后还是陷落了。萨美提克斯三世被抓获，成为战俘，而冈比西斯（公元前 525—公元前 522 年在位）凭借征服者的身份，现在则成了"埃及的伟大统帅与所有外邦土地的大统领"。

第二十七王朝（公元前 525—公元前 404 年）拉开了序幕。冈比西斯在孟斐斯建立了一支波斯人的卫戍部队，然后派手下将士五万人进军西部沙漠，去锡瓦绿洲寻找传说中绝对正确、无可指摘的阿蒙神谕，想以此来为他的统治造势，证明其统治是上天授意、名正言顺。不过，大神根本没受打扰，因为途中的一场沙漠风暴让他派去的那些人全都丧命，无影无踪。冈比西斯也派了人马南下，试图商讨和稳定与库什国王之间的关系，也是这一年，已然年迈的赛伊斯公主安赫尼丝内菲瑞布丽神秘消失，此前她曾担任阿蒙"神之妻"长达六十年之久。

这一古老的职位被废止，想来是因为波斯人不愿让人分享他们新获得的权力，尤其是此人在传统上还掌控着上埃及，而且其预先制备的石棺上还刻画了她自身的形象——拿着象征君主的曲柄权杖和连枷武器。而这一不情愿的立场，也延展到了前王室家族的其他成员身上。

前法老萨美提克斯三世首先遭到了处决，罪名是蓄谋颠覆新政权。随后，冈比西斯下令将更早前老国王阿赫摩斯二世的遗体挖出来，加以"惩罚"。由于埃及人有亡故的统治者仍被他们视同为"活人"的信念，波斯王便拿这个信念做文章，以此来捉弄埃及人。阿赫摩斯的遗体"遭到了各种的侮辱，怎么无礼就怎么来，比如用鞭子抽打……直至执刑人都打累了为止"。不过，由于"尸体涂过防腐香膏，鞭打之下也不会碎裂解体，于是冈比西斯就下令将其烧掉"，不仅是消灭这位法老灵魂在生理物质层面上的寄寓之所，而且也夺走了埃及人的一具王室木乃伊，因为这很可能成为该国民众反抗波斯、掀起叛乱的一个重要动机。尽管如此，很快还是有流言传播开来，说那遗体早就被替换过了，阿赫摩斯本人实际上葬在别处，有人甚至振振有词地指出吉萨金字塔群中的一座就是先王的重新入葬之地。

冈比西斯清理异己、消除对手的行动仍在继续。本土的君王既已不复存在，埃及人便将他们的虔敬和爱戴之情转向了另一个替代目标——"万千圣兽之王"阿比斯神牛。神牛据信是普塔精魂的寄居之所，现在则代表着埃及的灵魂本身。说来也巧，当时有一头阿比斯小牛正被供养安置到底比斯，与之伴随的是排场热闹的庆祝活动。于是，随着冈比西斯一声令下，此牛被带到了他的面前。他用短剑刺杀小牛，当场证明那并非什么神灵，祭司们惶恐惊愕，目瞪口呆地看着。那只动物鲜血流淌，倒地而亡，冈比西斯随即命令对祭司们处以鞭打惩戒，仍有坚持为阿比斯举行庆典的则一律斩杀。

按历来公认的，如此暴行的主要信息来源是出生于希腊属地小亚细亚哈利卡纳索斯（Halicarnassus）且对波斯人没有好感的历史学家希罗多德。当希罗多德写作时，这些事情已经过去了一个世纪，他的主要资料来源则是埃及的这些祭司。冈比西斯曾试图堵截神庙的财源，这让祭司们仍旧怨恨不已。不过，公元前407年的一份犹太文献确实也指出了在冈比西斯征服期间，"埃及神明的所有神庙都被破坏"。

但是，"尽管在占领的最初时段，波斯人野蛮凶残"，冈比西斯与他的继任者现在却通常被认为"对埃及的统治者较为包容尊重"。至少，在那些埃及的资政顾问的帮助下，他们知道该如何操纵这一政治游戏。顾问们心里十分清楚——官方舆论宣传的书面文字可以掩盖无尽的罪恶。确实如此，史学界经常有人指出冈比西斯应该也敬奉过阿比斯神牛，而此见解的基础是塞拉培翁神庙地下大墓窟中的铭文证据，铭文记载有"两头这样的圣兽记录在他统治的时期"——而前后四年的时间，全部的善意之举仅此而已。

毫无疑问，冈比西斯从其埃及资政顾问的协助中获益良多，有些顾问接受了波斯人那式样繁复的罩袍，或者将传统的埃及风胸饰项链与那新式的波斯风项圈组合起来佩戴。这些人当中领头的是赛伊斯王朝的前海军大将维亚霍利斯奈特，他不仅保住了其海军总指挥的职权，还被任命为"王室掌玺大臣、首席书记官、宫廷行政主管兼首席医师"，成为"真正受爱戴的国王的朋友"。他策划构思了冈比西斯身为上下埃及之王的新美称：梅苏提拉（Mesutira），也即"拉神之后裔"。

实际上，这位埃及顾问作用巨大。公元前 522 年，波斯王国内部发生叛乱，冈比西斯随即回国，而维亚霍利斯奈特则陪同他一起返乡，同时还带了六千名技艺最好的埃及手工匠——尽管匠人们多是被迫远离故土。另外，同赴波斯的还有成千上万的希腊与吕底亚手工艺人。

埃及现在直接就成了波斯的一个域外大省，由卫戍部队和一位总督管制。他们代表波斯的"伟人大王"征收税赋，而那位国王是在埃及缺席的"法老"，眼下掌控着 750 万平方千米的土地，从爱琴海地区延伸至努比亚边境，横向一直贯穿到中亚地区。

冈比西斯离世之际，继任者是他的一个朝臣大流士（Darius，公元前 522—公元前 486 年在位）。他的执政期充分证明了波斯人对精美细致和繁复雕饰之物的爱好。在君主和王室的公众形象展示画面中，他们那辽阔帝国的全部成果都被集结到了一起，从国王那招牌性的异国风情香脂香水到王后那不计其数的鞋子，都被囊括在内。而提供鞋子的独家货源正是埃及三角洲的城镇安锡拉（Anthy-lla）。

大流士的新都城波斯波利斯（Persepolis）有诸多壁画图像装点，呈现的是从广袤帝国各处到来的朝贡献礼者。这同一个主题复现出来的大流士是两种形态，在波斯是浮雕刻画，而在埃及则是雕像。雕像最初是在赫里奥波利斯被竖立起来，底座上刻有小人形象，代表其帝国的各个省份，各省相应的名字被用象形文字标注出来，而同样的象形文字也刻写出了给大流士的赞词："英明的上下埃及之王,权力强大,乃力量之主宰,征服了九把弓(Nine Bows,译注:古埃及用以指代其传统上的敌人,最早出现在左塞尔的雕像上,所指为努比亚部落);他在元老议事会上一言九鼎,是弯月形短剑宗师,拉弓射箭百无一失;他的威力如同孟图,上下埃及之王,两方土地的主宰;大流士,万岁永生!"

大流士将维亚霍利斯奈特派回了埃及,并出资邀约埃及最聪明的贤士为他起草编撰埃及全境的所有法律条例。到了公元前517年,他才首次造访这个宗属国。

他还建造完成了经过贝尔—特姆〔Per Temu,也即比索姆(Pithom)〕,连接尼罗河与红海的运河。当然,毫无疑问的是,此举意图在于能将埃及的朝贡更迅速地运往波斯。波斯人还重新引入了骆驼——在前王朝时代起就从尼罗河谷消失,但后来成为最具埃及特色的动物——在埃及那主要是沙漠地貌的国土上,商贸通路因此得到了极大的改观和提升,横穿东西。公元前9世纪,亚述人显然也给埃及带来了少量的骆驼,尽管如此,真正将骆驼带回埃及的还是波斯人。这就让西部沙漠绿洲之间有利可图的贸易通道得以发展起来,绿洲中就包括有哈迦。大流士甚至还下令在那里修建了一座新神庙,敬献给阿蒙。

大流士的统治相对而言比较开明,但他的帝国实在太辽阔了,无法长久保持完整。到了公元前499年,爱奥尼亚的那些希腊城邦已经开始造反,而这些反叛背后的支持者正是雅典。公元前490年,雅典人在马拉松一役中从波斯人身上取得了决定性的胜利,这激励了埃及境内广泛分布的大规模的反抗行为。公元前486年,随着大流士的死亡,这些起义活动自然也就越发增多了。

于是,大流士的儿子和接班人薛西斯(Xerxes,公元前486—公元前465年在位)便"派军队去收拾埃及的反叛者,并压倒性地击溃和镇压了他们，让这个国家陷入一种遭奴役的境况，比前一任波斯王统治时更为凄惨"。

作为对埃及盟友的报复，薛西斯还入侵了希腊大陆地区。三百名斯巴达勇士曾在最后一刻背水一战，抗击薛西斯率领的五十万大军，这自然是徒劳，雅典随后遭到洗劫和纵火焚烧。

不过，薛西斯的霸权优势也并未维持很久。之后一年，他在希腊人手下吃了两场决定性的败仗，一场陆战和一场海战，希腊大陆也随之重获自由。雅典控制了海上局势，波斯人的西部阵线被打压，回缩到了达达尼尔海峡。公元前 465 年，薛西斯本人被其侍卫谋害。到了公元前 463 年，埃及人聚集起足够的胆气和信心，再次反抗他们国土上的波斯领主。

起义由赫里奥波利斯的伊纳若斯（Inaros）领导，这是赛伊斯老王族世系的一位王子。反叛之火迅速扩散到了整个三角洲，之后在雅典的支持帮助下，伊纳若斯击败了波斯人，解放了埃及。埃及人长久以来都记得，"没人比伊纳若斯给波斯人带去过更多的麻烦和损失"，而这一概念在一系列荷马史诗风格的埃及民间故事中被永恒定格了。因为那些传奇讲述的都是本土英雄豪杰反击外国入侵者的壮举。

但伊纳若斯的胜利只是昙花一现。波斯新王阿塔薛西斯一世（Artaxerxes I，公元前 465—公元前 424 年在位）于公元前 454 年打败了不幸的伊纳若斯，而且似乎还把他钉死在十字架上，于是埃及再一次陷于被占领被盘剥的状态。

年代可测定为公元前 5 世纪的埃及的重要建筑付诸阙如，因而被人猜测反映了本土文化的严重衰退，那一时段留下的书面记录也寥寥无几。但幸运的是，在那一期间仍然有些希腊人跳过"青蛙池塘"——柏拉图如此戏称地中海——来造访传说中的尼罗河国度，写下了他们的见闻。

这群人中间，具有代表性的就是希罗多德。他出生于哈利卡纳索斯，小亚细亚海岸的一座希腊殖民城市。大约在公元前450年，他来到埃及。他后来撰写了闻名遐迩的《历史》，为其赢得了不朽的声誉：既是"历史之父"，也是"谎言之父"。他那些长期受到争议的记述，尽管经常被人嗤之以鼻，认为多不可信，但其中的有些记录现在已得到认可，且相当准确。比如他所说的阿拉伯"飞蛇"——事实上确实生活在那一地区的金合欢树上（还经常会掉下来），再比如他关于埃及的描述，很多都是可靠的信息。

无可否认，他作品内容中少数精彩句子也确实是从希腊同胞，生于米利都的赫克狄欧斯（Hekataios）那里抄袭而来。公元前500年前后，赫克狄欧斯为自己的作品《埃及史》（*Aegyptiaka*）而寻访埃及做研究。他在书中提到埃及的三角洲是"那大河的礼赠"，而这一陈述后来就被希罗多德剽窃了。希罗多德作品中那极为著名的，但恐怕也过度频繁使用的一句话"埃及是尼罗河的礼赠"，基本上没得到确切的引用——或者说他未曾恰当地指明原文出处。

就跟之前的赫克狄欧斯一样，也跟赫克狄欧斯之后的众多游客一样，希罗多德在当地找了向导，向导无疑带他观看了先行者们看过的很多同样的东西。到达瑙克拉迪斯，他拜访了阿芙洛狄忒的神庙，留下刻有他名字的一只希腊杯子作为供奉，然后继续旅行穿越三角洲。在以神圣公羊而闻名的门德斯（Mendes），有人告诉他，"前不久，在众目睽睽之下，一头羊把一个女的给办了——真是让人很吃惊的一件事"。但这其实算不得新闻，因为雅典的女祭司——头衔为"女王执政官"——也会在仪式上与一头公牛交配，而那牛自然绝非凡胎，而是被认为代表着酒神狄奥尼索斯。在希腊神话中，米诺安（也即克里特文明）的一位王后与公牛交媾，生出了传说中的牛头怪米诺陶（Minotaur）。希腊人相信他们的大神可以变身为动物，挑选凡间女子，让她们受孕，而这一概念在埃及人那里的存在历史要更为长远，因为他们古代的石棺铭文上曾提到"公牛与美女媾合"。

希罗多德寻访的下一个停靠港是孟斐斯。那里"阔大而又引人瞩目的"普塔神庙中供养着阿比斯神牛。庙中举办祭仪时，其中一个情节就是多位女性同时集体裸身，以此去刺激那牲畜的雄性生殖力。直至1850年，这一传统习俗仍惯性强大、大有市场。考古学家们在塞拉培翁发现了一座与实体一般大小的阿比斯神牛雕像，之后大为惊诧地"发现，附近阿拉伯人村庄中的几位妇女爬到了雕像上久久停留，求告大神赐予她们儿子"。

希罗多德也造访了赫里奥波利斯和吉萨金字塔群。他说他亲自测量了金字塔，还将那事实上早已消失的胡夫葬祭庙中的壁画场景描述了一番，并且一再重复声言吉萨金字塔中的一座是由一位女性主持建造的。在希罗多德高度重视的遗址中，地位甚至超越了吉萨金字塔的是他玄想的最爱之物——阿蒙内姆哈特三世的"迷宫"，他宣称，"我看过了这个建筑，但要描述它的话，实在超出了我的语言能力"。

希罗多德继续向南航行，经过了阿比多斯。那里塞狄一世的神庙中藏有帝王名录的石刻，但现在名录周围多了成百上千的游客涂鸦，有希腊文、腓尼基文和波斯的阿拉姆语（Aramaic）。至于阿克米姆的旻神神庙，希罗多德则描绘了那里举办的埃及特色的"极其非同寻常的活动，那些体育竞赛"。再向前到达底比斯和卡纳克神庙，那里敬奉的阿蒙在希腊人看来就等同于宙斯。希罗多德声称："历史学家赫克狄欧斯在底比斯时，祭司为他做的那些事，跟为我做的一模一样。"祭司带他进入"雕像大厅"，给他看从那尔迈时代以来历任最高大祭司们的雕像，多达三百四十五座。

不过，希罗多德的终极目的地是巨象岛，那里有传说中尼罗河的源头，也是波斯帝国的边界。也正如他自己所说的："到巨象岛为止，我所讲述的都是亲眼目击，但更往南边的事情，就只是道听途说了。"

公元前 431 年，希罗多德返程，去往雅典。伯罗奔尼撒战争就在彼时拉开了序幕，雅典人与斯巴达人持续交战了将近三十年，想一决雌雄。波斯人后来站到斯巴达一边，阻断了雅典城邦想建立希腊帝国的野心。但在战争结束之际，波斯帝国的叛乱和起义却日益增多了。波斯对埃及的控制力减弱，赛伊斯的阿米狄欧斯（Amyrtaios）揭竿而起，首先再次夺回了三角洲，然后是国家其余的地区，组建起仅仅延续了他单人统治期的第二十八王朝（公元前 404—公元前 399 年）。

虽然摆脱了波斯的控制，但现在埃及内部却相互混战。没过多久，三角洲的另一位军阀，来自门德斯的奈夫里提斯（Nepherites）胜出，夺取王座，创建了第二十九王朝（公元前 399—公元前 380 年）。

波斯人不甘心，不依不饶地发起数次袭击。在雅典将军卡布里阿斯（Chabrias）所率的希腊军队帮助下，奈夫里提斯和他的继任者哈柯尔（Hakor）击退了波斯人。卡布里阿斯从雅典比雷埃夫斯港出征的地方，已经有了一座神庙，敬奉的是埃及的伊希斯。这位女神在地理空间上的外拓，所伴随和匹配的也是她不断吸纳融汇同类女神身份符号的过程，其中甚至包括了威力无边的哈索尔。伊希斯现在变成了"米里奥尼莫斯"（myrionymos），意即"有无数名字的大神"。

第二十九王朝为埃及夺得了稳定的独立地位，但它自己的寿命却很短暂，于公元前 380 年告终。彼时，当朝大将，塞本尼托斯的纳赫特内贝夫［Nakhtnebef，又称奈克塔内波（Nectanebo）］成功夺权，宣告晋升为法老。他作为君王的称号为奈克塔内波一世（公元前 380—公元前 362 年在位），自诩为是附近赛伊斯城那老王朝先王们真正的后继者，其创始的第三十王朝相当有影响力。据称，赛伊斯的创造女神奈斯选中了奈克塔内波，并"指认他为两方土地的统治者，将她的神蛇标识加冕于他的头上，为他获取了贵族们的拥戴与忠心，摧毁了他所有的敌人"。

"他所有的敌人"应是含蓄地指代波斯人。波斯国王中，阿塔薛西斯二世（公元前 405—公元前 359 年在位）大概是执政时间最长的一位。他最坚定的心愿就是重新占领埃及，但尽管付出极大的努力，他还是失败了。公元前 373 年，他派出二十万大军和五百艘战船，经过一年的鏖战，却铩羽而归。奈克塔内波一世大获全胜，得益于三重因素的合力：希腊人的帮助，波斯人的内讧暗斗，还有尼罗河洪水的及时到来——迫使波斯人溃退。胜利为奈克塔内波一世赢得了极大的荣誉，他被戴上各种高帽子："保卫埃及的威猛君主，环抱埃及的铜墙铁壁，拥有迅捷灵活臂膀的强力大王，杀伤无数、见到仇敌便心中怒火炽然的大师剑客，怀有叛国之心坏蛋的剜心者！"

为了强化与希腊的同盟关系，奈克塔内波迎娶了其大将军雅典人卡布里阿斯的一位亲戚托勒玛伊丝（Ptolemais）。此女为他生了二儿一女。纵贯全境，这位法老那特色鲜明的面部轮廓以石雕形式在各地被重复刻画出来，鹰钩鼻，下巴向前凸出。他建起了卡纳克第一道塔门入口廊道，那泥砖构造的斜坡道一直存留至今。在向南连到卢克索神庙的长堤通道，他沿路安置了众多的斯芬克司雕像，其中很多幸存至今。在萨卡拉的塞拉培翁神庙前面，他也复制了一条同样有斯芬克司排列的长堤通道，他还在那里复制了另一座建筑，叫作"布齐乌姆"（Bucheum），敬拜的是阿曼特的神牛布齐斯（Buchis），那是属于战神孟图的神圣动物。

为推广对神圣动物的崇拜，奈克塔内波大建庙堂，可谓是不遗余力。但这还不够让他满意，他还豁免了宗教界纳税的义务，从埃得夫的荷鲁斯祭司到赛伊斯的奈斯祭司，都享受了这一优待。不仅如此，从地中海得来的所有进口货品，他都拿其中十分之一犒赏给祭司集团。

奈克塔内波的接任者是他的儿子德耶霍尔（Djedhor），希腊名为泰奥斯（Teos，公元前362—公元前360年在位）。这位新王的统治昙花一现，唯一的出名之处就在于他是第一位发行铸币的埃及法老。埃及本土人认为黄金是很神圣的一种金属，不该简单地就用于铸造货币，但泰奥斯依旧铸金币，用来给他的希腊雇佣兵支付酬劳。另外受犒劳的还有他年迈的资政顾问——斯巴达国王阿戈希劳斯（Agesilaos）。

神庙刚获赠不久的那些经济上的补贴和奖赏被新王取消了，为了筹资推进对巴勒斯坦的远征——失策又失败的一场军事行动——他甚至还强征人头税。于是，泰奥斯失去了各个阶层的民心，随后被其侄儿取代。新王名为纳赫特霍尔赫布（Nakhthorheb），在史上更为人所知的尊号是奈克塔内波二世（公元前360—公元前343年在位）。

斯巴达老王阿戈希劳斯也支持奈克塔内波二世。他因此得到了一份金光闪闪的"握手礼"（赠礼），二百个塔兰特（talent）大金币——不用说，这是在埃及的新金币铸造厂出品的。去世时，他还获得一份额外福利：以埃及式手法将其尸体制作为木乃伊，然后再送返斯巴达故土。

由于短命的前任在宗教事务上有过不敬的举动，这第二位奈克塔内波就很热切地想纠正错误。他带领埃及搞起了一场强有力的改良运动，将对神的虔诚信仰、国力恢复和他的自我宣扬结合在一起。

他还原了祭司集团之前所拥有的经济利益，因此得到他们的全力支持。他还启动了一千年来最具雄心、规模宏大的建筑计划，众多项目全面铺开，涉及一百处场址，所在地包括菲莱、巨象岛、埃得夫、阿曼特、卡纳克、柯普托斯、阿比多斯、赫莫波利斯、赫拉克勒奥波利斯（Herakleopolis Magna，也即"大"赫拉克勒奥波利斯）、哈尔迦（el-Kharga）、贝贝特（Behbeit）、哈尕尔（el-Hagar）、塔尼斯、布巴斯迪斯、比索姆、塞本尼托斯和赫里奥波利斯。而在萨卡拉，由于空间已经被填满，因此工匠们不得不在崖壁上开凿挖建平台阶地，拓展出承托新神庙的地基。

萨卡拉是阿比斯神牛的安葬之地，神牛又正是埃及王国精魂的寓居之所，而奈克塔内波二世希望他被等同于这一精魂。王室选择在那神庙庭院中入葬，在有护卫的安全之地长眠。既然这是长久以来的尊尚传统，那么塞拉培翁或许也照样可能被包含在奈克塔内波二世的墓窟，其中配有绿石头的巨大石棺，上面刻有精美的图像，呈现的是太阳神拉和他的神界众伙伴。

奈克塔内波二世渴望能驾驭所有这些神明的惊天伟力，于是他非常严肃庄重地承担起职责，亲任埃及的最高大祭司，而且还亲自——而不是像过往朝代那样通常是委任代表履职——去领头主理关键的祭拜大典：将埃及辉煌历史中沉淀的那些力量唤醒，魔法般地构建起保卫国土的奇迹防线，维护国家独立。

这似乎还真起了作用。公元前351年，波斯国王阿塔薛西斯三世派大军来犯，被奈克塔内波二世与他的雅典和斯巴达盟友联手击退。这次大捷立刻让这位法老上升到了真正超人英雄的地位，他成了"在世的传奇"，全国范围内的每个角落都对他赞颂敬仰，尊其为"神鹰"——活着的荷鲁斯的具象化身、埃及的超级无敌魔法师。

不过，尽管他有种种的战术规划，还有神奇仪式的护佑，在公元前 343 年的裴路秀战役中，在兵力一比三的劣势下，奈克塔内波二世最终被阿塔薛西斯三世（公元前 343—公元前 338 年统治埃及）彻底击溃。

埃及又被纳入了波斯帝国的版图。过去六十年的自由独立宣告终结，占领者心愿得偿，展开疯狂报复。

波斯人首先从下埃及的重大宗教中心下手，赫里奥波利斯与门德斯遭到野蛮洗劫，随后被付之一炬。而"阿塔薛西斯在接管埃及全境并拆毁那些最重要城市的城墙之后，大肆劫掠神堂圣祠，汇集了大量的金银财宝，还将古代神庙中的铭文石碑运走。后来，这些石刻文献被归还给了埃及的祭司们，但为之支付的赎金数额惊人"。

很悲惨的是，历史又一次重演了。波斯人上次侵占之后，统治埃及的所有君王的墓葬悉数遭到了破坏和洗劫。奈克塔内波二世自己的墓葬仍然是空空如也，因为这位君王彼时还很健全地活着，只是亡命天涯，向南逃到了努比亚。后来，在赛伊斯的哈巴希（Khabash）协助之下，他孤注一掷地做出最后努力，试图夺回自己的王国。而据后来的民间传说，这位流亡法老接着便扬帆远航，去了希腊联邦北部的马其顿王国。

在孟斐斯选定总督人选后，阿塔薛西斯三世意气昂扬，胜利东归；"随行载有很多的财物和战利品"，同时还有惹了麻烦的许多埃及贵族成员，他们现在被带往波斯流放。

留下来的人只能去收拾残局。赫莫波利斯的祭司佩托西里斯

（Petosiris）如此述说这一时期的局面："万事万物都乱了，不复从前，因为在埃及内部，争斗冲突已经开始，南方骚乱动荡，北方有起义叛乱。神庙里没了祭司，他们都逃跑了，他们不知道这里正发生什么情况。"此后，他尽其所能，修复这一地方的惨状，"神庙的墙，我设法进行修补，加固了"，防止它以后再遭到损坏。

埃及第二次进入波斯控制时期（公元前 343—公元前 332 年）的特点是遭到了野蛮的肆虐和破坏。尽管如此，奈克塔内波二世作法所召唤出来的古代神秘力量似乎仍然在起作用。因为，公元前338 年，阿塔薛西斯三世被其一个朝臣刺杀身亡；他的儿子和继任者阿西斯（Arses，公元前 338—公元前 336 年在位）在仅仅两年之后又被同一人杀死。虽然杀手有着一个波斯人的名字——巴戈阿斯（Bagoas），但古代和现代的评论者们却都表达了同样的意见，认为那"显然是个埃及人"。

巴戈阿斯甚至还成功地将波斯帝国的末代君主扶植上了王位，那就是大流士三世（公元前 336—公元前 332 年在位）。他辽阔的帝国仍然包含了埃及，但他的执政期也相当短促，很快就被另一支势力废止了。这一势力不仅随后消灭了波斯帝国，也永久改变了埃及和整个古代世界。

20. 最后的繁盛：

公元前 332—公元前 30 年

公元前 338—公元前 335 年，埃及最后的一位本土统治者奈克塔内波二世曾试图收复其王国，但未能如愿。据民间传闻，这位遭废黜的法老向北远航，去了马其顿王国，到了菲利普二世（Philip Ⅱ，旧译腓力二世）的朝廷。

马其顿位于希腊最北边，与凯尔特族系的领地接壤。尽管其南边的绝大多数希腊城邦邻居都已采纳了各种形式的民主制度，马其顿却依旧是个君主制政权。马其顿人"对君王专制政体的看法不像希腊人，而是像埃及人"；他们的国王同样是一夫多妻，血亲乱伦，并常有谋杀篡权之事，所以在位帝王的更替频繁又快速。

不过，及至公元前 359 年，菲利普二世晋升为最高统治者。在此后的二十年，他单枪匹马，改变了这一封建专制，并通过一连串的战争，将这块饱受世代仇杀困扰的野蛮之地转化为当时世界的超级强国。

然而，他最为苦恼的折磨是在他自家的屋檐之下。他的情欲生活实在太复杂，牵涉到的不仅有朝臣侍从——他男女通吃——以及他的表妹阿尔希诺伊（Arsinoe），而且还有他的七位妻子，其中就包括奥林匹亚丝（Olympias），也即其子亚历山大（Alexander）的生母。当婚姻关系破裂后，宗教信仰强烈的奥林匹亚丝常常告诉她的儿子，说他的父亲谁也不是，而是希腊众神之王宙斯，同时也是埃及人的阿蒙大神。而后来的传言甚至暗示说，奥林匹亚丝的外遇实际上就是埃及的末代法老奈克塔内波二世——他戴着宙斯与阿蒙一体的面具来行云雨之事。

亚历山大在七岁时便开始了军事训练。负责教育这位年幼王子的是当时来自色雷斯且还籍籍无名的一位哲学家，名为亚里士多德，他曾在雅典师从柏拉图。亚里士多德不仅教授哲学和科学知识，鼓励他的学生博览群书——从《伊利亚特》到希罗多德的《历史》，而且还为弟子的治国理政才能奠定了坚实的学养教育背景。当年跟随亚里士多德学习的，除了亚历山大，还有他的伙伴托勒密（Ptolemy），这位好友玩伴可能是亚历山大同父异母的弟弟——菲利普二世与其表妹兼不定期情人阿尔希诺伊生下了这个儿子。

十六岁时，亚历山大被立为马其顿的摄政王。父子俩并肩作战，将马其顿的势力向东扩展到远至达达尼尔海峡，为希腊东征剿灭波斯做好了准备。

到了公元前336年，万事俱备。盛大的出征欢送活动以菲利普二世的婚礼为标志，那是他的第八次婚姻，也正是在这一场合，他被自己的保镖刺杀了。当消息传遍希腊后，势在必行的解决方案就是，马其顿需要一位新王来领导对波斯的征伐行动。军队立刻选定时年二十岁的亚历山大继承王位。

在德尔斐神谕的祝福之下，亚历山大将整个希腊收归于他的全权掌控之下。由托勒密与四万六千名将士随同，亚历山大于公元前334年向东进发，跨越了达达尼尔海峡——通向波斯帝国的门户。

大军特意绕道经过传奇之城特洛伊，让亚历山大把他的甲胄换成了据传在特洛伊战争中用过的一套古老铠甲，同时也在他崇拜的大英雄阿喀流斯的坟前敬奉了花环。然后，他继续前进，在格拉尼克斯（Granicus）战役中击败了集结迎战的波斯大军，接着他往南行军，穿越了希腊在小亚细亚的各处殖民地，当地民众夹道欢迎，誉其为解放者。

到了公元前333年的11月，大流士三世本人在伊苏斯等着与亚历山大决一死战。他的军队多达六十万人，远远超过亚历山大的兵力，以十对一都绰绰有余。但大流士还是输了，从战场上溃逃而去。亚历山大大获全胜，那一天阵亡的波斯人据说多达十一万，这一数字"直到一战时索姆河战役开打的第一天"才被超越。

大流士示弱，建议结为盟友，但遭到拒绝。亚历山大觉得应夺取地中海东部地区和埃及，因为那里还处于波斯的控制之下。于是，他首先在黎凡特沿海摧毁了波斯人的海军力量，然后继续向埃及挺进，没遇到任何抵抗就打到了裴路秀。

从早期希腊旅行者的描述中，亚历山大已经熟知了这片土地，但现在亲身来到埃及，这个国度的风貌还是让这位二十一岁的年轻人印象深刻、心潮澎湃。

马其顿大军抵达吉萨的金字塔脚下，这里是古代世界所有工程奇迹中最著名的胜地。亚历山大深受震动，以至于宣称要在位于马其顿本土的菲利普的墓穴之上，建造类似这样的宏大地标，"要赶上埃及最大金字塔的规模"。不过，他很快就发现了，吉萨其实只是一大片金字塔集中区域的开始之处。这一区域向南绵延了约二十千米，直到萨卡拉，那里的金字塔雄踞于高高的沙漠陡崖之上，俯瞰着河谷中的孟斐斯城。

亚历山大率部下进军孟斐斯，受到埃及人的热烈欢迎，人们欢天喜地，称颂他为拯救者和解放者。同时还有带着一厢情愿色彩的传言散布开来，说亚历山大是他们最后那位本土法老奈克塔内波二世的儿子，而后者又是阿蒙本尊的儿子。

既然是征服者，亚历山大直接就成了名正言顺的法老。城中的大祭司，埃及在世者中地位最高的贵族和精神领袖，随即认可了这位新国王。由于孟斐斯祭司集团和君主政权之间有着密切关系，任何一名聪明的国王都会精心维护和巩固，而亚历山大也是如此。他将柏拉图的观点兼忠告谨记在心：“在埃及，若无祭司的助力，国王便不可能统治这个国家。”

这座城市的圣物——阿比斯神牛，在死时便化身为奥西里斯—阿比斯，或称为塞拉皮斯（Serapis），厚葬于萨卡拉沙地之下的塞拉培翁大墓窟中。亚历山大虔诚地向神牛表示敬重之意。奈克塔内波二世既然流亡远方了，他在这里的墓葬就只是衣冠冢，而他那装饰繁复但空无一物的石棺，构成一个令人伤感又尖锐的提示——埃及那失去的荣耀。

亚历山大希望自己被视为奈克塔内波二世的真正后裔与继任者。公元前332年11月，他在孟斐斯接受加冕，马其顿的王冠被埃及的双重王冠所取代。最高大祭司宣告他为“荷鲁斯，强大的统治者，攫夺外邦土地的勇士”，还给他另取了一个尊号，叫“梅里阿蒙-塞特彭拉-亚历山德罗”（Meryamen Setepenra Aleksandros），意即亚历山大乃“阿蒙钟爱之人与拉神选中之人”。这一传统上用于修饰法老的限定词句，无疑强化了亚历山大对其母所述故事的信服程度，他或许也已认为自己出自神界血脉。

亚历山大会见埃及的祭司群体与学者。埃及与希腊宗教的交叉重叠——宙斯等同于阿蒙，而狄奥尼索斯约等于奥西里斯——让他觉得饶有兴味。埃及人的丧葬仪式以及关于来世永生的信念也让这位新法老颇为迷恋。尽管马其顿的王族在死后通常是按传统火化，亚历山大却懂得了埃及人将尸体做成木乃伊的这一习俗的真正有益之处,他大概还咨询过萨卡拉的防腐涂膏人和入殓师。他对埃及传统的尊重,无疑以一块提示牌的形式保存了下来。那是一块"禁止进入"的牌子,是他的军官皮尤克斯塔斯(Peukestas)在萨卡拉这一场址周围竖起的几个警示牌之一。牌子上的内容是:"奉皮尤克斯塔斯之命,任何人不得入内,此墓室归属于一祭司大人。"

亚历山大想找一处地方充当新的海岸基地,来取代之前在黎凡特的部署。为了考察潜在的备选地址,他从孟斐斯登船,沿着尼罗河西面的支流向地中海航行,来到了柯诺普斯。此地是以希腊传说中海伦之夫、斯巴达王梅内莱俄斯(旧译墨涅拉俄斯)的战舰领航员命名,也是埃及人敬拜奥西里斯的地方。在当时的仪式中,奥西里斯是一只上部为人头形状的罐子,罐中据说装着这位大神那被肢解了的身体。也正因为如此,用于存放防腐处理之后的木乃伊内脏的陶罐,后来被叫作"柯诺皮克罐"——意思正是源于柯诺普斯的罐子。

在柯诺普斯西边,亚历山大视察了埃及人的旧军事堡垒拉柯迪斯(Rhakotis),堡垒位于大海与马雷奥迪斯湖之间一道狭窄的地峡之上。回想起荷马史诗中的描述,"尼罗河入海口之外翻腾的大海上,有一座岛屿名曰法罗斯(Pharos,意即灯塔)",亚历山大不禁感叹,荷马不仅是伟大的诗人,而且是目光远大的建筑师。他"立刻被此地卓越的地理位置所打动,坚信若能在这里创建一座城市,一定会繁荣兴盛。他是如此地满怀热切,以至于迫不及待地要开始这一工程。他亲自设计了新城的总体布局,标明了大市集广场的位置,规划了待建神庙的数量,还有各神庙应敬奉的神明——希腊诸神以及埃及女神伊希斯"。

他们用大麦在地上摆出新城计划中的外框范围,但一群鸟突然飞下来,将那刚显雏形的城市规划的全部轮廓吃了个一干二净。亚历山大感觉这是凶兆，但他的随行顾问们宣称这意味着此城将会繁盛，为所有的生灵提供丰足的供给。由此，这位新法老的忧虑得以缓解。港城以其创建者的名字命名为亚历山大，是这位一代枭雄所创立的七十多处安居点之一，也是这些项目中最为成功的一个。

这期间，沿海一带有消息传来，说地中海很多的地方已经将那些站在波斯人一边的当地政要赶下了台，并押解到新法老这里来接受处置。亚历山大将这些家伙发配到南方，加入阿斯旺的戍边部队。当时与这些流放者同去的有亚里士多德的侄子卡利斯提尼斯（Kallisthenes），他是去调查验证他叔叔那多少带有革命性与颠覆性的新理论——每年一度的尼罗河洪水不是由地下神灵用魔幻咒语召唤出来的，而是由更南方的降雨造成的结果。

与此同时，亚历山大向西旅行，进入大沙漠区。这一方面是为了核实古代商队的传统线路是否可信——那些经行沙漠绿洲网络的线路能否将他的沿海新城与中部非洲连接起来，另一方面原因也是为了去到锡瓦绿洲，在那里求得传闻久远的宙斯—阿蒙联体神的神谕。那座圣祠位于沙漠深处，在底比斯西边约 650 千米，被认为是卡纳克阿蒙神庙的一个分支。锡瓦这里的神谕，据信是毫无谬误、绝对可靠，此前也曾接受过来自古代世界的问询求告，比如，波斯王冈比西斯试图求得这里的神示天启，结果他的整整一支部队全军覆灭、消失无踪。

亚历山大当然不能重蹈冈比西斯的那次覆辙。公元前 331 年 1 月，他和托勒密带领规模不大的一队人马出发西去，最终成为历史上亲自完成这一旅程的第一位法老。

亚历山大身兼法老与最高大祭司的双重身份，有权得以进入神庙的内殿圣所，此处也成为可确认他曾亲身在场的极少数几个地方之一。可想而知，他大概是向天神问询了他是否真是神之子——就像他之前的每一位法老所宣称的那样。而在当时的世界上，必死凡人与永恒神明之间虽不能说没界限，但充其量也只是界限模糊，因此"帝王即天子"的信念当然就是寻常之事。只要获取和宣告了神之子这样的身份，自有千百万人尊奉，而他未来的宏图大业看上去也就更具可能性了，更有望得以实施。

神谕透露的信息，似乎让亚历山大十分受用，不只是用"满意"一词可以形容的。他返回孟斐斯，下令阿蒙的主要崇拜中心底比斯要增建新圣祠，以便更多地安置大神的祭拜雕像。在卡纳克的圣堂，要用阿斯旺花岗岩建造，而在卢克索的砂岩圣祠中，墙面要刻上亚历山大的造型人像，呈现为传统的法老形象，并有其天父阿蒙神伴同。就像隔壁墙面上千年前阿蒙霍特普三世的造像，亚历山大也接纳了象征阿蒙的公羊角，营造出那征服一切的"双角大神"的传奇形象，等同于阿拉伯语中的"佐尔—卡尔奈因"（Dhul-Qar-nayn），而这一人物角色甚至出现在《古兰经》中。

二十五岁时，亚历山大任命瑙克拉迪斯（Naukratis）的克雷奥门尼斯代表他统治埃及。公元前331年的春天，他离开埃及。东部地中海区域已纳入囊中，他现在去追击收拾大流士。这年秋冬季的时候，他第三次击败了对手，而高加米拉一役也是最后一战；他凭借征服者的身份成为波斯帝国的大君主，并将大流士的女儿纳为妻室。

他同时也继承占有了波斯王朝的大约五百万千克（五千吨）黄金，这其中的很大一部分被铸成了金币，由此改变了整个世界的经济。接下来的八年间，随着一条征伐扩张的线路向东方又延伸了差不多18000千米，相应的，一个范围辽阔的市场新网络也已形成，各地间的贸易蓬勃兴起，希腊文化与埃及宗教也传播开来了。

亚历山大带领部下从波斯心脏地带北上，到了塔吉克斯坦，在那里娶了第二个妻子，名为罗克珊（Roxane）。然后他们的队伍翻越兴都库什山脉，到了印度大陆，与那里的王侯们以及可怕的战象一决高下。亚历山大再度获胜，戴上了大象皮头饰庆祝胜利，还将那些战象收入他的队伍。

他们经由格德罗西亚的沙漠地区向西返程，在印度洋和波斯湾航行，回到了巴比伦。亚历山大将他的帝国总部定在幼发拉底河岸边，在尼布甲尼撒的古代宫殿中，可以俯瞰那声名远播的"空中花园"。在这里，他接见了来自古代世界各国的使节，策动了对阿拉伯王国的一场战役，也认真地盘算过跨越北非迦太基、向西直到直布罗陀海峡的军事远征。

自公元前 336 年从马其顿出征，十三年连续征伐的戎马生涯中，亚历山大战无不胜，由此建立起一个横跨三大洲、领土面积覆盖五百多万平方千米的广袤帝国。他的政权，改变了已知旧世界的面貌，构成一个转折点，标志着旧时代让位于新的希腊文明时代，而在进军异族外邦的征途上，所遭遇的很多其他人类文明，也不可逆转地影响和改变了希腊文化。

不过，尽管诸多宏大计划仍只是处于实施的初始阶段，亚历山大大帝却被宣告驾崩了。公元前 323 年 6 月 10 日，他在巴比伦亡故，得年仅三十二载。

他当时患了热病，而过量的饮酒又加重了发烧病情，他将他的印章戒指给了享有最高职位的大将军佩尔狄卡斯（Perdikkas），把"他所有的真货色赠予了托勒密"（goods，暗指实权与才干），将他的帝国留给了"最强者"。他最亲近的朋友在敬奉塞拉比斯的一座神堂前举行守夜仪式，但埃及的阎王爷也无法从死亡簿册上勾掉他的名字，亚历山大随后陷入致命的昏迷。

由于不知怎么做才最好，部下臣僚们都茫然无措。亚历山大的尸体在原地停放了差不多有一周之久，直至埃及的涂膏入殓师来到宫中。虽然是夏季高温，他的遗体却保持了昏迷之初的本来模样。那俨如活人的面容被解读成他圣灵异禀的证明，但其实很有可能是他"进入了一种深度的、晚期濒死的昏迷状态，成因是由于脑型疟疾的发作"。

所以，入殓师们开始工作时，他可能还未完全死亡。大脑与主要的内脏器官，在人死后就会开始腐坏，因此先被挖取出来，做防腐处理。技师们用蜂蜡、"异国的香料和香脂"来封闭保存亚历山大的遗体，然后放入一个人体形状的棺材中，那是以埃及传统形式制成，用了可铸二百塔兰特大金币的金箔。这样一个金箔包裹的木乃伊，盖上了马其顿风格的紫、金两色的棺材罩布，接着被放置于他那些围聚在一起的得力干将的中心，为的是让他现场见证他们决定谁来接任。

亚历山大的妻子罗克珊不久就将生育，但他也有一个同父异母的兄弟，叫菲利普·阿里戴奥斯（Philip Arrhidaios），出自马其顿的王室血统，只是精神不健全。将军们一时无法在两个候选人之间做出抉择，以至于在亚历山大的遗体旁边爆发了争执，但最终他们决定立阿里戴奥斯为王，成为菲利普三世（公元前323—公元前317年在位），同时也明确了，只要罗克珊生出的是儿子，就即刻继位。不过，两位协议产生的所谓国王只是挂名而已，因为真正的权力掌握在军队和军官们手中；那些大将自称是亚历山大的"接任者"。

不过，他们无一人有足够的能力和威信来取代亚历山大充当唯一的统领者，于是就将帝国分成了几块，每人一方领地，而军队则留给佩尔狄卡斯掌管。安提帕特尔（Antipater）继续在马其顿执掌大权；利希马库斯（Lysimachus）则在色雷斯当统治者；安提戈纳斯（Antigonas）在小亚细亚为王；梅勒阿伽尔（Meleagar）负责腓尼基；拉奥美东（Laomedon）主宰叙利亚；塞琉古斯（Seleucus）分到了巴比伦。至于托勒密，很可能是出于他自己的提议，"被安排去统治埃及与利比亚，以及那些邻近埃及的阿拉伯地区"。

亚历山大的遗体被安排从巴比伦送返马其顿故土，送返所用的灵车相当壮观，是六米长四米宽的一座镀金神庙构造，下面装上了轮子。由于灵车体积大，重量又可观，再加之一路上民众聚拢来围观，扶灵行列每天只能行进数千米。公元前322年冬天，队列终于到达叙利亚，但在那里，"接任者"之间的紧张关系经过之前一段时间矛盾的积累已经彻底破裂，全面的战争随之爆发。

此时的佩尔狄卡斯手中有了亚历山大的遗腹子亚历山大四世——罗克珊数月前所生，因此不仅他成了这位幼儿国君的摄政王，而且也成为协同执政者菲利普三世的摄政王。他自己觊觎王座，所以就有必要亲自在马其顿的王室墓园中葬下亚历山大的遗体，好让众人将他视为先王首选的正当继任者，也好向众多的竞争对手宣示他凌驾于他们之上的权威。

其他的所有大佬，尽管都拿定了主意要阻止佩尔狄卡斯的野心，首先主动出手的却是托勒密，他在大马士革劫持了灵柩，将亚历山大带回了埃及，由此触发了一场战争。公元前321年春天，佩尔狄卡斯率领军队，也包括之前带回来的印度战象组团，入侵了埃及。

不过，尼罗河又一次保护了埃及。在孟斐斯试图跨越尼罗河时，佩尔狄卡斯损失了两千名将士。根据迹象来看，那其中大约有一半成了鳄鱼嘴中的牺牲品。随后军队内部哗变，佩尔狄卡斯遭手下杀害，余部人马表示要将马其顿的摄政权交给托勒密，但托勒密明智地拒绝了，而是选择稳固地掌控他的埃及领地，和亚历山大的遗体——他"接下去按照马其顿的葬礼仪式将其葬在了孟斐斯"。

那时，亚历山大城本身还是个建筑工地，所以最有可能的是先帝暂时被下葬于塞拉培翁这一带。甚至有人猜测说，托勒密将亚历山大的人形金棺材安置进了奈克塔内波二世那未曾用过的石棺中。这就构成了一个内涵强大的政治行为，在埃及最后的本土王朝与马其顿背景的亚历山大之间搭上了物理实体上的关联，形成一种连续性，而这大概为一个传闻增加了一点可信度——亚历山大是奈克塔内波二世之子。

塞拉培翁当然也得到了进一步的扩建，有了一条夺人眼目的壮观长堤通道，尽头是所谓的"哲人圆圈"（Philosophers' Circle），那实际上是个半圆，由著名希腊学者们那真人大小的雕像间隔排列而成，差不多正好标志着进入亚历山大的"首次"墓葬地的入口。幸存下来的十一座人像，尽管在萨卡拉那风沙漫卷的环境中都被侵蚀到了基本无法辨识的程度，但我们可以假定他们可能是荷马、品达、柏拉图、亚里士多德……这样一来，亚历山大便可置身于其最喜爱的诗人、哲学家和历史学家的群落之中。这些人无疑是他最恰当的陪伴者，而与此同时，他那宏大的陵墓，在亚历山大城还处于建造过程当中。到了公元前311年，亚历山大城变成了王室都城。

托勒密恪尽职守，严格履行他对亚历山大的亡灵所应尽的义务。他代表名义上的两位法老来治理埃及，但在官方正式文件上，用的却是菲利普三世与亚历山大四世的名字。全部继任者中，只有他一人以两位挂名君主的名义来实施工程项目。祭司群体对他也相当认同和欣赏，宣称"这位伟大的执政官总督想方设法为上下埃及的诸神做最有益之事"。在卡纳克神庙中，以亚历山大之名敬献给阿蒙的新圣祠，由托勒密主持修建，其中多彩多姿的生动壁画场景却在多处呈现了菲利普·阿里戴奥斯的名字，而在南方的阿斯旺的那座花岗岩砌造的克努姆神庙中，则镌刻有年幼的亚历山大四世的名字。

但是，两位傀儡君王都从未能亲见以其名义创建的庙堂，因为他们被继续扣押在马其顿当人质，作为那些继任者试图压倒竞争者、实现其野心的筹码。公元前 317 年，阿里戴奥斯被处决，只剩下亚历山大四世，成了马其顿唯一的君主与埃及唯一的法老。公元前 310 年，这个不幸的孩子又遭杀害，但托勒密依旧代表他继续管理埃及，整整长达五年——"此时的法老，是以合法虚构的身份来统治，因为他已经死了"。

执政总督托勒密的精力还是相当旺盛，保卫着埃及免遭其他心怀不轨的继任者的算计。塞琉古斯现在掌控着广袤的疆土，从叙利亚直到阿富汗；而安提戈纳斯的王朝，占据的则是马其顿，并在公元前 306 年对埃及发动了侵略，但以失败告终。继任者们之间持续的冲突，慢慢升级成为一场军备竞赛。他们招募了数量巨大的雇佣兵军团，还大造战船舰队。三重桨座的战船遭到嫌弃，扩大为五重桨座，每根长桨配有五位桨手。托勒密甚至建造了大型运输船，叫作"大象牧夫"（elephantagoi），可以装载从非洲引进的战象，经由红海运往埃及——因为塞琉古斯切断了托勒密从印度获取战象的货源。

通过这些方式和策略，托勒密维护了他的周边领土，包括昔兰尼（Cyrene，指代利比亚）、腓尼基的部分地区与叙利亚、塞浦路斯和爱琴海诸岛。不过，他最主要的成功之举还是选择了在埃及落脚。在祭司们的支持下，他把这个富庶的国度治理得非常出色。

托勒密是马其顿王室血统世系硕果仅存的一位。他母亲阿尔希诺伊是菲利普二世的表妹，还曾一度是情人。况且，古代的文献甚至明确声称，"马其顿人认为托勒密就是菲利普二世的儿子，坚称他母亲由菲利普安排嫁给拉古斯（Lagus）之际，就已有孕在身"，而这样一来，"托勒密也便是亚历山大的一位血亲"。

不过，直到公元前305年，沿用总督身份治国十八年之后，六十岁的托勒密才跨出最后的一大步，晋升为法老托勒密一世（公元前305—公元前282年在位），也即"阿蒙钟爱之人与拉神选中之人"。但是，他属于旧派的、严谨理智的马其顿人，拒绝那种僭越神明的极致尊号，只接受了一个希腊语头衔 Soter，意即"救星"——这尊称来自罗德岛的人们，出于感谢他帮助解除安提戈纳斯政权对罗德岛的一次围攻。

为了进一步抗衡敌对竞争者，托勒密也开始发行自己的铸币。币面上"雄鹰一样的"侧脸轮廓图像，也体现在他个人的徽章中。徽章上也是鹰，而那随后成了托勒密王室的象征。如今埃及的国旗上，中心位置也仍然是一只金色的猎鹰。

与托勒密一世关联的另一个神灵是塞拉比斯。尽管那之前已是亚历山大最喜爱的神灵，但为这位神祇赋予特征鲜明的具体形态的则是托勒密一世。既存的奥西里斯—阿比斯的埃及形象，与希腊神明宙斯、阿斯克勒庇俄斯（Asclepius，医术之神）以及冥王哈迪斯（Hades）这种大胡子的样貌组合起来，便创造出了一位混合种族神灵，希腊长相、埃及身份，也便于所有的人都接受。作为奥西里斯的一个变体，塞拉比斯依旧被安排与伊希斯搭档配对，两者那人头蛇身的孪生像，成了亚历山大的守护精灵。

为了能理解他统治下的这个国度那令人头昏脑涨的文化，托勒密一世需要对埃及错综缠绕的宗教进行一个"理性的综合"，将其条理化。于是，他便延请了精通双语的梅里奈耶拉（Merynetjeraa）来担当此任。此人是赫里奥波利斯的大祭司，是"大神钟爱之人"。他那希腊语版本的名字流传更广，叫作曼涅托（Manetho）。对于这些复杂的事项，他如此加以简化：为埃及那名目繁多的众神找出最接近的、对应的希腊神灵。这样一来，正如阿蒙已经被大略理解为等于宙斯那般，奥西里斯就变成了狄奥尼索斯，哈索尔就相当于阿芙洛狄忒，而托特就约等于赫尔墨斯。及至此时，象征托特的神圣鸟类——朱鹭，已受到极大敬重，为其制作木乃伊的成本越发高昂。

随着这一宗教上的同步协调项目完毕，曼涅托又着手他最著名的一项工作，那就是整理出一份已知埃及帝王的名录。他按三十个王朝的顺序列出了这份年表，至今仍一直沿用。因此工作的赞助人是讲希腊语的法老，为了让这一成果在他眼中更易于理解，曼涅托为古代帝王的名字提供了希腊语拼写，于是阿蒙霍特普变成了阿蒙诺菲斯（Amenophis），而图特摩西斯的埃及原名其实是杜狄摩西（Dhutymose），再比如塞索斯特里斯（Sesostris）的埃及原名为塞恩沃斯里特（Senwosret）。编撰这一代表作时，曼涅托得以考察参照散落于遍及全国的神庙中的古代帝王名单，通过交叉检录不同地方的铭文，设法规避了有些地方对历史的改写。他用于交互对照的资料，也包括神庙图书馆里的文献记录，而这些图书馆中，最著名的就在赫里奥波利斯他自己办公的地方。

无疑，这些储存古代智慧的宝库启示了托勒密一世，他计划创建一座新图书馆，为他主持的新城亚历山大提升品位、增光添彩。亚里士多德此前的一位名为德米特里厄斯（Demetrius）的弟子被任命为第一任馆长。

这座城市，其诞生的最初灵感是基于一句文学引言，此句中也提及了"灯塔岛"（见本章前述《荷马史诗》部分）。如此一来，这一新的文化设施便成了此城再适宜不过的一个新增元素。公元前297年，也是在这里，托勒密一世开始了一座巨型灯塔的工程。这一带的海岸，几乎没什么可供辨识的突出特征，而灯塔的设计意图是要标明新城的位置。灯塔经由堤坝通道与大陆区连接；长堤建于桩基之上，桩则打入海床之中；堤坝实际上就把那宽广的亚历山大港口分隔成了两块。另有第三道港口，借助一条运河水道与马雷奥迪斯湖连通，可让海上的船只与物资直接进入尼罗河河道，从而去往埃及其他地方。

王室工程师们在法尤姆也十分忙碌。他们袭用两千年前的办法来增加土地，控制从尼罗河流进湖泊的水量。将水位降低两米，便增多了数百公顷的可耕种农田，农作物产量也因此增加，尤其是葡萄——尽管葡萄长久以来在埃及都有种植，但日渐增多的希腊人口意味着需求量也上升了。

新增的农夫主要是拿了养老金退役的士兵，他们被安顿在法尤姆周边复垦的土地上，那些新定居点配有希腊风格的基础设施——运动场、剧场和公共浴室。新定居点的那些城镇的希腊语名称，是基于"希腊神话体系中的人物，就看谁与当地文化最匹配"而选择，然后再在神灵名字后面附加一个希腊词 polis，表示"城市"。举例来说，赫尼恩—奈苏特（Henen nesut）变成了赫拉克勒奥波利斯，意思是"赫拉克勒斯的城市"；而谢迪特，则变成了克洛柯迪洛波利斯（Krokodilopolis），指涉的是该地区的鳄鱼——在当地神庙中受到敬拜，死后被厚葬于神庙墓园里，丧葬费用由王室公款支付，而这是用以维持该地政治安定、收买民心的又一种方式。

至于王位的接续，托勒密一世相当谨慎小心，周密地通盘考虑了这一问题。他有三位妻子，还有许多的妃嫔，为他生了至少十二个孩子。不过，他的大儿子托勒密·克劳诺斯（Ptolemy Keraunos），绰号"闪电"，在精神和性情上多少有点不稳定。所以，他的马其顿妻子贝伦尼柯一世（Berenike Ⅰ）所生的几个孩子，将最终构成托勒密王朝的家族根基。他的儿子，未来的托勒密二世，公元前308年生于希腊的科斯岛，在公元前285年被立为协同执政者。

公元前282年1月，托勒密终于在床上谢世，享年八十四岁。他也是亚历山大大帝所有"接任者"中最后一位离世的。他一生风云动荡、经历丰富，但"扮演的却是个精明、审慎、友善、可亲的保守中间派的角色。在一个纷扰不安的时代，他将中庸务实提升到了美德的高度，弥补了他性格魅力的不足"，他的寿命比亚历山大长了半个世纪还多。

亚历山大死后涂膏防腐做成了木乃伊，但托勒密一世却是按照马其顿风俗进行火化，主持仪式的是其继承人托勒密二世。古文献中还有记录声称，也是托勒密二世"将亚历山大的遗体从孟斐斯请了出来"，与其父亲的骨灰一起，安葬于新城那最终为亚历山大修建完工的新陵寝中。两位伙伴很可能是葬在了一座巨大的雪花石墓窟中，而多年以后，墓室的前厅被发现，就在这城中后来的天主教墓园坟场之内。

二十八岁的托勒密二世（公元前285—公元前246年在位）登基加冕时，他的亡父已经帮他找好了一位王后，名叫阿尔希诺一世，是其旧日盟友和同为"接任者"的色雷斯（如今的巴尔干半岛地区）权力者利希马库斯的女儿。这位公主的嫁妆，让埃及的领土扩张到了爱琴海诸岛，她还为托勒密二世生了三个孩子。不过，这场婚姻后来被法老的姐姐——阿尔西诺二世——那不可遏止的野心所打断和终结了。

外交式联姻的政治策略之下，托勒密一世与他时年六十岁的同行利希马库斯实施了换亲游戏，彼此交换了对方的同名女儿。托勒密一世将十六岁的公主阿尔西诺二世送去，当了利希马库斯的小新娘和色雷斯的王后。她成了三个儿子的母亲，然后又成为马其顿的王后——她那年迈的丈夫，在死之前不久恰好征服了马其顿。

身为两处国土的女王，阿尔西诺二世现在自然是势力强大的女人。于是，同父异母的哥哥克劳诺斯性情不稳，甚至动起了歪脑筋，劝说她嫁给自己，以便支持巩固其自封的、对马其顿的占有权——至少一开始还不算太离谱，直到克劳诺斯开始谋杀妹妹的儿子们。她因此逃回埃及保命。

在弟弟托勒密二世的宫廷寻求避难，她完全清楚地知道自己的王族地位，便也盘算加入其父母和弟弟的行列——他们被集体指称为"统治者"。正如一位古代评论者曾轻描淡写地记述此女是"那种随心所欲、敢想敢干的人"。

她决意要第三次晋升君主王座，而生性懒散悠闲的托勒密二世显然不是其姐姐的对手。于是，他现任的妻子被打发到了柯普托斯去度过余生。公元前275年，四十一岁的阿尔西诺与三十三岁的弟弟结婚，成了"菲勒戴尔弗斯"（Philadelphus），意即"姐弟（兄妹）情侣"。

这种婚姻关系，在埃及和波斯王权体系中都是常规实践，见惯不惊，而马其顿王朝也会在自己家族内部通婚。但希腊语系世界中的其他人却大为震惊，不仅是因为这场婚姻，也是因为这样一个事实：阿尔西诺二世成了联合统治者，是一系列托勒密王族女性中第一位"担任与国王同样角色的女人，在其子民眼中享有与男性平等的权力地位，传统古典时代中这种短暂的阶段，性别的层级秩序被摒弃或取消了"。

在埃及至此差不多一千年的时间内，她是拥有与其男性搭档相等权势的第一个女人。历史记录宣称，阿尔西诺二世"获取了上下埃及的双重王冠"。身为"两方土地之女主"，她被赋予了全套完整的帝王身份符号，被尊为"菲勒戴尔弗斯阿尔西诺陛下，上下埃及之王"，而她的名字同样也刻入了传统样式的帝王盾徽，尽管是双人联名的盾徽。

这类古代头衔是埃及文化的一个关键部分。托勒密家族作为讲希腊语的君王，当然要重度依赖他们手下懂双语的资政顾问，其中就包括曼涅托。他的帝王名录将达到法老实质权限的前任君主全都列了出来，无论男女；而哈特谢普苏特就是一个尤其能说明问题的先例，嫁给了她同父异母的兄弟之后，便作为法老治理国家。就像哈特谢普苏特受过的待遇，阿尔西诺也被敬颂为"阿蒙之女"和"拉神之女"；她佩戴的象征王权的头冠，依旧"以哈特谢普苏特的王冠为模拟原型"，其中北方埃及的红色冠冕顶上装饰了高扬的羽毛、牛角、太阳圆盘和公羊角，每一样饰物都关联着一个特定的神祇。

借由扮演女神，阿尔西诺二世进一步加固了她的政治地位。她把自己表现为埃及那精力充沛、富于变化的伊希斯——这位女神嫁给了哥哥奥西里斯，并与其联手治理天下。她拿自己与嫁给了兄弟大神宙斯的赫拉相比，让希腊人也承认其权威；她还把自己与那丰采照人、海中出生的爱与美之女神阿芙洛狄忒相提并论。

有几位希腊诗人，被这对夫妇雇请来充当"博士级"的舆论推手。每次只要有任何机会，他们都会给出这种王族与神界的类比，他们还不忘指出夫妇俩那同样的金发。在这对夫妻的肖像中，两人眼睛都睁得十分大，与两人那推定或假称的叔叔亚历山大一样；而对于这一五官特征，阿尔西诺总是非常热切执着地强调表现出来，以至于有些专注于医学角度的历史学家不禁猜测，那大到夸张的眼睛意味着她患有凸眼性甲状腺肿大病！此外，在全部的托勒密家族成员中，无论男女，她是唯一一个在其铸币图像上被刻画为戴有亚历山大大帝那神圣公羊角的人物。

当然，大眼睛的金发女郎阿尔西诺远远不止有一张漂亮脸蛋而已，托勒密二世"在战事和行政治理手段方面的效率，恐怕很大程度上还要归功于他的姐姐兼妻子阿尔西诺二世"。因为，正是在她的建议之下，防务军力的充分创建有效预防和阻止了来自昔兰尼和努比亚的入侵，平定了法老御用凯尔特人雇佣兵的一场叛乱，并由此强化了三角洲东部的边境，防范了塞琉古斯后裔们掌控的叙利亚发难侵扰。阿尔西诺二世还"重组了军队，她陪同军队出征上战场，赢得了对叙利亚的战役"。埃及与马其顿王室女性在战争事务中承担过的积极角色，她无疑都继续扮演了；她名下掌控的四千多艘埃及战舰，无论在何处航行和战斗，都展示了她的权威和埃及的实力。

阿尔西诺二世的聪明和机智在经济问题上也展露无遗。她创立了一个类似《终极税册》（11 世纪英国钦定土地调查清册）的盘点清单，登记埃及全境的所有资产，来调查可资利用的任何财源。之后，严格的财政收益法律被拟定出来，对从亚麻到油脂生产的几乎每一样东西都实施了王室垄断措施。而且，税收和进口征税项目甚至都涵盖了从巴勒斯坦、叙利亚和努比亚引进的奴隶劳工——富贵大家族对这些奴隶仆役的需求量日益增大，毕竟各种产业，从亚历山大城周边的香水香脂作坊到孟斐斯的羊毛纺织厂，都需要大量外籍劳工。

埃及各地之间乃至与境外的快速通信得以实现，这是因为有了效率高得难以置信的王室邮政系统。递送甚至是按小时来执行和记录的，根据留存下来的文献碎片的记录，在某月的"19 日，第十一小时，尼柯德姆斯（Nicodemus）往亚历山大城递送国王托勒密［二世］的圣旨卷宗，所关事宜乃赫拉克勒雷奥波利斯省份中的安条克人（Antiochous）势力；卷宗一份是递送给底比斯负责战象供给的军官德米特里乌斯（Demetrius）"。

这对夫妻重启了通往红海的旧运河通道，在红海沿岸建立了八座新的海港城镇。经由这些路线，进口了各类宝石和珍珠、丝绸、香料和焚香，囊括了"国王和他钟爱的王室姐姐兼妻子想要的每一样好东西"。这些物资从阿拉伯、印度和遥远的东方运进来，而与阿拉伯半岛南部建立的正常贸易，则是由阿拉伯贸易商执行。这些人带着他们的珍稀货物，长途跋涉而来，比如像扎伊德耶尔·本·扎伊德（Zayd'il bin Zayd）这样的商人，甚至于公元前264年死在了孟斐斯，其棺材上的铭文显示，此人生前"为埃及诸神的神庙进口没药"。

在当政年月的后期，托勒密二世也派了特使去往印度统治者阿育王治下的孔雀王朝宫廷。存留下来的海关文献表明，一百二十艘大船组成的托勒密王朝船队被派往印度的古港穆吉里斯（Muziris），从那里带回了六十箱的甘松香油脂、五吨香料、一百根原品象牙与一百三十五吨乌木。

阿尔西诺二世与托勒密二世的目光还投向了西边。他们扩大了与意大利周边那些希腊民族聚居地的联系，并成为亚历山大的继任者中第一个与罗马建立官方接触的政权。正式外交始于公元前273年，随后的友好关系以罗马最初的一批银币为标志。这些银币参照了阿尔西诺二世自己的那些铸币，这就"暗示着，埃及为罗马那刚刚开张、缺乏经验的铸币厂提供了技术协助"。

贸易带来的财税收入源源不断，夫妻俩便在托勒密王朝新创的节庆和运动会上来展示财富和实力，庆祝活动每四年举办一届。一开始是长达一整天的游行，八万名士兵为主体——"很多战车，到处是军靴，到处是穿斗篷的人"——伴随的还有成千上万的民众，都是盛装打扮、华丽缤纷。队列后面是财富展示，有非洲的、阿拉伯的和印度的宝货，用于驮运的是大象、骆驼、长颈鹿和犀牛之类，都是"令人惊叹的东西"。

这一方式也被用来强调和证明他们的王朝乃神启天赐而成。游行行列中包括了众神金灿灿的雕像，还有巨大的人偶装置，借由一个虹吸和压缩空气的机械动力系统，时而站起，时而坐下。托勒密家族的保护神狄奥尼索斯的雕像当然也不可少，还伴随有大量的葡萄酒漫溢如河流。亚历山大大帝，以及托勒密一世和贝伦尼柯一世的雕像，也悉数登场；而王后那镶嵌宝石的、金色桃金娘编成的花环，周长达到了惊人的 35 米。在当时的民间俗语中，"桃金娘花环"指代女性生殖器，而与之相对应相平衡的是一根 25 米长的金色阳具，顶上还装点了一个星形，这当然凸显了王室传宗接代的技术机制——可谓是毫不含蓄委婉。

不过，托勒密王室的游行还只是王室运动会的序幕或预告。那是以奥运会为蓝本来组织的运动会。法老夫妇邀请了一批重要的官员，用奢华的食宿款待他们，甚至不惜公款安排他们旅游，去埃及的古迹名胜地观光。这番"贿赂"之后，托勒密的运动会不久就赢得了与奥运会同等的地位。埃及还投入巨资培养提携本土的体育人才，从亚历山大港到底比斯都调拨巨资，于是很快就产生了政府资助的奥运会优胜选手，他们无论是在本国还是在希腊奥林匹亚赛场都有斩获。

这些运动健将中，也包括托勒密王族成员。他们的阿拉伯骏马，在亚历山大城的竞技跑马场被严格训练，简直主宰了奥运会的战车项目——公元前 296 年到公元前 244 年期间，共十四届奥运战车比赛的胜利者有一半来自埃及。这一"国王的运动"，很大程度上是托勒密王朝接纳继承了长久以来的法老遗产，从中汲取可资借鉴的元素。托勒密一世自己曾于公元前 314 年在德尔斐奥运会上荣膺此项冠军，而妻子贝伦尼柯一世的团队，则在公元前284年夺得战车赛胜利——"那真是好极了"，她的儿子托勒密二世骄傲地给出如此评价。至于阿尔西诺二世，公元前272年，仅仅在一天的比拼中，她的战车便赢得了所有的三场比赛，此成绩被用雕塑的形式来加以永久纪念，她的胜利者雕像与她弟弟兼丈夫的雕像，一起矗立在奥林匹亚，并特意面对着宙斯与赫拉的大神庙，以此来提示和展现她分享有神的资质。托勒密二世也采纳了阿尔西诺二世的尊号"菲勒戴尔弗斯"，也即"姐弟（兄妹）情侣"，而两人在古代世界各地都被当作双子神 Theoi Adelphoi［意即"兄妹（姐弟神）"］来敬拜。

这些地方中自然包括了埃及。"在（法老）他们那豪奢的大屋中，金子并未只被无用地堆起，就像永远勤劳的蚂蚁只知累积财富那般，很多钱都被慷慨大方地花在了建造神堂上"，只不过诸神供膜拜的雕像中，现在有了阿尔西诺二世的身影来加入。托勒密二世发布了圣旨："所有神庙中都应立有她的雕像，祭司们皆会因此而喜悦欣慰，因为他们都清楚她对众神的尊贵态度，也清楚她为了全体人民的福利而完成的杰出功绩。"

在埃及的每一座神庙中，既然阿尔西诺现在变成了 sunnaos thea，也即"常驻女神"，那她的常规仪式职责就涉及与当地庙中神兽的互动关联，比如在门德斯，她作为"公羊之宠儿"女神的能量和威力，据信曾让该庙的神圣牲口公羊的雄性生殖能力得到了增益补足。因为赫里奥波利斯和孟斐斯分别是神牛穆尼维斯和阿比斯的大本营，在那里，"陛下和他的王室御姐就一起陪伴了（神牛）它们"。至于阿曼特的布齐斯神牛，得到的待遇也相差无几：还是阿尔西诺二世充当此动物的女神，随它一起接受敬拜。

法老夫妇的神庙建造工程，为他们赢得了当地祭司集团的支

持，但那些项目经过了颇有策略的规划。柯普托斯是夫妻俩的贸易
商队去往红海边新港口的出发地点，所以他们在那里建了一座宽达
50米的大庙孝敬伊希斯和旻神。在梅达穆得，献给战神孟图的新神
庙中就突出描绘了古代法老执政周年庆时那些流传久远的活动场
景。而在卡纳克，阿尔西诺二世则成了"阿蒙的女儿"，也是"太
阳圆盘全环体之女主"——这一头衔之前曾最后被赛伊斯王朝"神
之妻"女祭司们所使用。

然后，在他们领土最南端的边界，伊希斯被敬奉为"南方女
王"的地方，国王夫妇修缮装饰了菲莱岛上的伊希斯神庙，所耗用
的大量资金是从邻国努比亚征收而得的财税收入，那里的金矿此时
还是被埃及控制着。在这座金碧辉煌、气派非凡的庙堂中，壁画图
像着重呈现了夫妻俩向伊希斯供奉上好的亚麻布、眼彩和珠宝首
饰，以换取自己生命的延续。托勒密二世甚至被描绘成是在同时敬
拜伊希斯和他的御姐妻子！

王室在菲莱的新神庙是一种展示手段，表明他们掌控着整个国
家，从最南端的边疆直到壮观的新都城亚历山大，尽在版图之内。
而那座新城，很快将成为古代世界中最具影响力的城市。

公元前283年，托勒密二世完成了他父亲开建的法罗斯大灯
塔，这座135米高的石灰岩塔楼立刻就成了世界奇迹之一。塔上点
燃的信号灯，借助抛光的金属板反射出来，从四面八方距离大约80
千米的地方都能看到，这被视为一颗人造星星，而伊希斯就是通过
它来照亮世界的。灯塔旁边的神庙中供奉着这位女神，信徒尊其为
"法罗斯的伊希斯"，她那巨大的雕像呈向前迈步的姿态，遮身的衣
袂随风飘扬。这一作品为后来的"胜利女神"雕像提供了灵感，恐
怕那双翼展开的造型更为出名，是与托勒密王朝竞争的安提戈纳斯
政权做出的一个回应，雕像最初矗立在萨莫色雷斯岛上。

王室也在这新城中到处设置了他们自己的雕像。与雕像一起出现的还有法老时代很多先辈们留下的方尖碑和斯芬克司——被从尼罗河谷地各处移到了亚历山大，为这座"现代"新城增添了来自古代光辉岁月的荣耀。

希腊语中的一个词语 kosmopolites（注：英文的 cosmopolitan 便源于此），意即"世界公民"，"大概很有可能将托勒密王朝的这座都城放在了意义指涉的考虑范围内"。此城持续扩张，其人口呈现"多种族、多语种、多文化"的特征，构成者包括希腊人、埃及人和犹太人，以及波斯人、阿拉伯人和凯尔特人。亚历山大逐渐成为各种寻求理想定居地的人们的终极目的地，他们不仅是来自亚历山大大帝此前帝国的各个角落，而且还来自更辽远的地域，"来自法兰西，来自俄罗斯南部，来自意大利和希腊，来自印度和马耳他。在亚历山大的码头上，你可能会碰上来自印度和斯里兰卡的佛教传道者，也会看到来自更远东方的航船。埃及这片古老又神秘的土地，现在成了一个超级商业中心和交易市场，以及谋取和享受好生活的乐土"。

这座规划良好的城市被颇为精当地誉为"古代世界的纽约"。这里的高层建筑、金融服务场所、旅客集散中心、剧场、竞技赛道、体育场、公园和水景园林呈网格状分布。

亚历山大最具影响力的建筑是缪斯女神庙（Museum，"缪斯馆"，英文"博物馆"一词的由来）。这是一处宏大的学术科研机构，建有讲座大厅、实验室和天文观象台，王室出资邀请学者们来此驻场搞研究。这个"缪斯馆"与国王夫妇的先父托勒密一世所创建的大图书馆互补协调，共同发挥作用。这两个双子机构很快赢得了传奇般的声誉和地位，一位古代的评论者曾如此宣称："藏书的数量，图书馆的建制，以及缪斯大讲堂收藏的珍品，既然它们都已镌刻在所有人的记忆中，我又有什么必要来说这些呢？"

学者们忙得不亦乐乎，搞发明，做实验，反复剖析，大胆设计。从希伯来《圣经》文稿到古埃及那奇幻的知识，他们都将之翻译成希腊文。据说，国王夫妇还"促成了埃及人的哲学（此前是仅仅专属于祭司群体的智慧）用希腊文散播出去，以便让研修者和学者们受益"。

［根据希腊诗人兼哲学家，弗里乌斯的泰蒙（Timon of Phlius）略带不屑地指出的事实，］当时的情形是，"在埃及这片多语种的土地上，现在有很多人都找到了牧草（注：喻指生活来源），成为王室资助的古籍译写员，在缪斯的鸟笼（注：喻学者们的住处）中无休无止地争执"。很快地，十二万卷的皇皇文稿问世，包括历史、修辞、哲学、医药、法律、诗歌和各种杂项文献材料，比如《敝宅规训》（*Rules of the House*）是由一位红极一时的交际花所写，告知访客在她家该如何举止才得体。所有的文稿全都被仔细地分类和保存，最终的成果是近五十万本的"书"，代表着古代埃及及其周边世界的知识总和，都由托勒密王朝独家占有和控制。他们的竞争者阿泰利（Attalid，也即安提戈纳斯及其后裔的政权）试图在其首都帕加蒙创建自己的图书馆；面对这一挑衅，托勒密家族禁绝了埃及莎草纸的出口，结果迫使对方发明了羊皮纸（pergamenon，帕加马纸），以此为载体来维持延续种族的知识传承。

在后世评论者的记忆中，托勒密二世"在所有的王室公子中，其对文化和学习抱持的态度是最庄重严肃的，如果还有人是抱有虔敬态度的话，那他也是最虔敬的"。他和阿尔西诺二世在孩童时期都曾师从亚里士多德的一位传人斯特拉托（Strato）。教学工作应该可以说相对简单，容易操作，因为王室图书馆和"缪斯馆"原本就是宫殿综合体的一部分。

宫殿位置就在法罗斯灯塔的对面，坐落于大陆延伸出的地岬上。此海角名为洛基阿斯（Lochias），每位君王在任时都在此建起自己的住处，形成了一个各带门禁关卡的系列王公社区。托勒密王室进口了大量的大理石，所装修营造出的室内空间就跟他们在马其顿故土的宫室同样轩敞壮丽。他们以数以百计的室内喷泉、镶嵌拼花和雕像，为家族的埃及宫殿锦上添花，提升了格调。内墙上装饰有挂毯、画作和肖像画，镀金雕花的软椅与金银材质的桌子相配，而桌上陈列的是"黄金餐具，嵌有宝石，制作工艺极为精美"。

有关装饰的事宜，所有的决定看似都是阿尔西诺二世做出的，她的品味和眼光也展现在每年一度的阿多尼斯（Adonis）节庆上。此节日在宫殿的公众区域举办，节庆期间会有向导带领下的参观行程，而其中一趟行程的参与者就包括格尔果（Gorgo）。这是个爱凑热闹、喜欢八卦的家庭妇女，她对朋友普拉希诺娅（Praxinoa）说："我们去国王宫里看看，托勒密家的钱可是多了去啦。我听说王后把那里装修得非常非常漂亮……只要你去看过了，想想看，对那些没去过的人，你还有什么不能说的哦！"但宫中那过度铺陈、极尽华丽的风格，也并非符合所有人的审美。有一位访客就对满屋满堂的豪奢装饰感到了厌倦，断言道："埃及的每一样东西都是在做戏，都像是画出来的布景。"这一评论倒也深刻，切入了这个情景剧般夸张浮华的君主政权的内核——外在的图景形象便是一切。

阿尔西诺二世当然也利用她那精心营造润饰出来的公众形象，去让子民对她产生预设中的认知印象，而她对众百姓实则不屑一顾、近乎轻蔑。对亚历山大市民喜爱的"抬酒壶欢乐节"（Flagon bearing），她嗤之以鼻、报以冷笑，蔑称那是"非常污浊的大聚会，因为那帮人只不过是些杂七杂八的乌合之众，只知道一个劲儿地灌马尿，胡吃海喝所谓大餐，有失体面、令人倒胃"。然而，她自己其实已恶名在外——在王室的宴饮派对上，她会醉酒呕吐。

仅仅七年时间，她就把托勒密宫室变成了一座灯红酒绿、令人眼花缭乱的棱堡，以炫耀性的挥霍消费为乐趣。公元前268年7月16日晚到17日晨之间的满月之夜，阿尔西诺二世告别人世，享年四十八岁。

埃及语的历史记录宣告"这位女神飞升去了天国"。希腊文的文献来源则宣称她的灵魂被阿波罗的黄金神车接走了，去了奥林帕斯圣山，与他的神界伙伴们同住。甚至有一首官方的哀悼挽歌，由专人在托勒密二世面前唱诵表演："他们为你的姐姐痛哭，那与你生于同一母腹的姐姐如今已离去，埃及各地的城镇，无论你看到哪里，都笼罩在一片黑衣中。"黑色本是欧洲人服丧期间着装的颜色，但在埃及却是象征新生命的颜色，比如伊希斯本人就是"着黑袍的女王"。

阿尔西诺二世被按照马其顿的风俗火化了。伴随的仪式有葬礼场合适用的特色竞技运动，同时还有文学类比赛，而埃及传统的葬仪环节"开口"则在全国各地神庙中死者的雕像身上演示执行。后来，每年的7月，也即埃及年的年底，这同样的仪式都会定时举办。因为7月中旬，代表伊希斯的闪亮星辰索希斯升起，标志着阿尔西诺的灵魂再次出现在天国中。另一个每年一度的新节日——阿尔西诺节（Arsinoeia），旨在对此加以庆祝。节庆中，阿尔西诺二世的女祭司引领着亚历山大市民穿过这座城市，去到最后的终点——阿尔西诺女神庙。

此庙坐落于海边，其标志是一座方尖碑。石碑此前未曾使用过，是奈克塔内波二世在赫里奥波利斯的遗物，托勒密二世的工程师菲尼克斯（Phoinix）将此碑运到了亚历山大。尽管，"运送和竖立这石碑，比起最初挖凿雕制它所耗费的人力物力要远为麻烦……

国王还是将这方尖碑安置在了阿尔西诺女神庙中，这是他对妻子兼姐姐阿尔西诺一片真情、一往情深的证据"。这史料来源还补充说，此庙中存有阿尔西诺二世的一对雕像。其中一座高二米，所用的绿橄榄石来自红海；此像上方还神奇地悬挂着一个铁质小雕像——是天然磁石屋顶吸住了铁像。这一现象在那时就让人叹为观止了，以至于大约五百年后还有诗歌以此为主题。不过，这倒也切实地证明了其建筑师迪诺卡里斯（Dinochares）果真成就非凡。

另一位王室工程师迪斯比乌斯（Ktesibius）也不甘示弱，在阿尔西诺二世的第二座神庙中实践了他自己的技术。庙堂位于亚历山大港那常年狂风呼啸的泽费里翁海角［Cape Zephyrion，此词即指西风神泽费罗斯（Zephyrus）］上，他在那里完成了一座喷泉样式的巨大的羊角构造。其中"用到的是埃及欢喜神贝斯（Bes）的造型，当喷泉喷口打开，流出美酒时，此神会像吹喇叭一般发出一种尖锐的啸叫声……那金色的喷口鸣奏出一段呼应的乐音，发出畅饮狂欢和喜乐的信号，就像尼罗河神从那神圣之水中奏响远古祖先的谣曲。所以，年轻人呢，如果要向迪斯比乌斯此一智慧的设计表达敬意，就请你们来到这里，来到阿尔西诺的神庙中"。在这里，虔敬膜拜者坚信，"只要你向她祈祷，她便会保佑你的远航一帆风顺，保佑大海风平浪静"。

有街道、城镇甚至是整个地区以这位女君主的名字命名，因此阿尔西诺二世在相当辽阔的地域内都受到敬拜，远至塞浦路斯和黑海沿岸。而对她的供奉，资金支持源自国王征收的一项特别税。托勒密二世想以此保持亡妻的灵魂永生，因为他们那天下皆知的"二人转"演出，需要那位姐姐兼妻子的女神配合，哪怕是以亡灵的名义。他余生的二十二年间，一直都未再结婚，在他的肖像中仍然显示妻子与他同在，而在文件和官方记录中，仍然会加上阿尔西诺的名字。甚至，还照旧铸造发行她所创制的硬币。与她的那些前辈——从阿蒙霍特普三世到亚历山大大帝——颇为相似，"虽已死亡，但令人讶异的是，这并未对阿尔西诺的君主生涯造成多少可见的影响"。

她在生理实体上的存在，对托勒密二世自然不是什么必备之物，托勒密二世与不计其数的女人们保持着关系，并享有美誉——"是你可得到的最好的男人，体贴，善解人意，诙谐幽默有品位，偏袒宠溺女士，非常殷勤，彬彬有礼；知道谁是他的朋友（甚至更妙的是，也清楚哪些人不是朋友），慷慨大方，让许多人得到礼赠，从来不吝施与恩惠，具有一位国王应有的风度"。他热爱奢侈享乐的生活，但因为痛风症却越来越力不从心，最终什么也玩不动了，只能坐在宫室的窗边，看着他的子民在下方远处的沙滩上开心地野餐，郁闷沮丧地哀叹："我真是一个倒霉鬼啊！想想看，我甚至都不能成为这些家伙中的一员。"

公元前246年1月，他与世长辞，享年六十二岁。与姐姐和父母一样，他被按马其顿习俗火化了，骨灰被安葬于亚历山大大帝的陵墓中。主持葬礼的是他的儿子，时年三十八岁的继位者托勒密三世（公元前246—公元前222年在位）。

登基之际，他娶了表妹贝伦尼柯，邻国昔兰尼（利比亚）唯一的全权统治者。这位王后仿效了她的前辈阿尔西诺二世，接受了全套的帝王身份符号，尊称为per-aat Bereniga，意即"贝伦尼柯法老"，还有"女性荷鲁斯""埃及国王之等同者"。她在政治上显然与其丈夫才干相当，平起平坐，按字面和事实讲都是他的"另一半"。他们的联姻将两片广阔的领土结合了起来，同样带来的还有昔兰尼那强大的舰队，在稍后对老竞争对手塞琉古斯家族王国的战争中，这支舰队被证明发挥了决定性的作用。

战争长达五年，丈夫出征在外，贝伦尼柯二世便掌管了埃及内政。她还担任了总理大臣的职务，而女性拥有这一头衔在埃及已是两千年前的事了。

至公元前 241 年，这对夫妻已经将势力范围延伸到了巴比伦，最终与他们的对头塞琉古斯二世握手言和，并送给他一尊伊希斯雕像。雕像被供奉在安条克城中伊希斯的圣祠中，对她的膜拜之声迅速散布开去，遍及了托勒密王朝的影响范围。作为回报，一百年前波斯人抢走的埃及雕像，现在被归还。这被视为国家荣耀的一种复兴，国王夫妇也因此获得了一个尊称——Theoi Euergetai，意即"恩人神、救星神"。在亚历山大和雅典举办的托勒密王朝节日期间，这对夫妇受到神一般的敬拜。此外的一个新节日，即恩主节（Euergesia），作为膜拜巴斯泰特-塞克美特那些传统仪式的升级版，也是专用于庆祝夫妻俩的功德。

这些偏于行动派的古老神祇的威猛能量，贝伦尼柯二世似乎都能驾驭。于是，她又获得了一个独特的埃及式修饰性尊称，只是不免冗长——"她有奈斯的勇敢和力量，她有巴斯泰特-塞克美特的勇气"。在世界舞台上，贝伦尼柯二世当然也是个颇具动能的角色，她既会跨马奔驰，还懂马匹配种繁殖。这还反映在另一事实中：在希腊的尼米亚、柯林斯和奥林匹亚，她的战车组都曾在赛场上获胜。有一首名为《陛下骏马的胜利之歌》的二百行长诗，歌颂了她的辉煌战绩。诗中说她有自己的女祭司，或曰她的"奖杯捧杯人"，在每年一度的庆祝游行队列中负责手持其比赛胜利夺得的桂冠，随后将这些荣耀冠冕安置于她的雕像之上。

与先辈阿尔西诺二世一样，贝伦尼柯二世也被当作伊希斯来膜拜，被尊为"神之母"，而这一敬称倒也算是实至名归——她生了六个孩子。还有更多的比附，把她与阿芙洛狄忒相提并论，便是聚焦于她的出众美貌，而这一天生优势被她发挥到了极致。出席任何场合，她都精心修饰，选配相应的华丽盛装。马其顿样式的后冠有时会被一顶不寻常的、船舶状的异形王冠取代，旨在强调夫妇俩麾下海军的战斗力，而配饰也同样异乎寻常，是一枚船锚状的胸针。

对埃及的香水产业，贝伦尼柯二世是一名重要的支持者。无论哪家出品的香水，她都有着浓厚的兴趣。她的头发垂挂到肩膀，呈现为小螺旋样式的鬈发绺儿。这些秀发甚至也赢得了自身的不朽地位——她向泽费里翁海角上神庙里的阿尔西诺—阿芙洛狄忒—伊希斯三位一体神献上了一束长发，表达丈夫从海外战争中归来后她的感激之情。一夜之间，那发绺儿就从庙中神秘地消失了，其实无疑是被海风吹跑了，但宫廷星相大师灵机一动，随即就在夜空中辨认出了那头发，说已经变成了 Coma Berenikes（意即"贝伦尼柯发卷"）星座！无须赘言，宫廷诗人们又要灵感喷涌，对此吟咏赞颂一番了。

不过，政府资助的天文研究也并非都是如此异想天开、信口开河。公元前 235 年，王室夫妇任命昔兰尼的埃拉托斯塞尼斯（Eratosthenes）担任城中大图书馆的新主管。他倾力创建一个革命性的新理论来证明地球是圆的。他测量亚历山大与阿斯旺之间的距离，然后算出地球的周长，与现代公认数据的误差竟然只在 80 千米左右。他甚至还算出了一年的长度，确立了一个极为可靠的日历，一年计有三百六十五又四分之一天。但是埃及祭司们反对他的这一发现，因为他们更喜欢自己那三百六十五天的年历，长期以来另外剩余的五天都用于庆祝，被当作众神的生日，而现在又额外加上一天来庆贺国王王后的联合执政，由此构成闰年。

君主持续支持"缪斯馆"的学术研究，他们对大图书馆的捐赠毫不含糊，不仅包括了从雅典和罗德岛市场上采购回来的各种作品，还有雅典那些伟大戏剧家的手稿原件。手稿是以借用的名义被带出来，说是便于在亚历山大这里抄写，但夫妻俩归还回去的却是抄写本，情愿失去十五个塔兰特大金币的大额押金，只为保留和占有那些无价的原件。

在都城用于拜祭的场所地貌中，这对王室夫妇贡献了属于自己的印迹——他们开始修建亚历山大大帝的第三处也是最后一处安息之地。位置就在王宫附近，其中的地下墓室修得足够巨大，除了安顿亚历山大的木乃伊，还可容纳人数渐增的托勒密家族的骨灰，以及他们所有的陪葬设施与物品。

城中的塞拉比斯神庙也重建了，显眼地雄踞于一座岩石嶙峋的山头上，外层包覆着闪闪发亮的金属箔片。面对此情此景，评论者只能大声赞叹："不加以充分地铺陈描绘，真的对不起这一杰出的建筑。这里装饰有宏伟立柱的辉煌厅堂，还有那些雕像，看上去栩栩如生，另外更有大量的其他工艺作品……在这个世界上，你不会看到比这更壮丽恢宏的事物。"

神庙的地下洞室是膜拜阿比斯的核心场所。公元前238年的一道祭司法令刻写在这里，强调了托勒密三世与贝伦尼柯二世对神牛"那持续的关注，同时还有大手笔的经费预算和开支，都用于这片土地上对阿比斯和穆尼维斯以及其他著名神圣动物的敬拜"。

王室与孟斐斯神权集团之间形成了一种日渐紧密的关系，最高大祭司阿尼姆霍二世（Anemho Ⅱ）经常会来到亚历山大，应政府之命出公差。他帮助国王夫妇为荷鲁斯在其膜拜中心埃得夫［希腊名为"阿波罗的城市"（Apollinopolis）］规划了一座巨大的新神庙，而该神庙也是宣扬国王神权的圣祠。正如亚历山大大帝的威力被调用汲取，用以为托勒密家族造势添彩，那些法老时代先人长期积累的法力，现在也同样被这对夫妻利用起来，而中间充当媒介的便是阿尼姆霍，他现在已被指定为"王室先祖的祭司"。

公元前 237 年 8 月 23 日，托勒密与贝伦尼柯主持实施了新神庙的奠基典礼。他们表演了那古老的"拉开绳带"的测量仪式。如此是为确保神庙要建得"像祖先们所指令和要求的那样"。而且，与古王国时在此修建的原初神庙一样，新庙的坐向也是跟太阳运行的方向一致。

通过这样的设计，太阳的光线能分时照亮神庙墙面的不同区域，而墙壁被描述说是"刻画得非常精美，由最顶尖的匠人施工完成，所有的装饰效果都是按照古代的记录来复现"。那些雅致微妙的景象，与之相伴的是一种新风格的象形文字，但"其根源还是坚实地落在《金字塔铭文》字体中，那已知最古老的宗教书写文本，可回溯至公元前 3000 年之前"。原先的标准象形字只有八百个，现在又加入了大约六千个新字符。这是埃及祭司们一种委婉的表达方式，构成对托勒密王朝将埃及古代文本翻译为希腊语这一举动的反拨，他们旨在借此保持象形文字的神奇特色，当然也更进一层增加了疑惑与奥秘的雾障——因为即便到了今天，"托勒密王朝时期刻写的很多字符依旧无法解密，它们所包含的秘密奥义还有待发现"。

埃得夫神庙禁止任何人接近，更不得登堂入室，只除了区区几个负有特殊专职的祭司。内部的墙面构成一个恒久的祭仪文本，那些文字如果被大声读出来就会产生一种头韵的读音效果。那些已经解译出来的短语，其中一句的意思是，"荷鲁斯之眼安好，目光锐利，闪亮的大神在闪耀，因为塞斯不复存在"，而原文读起来则是 wedjat wedj ti webenet weben ti wehi sep en wenef，明显的 we 音头韵。另有一个警告，"谁胆敢冒犯你不可亵渎的土地，奈荷贝特便刺死他"，原文听上去则是 shatat her shemy shash shaw ek shata，头韵一目了然。

在与之相应的壁画场景中，国王作为荷鲁斯，正挥动长矛刺杀他的敌人塞斯。荷鲁斯身为猎人，或称格里格（gereg）的角色，据信就是乔治（George）这一名字的缘起，也是传说中骑士圣乔治挥舞长矛屠恶龙的灵感来源。这一场景还伴随这些文句："我紧握我的长鱼叉！我将那些躲藏者赶回来处，我刺向他们的身躯，我把他们斩杀干净，我拦截他们对荷鲁斯的攻击，使之偏斜落空。"这里表现出的一种执念是对用长矛穿刺、捅杀的执念，是对笼统意义上毁灭黑暗力量这一功业的执念。显然，这一执念是为了将国王塑造为神之卫士的形象，而诸神反过来又会护佑埃及。

关于荷鲁斯与塞斯的远古神话，有时候以音乐剧的形式表演出来，还有演员们所用的部分的原初台词手稿，所有这些都来自埃得夫神庙的图书馆，那里的龛位中还曾藏有圣书经卷。另一个侧室房间名为"纺织品储藏室"，里面曾存放着神圣的法衣和祭礼用布，而"实验室"的墙上则刻写着一些配方，用以制作祭仪所需的香水和焚香。

按照传统的常规设计，神庙的尺幅比例是越向最里面就会越缩减，于是光照的亮度也渐次衰减，逐步抬升内部的神秘之感。埃得夫神庙的内里中心是奈克塔内波二世所创建的石头圣祠，现在又在其内部装配了一个更小的神龛，由木材制成，还镀了金，供奉着荷鲁斯供膜拜的小雕像，这里只容许神庙的最高大祭司和君王们看到，这样似乎就在托勒密家族与埃及末代的本土法老之间构建了一个强有力的纽带关联。

出于相似的考虑，在奈克塔内波二世的其他神庙，托勒密与贝伦尼柯也向其中增添了东西。在卡纳克，增加的是一系列大型石头门廊，诸如霍尔奈得耶特夫（Hornedjitef）这样的祭司们穿梭其间，维持着沿续了数百年的相同仪式。这些仪式程序中包括了"祭品的回归"，意思是说，祭司团体所用餐食的很大一部分，便是天神们吃剩下来的那些肉类供品——但这些东西并非总是烹煮得足够到位的。霍尔奈得耶特夫的一些同僚被葬在底比斯西岸，根据这些木乃伊体内发现的肠道寄生虫的残留物，便可做出如此判断。

底比斯现在已经成了游客观光路线上的一个必访之地，希腊文的涂鸦也越来越多地出现在西岸的那些陵寝上，从国王谷到第十八王朝重臣西内弗尔的墓葬都无一例外。西内弗尔的人像上戴有一条双心形坠子的项链，现在上面多了装饰元素，如希腊风格的名字"亚历山大"，而此名字是用象形文字整洁利落地写就，写于那原初壁画绘制完成的一千多年之后。

不过，最具吸引力的景点还是阿蒙霍特普三世那两座"警卫"巨石像。石像的腿部成了古代游客抒发激赏之情的涂鸦留言簿。它们不仅以其本身奇迹般的存在令人惊叹——即便被古代地震造成损伤之后仍旧屹立在原地，而且最北边那座雕像身上的裂缝，当每天黎明石头逐渐升温时，还会发出一种声音。托勒密王朝的祭司兼历史学家曼涅托能够读出石像上的铭文。铭文刻写的是阿蒙霍特普三世的帝王之名"奈布玛阿特拉"，按传统是读作 Nimmuria 或者Mimmuria。曼涅托断言，阿蒙霍特普三世"就是人称门农的那位国王，也就是那会说话的雕像的原型真身"。而门农（Memnon）原本是神话传说中埃塞俄比亚的英雄，在特洛伊战争中被杀，他的母亲伊俄丝（Eos），也即黎明女神，对此哀伤不已。

另一个文化融合的例子则是犹太教堂在艾斯利比斯、雷昂托波利斯和亚历山大修建起来，而埃及与斯巴达之间的关系也足够密切，以至于给斯巴达国王克雷奥墨涅斯三世（Kleomenes Ⅲ）以及他的家族在亚历山大宫廷中都安置了圣祠。尽管在托勒密王朝期间与叙利亚不时有冲突发生，埃及最终成为这塞琉古斯帝国的主宰者。于是，托勒密三世与贝伦尼柯二世现在一起统治的领土，囊括了埃及、利比亚、以色列、约旦、叙利亚、黎巴嫩，还有塞浦路斯、西里西亚（Cilicia，小亚细亚古国）、潘菲利亚（Pamphylia，亦在小亚细亚）、利西亚、卡利亚，以及位于当代土耳其的爱奥尼亚的部分地区、色雷斯的部分区域和希腊的伯罗奔尼撒半岛——托勒密帝国达到了其最鼎盛的时期，实力也上升到了最强大的程度。

公元前 222 年，托勒密三世活到了六十二岁，也无愧于他的修饰指称——"众神的强力保护者与埃及的坚固城墙"。这年冬天，他因病去世，后被火化。领头主持葬礼的是他的寡妇兼联合统治者、如今成了唯一君主的贝伦尼柯二世。

她维持托勒密家族联合执政的传统惯例，将二十岁的儿子托勒密四世（公元前 221—公元前 205 年在位）立为新的联合统治者。儿子被众人称为 Philopator，意即"父亲的宠儿"，他似乎跟他的母亲并不亲近。虽然那位母亲在她的希腊和埃及子民心目中受到极大的爱戴，但在儿子的政治顾问希腊人索希比乌斯（Sosibius）这里，以及已故国王的情妇奥伊南瑟（Oinanthe）眼中，其母的所作所为并不受待见。

在一场恐怖的政治清洗中，索希比乌斯下令处决了贝伦尼柯二世和她的全部母系家属，除了她十四岁的女儿阿尔西诺三世。这位姑娘幸免于死，被嫁给了她的哥哥，来继续神圣的王权传承。不过，托勒密四世的主要性伴侣是奥伊南瑟的女儿阿迦索克雷娅（Agathoklea）。按照历史记忆所呈现的，这新王是"一位放浪的、骄奢淫逸的、夜夜笙歌的阴柔王子，纵情于声色犬马，在女人和美酒的旋涡中难以自拔，而国家大事则由他的情人阿迦索克雷娅，以及情人之母兼资深保姆奥伊南瑟掌控打理"。

斯巴达国王克雷奥墨涅斯也是新王的顾问之一。作为"帝国朝中病态荒淫的目击见证者",他的忠直谏言自然不被索希比乌斯所采纳。这位不幸的国王及其家人惨遭杀害,克雷奥墨涅斯的尸体还被剥皮示众,以儆效尤。

宫中已然陷于混乱,而埃及在公元前217年又面临了一个危机爆发点。其时,塞琉古斯政权的国王安条克三世(Antiochos Ⅲ)率七万将士与一百头印度战象进犯至埃及边境。由于没有克雷奥墨涅斯和他的斯巴达战士可依赖,托勒密四世别无选择,只能火急火燎地去训练埃及人,希望能集结起一支可与敌方抗衡的军队,为这支临时凑合而成的军队压阵的是七十三头易受惊吓、多少有点躁动不安的非洲大象。

年方十八的阿尔西诺三世也试图寻求神界的庇护帮助。她模仿母亲,割下了一绺长发,敬献给月亮与狩猎女神阿尔忒弥丝(Artemis),并加入她哥哥兼丈夫的行列,率领他们的仓促之师北上开往拉非亚(Raphia)。在那里,趁着两军交锋之前,她亲自对众将士发表动员讲话,其在致辞时固然泪眼婆娑,但也慷慨悲壮,令士气大振。

让所有的人大为意外的是埃及军队竟然赢了,还收复了大片领土,直至西里西亚。两位凯旋的君主班师回朝,民众夹道欢迎。阿尔西诺,这位"拉非亚之战女英雄",大受敬重,其形象被雕刻在酒具上,挥舞着长矛,陪衬和补充了她哥哥跨马征战的英姿。他们继续向南航行至孟斐斯,一路庆祝。那里竖立起一块巨大的石碑,用以纪念这次的胜利,上面刻写了希腊和埃及的双语文本。而祭司们则锦上添花地宣告,将在全国所有的神庙中竖立起这对夫妻的雕像。

两人在那宫殿般华丽的大船上沿尼罗河巡游,不时现身,面对两岸的埃及子民,感谢他们勇敢战斗为国家夺取了胜利。然而,祸事也随之而来——现在埃及民众意识到了自己拥有真正的力量，于是第一波严重的国内动乱在中埃及爆发，并蔓延到了三角洲地区。尽管骚乱最终被镇压了下去，但平民起义的导火索已经点燃。

托勒密王朝的罗马盟友的日子也并不容易。遭到迦太基的悍将汉尼拔（Hannibal）摧毁之后，意大利面临严峻的粮食短缺，于是在公元前215年派出一个代表团来到亚历山大，请求粮食援助。对埃及给予的支持，他们以金币答谢，币面上铸有罗马战神马尔斯，还有托勒密王室的雄鹰图案。迦太基这里仍旧存在威胁，但托勒密王朝利用了另一个北非国家与之周旋。公元前210年，第二个罗马代表团又来到埃及，"给国王和王后带来了礼物，向两国之间的友谊致敬，也是友好关系的续期"，礼物中包括一件送给国王的漂亮的托加（toga）外袍。

但这样严肃庄重的罗马款式袍服，大概很难入得了托勒密四世的法眼，他喜欢模仿酒神狄奥尼索斯的样子来塑造自己的造型。他采纳了一个头衔，叫"新狄奥尼索斯"，或曰"再生的狄奥尼索斯"。酒神那神圣的绿藤叶，被他当作花环戴到了头上，甚至还被文到了身上，他就是以这副模样去主办那场畅饮狂欢的酒神敬拜仪式，"手里晃荡着一只铃鼓，加入游行表演"。

他还受到灵感启迪，以酒神崇拜为基础题材写了几个悲剧作品。托勒密家族对荷马有着持续的热爱，这反映在王室夫妇为这位被神化的诗人所修建的庙堂上。他们还整饬修缮了父母的塞拉培翁神庙。及至公元前215年，他们也将父母开建的亚历山大大帝新陵寝彻底完工，陵墓被称为"索玛"（Soma，希腊语中意思是"身体"）。

这座陵墓的所有痕迹，几百年前已消失殆尽，但据说那座陵墓

"在大小规模和建筑品质上都对得起亚历山大大帝的荣光"。那是一个高大壮观的建筑构造，上方是一座金字塔形状的建筑，地下墓室中则安放着托勒密家族先辈的骨灰匣，以及亚历山大的木乃伊，而木乃伊甚至还配有专任的祭司负责日常侍奉。

王室夫妇也没有忘记埃及的圣城底比斯。在卡纳克，他们开建了一座大山洞一般的"奥西里斯之墓"。在底比斯西岸那从前的"工人新村"德尔—梅迪纳的废墟旁边，则建起一座宝石般华丽的神庙。这座庙中的壁画以鲜亮明艳的色彩刻画表现了托勒密四世与阿尔西诺三世正在敬拜众神和那些被尊奉为神灵的往昔人物的场面——对于他们夫妻而言，那些已是来自古埃及遥远时空的先贤了。

往更南边去，对祖先崇拜的重视也如出一辙。这促使埃得夫的神庙在公元前207年得以完工。而且，甚至在南部边境之外的努比亚，这对夫妻俩还在普塞尔基斯（Pselchis）为荷鲁斯建了一座新神庙，阿尔西诺三世的名字在其中被显著地呈现出来，并反复提及。

这是因为在公元前210年10月，她完成了自己一直被期待扮演的角色，生出了一个新的荷鲁斯，即一个儿子。孩子免不了又被照例起名为托勒密，成为家族中第五位使用这个名字的人，但却是第一个经由亲兄妹婚姻生出来的托勒密。

这也是兄妹夫妻间唯一的孩子，这一事实反映了其父母那疏远的关系。托勒密四世大部分时间都是跟情妇斯混在一起，要么就是训练他的奥运会拳击队。正如一位希腊访客注意到的，国王"心不在焉，与之打交道并不愉快，对那些办理外交事务的使者，他被证明漫不经心，十分怠慢，懒得搭理人家……这是因为他把精力都花在女人身上了，是个不知羞耻的风月老手。另外，他动辄酩酊大醉，语无伦次，行事前后矛盾，所以，毫无意外的是，在一段时间之内，他自己和他的王国都成了被阴谋算计的目标"。

事实也的确如此，亚历山大的境况正变得越来越不稳定。公元前207年，底比斯本土民族主义者的暴动风起云涌、如火如荼，南方趁机脱离了帝国，宣布独立。领头的是两位自封的本族法老，赫尔维内弗尔（Herwennefer，公元前206—公元前200年掌权）与他的继任者安赫维内弗尔（Ankhwennefer，公元前200—公元前186年掌权）。两人先后都被底比斯的祭司集团命名为"阿蒙—拉神的宠儿"，这与孟斐斯那些支持托勒密政权的祭司构成了直接的对立。

公元前205年年底，三十九岁的托勒密四世突然崩殂。死讯被他的权臣索希比乌斯封锁隐瞒了几个月，以此赢得时间，确立他自己摄政王的地位，去辅佐已故国王那年仅五岁的儿子兼继承人托勒密五世（公元前205—公元前180年在位）。至于阿尔西诺三世，现在已是多余之人，于是其很快就被谋杀了，恰如之前她母亲和家人的悲惨结局。

死者被仓促火化，安葬于亚历山大的墓室中。在这之后，死讯才得以被公布。先王的幼子被宣告登基为王，索希比乌斯被指认为他的监护人，孩子被安置在奥伊南瑟的家族照料抚养。

索希比乌斯死后，奥伊南瑟掌握了最高权力。这一情况至少延续了一段时间，直到她那飞扬跋扈的专横行径让亚历山大市民——他们还在为阿尔西诺三世那可怜的命运哀伤悲悼——感到忍无可忍。人们如风暴般冲进王宫，将奥伊南瑟及其家人拖出来。随着大量的暴民蜂拥而至，"有人咬她们，有人用刀剑刺捅她们，还有其他人剜出她们的眼珠。只要她们当中有谁倒伏在地，人们就疯狂拉扯此人的四肢，直到拉断，并以他们自己想要的方式将受害者全部肢解。生活在埃及的这些人，在他们那愤怒的激情中，伴随着一种可怖的野蛮冲动"，特别是阿尔西诺三世的童年好友，那些曾经的"小姑娘们"，在这场暴力残杀中显得尤其凶恶和阴毒。

埃及宫廷中希腊朝臣一连串的你争我夺表明，谁都想独揽大权，亚历山大于是陷入混乱。既然底比斯已经领头做出了榜样，王室的权威也在国土范围内的其他地方逐渐衰退消弭。及至公元前200年，叙利亚和东部地中海的很多区域已经落入塞琉古斯国王安条克三世的掌控之中，在马其顿盟友的合作相助下，他计划从年幼的托勒密五世手里夺取整个王国。面对迫在眉睫的入侵，托勒密五世的大臣们向罗马寻求援助。公元前202年，罗马人击溃了他们的最大劲敌——迦太基的汉尼拔，此后便产生出热切的欲望，想往东扩张他们自己的帝国。他们十分需要机会和借口来援助埃及，于是便欣然出兵攻打马其顿。到了公元前197年，马其顿已被罗马纳入囊中。

也是在这同一年，十三岁的小法老托勒密五世庆祝了他的"成人节"，他的 Anakleteria，意即"朕现在发话"，表示正式登基理政。他开始自己独立决定国家大事。

他的第一个举动是将王国都城搬离风云动荡的亚历山大，迁回孟斐斯。这无疑是听取了新任最高大祭司哈尔马基斯（Harmakhis）的建议。他领导的祭司团体得到慷慨犒赏，神庙田产的税收几乎一概免除，并获准在孟斐斯举办一年一度的宗教大会，而不必去亚历山大。在祭司们的支持下，三角洲地区的起义者被打败，他们的主谋和头目被押解到孟斐斯，由国王"下令处死在木头上"（注：可能是钉死在十字架上），公开处决，以儆效尤。

这一具体鲜明的方式旨在展示王室对"国家敌人"的征服与控制，也是这位少年国王传统加冕仪式的一部分。加冕礼于公元前197年3月26日在孟斐斯举办，这离他最初继位时已经过去整整八年，但举行典礼的场所却极大地强化了他身为埃及正当合理统治者的地位。在这里，他领受了那顶由来已久的双重王冠，现场见证的有埃及的祭司群体，以及至关重要的亚历山大大祭司。

加冕礼的第二天，神权集团发布了一道谕令，声称新王已经重建了秩序，在神庙修缮工程上花费了大量钱财，因此他们现在尊奉国王为"一位神明，乃神与女神之子，就如荷鲁斯，乃伊希斯与奥西里斯之子"，新王的雕像将设立在每一间神庙中。他们的这道训令将要"刻写在坚硬的石板上，石板也应在所有神庙中竖立，紧靠国王的雕像"。每块石板上刻写的内容要用"圣书体（象形文字）、世俗体（通俗文字）和希腊文字"书写，以便让尽可能多的人理解。这些石板中，幸存下来的最知名的一块，起初矗立于赛伊斯的奈斯神庙中，后来运往北边的海岸，在罗塞塔被用作了建筑石材。现在，此石板被通称为"罗塞塔石碑"，上面的希腊语与埃及文字铭文，成为两千年之后人们最终解读破译出象形文字的依据。

拥有了北方祭司集团的支持，托勒密五世赢回了他的王国。罗马人攻占马其顿，这也让他获益，因为安条克三世对此大为顾忌和忧虑，以至于改变了之前的计划。他不再打算入侵埃及，反而主动提出结盟。盟约以外交联姻的方式来确定生效，少年法老娶了安条克那十岁的女儿克莉奥帕特拉（Kleopatra）。已知的古代女性，有不少于三十三位曾用过这个古老的马其顿名字，而这正是其中之一。

公元前 194 年，在拉非亚，这对年少的夫妻成婚。二十多年前，两者的父王曾在此地交战。埃及再次得到了叙利亚，不过这一次是作为新娘嫁妆的一部分而获赠。

开始和丈夫联手统治埃及的这第一位克莉奥帕特拉，采用了与丈夫同样的君王头衔，其中包括"女性荷鲁斯"，还有像贝伦尼柯二世那样，她也被任命为总理大臣。由于颇受亚历山大民众的欢迎，她被亲热地称为"叙利亚人"。克莉奥帕特拉是亚历山大大帝的马其顿将军塞琉古斯与其波斯妻子阿帕玛（Apama）的后裔，而她的生母属于黑海南岸蓬托斯（Pontus）古国的王室家族世系。不过，克莉奥帕特拉铸币上的肖像显示，她没有父系这一边那尖锐硬朗的五官线条，也没有母系那一边"讨人厌的丑陋长相和拳击手那样宽扁的鼻子"。这位克莉奥帕特拉完全清楚良好形象的号召力，于是也弄起了贝伦尼柯二世那卷曲的长发绺儿发型，还配上了伊希斯式样的长袍，如此全套装束，俨然一副女神风貌。跟伊希斯一样，她很快也当上了妈妈，并生下女儿，也起名为克莉奥帕特拉，接着又有了两个儿子，名字都叫托勒密。

这对君王夫妇的"二人转"相当有效，他们收复底比斯，结束了南方二十年的无政府混乱状态。自立为王的叛乱法老安赫维内弗尔的支持者们被处决之后，按照孟斐斯祭司团队的建议，安赫维内弗尔本人得到了赦免，以此来缓和安抚当地百姓的情绪。

他们也维持了与希腊城邦诸国的盟友关系。公元前182年，在四年一度的泛雅典娜节希腊运动会上，托勒密五世在战车比赛中胜出。

罗马人发起对安条克三世，也即克莉奥帕特拉一世父亲的战争，托勒密对此表示支持，至少可说，夫妻的婚姻关系肯定变得紧张了。王室的财务也拮据起来，挥霍无度的托勒密五世收回了之前给予埃及人的税收优惠，还向手下的朝臣们索取高额捐赠。公元前180年的春季，二十九岁的法老中毒身亡——显然是他的将军们下了黑手。

但与他的托勒密的先辈们不同，托勒密五世没有被火化。他成了遗体被做成木乃伊的首位托勒密君王，这倒也与王室的那些变化相呼应：王宫已迁址到了孟斐斯，王权家族与影响力日益增强的神权集团之间的关系也越来越紧密。

负责打理他葬礼的是二十四岁的遗孀克莉奥帕特拉一世。她将大儿子，时年六岁的托勒密六世（公元前180—公元前145年在位），立为联合摄政王，以此维持双人统治的王权形态。两人的官方尊号是"分明女神真身法老克莉奥帕特拉母仪天下，分明上神真身托勒密之子托勒密袭冶承弓"；这位孩童国王还领受了一个额外的称号Philometor，意思是"母亲的宠儿"。

成功执政的四年期间，克莉奥帕特拉一世终止了针对其塞琉古斯娘家的所有战争计划，只专注于维持埃及境内的和平稳定。她成为一个极受民众爱戴的人物，她的马其顿名字也成了新生儿取名的热门选择。一位母亲写信给她的女儿，"不用想来想去的，就起'克莉奥帕特拉'这个名字，给那个小家伙……你的那小丫头"。

公元前176年4月，克莉奥帕特拉一世告别人生，年仅二十八岁。神职机构给她配备了专属的祭仪人员，但很能说明问题的是，这一行为只在底比斯才有。因为亚历山大仍处于那些希腊朝臣的掌控下，借用王后三个孩子的名义来实施统治；孩子分别是十岁的托勒密六世，他的姐姐克莉奥帕特拉二世，还有那刚刚五岁的弟弟——后来称为托勒密八世。朝臣们迅速让克莉奥帕特拉二世嫁给了她的弟弟，以避免她被迫与那些对埃及图谋不轨的外国统领联姻。

塞琉古斯王朝的新王安条克四世，也即已故的克莉奥帕特拉一世的哥哥，已经显露了他的心思；作为埃及小君主们的舅舅，他利用这一身份为借口，在公元前169年入侵埃及。安条克四世长驱直入，来到孟斐斯，提醒外甥托勒密六世其母亲是出自塞琉古斯世系血统，然后宣告将这少年法老置于塞琉古斯家族的保护之下，迫使孟斐斯祭司集团为他加封，成为外甥的协同执政者，也即"安条克法老"，完全无视克莉奥帕特拉二世这位既有联合统治者的存在。

于是，她与弟弟托勒密八世在亚历山大组成了一个对立的政权，以示对舅舅的反击。哥哥很快又加入了他们，于是这个三人组一起坚定地守卫他们的城市。安条克试图夺取亚历山大，直至罗马人的到来；新到任的地方总督命令安条克离开埃及。除了遵命，安条克别无选择，因为按那种流传久远、脍炙人口的说法，罗马人绕着他在沙地上画了个圈，逼迫他同意撤离，否则就不允许他走出圆圈。

眼下，埃及事实上已经被罗马占有，成了一个受保护国。三位年少的托勒密王族被告知，他们"应该始终将罗马人的信任和善意视为其王国的最佳保护力量，最强大的后盾"。

三姐弟给自己弄了个听上去颇有戏剧色彩的称谓，"托勒密三人组"，而这"三人组"政权现在又把亚历山大确定为治国理政的首府。公元前 168 年 8 月，他们联手召见了一位名为霍尔（Hor）的祭司。此人不仅是"神鸟朱鹭的喂养人"，而且是一位解梦大师，曾预见到了安条克四世的入侵。他告诉三兄妹："鄙人梦到了如下情况：伊希斯，埃及与叙利亚土地上最伟大的女神，正走在叙利亚海的水面上。托特站在她前面，拉着她的手，而她已经到了亚历山大的港口。她说：'亚历山大安然无恙，可拒敌于远处。'"

不过，这还得取决于那设想中所谓的敌人到底是谁。因为，对埃及最大的威胁实际上是来自内部。

三人组之间的关系虽不能说破裂，但至少十分紧张。祸不单行，饥荒又一次导致了广泛地域的动荡与骚乱，随着底比斯的暴动风起云涌，托勒密六世只得率部南征去对付起义者。他的弟弟托勒密八世却趁机使坏，于公元前 164 年秋天，在亚历山大民众的支持下，将出征在外的哥哥罢黜了。

于是前国王托勒密六世跑去罗马告状，在元老院议员面前申诉他所遭受的不公，并赢得了对方的支持。不过，他此举已属多余。因为托勒密八世对权力如痴如狂，亚历山大人民受不了，又把他给废黜了，并恳请托勒密六世即刻回国，重登王座。

罗马人却想利用这个机会来进一步削弱托勒密王朝，将国土一分为二。寻衅滋事的托勒密八世分得了昔兰尼（利比亚），而他的兄姐恢复了对埃及的联合统治，两人并称为"法老托勒密与克莉奥帕特拉"。

他们明智，识时务，很多时间都驻留在孟斐斯。在塞拉培翁旁边的宫殿里，他们与当地的精英名流宴饮交好，也按规矩供奉敬拜城中的阿比斯神牛。他们甚至还专门设立了一个王室委员会，来调查将伪造假冒朱鹭木乃伊标本卖给朝圣者的欺诈行为。他们的统治得到了孟斐斯神权团体的全力支持，而这些祭司自己的雕像，现在也被立在了亚历山大的塞拉培翁神庙中，与王室家族的雕像共聚一堂，来显示双方的统一阵线。

霍尔祭司还预言称："王后将生一个男孩。"这一预言也得到了验证，托勒密六世与克莉奥帕特拉二世有了一个儿子兼继承人，叫托勒密·欧帕托尔（Eupator，意即"有尊贵的血统"），然后又有了第二个男孩，绰号叫"后备者"，大名依旧是托勒密。夫妻俩还生了两个女儿，克莉奥帕特拉·西娅（Thea）和克莉奥帕特拉三世。这些孩子相互之间婚育，将生出后继的托勒密王室，还有塞琉古斯家族的君主；由此形成的血亲世系，与其说是家族谱系，毋宁说是一张混乱的"宗族蛛网"。

托勒密六世与克莉奥帕特拉二世也是热忱的建筑工程赞助人，修缮改造了那些既存的神庙，还在康姆翁波（Kom Ombo）建造了一座新庙，用于神庙装饰的部分资金来自当地的驻军。这对夫妻是如此的深得民心，以至于阿斯旺的边防驻军甚至还成立了一个协会，"每年都庆祝一个专设的节日，向国王、王后和王子公主们表达尊敬和爱戴"，王室南巡视察至此地一事极大地鼓舞了军人们的士气，也保证了与努比亚边境的安全。

同样明智的是，这对夫妻强化巩固了埃及的东北边境。他们的舅舅兼旧敌安条克四世曾洗劫了耶路撒冷的神庙，将耶和华换成了宙斯。现在，经托勒密王室许可后，犹太人大祭司将位于雷昂托波利斯、拉美西斯王朝时代的巴斯泰特旧神庙，改造成了敬奉耶和华的新庙。这就鼓励了大量的犹太人来此定居，也确保了在这个局势易生变故的地区，能得到犹太人在军事上的支持。这一区域的指称也随之变化，成了 Tell el-Yahudiya，意即"犹太人的丘陵"。

在全体的希腊城邦诸国，国王夫妇也颇受欢迎。公元前 162 年的希腊运动会上，两人的战车队各自赢得了比赛的胜利。他们在爱琴海一带的驻军和海军基地，让富有的塞浦路斯免于忧患，不会落到弟弟托勒密八世的手上；而后者现在是埃及邻国昔兰尼（利比亚）的主人。

托勒密八世不甘寂寞，立下遗嘱，表示死后将所有的领土和利益留给罗马。此举得到的回报是罗马人支持他夺取了塞浦路斯的控制权，以此来抗衡他那在埃及逐渐强大起来的兄姐两人。托勒密八世甚至还向罗马大富婆柯尼莉业（Cornelia）正式求婚，不过，迦太基征服者西皮奥·阿弗里卡奴斯（Scipio Africanus）的这个女儿，聪明地拒绝了他的提议。尽管如此，公元前 154 年，他还是成了一位父亲，他的伴侣艾瑞丽（Eirene）为他生下了长子托勒密·阿皮翁（Apion）。托勒密八世似乎有些看破红尘，在昔兰尼知命修身，正式入职，当起了太阳神阿波罗的祭司，在这片受封而得的土地上，他开始为自己修建一座规模宏大的陵墓。

托勒密八世的哥哥与姐姐将他们的大儿子托勒密·欧帕托尔立为王位继承人，这就将两人的弟弟完全排除在了埃及王权存续的体系之外。后来，欧帕托尔早夭，也只是由其弟弟作为顺位继承人直接替代，按照现代史界给出的定名，那就是托勒密七世。

及至公元前145年夏季，托勒密六世已收复了叙利亚，并在安条克这座城市举行的一个盛大典礼上接受了塞琉古斯政权的王冠，由此建立了他鼎盛期的最高霸权。但就在这最光辉荣耀的胜利时段，四十一岁的托勒密六世却不幸从马背上摔落——马因一头战象而受惊。他的头部严重受伤，埃及的医生们回天乏力。

听闻弟弟兼丈夫意外猝死，克莉奥帕特拉二世随即将十七岁的儿子托勒密七世（公元前145年在位）立为联合摄政王。但消息已经传到了昔兰尼，传到了托勒密八世的耳中，他很快就对埃及发起入侵。他承诺如果克莉奥帕特拉二世嫁给他，就会给侄儿留条活路。但就在婚礼上，他却谋害了侄儿，托勒密七世死在了"自己母亲的怀中"。

而这才仅仅是一个开始。因为托勒密八世"谋杀了很多亚历山大人，被他流放的也远不止几个人，那些跟他哥哥一起长大的好友都被发配到了孤岛上和僻远村镇"。遭流放的人中间包括了王室大图书馆的馆长与那里的多位学者。可想而知，对托勒密八世，他们当然视如敌寇，而这种情绪很快扩散到了整个古代世界。

托勒密八世采用了一个尊号Euergetes，意即"施恩者"，但亚历山大人把这改成了Kakergetes，意即"施暴恶人"。不过，人们一般还是称其为肥死坑（Physkon），也即"胖子"，因为托勒密八世个子很矮，肥胖程度却相当可观，"肚子是如此之大，一个人双臂完全张开也很难抱住"。公元前139年，当他接见一个罗马代表团时，他的身材体形就充分展示了出来。让客人过目难忘的，不是他那华丽精致的君王袍服，而是那透明亚麻布之下的肉身——看到之后，代表们不禁畏缩后退了数步。这位法老让滑竿轿椅降下来，站起身来招呼问候客人之际，此一视觉效果也未有任何改善。代表们宣称说："我们来访，亚历山大人民已经从中得到了某些乐趣——他们总算看到自己的国王走路啦！"

托勒密八世被视为一个空前巨大（其身材比例功不可没）的魔怪，当然也跟很多历史先辈同样残忍，他杀人不眨眼，不过，由于其还足够精明，知道自己王朝的未来要依赖那些埃及子民，于是他提拔才俊，甚至将这些人安排到许多部门的最高职位上，此外他还鼓励种族和阶层的融合。宗教界与王权家族之间的一场联姻，让这种融合达至了顶点——托勒密八世把自己的女儿之一贝伦尼柯，嫁给了孟斐斯最高大祭司的儿子。

公元前 145 年，托勒密八世（公元前 145—公元前 116 年在位）在孟斐斯正式加冕称王。他的联合执政者姐姐兼妻子克莉奥帕特拉二世，现在是四十岁出头的年纪，且已经给他生了一个儿子，被起名叫作"孟斐斯人"托勒密，这就更进一步强化了托勒密家族与埃及这座古代都城之间的纽带关联。这位王后不仅生了王室继承人，而且对自己担当的"两位荷鲁斯"这其中一半的角色也非常认真和重视，娜芙蒂蒂在卡纳克的一尊雕像被重新刻上铭文，刻上的正是她的名字和头衔尊号。

可是，托勒密八世却想削弱和破坏姐姐的权威。他决定用更年轻的人选来取代姐姐连同她的儿子"孟斐斯人"。大概是灵光一闪吧，他想到了一个神妙高招，他让姐姐的女儿克莉奥帕特拉三世来充当他下一拨孩子的亲妈。公元前 142 年，叔叔与侄女生出了他们的第一个孩子，新妈妈克莉奥帕特拉三世随之宣告自己是活着的伊希斯，旨在反驳和消解她母亲那边对神圣身份的任何指涉关联。既然她已经生出了一个新继承者来取代"孟斐斯人"，于是托勒密八世正式迎娶了侄女。

然而，他们试图取缔克莉奥帕特拉二世权威的努力却被证明无效，因为这个"实实在在的母老虎"在她子民心目中极其受欢迎，而且她还得到了犹太人将士提供的强大武力支持。于是，托勒密八世与克莉奥帕特拉三世迫不得已，只能接纳她担任联合统治者。

就像以前出现过的局面一样，埃及又有了三个人的执政组合，不过，这次是一个托勒密与两个克莉奥帕特拉。在古代的文献记录中，同名的母女俩是通过这样来区分，"姐姐克莉奥帕特拉"与"妻子克莉奥帕特拉"。神庙大墙上刻画了这三人的形象，但气氛平和恬淡，根本没有传递出丝毫的真实信息。那肥胖得众所周知、令人望而却步的国王竟被呈现为身材修长的样子，还有三人生活于其中的野蛮混乱的政局大旋涡——哪怕没有情感的交缠，权力政治的纠葛必不可少——也完全无迹可寻。

然而，为了维持联合一致的表象，以便得到公众的支持，这三人组照旧被置于一种虚构的谐调和睦状态，刻画在柯普托斯、戈贝林、康姆翁波、梅达穆得、邓德拉和菲莱等地。在菲莱，还设立了一座三重位的圣祠与一对七米高的方尖碑，来呈示和宣告三位联合统治者的大名。

在底比斯西岸，位于迪尔-巴哈里的哈特谢普苏特神庙最里面的部分，现在得到再度开发，做成了一个疗愈病痛的求告圣祠。在这里，可以经常召唤呼告哈普之子阿蒙霍特普，尽管他一千二百年前就死了，但法力依旧，不曾衰减。在大量近乎神迹的灵验例证中，如马其顿人波亚拉托斯（Polyaratos）宣称说，他得了严重的病症，看过的医生都毫无头绪、无从下手，但被哈普之子一下子就给治好了。希腊人莱昂（Leon）与丽珊德拉（Lysandra）夫妇也对哈普之子千恩万谢，因为他们有了期盼多年的孩子。

但在王室生子的这个竞技场上，克莉奥帕特拉三世根本不需要去求告圣灵出手干预。及至公元前 135 年，她已经生了五个孩子：未来的托勒密九世，其弟弟托勒密十世，还有三个妹妹，名字都是克莉奥帕特拉。

至此，舞台已经实实在在地搭好了，一场严重的对抗冲突开始正式上演，因为日渐年老的克莉奥帕特拉二世心意已决，要让她仅存的一个儿子"孟斐斯人"托勒密当国王。托勒密八世对于他所讨厌的竞争者，通常的手段都是谋杀了事。姐姐对弟弟的这一惯技了然于心，便事先将儿子送去昔兰尼躲避危险。在公元前 132 年，她发动了军事政变，支持者是亚历山大市民和她的犹太人军队。

最终，托勒密八世与他的团伙被驱逐而去，逃到了塞浦路斯。他完全猜想得到，十四岁的儿子"孟斐斯人"会被召去亚历山大，并将登基称王来取代他，他便设法把那孩子诓到了塞浦路斯。他杀了儿子，将尸体大卸八块，还赶在克莉奥帕特拉二世举办生日庆典的时候，把碎尸送了回去。姐姐不甘认输，将儿子的尸块公开展示，以便让亚历山大市民亲眼见证这位逃亡的前任国君所犯下的恶行。

尽管她有亚历山大人的支持和发自内心的同情，埃及的其余地区却站在托勒密八世和克莉奥帕特拉二世一边。公元前 130 年，他们卷土重来，并在公元前 126 年夺取了亚历山大，并处决了此前反对他们的所有人。克莉奥帕特拉二世本人逃亡去了安条克，将宫中财宝一并带走。这一经济上的重大损失，将埃及置于一种非常贫弱的处境。于是，当局开始努力重建那些有利可图的商贸通道，尤其是与印度的交易——甚至还延伸到了更远的异国他乡。公元前 2 世纪时的一艘亚历山大商船的铁锚，在英国威尔士西北安格尔西岛外海被发现，表明托勒密王朝仿效腓尼基人所创始的先例，与遥远而神秘的不列颠诸岛展开了贸易活动。

有一种观点认为，倘若没将大把时间花在相互攻击争斗上，托勒密家族应该可以取得更多更大的成就——"但话又说回来，不内斗，那他们也就不会是托勒密家族了"。

最终，三位君主别无选择，在公元前124年达成一致，相互妥协和解。克莉奥帕特拉二世恢复了她的官方身份，同时执政的还有她的弟弟与女儿，三人谁也不愿放弃各自手中的丝毫权力。

克莉奥帕特拉二世的三个孩子都成为托勒密八世野心的牺牲品：两个儿子遭谋杀，女儿转而成了她的死对头。不过，她至少还是得到了幸运女神的眷顾：她比那令人厌憎的弟弟活得更长久——公元前116年6月28日，托勒密八世死在了床上。不言而喻，姐姐的名字在弟弟的遗嘱中完全未被提及：昔兰尼被留给了之前的大儿子托勒密·阿皮翁，埃及与塞浦路斯都给了克莉奥帕特拉三世；"儿子当中，随她将哪一个立为联合摄政王都可以"。

在母亲、亚历山大民众与军队的坚持之下，她没有选择的余地，只得把自己的大儿子托勒密九世（公元前116—公元前107年在位）接纳进来，与自己的女儿构成一个新的王权三人组。不过，这之后未满一个月，七十古稀的克莉奥帕特拉二世便撒手人寰。

她留下女儿与外孙共同执政，母子并称为"法老克莉奥帕特拉与其子托勒密法老"。克莉奥帕特拉三世依旧大权在握、一言九鼎，而儿子托勒密九世——绰号为拉希罗斯（Lathyros，草豌豆），或曰"鹰嘴豆"——则将精力专注于其宗教职责。

"鹰嘴豆"托勒密担任了亚历山大大帝的祭司，在自家的王国中到处漫游，远至巨象岛，旨在核实那些古迹场址，而外国代表团来访参观时，这些名胜地方也在他们的行程路线上。公元前 112 年，罗马的一位元老院议员到访，法尤姆的官员们接到指示，"务必准备好贵宾客房、浮桥码头以及赠礼，务必诸事细致小心，保证大人满意"。行程中甚至专门安排了去看著名的阿蒙内姆哈特三世的"迷宫"和当地被奉为圣物的鳄鱼。因为鳄鱼需"用谷物、小肉块和葡萄酒喂食，到访的外国客人，总是会带来这些东西，亲自投食"。

得到罗马人的好评和赏识，"鹰嘴豆"变得越来越自信，也越来越不顺从，甚至难以控制，于是，他妈妈克莉奥帕特拉三世决定除掉他。她设计了一出苦肉计，把两个手下打得伤痕累累，然后声称是儿子要杀她，随从因护驾才受伤了。于是，亚历山大的部分暴民来讨伐"鹰嘴豆"，他勉强逃命成功，流亡去了塞浦路斯。即使已亡命异乡，他的母亲仍派出一个杀手特别行动小组去追杀他，好在他命大，幸免一死。古代文献中也指出："从未听闻有哪位国王，能被自己母亲仇恨到如此地步。"

克莉奥帕特拉三世将她最喜欢的小儿子托勒密十世（公元前 107—公元前 88 年在位）立为联合统治者。他的官方尊号是"亚历山大一世"，他也担任了亚历山大大帝的祭司，直到他母亲夺去了这个原本是男性角色的神职头衔为止。克莉奥帕特拉三世还采用了亚历山大那大象皮的头饰，而这种男性风格的装束，呼应了古代法老时代的女性先辈。这些女人希望能被平等看待，各方面都跟那些男性君主一样，由此弄出了一些外在表征显然雄性化的个人形象。克莉奥帕特拉三世的有些肖像，确实也显得孔武有力，远远偏离了那种理想化的女性形象，看上去冷酷强硬、望而生畏。

克莉奥帕特拉三世持续占有那些令她垂涎的男性权威头衔。如此一来，在神庙壁画场景中，她常常被单独刻画出来，最初被称为

"女荷鲁斯，上下埃及之女主，强大的神牛"，然后又变成了"国王与王后同体，大神与女神同体"。

不过，如此恣肆失控的妄自尊大行径，当然绝非所有的人都能欣赏和忍受。亚历山大人给她起了个希腊语的外号 Kokke，字面意义是"那鲜红的东西"，但实际上是个俗语脏字，犹言"屄"，这肯定是托勒密家族成员所得到过的最难听的诨名指称了。

大儿子"鹰嘴豆"托勒密九世当然也不会忘记母亲曾试图杀害他。公元前 105 年，他准备攻打埃及，夺回王位。

克莉奥帕特拉三世将她珍视的所有东西都提前转移了，包括大量的财宝以及下一代的托勒密们——她的三个孙子。这些人和物都被送往了科斯岛，且随后的十五年间都将停留在那里。她准备就绪，在"王权之战"中来迎击儿子托勒密九世，她的地面部队由犹太人将军指挥，海军力量则由托勒密十世调遣。

这一天，她的军队大获全胜，托勒密九世则逃回了塞浦路斯。这一战果令全国民众振奋，但这位一生不走寻常路的克莉奥帕特拉三世却没能享受多久胜利的喜悦。仅仅几个月之后，她就撒手人寰了，虽然其六十岁生日即将到来。

她看来是被儿子托勒密十世谋杀的，只因后者实在是无法再忍受她了。他用侄女贝伦妮柯三世取代了母亲。侄女很快被提拔至联合统治者的地位，与时年三十九的叔叔托勒密十世兼"亚历山大一世"共同治理朝政，至此她便更名，用起了本家族女性君主那意义重大的通用名"克莉奥帕特拉"。

"亚历山大一世"显然想强调他与那位同名先贤大帝之间的关联，其文件开头总是自称"托勒密国王，也即亚历山大"，他甚至还佩戴那位伟大先帝的古董头盔。但是，不管玩弄多少的文字花招，不管搞多少的换装造型，依旧无法掩饰那一个事实：这第十位托勒密绝非亚历山大。相反的是，他与他声名狼藉的父亲托勒密八世倒是十分相似，也是非常肥胖，要两个人左右架着才能走动。"举办酒宴派对时，到了起舞狂欢的环节，他就会从高高的卧榻上滚跳下来，光着脚，来表演那些舞步动作，情形倒也十分生动，比跳过同样动作的人更加生动"。无疑因为纵酒畅饮的缘故，如此的舞蹈技巧反倒变得更活泼。出现在狄奥尼索斯酒神节仪式的壁画场景中，托勒密十世当然也是这样，但有些人故意曲解混淆他的身份，直接嘲弄指称国王是"Kokke 的孩子"。

不过，埃及的神权集团对王权家族相当支持。托勒密八世将一个女儿嫁入孟斐斯最高大祭司的家门之后，王室就跟他们成了亲戚。那对夫妻生了一个儿子，名叫佩图巴斯迪斯（Petubastis），这是"半个托勒密"，将埃及两大统治家族的 DNA 都组合在了他体内。

公元前 103 年，在其父亲死后，十七岁的佩图巴斯迪斯二世子承父业，成为最高大祭司。他为舅舅托勒密十世主持了加冕礼，然后在另一个就职典礼中，托勒密十世钦命他的这个外甥担任亚历山大的大祭司，两人的角色彼此互换了一下。在这里，佩图巴斯迪斯"当着国王的面饮下圣酒。根据普塔大神节庆的仪式，庄严的行列排布整齐，他（国王）给他发放了金色的曲柄权杖、直权杖、用来自南方世家的亚麻制成的长袍，以及兽皮服饰。他（国王）按照先祖们的古老惯例，将黄金的饰物安放佩戴到他头上"。

这一异常庄重的文献片段，透露出国家世俗权力领导人与宗教领袖之间的特殊关系，他们定期拜访彼此位于亚历山大和孟斐斯的权力大本营。有一次，叔叔与侄女两人访问了孟斐斯的塞拉培翁，那里负责神牛防腐入殓的首席涂膏师裴迪西（Peteese）趁机喊冤告状，请求王室给他提供保护，因为同事们欺凌攻击他。于是，关于保护令就出现在了公开告示中，以希腊语和埃及文字写成。王室也为埃及的很多神庙授予庇护权豁免权，继续对祭司们的各类收益免税，并不时施以恩泽，给自己的臣民送去一些采购或劳务合约，让对方适当获利。

王室对内政和民生细节的关注，还有孟斐斯神权集团在北方强大的领导力，这些固然不可否认，但在南方的神庙建造和宗教造势活动却相当有限，根本不足以维系当地人对政权的支持。事实上，南方对王室大事的了解接触非常少，以至于石匠们宁愿让帝王盾徽的中间空着，也不能刻写上错误的名字。公元前 91 年到公元前 88 年，所有的建造更新工作完全停止，因为南方独立脱离了一国，埃及本土再次陷入分裂状态。

托勒密家族的帝国也是如此。昔兰尼（利比亚）的广大领土已不复从前，因为那里的统治者托勒密·阿皮翁，也即托勒密八世的大儿子兼托勒密十世同父异母的哥哥，兑现了他们父亲对罗马人的承诺，在公元前 96 年去世之际将昔兰尼送给了对方。这不仅否定了埃及对那里的领土占有权，而且把罗马人直接带到了埃及的边境上。

公元前 89 年，当托勒密十世被亚历山大人赶下台后，事情就达到了激化程度。他招募了一支雇佣军，但实际上却没有财力去支付军饷，于是就对他的"同名之人"亚历山大大帝打起了主意，他抄袭和重演那古老的盗窃伎俩，侵入王室墓葬，偷走亚历山大的金棺，熔成金锭去给他的雇佣兵发饷。

发现自己城市的缔造者和精神领袖的棺材遭到亵渎，被拿去招募收买军队来跟自己打仗，亚历山大人怒不可遏。他们决定用私刑处死国王，不过，临刑前夕，国王搭船逃跑了。但是，亚历山大人的海军特遣小舰队紧追不放，在塞浦路斯近海的一场凄惨海战中，这第十位托勒密溺毙于咸涩的海水之中。

弟弟被杀死在塞浦路斯自家的大门口，这结果让托勒密九世心花怒放，他立刻回到埃及，第二次成为法老（公元前88—公元前80年在位）。既然女儿克莉奥帕特拉-贝伦尼柯三世此前已与他的弟弟共同执政，托勒密九世干脆就延续了这样的安排，因为甚至连罗马人都知道，这位女君主"受到亚历山大人的高度欢迎和拥戴"。

在孟斐斯，托勒密九世为他的第二度加冕举行了庆祝。他还派遣大将军希拉克斯（Hierax）去处理底比斯一带仍在蔓延的叛乱起义。戈贝林也有忠于王室的留守团体，国王的一位官员便写了慰问信过去："至高大神，国王陛下已经莅临孟斐斯，希拉克斯将军已奉旨出征，所率军力可观，不日将令底比斯处于控制之下。特此来函告知诸位此事。诸君得此消息，定会勇气倍增。请稍加坚持。珍重再见。"

叛军力量被粉碎，底比斯的财富被收缴入宫。托勒密九世重新统一的王国，暂时也没有来自海外异国的威胁。罗马正忙于处理与蓬托斯（土耳其北部）之间的战争，因为后者试图在地中海周边扩张其领土。这些占领目标就包括了科斯岛，大约十五年前，克莉奥帕特拉三世将她的财宝与三位年少的孙子一起送到了这里，现在则都被带回了蓬托斯。

及至公元前84年，双方同意和平谈判，罗马人来到蓬托斯。托勒密家的一个王子，即托勒密十世的儿子变节投向了罗马人。他被带回罗马，因为作为托勒密王室的传承脉络，他是非常有用的一个内幕信息源，也很快就成了那家族存续大戏的一部分。

公元前80年，托勒密九世亡故，留下他的女儿兼联合统治者贝伦尼柯三世成为唯一继承人，独立统治埃及。既然男女君主联合执政是托勒密家的传统，罗马人就决定利用这一方式来为帝国的利益服务。他们把自己的代理人，受其保护的托勒密王子送回埃及，立为国王托勒密十一世（公元前 80 年在位）。

作为前国王之子，他固然有资格坐上王位，但亚历山大人却不待见他，称之为 Pareisactus，意即"篡权者"。他毕竟已远离宫廷二十三年，而且其中四年还是在罗马度过，但他明显不满足于只当个傀儡性质的君主——因为他的搭档本就比他年长，是其堂姐兼后妈，而且克莉奥帕特拉-贝伦尼柯三世很受民众拥戴。联合执政仅仅十八天之后，他就设计谋杀了她。

任何一个正直且称职的顾问，大概都可以告诉这个心胸狭隘的家伙，此绝非聪明之举。按照由来已久的行事做派，亚历山大人义愤填膺，冲进王宫，将国王拖出来撕成了碎片。如此的暴力宣泄，上次出现还是在一百多年前，深得民心的阿尔西诺三世被谋害后，人们以此方式为她复仇。

尽管罗马人宣称，托勒密十一世的遗嘱中说将埃及留给了他们，但亚历山大人心意已决，要阻止罗马人再来干涉内政。他们行使自己那古老的马其顿人的权力，来选择接任的国王。他们派出一个代表团去蓬托斯，将埃及王冠和塞浦路斯王冠呈奉给剩下的两位托勒密王子——"继承人与后备者"。

"鹰嘴豆"托勒密九世的这两个年约二十岁的儿子，都有一个（或分别是两个）身份不明的母亲，很有可能是死去国王的某一姐妹，因为在几个不同的时期，他曾与她们分别结婚，或者也许是哪个妃嫔所生，可能是叙利亚人、希腊人或埃及人。罗马人坚称，这两个王子身份不合规，非正宗王室，但在埃及人听来，这样的指责相当荒谬可笑，因为根据他们对婚姻的定义，按传统而言只需"两个人一起生活"就足够了，而照现代概念来理解的所谓"正当合法"，根本不是入主王宫的必备前提。事实上，先辈中很多伟大的法老，从图特摩西斯三世到太阳神大王阿蒙霍特普三世都是"小妾"之类的妃嫔所生。因此，公元前80年年底，接受任命的埃及新国王托勒密十二世（公元前80—公元前58年在位）来到亚历山大，随后娶了克莉奥帕特拉五世。与丈夫一样，她也是托勒密九世的孩子，但母亲身份未知。这对王室新夫妇启用了一个联合称谓，"蒙受父宠并兄妹同爱的人世双神"（Father loving and Brother and Sister loving Gods）。

显然，他们对自己的神圣名头非常重视。此前的统治者都是被如此呼告，"吾王国王陛下"（Our Lord the King），而到了这第十二位托勒密时，则改成了"我们的神吾王国王陛下"（Our God and Lord the King）；另一尊贵雅号则是"新狄奥尼索斯"或"狄奥尼索斯重生"。举办和主持仪式时，他便履行角色义务，穿戴打扮成酒神的模样；在伴随的音乐表演中，他吹奏笛子（aulos），且技巧非凡，甚至被誉为"不是一个人，而是一个笛神（auletes）和魔法师"。

在亚历山大，托勒密十二世的名字已经不如他在酒神祭仪中的头衔响亮了，人们都称其为Auletes（吹笛者）。他的音乐才华，在希腊人中也大受仰慕和追捧，因为"所有的斯巴达人都学起了吹笛子，连最高贵的雅典人也一样"。但对罗马人来说，看到有男的在那里跳舞，或在公众场合喝得醉醺醺的，或者看到"吹笛者"什么服饰都穿就唯独不穿阳刚庄重的正装，他们就觉得不忍直视，感到这个国王和亚历山大人都颇为荒唐，不可理喻。一位罗马历史学者因此愤然断言："马其顿人在埃及已经堕落了。"（Macedones in Aegyptios degenerarunt。）

"堕落的"音乐演出之外，国王夫妇也不误大事，生出了他们的第一个孩子——贝伦尼柯四世。孟斐斯大祭司佩图巴斯迪斯去世后，继任的是他十四岁的儿子帕希尔恩普塔（Pasherenptah）；他的国王表兄在亚历山大举办盛大典礼，正式授予这位少年埃及最高神职。

根据帕希尔恩普塔的描述，法老"从他的宫殿中庄严出行，在伊希斯神庙落驾。他驾乘战车而来，围绕伊希斯神庙，在队列中行进。国王陛下亲自喝止了他的战车。在我的头上，他为我戴上了华丽荣耀的黄金花冠；冠冕上嵌有各种各样的珍奇宝石，王室造型形象刻在中间。我被确立为他的祭司"。这里提及国王的战车，可能是暗示公元前1世纪70年代晚期，"吹笛者"在希腊的运动会上获得马拉战车比赛胜利。

大祭司帕希尔恩普塔然后回到孟斐斯，完成了他就职之后的第一个主要的角色使命，就是给"吹笛者"举行官方的加冕礼——这时距国王最初登基已有五年之久。这位年少的最高大祭司自豪地宣称："正是我，在两方土地统一的那个日子，把那神蛇加封到了国王的冠冕上。"

接着，帕希尔恩普塔的记述又透露了王室家庭当时正全面巡视他们的国土，"国王向南航行，又往北航行，只为考察两方土地"，然后才回到孟斐斯举办一场国宴。这是一个非常欢快、喜气洋洋的场合，"他的朝臣，妻子们，还有表现出君王气度的王室孩子们欢聚一堂，坐在美食桌前，度过了开怀畅饮的美好时光，同时还协助完成了敬拜男女众神的礼节仪式"。

这一表面上看来规规矩矩的文本，实际上具有极为重大的意义，因为里面提到了"吹笛者"的妻子们是复数形式，还有他的"王室孩子们"。所以，尽管罗马方面的文献很固执蛮横地强调，只有他的大女儿贝伦尼柯四世才是"合法的"，但埃及人却正式承认了另外四个孩子：两个儿子（毫无例外地，又是名叫托勒密），以及两个女儿，分别叫阿尔西诺和克莉奥帕特拉。这一个克莉奥帕特拉无疑是历史上最为著名的女性，生于公元前69年，一般都被指认为克莉奥帕特拉七世。尽管只有他们的父亲身份明确，生母却未知，但所有的孩子从出生起都被尊呼为"我们的主人、我们至高的神明"。

在上述这类国家大事的场合中，孩子们便陪同他们的父王一起出现。大祭司帕希尔恩普塔现在一专多能，充当"上埃及之王的眼睛，下埃及之王的耳朵"。"吹笛者"于是开始在埃及全境修造一系列精致华美的神庙，旨在让各地的祭司们都能支持他的政权。

在埃得夫，一座宏大的塔楼式新门廊被建成，上面装饰有"吹笛者"自己那巨大的刻画人像，且人像正以那种经典的传统风格挥舞狼牙棒痛击敌人。在某些地方的神庙，看到有斯芬克司整齐排列的大道，国王因为印象深刻，随后便下令在亚历山大也安放整列的狮身人面雕像，那人面部分自然是表现了他本人的五官特征。

不言而喻，这些建筑项目需要大量的资金。一拨拨的托勒密们轮番消耗之后，王室内库已然枯竭。为此，"吹笛者"设法找到了一个替代性的财政收入来源。他再次启动了与印度的直接贸易，借助的是海路，而不是行程缓慢的内陆商贸路线。不过，这也意味着要派出和设置额外的安全力量，保护新的贸易通道免遭纳巴泰（Nabatean）阿拉伯人的攻击劫掠——他们作为中间商的角色原本大有钱赚，现在却被抛弃了。

用自己的纺织品、葡萄酒、玻璃制品和从非洲之角（注：索马里与埃塞俄比亚一带）贩运来的奴隶，埃及人换取了巨量的香料、焚香、珍珠、珍稀宝石、乌木、象牙和丝绸——都是在亚历山大这边的工厂里进行加工，然后出口到罗马，获得巨额利润。不过，与印度的直航贸易，也让罗马对埃及变得更有兴趣了；罗马人垂涎这个国家的物产财富，已绝非一朝一夕。

因此，及至公元前 65 年，罗马又有了新的呼声，要兼并埃及。通过向罗马的元老院议员施以贿赂，"吹笛者"才勉强让自己的王国暂时安宁，未遭入侵。但是，恼火痛苦的事情接踵而至，罗马将军庞贝（Pompey）"大帅"——又是一个心高气傲、以亚历山大大帝自况的家伙——出征再取蓬托斯和犹地亚（Judaea），等于是让罗马军队永久驻扎在了埃及的东北和西部边境上，更过分的是还迫使"吹笛者"出资赞助这些军事行动。埃及王国现在已被罗马人左右包围。

法老很快就感受到了这种威胁性的挤压。公元前 60 年，实权在握的罗马三巨头庞贝、李锡尼乌斯·克拉苏（Licinius Crassus）与尤利乌斯·恺撒（Julius Caesar）给了"吹笛者"一个名号，叫"罗马人民的朋友与盟友"——这大概最接近于一个保证，承诺埃及不会被吞并。但这一待遇的代价是六千塔兰特大金币，相当于一百五十万常规小金币。如此一个金额，差不多都赶上埃及一整年的财政收益了，不可能全部通过增税来筹集。于是，走投无路的"吹笛者"只好从当时富可敌国的罗马银行家拉比利乌斯·珀斯图姆斯（Rabirius Postumus）那里借贷了大笔款项。

这样的经济勒索，在亚历山大造成了一种危险的气氛。一位目击者如此描述当时的状况，"在托勒密国王还未被给予朋友地位时……曾有一个罗马人杀死了一只猫，然后暴民就冲击了他的住所；无论是国王派去求情放此人一马的埃及官员，还是大家普遍感受到的对罗马的畏惧心理，其威慑力，都被证明没能强大到足以让此人免遭民众的私刑正法，即便那倒霉之人所做的事纯属意外。我讲的这个例子，不是出自道听途说，而是我在埃及访游期间自己亲眼所见"。

通常，这件事被当作一个证据，说明埃及人多么爱他们的宠物和被视为圣灵的那些动物，但实际上，这直接就是彼时诸多的社会动乱或危机闪燃点之一。到了公元前58年，当罗马人夺取塞浦路斯时，大危机便最终爆发了。

罗马人声称，"吹笛者"的弟弟——塞浦路斯亲王托勒密——为袭扰打劫罗马海运的海盗提供帮助，但因为他们"宽宏大量"，允许他继续留在岛上，担任阿芙洛狄忒的大祭司。然而，塞浦路斯的这位托勒密宁愿慷慨赴死，于是罗马人洗劫了他的宫殿，他随即服毒自尽。

"吹笛者"的新头衔"罗马之友"成本高昂，他拒绝拿这个去冒险。对于弟弟的悲惨命运，他态度消极，这逼迫亚历山大人愤然行使了他们那古老的权力——在公元前58年的夏季，他们废黜了国王。他们拥立克莉奥帕特拉五世（公元前58—公元前57年在位）与她的女儿克莉奥帕特拉-贝伦尼柯四世（公元前58—公元前55年在位）为王。母女俩取代了之前的夫妻档，现在以全女性的双人组合来掌控埃及。

"吹笛者"远去他乡，将三个最年幼的孩子留在了埃及，陪他同行的是时年十一岁的女儿克莉奥帕特拉七世。他们乘船驶往罗德岛，去拜会罗马政治家凯陀（Cato），而此人彼时正在途中，去监管塞浦路斯的兼并事宜。"吹笛者"发函召见罗马人，但却被告知凯陀大人身有贵恙，正接受治疗，所以只能烦劳国王去见他了。凯陀故意设计侮辱对方，在营地厕所里会见了法老，"既没有外出上前去迎接他，也甚至没有站起身来以示礼貌，而是随口问候了一声，就像招呼一个平头百姓，让他坐下来。这一下子就让托勒密有点蒙了"，因为，埃及的这位"在世的神"竟然威风扫地，被降格为在厕所里被接见的客人。

父女俩继续行进，前往罗马，途经雅典。他们感到别无他途、走投无路了，因为罗马已经占领了古希腊世界的其余所有地方——公元前168年，马其顿沦陷；公元前146年，希腊本土沦陷；公元前96年，昔兰尼易主；公元前65年，小亚细亚与叙利亚被占领；而最近期的，则是公元前58年塞浦路斯被兼并。"吹笛者"自己的王国是最后一个还硬撑着没被吞并的，他决心要夺回来——不惜一切代价。

于是，王室父女一行人不辞劳苦，到了罗马。那座城当时是由朴素简陋的砖头建筑构成，与埃及人自己那大理石堆砌的华丽都城相去甚远。但古代世界纵横捭阖、玩权势于股掌的罗马共和国元老院，就藏身于这不起眼的街道间。"吹笛者"靠钱财打点，一级级送礼直到最高层，只求他们能帮他恢复王位，但反反复复的商讨辩论之后，"埃及问题"还是毫无结果。

这对父女最终只能离开罗马，去往以弗所（Ephesus）。在那里，他们得到消息：克莉奥帕特拉五世已经谢世，留下女儿贝伦尼柯四世独自统治埃及。

她开始着手找个丈夫来充当联合执政者。塞琉古斯旧家族里有好几个候选人跃跃欲试，"吹笛者"在远方用了种种手段加以阻挠。潜在的新郎们终于未能如愿，要么是在神秘的情形下死于非命，要么就是在去埃及的路上被奥卢斯·加比尼乌斯（Aulus Gabinius）给截停遣返了；那是罗马派驻叙利亚的新任总督，风格明丽，张扬夸饰，同代人形容其是"一个女里女气的男生，长头发卷卷的，像那种跳舞的，惯于盗取别人的东西"；此人由庞贝安排至此，当然也收了"吹笛者"的贿赂。

面对如此计谋，亚历山大人可不愿认输。他们设法接了塞琉古斯家族的一位新郎过去，但婚礼仅仅一周之后，新娘对他无动于衷，实在看不上眼，就派人把他给勒死了。民众并不气馁，又将阿基劳斯（Archelaos）提为新人选。此人声称是蓬托斯先王的儿子。他学会了"吹笛者"的惯用伎俩，向加比尼乌斯施以贿赂，因此得以抵达埃及，娶了贝伦尼柯四世，与她一起统治埃及。

"吹笛者"收回埃及的心愿变得前所未有地迫切和强烈，他最终得到了庞贝的帮助，但作为回馈的价码是惊人的一万塔兰特金币。庞贝命令加比尼乌斯率兵，还有他手下由马克·安东尼指挥的日耳曼人和高卢人骑兵队伍，一起护送喜不自胜的"吹笛者"和他年少的女儿从以弗所动身，穿过巴勒斯坦，进入埃及。

入侵者一路进军来到亚历山大。阿基劳斯出兵应战，落马身亡。贝伦尼柯四世，由其父亲下令处决，一起被正法的还有她全部的支持者。这场大屠杀，因为罗马军队的缘故才得以被制止；安东尼派这些人马永久驻扎在埃及，来保护"吹笛者"免遭亚历山大人伤害——在这场报复性的屠杀中，驻军所做的恐怕正好相反。

这些头发尖尖竖起、个子高大的罗马附属兵力，来自日耳曼和高卢地区，但现在适应了王室都城的生活，构成一支令人生畏的王室保镖队伍。"吹笛者"在其第二度国王任期（公元前55—公元前51年）中足够安全，于是开始清偿他欠罗马大财主拉比利乌斯的巨额债务，此人已跑到埃及来讨债了。"吹笛者"任命他担任财务大臣，允许他搜刮民脂民膏，征收高额赋税，将国库财政收入纳入私囊，直至这家伙变得贪婪过度，不得不将他置于保护性的羁押监管之下。他设法逃回罗马，但立刻就因为非法所得被告发起诉了，他为自己辩护，声称亚历山大是"所有诡计和各种骗局的巢穴"。

尽管有这些腐败和血腥杀戮，亚历山大还是一场文化复兴运动的大本营。王室继续赞助王室大图书馆和"缪斯馆"，因此那里的学者们也继续教育王室子孙。就克莉奥帕特拉七世来说，她的手书近些年在一片莎草纸残卷上被识别出来，是希腊语书写，"这事要干完，做个了断！"阿拉伯的历史学家们，长期以来还认为她是个"高尚的、真正的学者"；除了标准的希腊语，还有其他八种语言技能来为她增光添彩，其中包括叙利亚语、希伯来语、帕提亚语（Parthian）、阿拉伯语、埃塞俄比亚语和埃及语。

托勒密们统治埃及已经三个世纪，但克莉奥帕特拉七世却是家族中第一个来学习这个国家语言的人。她的父亲试图维持埃及本土人民的支持，她的语言才能在此就成了一笔宝贵的资源。在南方各地，"吹笛者"恢复了他的神庙建造项目。公元前54年7月16日，他在邓德拉为哈索尔-伊希斯开建一座新神庙。这是一年中最吉祥的日子，象征伊希斯的天狼星升起，预示着尼罗河洪水季的开始。寄托于新神庙的愿望，想必是试图来扭转尼罗河洪水连续多年低水位的状态，以求改善持续减产的农业状况。

神庙工程的进展相当迅速。在壁画场景中，克莉奥帕特拉被刻画与父亲在一起。尽管为哈索尔执行仪式表演的是父亲，神庙里的圣歌铭文却如此陈述："法老来舞蹈，来唱诵！哈索尔，请看他舞蹈，请看他跳跃！哦，颂歌多么美妙，只有拉神之子唱起来，才是最美妙的歌者。他是荷鲁斯，是乐师！他不愿光明女神悲哀，他痛恨！哦，美好的神灵，伟大的神牛，光辉灿烂的女主人，众神之王后！王为她而舞蹈，他的双脚快速奔向音乐圣女的身边！"

邓德拉也因当地民众的体育竞技表演而闻名——人们跳入尼罗河中，爬到鳄鱼背上劈波斩浪。他们相信自己受到哈索尔-伊希斯的特别保护，而女神能让索贝克的这些生灵驯顺听话，所以邓德拉那些不怕死的家伙敢于操练他们的技巧，争着去当 sauretai，也即神庙中神圣鳄鱼的饲养人。随着罗马游客的口耳相传，鳄鱼骑士名噪一时，甚至还于公元前58年出现在了罗马的竞技场上。正是这同一年，"吹笛者"与克莉奥帕特拉来到了这座意大利城市寻求援助。当年，埃及人耍杂技般在尼罗河鳄鱼背上闪转腾挪的大理石雕刻，曾蔚为风尚，装点了罗马很多的富贵豪宅。

"吹笛者"出资为自己家人雕制胸像，所选的材料也是大理石。一家人外貌相似度较高，这也反映在克莉奥帕特拉的另一个称谓上，"其父之形象"。公元前52年5月，一场盛大的典礼上，已经五旬过半的国王明确强调他关于王位传承的打算，将时年十六岁的克莉奥帕特拉立为联合统治者，为她戴上了马其顿的王冠，并册封新头衔，"父亲钟爱之女神"。

按照"吹笛者"提早立下的遗嘱，在他死后，他的大儿子托勒密十三世（公元前51—公元前47年在位）将与克莉奥帕特拉联手执政。不到一年之后，老王果真辞世，克莉奥帕特拉七世（公元前51—公元前30年在位）却独揽大权，并将父亲的死讯封闭隐瞒了长达四个月，继续以两人共同的名义发布官方文件。

她决意保持国家的独立，拒绝接受罗马的干涉，也反对那些已经控制了她弟弟的权势强大的希腊朝臣，但她必须足够强大才行。因为，克莉奥帕特拉七世，"与其说是晋升登上了王座，毋宁说是向下走进了蛇坑"。那是一座满是恶意和混乱的疯人院。

尽管困难重重，她设法巩固了自己在亚历山大的地位。无疑是在大祭司帕希尔恩普塔的建议之下，她登上了去往南方的一趟旅程。她完全清楚真正的力量蕴藏在她古老王国的内陆心脏地带。经过孟斐斯之际，她正式领受了她的官方头衔："女王荷鲁斯，伟大至尊，善变多谋之明主"，以及"白色王冠土地上的上埃及之王，红色王冠土地上的下埃及之王"。这顶红白双重王冠取代了她之前的马其顿王冠。

她通常是把头发绾成一个圆发髻的模样，用发卡固定着；根据罗马艺术家给她画过的一幅肖像，她甚至可能是一头红发。尽管如此，埃及神庙的壁画场景中，克莉奥帕特拉七世还是被刻画为传统的造型，戴着长假发——过去三千年来，埃及的女神和女性统治者都是这样的发型。

她的父亲曾自命为"新狄奥尼索斯"。她也如法效仿，宣告自己是 Nea Isis，意即"新伊希斯"，或"重生的伊希斯"。并且，在公开场合出现时，她都穿着女神伊希斯的服饰；那"黑色衣袂"现在被穿在埃及神职人员传统的白亚麻衣服的外层。

将自己转换成一个埃及人的形象，克莉奥帕特拉便可以与千百万本土民众拉近距离，直接与他们对话，而无须翻译。她心里非常明白，那些维系和激励了这个国家的传统宗教典礼，如果她能亲身参与，将会有助于赢得人们对王室的忠诚。于是，在公元前51年3月22日，她领头主理了布齐斯神牛的敬拜仪式；而根据彼时所有人的记忆，她是第一位这样做的埃及君王。在过程中，需要用一艘平底圣船将神牛运过尼罗河；留存下来的古文献便描述了当时的场面，"两方土地之女主，这位女神，划动阿蒙的神圣木船，运送他（布齐斯），让他抵达阿曼特他的神庙"。这是长达九千米的辛苦航程，一路要对抗盛行流（那一时段的定期水流）。因此，这暗示了，克莉奥帕特拉作为桨手的角色是一种仪式表演，但她本人出场，以鲜活之躯构成哈索尔-伊希斯的实体象征，却有着重大意义和关键作用；她与大神的雄性气质达成平衡互补，两者威力的结合，便激发和点燃了生殖与生命的力量。

她的现身，如风暴潮一般俘获了民众的欢心；当"阿曼特与美丽的底比斯在酣醉喜乐中融合，喧嚣之声在天界都能听到"。她参与典礼，为她赢得了神权集团的支持；在持续十八个月的歉收年景和照旧高税收的背景下，阻止了骚乱的发生。但是，当粮食短缺同样困扰到亚历山大，也即她弟弟托勒密十三世的权力大本营之时，他的派系夺得了控制权，命令所有的粮食货品都要转运去"经受死亡痛苦"的亚历山大；此举实际是剥夺了埃及其他地区克莉奥帕特拉支持者们的口粮，威逼他们转投阵营。

现在，她被迫与弟弟分享权力，但至少这对王室姐弟暂时可免遭罗马的干涉差遣，因为庞贝与其竞争者恺撒正忙着权力斗争。埃及的两位君主都站在庞贝这一边，并按其要求派去军事援助。不过，庞贝对克莉奥帕特拉的感激之情只是昙花一现。因为，公元前49年夏季，当托勒密十三世的顾问们终于成功地将克莉奥帕特拉踢出了局时，庞贝便提议说，元老院应当认可托勒密十三世，视其为唯一合法统治者。

公元前48年年初，克莉奥帕特拉离开埃及，退避到了阿什克伦。她招募了一支雇佣军，用以支付军饷的铸币上雕刻着她那坚毅决绝的形象——她打定主意要夺回王座。当尤利乌斯·恺撒最终击败庞贝，成为登上古代世界权力巅峰的人时，克莉奥帕特拉便动身去往埃及边境，去面对她的弟弟，同时她给恺撒发去一封公函，说明自己的处境。

庞贝的到来，暂时搁置了姐弟之间的相互敌意，而庞贝是来再度寻求帮助的。但托勒密十三世的资政顾问们不想跟一个败军之将再有任何瓜葛，下令立刻将庞贝处决。几天之后，恺撒带领一小支军队，亲自来到了亚历山大。他原本是打算饶恕庞贝，但他没见到大活人对手，而是收到了一个防腐处理之后的人头。这是个毫不委婉的讯息，等于直言奉劝恺撒回家，但恺撒置之不理，依旧下船登岸，拜访了他崇敬的英雄亚历山大大帝的陵墓，然后还堂而皇之地在宫殿中入住了。

他非常希望能调解托勒密家族的王权争端，以便给罗马和他自己带来最大的利益。于是他宣称自己是"吹笛者"托勒密十二世遗嘱的仲裁人，召请姐弟俩来他面前商议。托勒密十三世与他的谋士们欣然而至，胜券在握地通报说姐姐是叛国者，他自己是真正的继承人。但恺撒指出不管谁成为"吹笛者"的继任者，都是欠下他六千塔兰特金币——这笔钱想必是被庞贝中饱私囊了。

如此的要求让托勒密慌了神。这位少年君王的希腊顾问们便开始煽动亚历山大人去围堵王宫，这也就意味着克莉奥帕特拉没法从陆路去接近恺撒。于是，等到夜幕降临时，她搭乘一只小船来到王宫面朝大海的那一边，在其来自西西里岛的朝臣帮助之下，她成功地越过了敌对者的阵线。

为了这一行动，她盛装打扮、魅力十足。按照人们津津乐道的那种说法，她是平躺在一块地毯或床罩里面，被她的朝臣卷起来，扛进宫里去见恺撒的。但是，不言而喻的是，难道有哪位法老，更不必说是一位人间的女神，会允许自己以这种方式被人搬来扛去？戒备森严的王宫里，三更半夜突然冒出一个推销地毯的小贩，这肯定也会引起卫兵们的怀疑。

这一政治上大胆冒险之举的华彩篇章，却被降格讹传成插科打诨式的喜剧荤段子，其中最有可能的原因似乎是出于对古代床单布用途的一个误解。因为，亚麻布兼具双重功效，也可当衣服穿——希腊人的宽松长袍，基本上就是一块床单布，早上醒来裹在身上，便构成长衫罩袍。穿着这样的外衣，包裹得严严实实的克莉奥帕特拉，当然就可以轻松混入公元前 1 世纪的亚历山大城；那里通行的这种裹布长袍的着装样式，当布头被拉起来挡住脸后，就是完美的掩饰。

蒙面纱当然会让人跟伊斯兰教习俗联系起来，但早在此之前，在亚述与稍后在小亚细亚形成的希腊化定居地，那里的贵族上流女性中就已广泛接受了这一做法；而亚历山大精英阶层的有些女性也戴起了面纱。所以，采用相似装扮的克莉奥帕特拉能够轻易地进入那布局复杂的王宫，那从一出生便是她家园的地方；见到恺撒之际，她只需拉开帷幔般的裹布，露出她的脸——那张让世界持续迷恋和八卦了几百年的脸。

铸币上她的肖像，特意呈现为男性阳刚的气质样貌。以此为据，近当代有研究者断言，她并非绝世美颜。但与此截然相对的是古代文献却把二十二岁的克莉奥帕特拉描述为"无与伦比的美人，年轻时更是美得难以置信"——幸存下来的她的画像看似支持了这一说法。

而且，在一般旁观者眼中也明显是如此。一位女性历史学者声称，克莉奥帕特拉那所谓的"柏林头"［Berlin Head，注：头部雕像，藏于柏林老博物馆（Altes Museum）］与亚历山大的肖像之间有着紧密的相似关联度，但"并未恭维她"——特意美化她。而男性评论者则认为，这同一张面容"比铸币上乏善可陈的肖像要远为漂亮，漂亮无数倍"；他们声称，在托勒密家族全体成员中，那"大概是最雅致、最美丽的肖像雕塑"。这位女子的五官特征，一度让全世界都持续狂热痴迷；17世纪的一句评价则对此给予了最好的总结："克莉奥帕特拉的鼻子，假如长得稍短一点，那整个世界的面貌也会就此改变。"

不管克莉奥帕特拉的外貌是如何美艳得不可方物，古代史料还是指出，带来真正诱人魅力的其实是她的性格。现代的一份个性心理分析表明，她具有"自恋人格"，但在当年的时代背景和环境中，克莉奥帕特拉坚信其身份特殊，乃神明在世，自恋也就自然而然了。这当然也赋予了她极大的自信和勇气，让恺撒相当欣赏。

尽管年龄相差了三十岁，二十二岁的法老与那五十二岁、雄心勃勃的大将军并非全然不同。两人都是张扬凌厉、个性色彩强烈，也功利务实，而且，必要时也能彻底做到铁石心肠、无情无义。另外，恺撒的英雄偶像亚历山大的宗族中存世的后裔已凤毛麟角，克莉奥帕特拉正是其中之一，而恺撒又享有"美誉"，堪称"既是每个女人的老公，又是每个男人的老婆"（注：双性恋），所以，两人的关系似乎很快就变得极为亲密、如胶似漆。

因为，在克莉奥帕特拉蒙面夜访的第二天上午，她就恢复了原职，成了埃及的统治者。她的弟弟气急败坏，以至于直接冲出了王宫，扯下王冠，扔到了地上。伴随着少年耍脾气泄愤的戏剧化举止，他还大吼说自己被出卖了。按照由来已久的光辉传统，亚历山大人又准备冲击王宫，但得到了及时的阻止，因为恺撒拿出了"吹笛者"的遗嘱，宣告弟弟和姐姐将联合统治埃及。

让克莉奥帕特拉重上王座，对恺撒而言当然也是一场豪赌。因为，托勒密十三世的希腊顾问们既然被剥夺了权力，就谋划要刺杀女王和恺撒。不过，恺撒的理发师偶然听到了这一阴谋，结果顾问们自己却掉了脑袋。

但情况还是进一步恶化了，亚历山大人痛恨克莉奥帕特拉担任联合君主，要求托勒密十三世与他的妹妹阿尔西诺四世共同执政，将姐姐赶走。不过，恺撒继续保护着克莉奥帕特拉也未屈从，即便陷入困境，被夹在亚历山大民团和大海之间、等着增援部队之时。随后的围困与街垒对战期间，城市的不少地段被大火烧毁，其中也包括码头边上的仓库；那里面的新书正等着转运送去城中的大图书馆。即使在恺撒的援兵抵达之后，亚历山大人还继续战斗；在一场意志坚决、破釜沉舟的战役中，少年托勒密十三世虽身穿华美但沉重的黄金盔甲，却可怜地淹死在尼罗河中。

但与罗马方面的预期相反，恺撒没有兼并埃及，而是让克莉奥帕特拉七世保持君主地位，同时又将她剩下的另一个弟弟，即十二岁的托勒密十四世（公元前 47—公元前 44 年在位），立为名义上的联合执政者。早期的阿拉伯文献还宣称，克莉奥帕特拉七世嫁给了恺撒，举办的是一场埃及风格的典礼。尽管恺撒与罗马妻子的婚姻仍在存续期，这两人的重婚式结合在罗马未得到认可——罗马人与外国人之间的正常婚姻也同样不受认可——但有个事实却不容否认：克莉奥帕特拉怀孕了，让恺撒有了机会来得到一个继承人，而他此前还未有子嗣。

遵循托勒密家的传统，克莉奥帕特拉与恺撒展开了一趟尼罗河巡游之旅。这一走水路的"凯旋礼"，有四百艘罗马战船相伴，来庆祝他们的胜利。展示在埃及人面前的不仅有罗马来宾的雄威，还有他们自家那孕相已现的君主——母亲伊希斯女神的化身。他们沿河航行时，一路有数百万民众迎候和致敬。这一亲历的视觉冲击，肯定给恺撒留下了持久的印象；他意识到要将罗马和东方都置于其独家控制下，也可以营造渲染他自己的神圣光环，打造人神之名。

恺撒最终还是要离开埃及，去征服属于罗马世界的其他地盘。他留下三个军团，以确保克莉奥帕特拉的安全——她很快就将生产。公元前 47 年 6 月 23 日，她的第一个孩子出生。

法老生孩子，这当然绝非寻常之事，生产过程本身也蕴含着危险，不过，克莉奥帕特拉生下了一个健康的男婴。这是托勒密一世的第八代（外）孙，而他又"在其血统中结合了埃及和罗马的元素"，于是被母亲命名为托勒密·恺撒。至于亚历山大市民，则称之为恺撒里恩（Caesarion），意即"小恺撒"。

埃及王朝在埃得夫的大神庙里，他的小身影被加到了巨大的荷鲁斯雕像阵列中；就在正面塔门上其外公"吹笛者"痛击敌人的高大造型的下面。他的母亲同时也开始在亚历山大建造恺撒神庙——

如今是大都会酒店的所在地。按照计划中的一部分，为这座紧靠海边的神庙，克莉奥帕特拉从赫里奥波利斯挑选了一对古代的方尖碑，打算用来竖立拱护在庙堂入口的左右。两座石碑，人称"克莉奥帕特拉细针"的那一座，现在挺立在伦敦泰晤士河岸堤坝上，另一座则在纽约找到了归宿。恺撒神庙的原初命名是 Kaisaros Epibaterios，意即"恺撒登船"，暗示了那里正是恺撒最终动身离开埃及的地方。可以说恺撒给予了克莉奥帕特拉王位，她的继承人也包括了她的生命。

克莉奥帕特拉还开始了自己的陵墓工程。她打破传统，没与先人们一起葬入亚历山大这里的王室大墓室；在托勒密家族中，她是第一个跳出这规矩的人。不过，她想要的墓葬也需达到同等的规模和气度——"要够高大，够显眼"；古代文献中也提及了"她在王宫地界范围内正修建的陵墓"，就位于亚历山大的洛基阿斯海角上，但现在已经淹没在地中海的海水之下。

她忙于修缮装点自己的城市，并为恺撒里恩继承王权制订规划。及至公元前 46 年 5 月，孩子的父亲终于回到了罗马，元老院同意其拥有独裁者权威，为时十年。他们还为他举办了四次"凯旋礼"，庆祝他四处征战取得的胜利；典礼与托勒密王朝那极尽奢华排场的巡游仪式非常相似，游行彩车上画出各种图景，描绘恺撒对手们亡命的场面。对抗亚历山大人获得的胜利，以金字塔和法罗斯灯塔的模型强调表现出来，而克莉奥帕特拉的妹妹阿尔西诺四世也走在游行行列中，但戴着黄金的锁链镣铐。她免于一死，遭到流放，被送去了以弗所。

恺撒现在派人去请克莉奥帕特拉。她应约而至，迎接她的是甚至更为盛大的典礼，授予她"罗马人民的朋友与盟友"这一官方称谓。同是这个名号，她父亲"吹笛者"费尽心机、花了血本才得到，现在被移交给她，同时还有其他的"高贵头衔和丰富贵重的礼物"。

恺撒安排她住进了台伯河（Trastevere）外区他的别墅豪宅中。这里可俯瞰罗马城全景；她与儿子小恺撒在此当了两年的欧洲居民。克莉奥帕特拉那光彩照人、魅力万千的公众形象，在全城引发了一种真正的狂热浪潮，任何埃及事物都大受追捧；她形貌装扮的每一个细节，从发型到佩戴的首饰，人们都细致观察、抄袭模仿。

按照自我宣扬、将凡人圣化的策略，克莉奥帕特拉和恺撒的雕像被布置到了罗马各处的神庙中。最令人震惊的是，其中一座被竖立在了公共议事集会广场；恺撒在那里建了一座新神庙，献给维纳斯——被视为他家族的先祖神祇。在神庙正前面，他安置了一匹古风的战马雕像，那是亚历山大大帝的坐骑，而他自己的人像随后被加到马背上，成为骑手，寓意他是亚历山大的后继者。庙堂里面，在"伟大母亲"维纳斯雕像的旁边，恺撒安放了克莉奥帕特拉的一尊美丽雕像；这是"公开承认了一位显赫王朝世家的后裔与一位神之女儿之间的婚姻"。埃及君主们将自己的雕像安置在神明身边，这已是上千年的惯例，但在共和体制的罗马，此前可从未有过任何活人曾享受过如此的待遇——所以，在城中心脏地带，采用雕像的形式将神灵威力授予一个女人引起的震动如同爆炸，但这是深思熟虑、精心预谋过的一种政治手段。

恺撒也规划了系列的建筑项目，以亚历山大城为蓝本，将罗马这"永恒之城"改造转换为到处用大理石砌筑的豪华大都市。他还实施了让台伯河改道的方案，开挖修建了一座新河港，对沼泽湿地进行排水处理，以增加农地面积和谷物产量，进一步提高罗马城自给自足的能力。

克莉奥帕特拉影响了罗马的文化、宗教和政治，乃至于城市地貌。她甚至还为恺撒提供了实实在在用以"改变"时间的方式途径：她的天文学家协助恺撒，抛弃了有缺陷的罗马阴历日历，取而代之的是埃及那基于太阳运行编制的年历，也即所谓的"儒略历"（Julian）——至今仍在使用的公历。

这些迅捷又激进的改变，不可避免地引发了种种流言蜚语，说恺撒已经嫌弃罗马了，觉得这里不够好，说他想把政府迁往亚历山大，甚至要在克莉奥帕特拉的帮助下创立像亚历山大大帝那样的帝王政权。当元老院宣告承认恺撒为终身独裁官——实质上就是皇帝，只是没用那个名义而已——六十位铁杆共和派密谋商定刺杀恺撒，恢复共和制。公元前44年3月，他们实施了行动。

但计划未能完全如愿，因为罗马随后陷入了骚乱。恺撒的副手兼远房表弟马克·安东尼不得不迅速采取措施，来防止局势失控，以免滑向完全的无政府状态。

克莉奥帕特拉焦心于恺撒里恩的安全，立刻就返回了埃及，并除掉了她的弟弟托勒密十四世，为的是将三岁的儿子立为她的联合执政者。孩子的帝王名确定为恺撒里恩（公元前44—公元前30年在位），其个人形象则呈现为活着的荷鲁斯，与母亲那"在世伊希斯"的名头互为呼应；延伸开去，就指死去的恺撒等于是奥西里斯——在传说中，他那威力强大的妻子将其复活，然后又将两人的儿子抚养长大，接管了他在人间的位置。

至此，神话看似开始在现实中上演了。不过，埃及随即被拖进了战争。刺杀恺撒的主使，布鲁特斯（Brutus）与卡修斯（Cassius），同恺撒的副将安东尼展开了较量；安东尼眼下与恺撒的外甥屋大维（Octavian）结成了联盟，而按照罗马的法律，屋大维是恺撒的继承人。

埃及驻守在塞浦路斯的舰队，有一部分被刺杀者的军团缴获。

显然，流亡在以弗所的阿尔西诺四世在此役中协助了敌方。他们向克莉奥帕特拉索要更多的战船，遭到拒绝后便准备侵入埃及本土，直至安东尼牵制了他们的兵力，把他们引向希腊。

在希腊，他们被安东尼彻头彻尾地击败了。屋大维宣告胜利，率部向西回罗马庆祝凯旋。而安东尼则向东而去，在雅典受到欢迎，被敬呼为"新生的狄奥尼索斯"；他着手整顿重组罗马的东部行省。要实行执政计划，他需要克莉奥帕特拉的帮助，也需要埃及的财富，于是派特使前往，敦请克莉奥帕特拉赴西里西亚的塔尔苏斯与他会面。

对于安东尼这个人，克莉奥帕特拉已经认识了差不多有十四年。她意识到通过安东尼与罗马形成一个新同盟关系的机会确实可能存在。对恺撒和亚历山大大帝，安东尼都很愿意仿效，这当然就提供了有益的共识，构成协商的基础。

托勒密家族那传说般的富有丰足与奢华派头，被克莉奥帕特拉充分利用起来；她要把一场世俗层面上的政治峰会，变成一幕令人难忘、壮观华丽的盛景。与安东尼那"新生的狄奥尼索斯"的角色定位相匹配，她把自己装扮成了伊希斯-阿芙洛狄忒；当她的金色航船顺着黎凡特海岸北上时，"消息便传播开来，说阿芙洛狄忒要去与狄奥尼索斯狂欢，这将造福于亚洲（指小亚细亚）"。

克莉奥帕特拉的到来，已经广为人知。一到目的地，她就邀请安东尼及其高级军官们登船与她一起宴饮用餐。随船带来的丰厚赠礼显示出安东尼掌控罗马所需的资源，她全都拥有；这就让安东尼立刻倒向了她这一边。作为回馈，她提出要安东尼去消灭那些尚存的她的敌对者，其中主要的一个就是阿尔西诺四世，而这位妹妹仍在声索自己作为埃及合法统治者的权益。

克莉奥帕特拉的要求即刻得到了满足。埃及的王座已经稳固，她便返回亚历山大；安东尼随后到了那里与她双飞双宿。这年冬天，他们造访了各处名胜要地，去剧场看戏，外出打猎，组织起他们那独有的宴饮小团体——"无与伦比的生活"（The Inimitable Livers），其中的"成员们每天按次序轮流款待彼此，花费之豪奢，无法估量也无法置信"。为找到异国风情的特产，整个世界几乎都被翻遍了；从萨摩斯和米洛斯（Melos）的孔雀与鹤，到出产于远至不列颠肯特和艾塞克斯这里的生蚝——用醋腌制了运来……无奇不有。所有这些珍馐美味，都伴随着葡萄酒的洪流被冲下了肚子，而佳酿则是进口自希腊希俄斯岛（Chios）、今日法国之罗纳河谷、西班牙和塞浦路斯。同时也有最靠近王宫的美酒出产地，那就是马雷奥迪斯湖一带；这本地酒"非常美妙，马雷奥迪斯的酒被倒出来，在宾客目光中进一步熟化"。

安东尼的支持者们与屋大维交战，但落败了。而就在此际，克莉奥帕特拉发现自己怀孕了。因为形势所迫，安东尼只能火速赶回意大利。在罗马，他也别无选择，只好同意和解。协约是以一场婚姻来明确落实——他娶了屋大维的姐姐奥克塔维娅（Octavia），而新娘很快也怀上了孩子。不过，公元前 40 年 10 月，克莉奥帕特拉比情敌胜出一筹，生下了一对双胞胎。这是托勒密八世直系血统的后人中，养育出的第三对双胞胎。这对龙凤胎，母亲给男婴起名为亚历山大·赫里奥斯（Helios），女婴则是叫克莉奥帕特拉·瑟琳（Selene），意思分别指"太阳"和"月亮"。

她已经三年未与安东尼相见，而在这期间，他还在别的地方结了婚并当上了其他孩子的爹。但是，当罗马帝国的东部领土遭到帕提亚人（Parthians，从前的波斯王朝）攻击时，安东尼便需要再次取得克莉奥帕特拉的支持。于是，他向她提出了一个很具诱惑力的婚约。

公元前 37 年，在安条克，三十一岁的女王终于与她四十六岁的情人重逢。两人正式结婚，他们的双人头像出现在铸币上；而克莉奥帕特拉获得了有史以来最高级的结婚礼物，至少是最高级之一吧——从西里西亚到叙利亚、腓尼基、黎巴嫩和克里特的多处领土，还有原先属于纳巴泰阿拉伯人的、约旦境内的土地，安东尼都送给了她。

埃及帝国原来的疆域一下子失而复得，克莉奥帕特拉当然心花怒放。她很快又怀孕了，回到亚历山大之后，生下了第四个孩子，名为托勒密·菲勒戴尔弗斯（Philadelphus）。

安东尼出征攻打帕提亚，尽管第一次遭遇了失败，但公元前 34 年春季的第二次征伐，则夺取了属于帕提亚领土的亚美尼亚地区。他率部回到埃及，接受了类似"凯旋礼"的欢迎庆祝。他驾乘一辆黄金战车，沿着亚历山大城的中央大道行驶；一路随行的罗马将士，他们的盾牌上刻写着克莉奥帕特拉的名字。在城中塞拉培翁神庙举行的一场盛大典礼上，安东尼向妻子献上战利品，而此次战争正是由她资助的。

对这一典礼，如今人们通常称之为"献礼"（The Donations），是由年轻的最高大祭司佩图巴斯迪斯主持；父亲帕希尔恩普塔去世后，他已经子承父业。仪式上陪同克莉奥帕特拉七世的，也包括她的四个孩子：十三岁的联合统治者恺撒里恩，六岁的双胞胎赫里奥斯与瑟琳，以及两岁的托勒密·菲勒戴尔弗斯。安东尼作为东部诸行省的执政官，以罗马之名宣布他一一分封给孩子们的领地。他还宣告，恺撒里恩是神圣的尤利乌斯·恺撒唯一合法的继承人，以此来对抗反驳恺撒外甥屋大维的声明：他自诩为"恺撒统帅，神之子"。

不同阵营之间的战线随之清晰地划开了。希腊语地区的各个国度，连同相当数量的罗马人都支持安东尼和克莉奥帕特拉。安东尼也跟奥克塔维娅离了婚，以此切断与舅爷屋大维的全部关联，因为战争不可避免。屋大维已经开始了准备工作；在诗人贺拉斯与维吉尔这两位舆论操盘顾问的帮助下，他发动了一场聪明又漂亮的公关宣传攻势。他将每一条可能沾上边的罪名都扣到了那对夫妻头上，而鉴于安东尼又持续在外、长期远离罗马，那些指控似乎就愈加有道理了。屋大维读出了他恶意声称是安东尼遗嘱的内容：要求与克莉奥帕特拉一起葬在亚历山大。

当然，近些年打过如此多内战的背景下，人们不愿看到屋大维又对一位本国同胞公然采取敌对行动；于是，老谋深算的他正式向克莉奥帕特拉单独宣战，称其为"罗马政权的敌人"。这位时年三十七的女人兼四个孩子的母亲明显是个颇令人畏怯的对手，而"罗马，尽管从未自灭威风地害怕过任何的国家或民族，但在她当政的时期，确实畏惧过两个人；一位是汉尼拔，另一位是个女人"。

元老院的大多数议员同意剥夺安东尼的官方职权，屋大维便宣告："谁都不要再把他视为罗马公民，而要当他是埃及人；诸位不要再称他为安东尼，请叫他塞拉比斯（埃及蠢牛）。"他又指出将要对阵战斗的敌方将领的名字，污蔑地说："伊拉丝（Eiras）是给克莉奥帕特拉梳头发的小丫头，还有卡蜜恩（Charmion），这些娘们都是安东尼的主任国务委员。"甚至还有言之凿凿的情报，说克莉奥帕特拉想当"罗马的女王"；此外，既然这个"淫荡的女王胆敢让她那狂吠的阿奴比斯豺头神来跟我们的朱庇特作对"，那么，高贵的、阳刚健壮的西方就要准备好去与那堕落病态的、女人化的东方交战，而这种老一套的对立已经持续了两千多年。不过，并非所有的人都信服这些说辞。因为议员们有几乎一半选择站在安东尼这一边；他们离开罗马，在以弗所创立了一个新的议事院。克莉奥帕特拉率二百多艘战船组成的舰队并乘坐头船抵达这里，然后又骑马在这一带来回驰骋，视察军事部署——备战布防的资金皆由其提供。

战争的时点很快就将来临。公元前 32 年 3 月，她与安东尼赶到了萨摩斯，召集他们的盟友共同举行战前的宗教仪式。安东尼扮演了狄奥尼索斯的角色，确保每位神灵都收到了慷慨丰足的供奉，以求得到他们的支持。与此伴随的是乐师、歌者、演员与敬拜阿奴比斯的角斗士们轮番上场的演出——而这些人便为预期中即将到来的胜利庆典排练准备。

接着，夫妻俩的大军向西开进，跨越希腊大陆，在安布拉基亚海湾（Bay of Ambracia）西岸上的亚克星安营扎寨，他们的四百艘大战舰停泊在海湾中。现场铸造、用以发放军饷的银币上，浮雕凸印出的就是那些战船的图像，费用当然是从克莉奥帕特拉的王室内库支付。

她所采用的战前祈福护佑仪式，与三个世纪前奈克塔内波二世对抗波斯人时所用的似乎是同一种。不过，安东尼的这位"埃及妻子"的持续出现，貌似让他们的罗马对手颇为震骇；有些人提及了克莉奥帕特拉所求助的"凶恶恐怖的神怪与猖猖狂吠的阿奴比斯"。安东尼最信任的一个军官叛变转投了屋大维；他一口咬定，克莉奥帕特拉威胁到了他的性命，并透露了这对夫妻的作战计划。这让屋大维的将军阿格里帕（Agrippa）找到突破口，摧毁了从亚历山大到前线的物资供应链，使得他们处于孤立境地，将他们的战舰封锁在了海湾中。

为了解围，地面部队受调遣返回埃及。公元前 31 年 9 月 2 日，舰队冲出了海湾。按照此前的方案，克莉奥帕特拉率领一百艘战舰驶向远海。安东尼率其余的战舰与阿格里巴在近海交锋；由于波浪滔天，双方都不能脱身，遭受了重大的伤亡。

亚克星一战，几乎根本无法构成任何传奇文学的题材，直到屋大维手下擅长狡辩、巧舌如簧的清客诗人们将其平地拔高、润饰成文；但一位军事史学家这样描述此役："完全不是荡气回肠的壮烈激战，只是陆上的一系列小规模冲突，还有海上几个回合的交锋。"缺席的屋大维——他也确实不在场，因为他晕船正难受——被默认为胜利者。不过，安东尼夫妇成功实施了计划，从海湾突围而出，向南方航行，去重整队伍。但也就是在那时，坏消息传了过来：他们的地面部队遭到截击，然后倒戈投敌了。

于是，他们疾速返回亚历山大，一路上还让旗帜飞扬，伪装成获胜而归。这样是为了稳住民众、争取时间，而克莉奥帕特拉也得以保住了她巨额的财富。她暂时仍然处于有利地位，因为屋大维"后院起火"——士兵们的军饷，他没钱支付，结果在意大利本土发生了叛乱。

归来的克莉奥帕特拉，依旧听到了欢呼之声，赞誉她是"保卫家园的神圣女主"。既存的那些政治盟友，也即孟斐斯的祭司群体，对她的拥护一如从前。埃及人民也依然忠诚，派来了一个请愿代表团，表明他们愿意代表她拿起刀枪去保家卫国。尽管屋大维控制了北方和西方，但东方与南方还是自由之地；这就是克莉奥帕特拉下一步行动的路线途径。她清楚地知道，地中海并不是埃及唯一的海岸线。既然红海是去往东方的通道，她便启动了一个"极为大胆而精彩的计划"，效仿古埃及先辈的实践，将她剩余的战舰经由陆路运往东边，让舰队"在阿拉伯海湾中浮动航行"，于这一不同以往的前沿阵地与敌人交战——如有必要，此也可作为逃生之路。

但这一努力遭到了灾难性的打击，她的战舰被烧毁了。纵火者是纳巴泰的阿拉伯商人。他们长久以来都嫉恨托勒密家族侵入他们的领地，下定决心要维持他们在红海周边的陆上贸易线路。

正是这一事件，而不是亚克星之战，决定了克莉奥帕特拉七世与埃及的命运。

在长达一年的僵局处境中，这对夫妻被困在亚历山大。"无与伦比的生活"这一吃喝俱乐部，被重命名为"大家一起死"，成了一个自杀俱乐部，但照旧夜夜笙歌，宴饮狂欢，就仿佛不会再有明天。

当罗马人夺走他的王国时，塞浦路斯的托勒密选择了自我了断。克莉奥帕特拉决意以这位叔叔为参考榜样，而不是像她妹妹阿尔西诺四世那样，以只求苟活的战败者身份走过罗马街头受辱。她开始谋划起恰当的自杀方式，以免有必要时手足无措。按古文献所揭示的，她"忙着收集各种各样的毒药，为的是试验发现哪一种在操作中痛苦最小"；这其中也包括了"毒性动物"。她想找到一种毒素，能提供完美的方式让人安详地离去，进入来生世界。毕竟要死得有尊严，才配得上她的地位形象。

屋大维的军队已越过腓尼基，正向南进发。听闻这一消息，克莉奥帕特拉将她一半的"黄金、白银、绿宝石、珍珠、乌木、象牙和肉桂"堆积贮存到了墓室中。她所进行的剩余的努力就是争取王朝血脉的延续。十六岁的恺撒里恩，还有她另一半的财宝，被一起送往柯普托斯；那里的支持者们将带小恺撒穿越东部沙漠，去到红海边乘船逃亡。另外三个更年幼的孩子也被疏散出宫，托付给他们的老师照顾，被带去了南方的底比斯。

他们的离去并非操之过急，因为屋大维的人马已经跨过了埃及的东北边境，当地卫戍部队的将领叛变，与敌军勾结，罗马人因此轻松拿下了裴路秀，在三角洲沿海势如破竹，迅速向柯诺普斯挺进。

安东尼击退了他们。夫妻俩还收到消息，说自家的角斗士们已经离开西齐库斯（Cyzicus）的基地，正日夜兼程"来帮助他们的统治者"，但稍后的噩耗是屋大维新任命的叙利亚总督拦截并最终处死了他们。埃及民众们也北上来投入战斗，保卫国土；不过，屋大维动作相当迅速，瞄准他们的名誉首脑和精神领袖，也即同样具有托勒密血统的孟斐斯最高大祭司，将他的每一个痕迹都抹除了。不仅终结了三千年之久的宗教职位，罗马人还闯入前任最高大祭司帕西恩普塔的墓葬，抢劫了里面的"黄金和白银装饰摆设，以及各种各样珍稀的真品宝石"。而现任的在职大祭司，年仅十六岁的佩图巴斯迪斯，于公元前 30 年 7 月 31 日走到了他的生命终点。这样一个日期，与战事进程如此巧合，只能表明他是遭到了杀害。

正是这同一天的夜晚，在亚历山大，自杀俱乐部最后一次聚会。有人声称，能够听到一种非尘世的音乐，"有种类繁多的乐器演奏的声音，有歌声和着曲调在唱诵，还有一群人喊叫和舞蹈的喧嚣之声，就像酒神节狂欢的队伍在行进"。人们听到那幽灵的队列在城中穿行而过，从东边的大门出城，向着敌人的营地而去，在消失前，喧闹声突然又变得非常嘈杂、沸反盈天。这一无从核实的现象，被阐释为狄奥尼索斯抛弃了安东尼——对这位大神曾经保护过的埃及王朝而言，如此的一个征兆无疑更是远为严峻、意味深长。

8 月 1 日的黎明时分，安东尼率部出战。而他们剩余的舰队力量则出动去与屋大维的战船较量，但结果只是乖乖地停泊在一旁投降。他们仅存的地面部队也是如此。屋大维拒绝与安东尼单打独斗、一决雌雄，而是建议他另寻死法，安东尼无计可施，只得返回宫中。

克莉奥帕特拉此前以为安东尼已阵亡，便把自己和侍女关进了墓室。听闻丈夫回来后试图自杀，她命人将他带到身边来。尽管失血过多、气息奄奄，安东尼还是被扶进了墓室，在妻子的怀抱中与世长辞。

墓葬中无价的巨额财宝，屋大维迫切需要，而克莉奥帕特拉则有可能点火，将它们变成一个火葬堆。屋大维无论如何也要防范如此的结局，便令手下强行破门而入。克莉奥帕特拉意欲自杀，却被屋大维的手下们夺下短剑，"还摇摆抖动她的衣裙，看其中是否藏有毒药"。

她被关在宫中软禁起来，有专人看守，暂无死亡之虞。屋大维最终进城，他参观了亚历山大的陵墓，评估其中陪葬品的价值。有人提出让他看看托勒密家族部分成员的木乃伊，但遭到了拒绝。他表示没兴趣去看一排干尸遗体。这态度正如他拒绝去向阿比斯神牛表达一丝敬意，他主张"要拜的是神明，而不是什么牛呀狗的"。然后他命令："存放亚历山大大帝木乃伊的石棺，要从亚历山大城的陵墓中移出来。"据说，在实施过程中，他"确实触碰过那木乃伊，导致的结果是，遗体的鼻子有一块断开了"。

在托勒密王朝创始者的身上，屋大维留下了他不可磨灭的印迹。然后，他彻底终结了这个王朝，下令处决第十五世也是最后一代的托勒密——小恺撒；他表示，"有太多的恺撒，这可不是好事"。那十六岁的孩子，试图离国逃亡时被抓住了。一起被截获的还有那一半的王室财宝，现在与从克莉奥帕特拉墓中缴获的另外那一半合并起来，运回了罗马；这笔财富的金额数量是如此之大，以至于让罗马的借贷利率在一夜之间从百分之十二暴跌到百分之四。

屋大维允许克莉奥帕特拉打理安东尼的葬礼，但她只求一死的愿望却被驳回了——用的是威胁手段，因为她剩下的三个孩子也被抓获扣押了。屋大维要让他们全活着，带回罗马，在他的"凯旋礼"上亮相——那将是一段历史中一连串事件的辉煌巅峰时刻；而这段历史，已经被他开始了改写，伴随着的是被撕碎的文献、被推倒的雕像，以及在其打压下，所有反对者的噤声无言。

克莉奥帕特拉假装合作，以便赢得时间。她退回到自己的私人生活区，给屋大维写信，要求能与安东尼葬在一起。她心里清楚，自己必须快速行动；一旦对方看到她的信，她就没机会了。她把所有的手下人都支开，只留下了侍女伊拉丝和卡蜜恩——她人世谢幕演出中的配角。

至于接下来所发生的事，古代文献也承认，"到底发生了什么，谁也不知道"。

众所周知的传说是，她借助毒蛇自杀了，正如那首度向公众展示的、讽刺漫画般的模拟像所表现的那样；那长蛇盘绕她双臂的雕像，稍后曾在罗马巡游展出。但是，这种见解暗示克莉奥帕特拉让角蝰咬死了她，却很不靠谱、很不可信。因为，根据她从自己的研究中所了解到的，角蝰这种北非毒蛇的毒效，会在死前引发呕吐和大小便失禁——这对她自我了结的终极计划完全不合适。

从埃及眼镜蛇身上获得的结果或成效，似乎更符合她的要求。那毒液会导致昏昏欲睡的倦意，让全身逐渐麻痹瘫痪，被描述为就像"一场极深沉的自然睡眠"——如此效果，在埃及长期以来都是通过木乃伊制作来达成的。

眼镜蛇的毒液，并不意味着必须让蛇本身来到现场。尽管如此，有古代文献仍假定了，一条蛇被装在篮子里，偷偷带进了王宫。但有足够毒液杀死一个成人的眼镜蛇，大概会是两米长的样子；要杀死那三个女人，就需要有三条这样的动物，因为眼镜蛇在咬第一口时就会释放掉所有的毒液。事实上，"想到这个美杜莎头发一般、软体爬行动物增殖交缠的场景，你很快就会恐惧退缩了"，更不必提还得有多大的篮子才够装下它们。

有替代的理论假设指出，一条蛇已经事先准备在她的闺房中了，"养在一个大花瓶中，然后她用一根黄金纺线杆去戳扎激怒那条蛇，直至它咬中了她的手臂"。这看似是对世人觉得最可信的那个叙事版本的发挥和改造润色——陈述如此说道，"她用一根中空的发簪装了毒药，而她的长发就盘绕在上面"。这样的发饰，对于她那招牌性的发型来说，是不可或缺的一部分，而且是卷藏在头发中间；为排除隐藏的武器和毒药而搜查她衣物的罗马士兵，就很有可能没能发现，或者根本没留意到这个发簪；尤其是按照罗马社会的习俗，一位已婚女性那绾起来的盘发，被认为是高贵圣洁的，绝对不可侵犯亵渎。

理所当然，她选择在伊拉丝的陪伴下死去。屋大维嘲弄调侃伊拉丝是"给克莉奥帕特拉梳头发的小丫头"，任何有价值和有意义的事情都做不了，但现在，很有可能正是在这位姑娘的帮助下，屋大维最大、最炫的猎获物被夺走了。

在卡蜜恩服侍下穿好女王袍服之后，克莉奥帕特拉躺到了她的金色大床上。这时，或许就是伊拉丝，将那粗针一般的发簪递给了她的主人。这位女法老"在自己手臂上弄出一小块擦伤，让剧毒进入她的血液"。剧毒很快便起效了。

两位侍女也仿效主人弃世而去。屋大维读到克莉奥帕特拉的信后，立即派卫兵来到现场，但那精心策划的舞台画面造型，已经演到了最佳的预期效果。

按广泛传播的说法，罗马人质问："卡蜜恩，这样就让你的女主人善终了吗？"而在倒毙前，卡蜜恩还挣扎着回答了："这非常好，她是如此众多先王们的后嗣，这样对她才合适。"那些先王，就是三千年间前后接续当政的法老们，而埃及人就是围绕着他们，创建了自己全部的历史。

公元前 30 年 8 月 31 日，三千年历史的埃及被疾速带到了终极结局：罗马正式吞并了埃及。此后，这里一直是相继而至的数个外来帝国的殖民地，直到 1952 年，埃及的故事才再度由这个国度自己来书写。

"奥西里斯是昨日，拉神是明天，
昨日属于我，而我知晓明天。"
　　　　　　　　——《亡灵书》

历代年表

　　这份历代年表以伊恩·肖与保尔·尼科尔森（Ian Shaw & Paul Nicholson）所著的《大英博物馆古埃及辞典》（1995年）第310到312页，以及伊恩·肖所编写的《牛津版古埃及史》（2000年）第479到482页的内容为依据，并按照迪伊（M.Dee）等人在发表于2013年的文章中，对前王朝时期的最新考证成果进行了修订。这里也列入了那些拥有君王头衔的女性，还将第十一王朝放在了第一中间期之内，而不是将第一中间期放在中王国时段。

　　公元前690年之前，既然无法断定准确的日期，因此，关于在这之前发生的事件，本书中所给出的都是估测的近似时间，比如说，"公元前3100年前后"或"大约公元前1069年"。

前王朝时期：公元前 5300—公元前 3100 年

下埃及

新石器时代　约公元前 5300—公元前 4000 年

马阿迪文化　约公元前 4000—公元前 3100 年

上埃及

巴达里阶段　约公元前 4400—公元前 3800 年

涅迦达阶段　约公元前 3800—公元前 3300 年

"零王朝"　公元前 3300—公元前 3100 年

统治者包括：

蝎子王（Scorpion）

伊里–奥（Iri hor）

卡（Ka）

早王朝时期：公元前 3100—公元前 2686 年

第一王朝：公元前 3100—公元前 2890 年

那尔迈（Narmer）　约公元前 3100 年

阿哈（Aha）　约公元前 3085 年

德耶尔（Djer）　约公元前 3040 年

吉特（Djet）　约公元前 2990 年

梅奈斯（Merneith）　约公元前 2965 年

邓恩（Den）　约公元前 2960 年

阿涅吉布（Anedjib）　约公元前 2925 年

塞美赫特（Semerkhet）　约公元前 2900 年

卡阿（Qaa）　约公元前 2890 年

第二王朝：公元前 2890—公元前 2686 年

赫特普塞克姆威（Hetepsekhemwy）　约公元前 2890 年

内布拉（Nebra）　约公元前 2865 年

奈尼特吉（Nynetjer）

维奈格（Weneg）

塞内德（Sened）

珀里布森（Peribsen）　约公元前 2700 年

卡塞凯姆威（Khasekhemwy）　约公元前 2686 年

古王国时期：公元前 2686—公元前 2181 年

第三王朝：公元前 2686—公元前 2613 年

内布卡（Nebka）　公元前 2686—公元前 2667 年

左塞尔（Djoser）　公元前 2667—公元前 2648 年

塞赫姆赫特（Sekhemkhet）　公元前 2648—公元前 2640 年

哈巴（Khaba）　公元前 2640—公元前 2637 年

胡尼（Huni）　公元前 2637—公元前 2613 年

第四王朝：公元前 2613—公元前 2494 年

斯奈夫鲁（Snefru）　公元前 2613—公元前 2589 年

胡夫（Khufu）　公元前 2589—公元前 2566 年

德耶德弗拉（Djedefra）　公元前 2566—公元前 2558 年

哈夫拉（Khafra）　公元前 2558—公元前 2532 年

门卡乌拉（Menkaura）　公元前 2532—公元前 2503 年

肯塔维丝一世（Khentkawes Ⅰ）　约公元前 2503 年

谢普塞卡夫（Shepseskaf）　公元前 2503—公元前 2494 年

第五王朝：公元前 2494—公元前 2345 年

乌塞卡夫（Userkaf）　公元前 2494—公元前 2487 年

萨胡拉（Sahura）　公元前 2487—公元前 2475 年

内弗瑞尔卡拉（Neferirkara）　公元前 2475—公元前 2455 年

肯塔维丝二世（Khentkawes Ⅱ）　约公元前 2455 年

谢普塞卡拉（Shepseskara）　公元前 2455—公元前 2448 年

冉内弗瑞夫（Raneferef）　公元前 2448—公元前 2445 年

尼乌色拉（Niuserra）　公元前 2445—公元前 2421 年

门卡乌霍（Menkauhor）　公元前 2421—公元前 2414 年

德耶德卡拉（Djedkara）　公元前 2414—公元前 2375 年

乌纳斯（Unas）　公元前 2375—公元前 2345 年

第六王朝：公元前 2345—公元前 2181 年

泰狄（Teti）　公元前 2345—公元前 2323 年

乌瑟卡拉（Userkara）　公元前 2323—公元前 2321 年

佩皮（Pepi）　公元前 2321—公元前 2287 年

梅伦拉（Merenra）　公元前 2287—公元前 2278 年

佩皮二世（Pepy Ⅱ）　公元前 2278—公元前 2184 年

奈姆耶姆萨夫（Nemtyemsaf）　公元前 2184 年

奈提克雷蒂（Neitikrety）　公元前 2184—公元前 2181 年

第一中间期：公元前 2181—公元前 2055 年

第七与第八王朝：公元前 2181—公元前 2125 年

众多昙花一现的国王中包括有：

内弗尔卡乌霍（Neferkauhor）

艾比（Ibi）

第九与第十王朝（赫拉克勒奥波利斯）：公元前 2160—公元前 2125 年

赫狄一世（Khety Ⅰ）

赫狄二世（Khety Ⅱ）

梅睿卡拉（Merikara）

第十一王朝（底比斯）：公元前 2125—公元前 2055 年

孟图霍特普一世（Montuhotep Ⅰ）

因特夫一世（Intef Ⅰ）　　公元前 2125—公元前 2112 年

因特夫二世（Intef Ⅱ）　　公元前 2112—公元前 2063 年

因特夫三世（Intef Ⅲ）　　公元前 2063—公元前 2055 年

第十一王朝（埃及全境）：公元前 2055—公元前 1985 年

孟图霍特普二世（Montuhotep Ⅰ）　　公元前 2055—公元前 2004 年

闪赫卡拉（Sankhkara，也即孟图霍特普三世）　　公元前 2004—公元前 1992 年

孟图霍特普四世（Montuhotep Ⅳ）　　公元前 1992—公元前 1985 年

中王国时期：公元前 1985—公元前 1650 年

第十二王朝：公元前 1985—公元前 1795 年

阿蒙内姆哈特一世（Amenemhat Ⅰ）　公元前 1985—公元前 1955 年

塞索斯特里斯一世（Sesostris Ⅰ）　公元前 1965—公元前 1921 年

阿蒙内姆哈特二世（Amenemhat Ⅱ）　公元前 1922—公元前 1878 年

塞索斯特里斯二世（Sesostris Ⅱ）　公元前 1880—公元前 1874 年

塞索斯特里斯三世（Sesostris Ⅲ）　公元前 1874—公元前 1855 年

阿蒙内姆哈特三世（Amenemhat Ⅲ）　公元前 1855—公元前 1808 年

阿蒙内姆哈特四世（Amenemhat Ⅳ）　公元前 1808—公元前 1799 年

索贝克内芙露（Sobeknefru）　公元前 1799—公元前 1795 年

第十三王朝：公元前 1795—公元前 1650 年

多达七十位统治者，其中包括：

索贝克霍特普一世（Sobekhotep Ⅰ）

阿蒙尼–基马瓦（Ameny-Qemau）

索贝克霍特普二世（Sobekhotep Ⅱ）

赫恩德耶尔（Khendjer）

索贝克霍特普三世（Sobekhotep Ⅲ）

内弗尔霍特普一世（Neferhotep Ⅰ）

索贝克霍特普四世（Sobekhotep Ⅳ）

索贝克霍特普五世（Sobekhotep Ⅴ）

第十四王朝（索伊斯）：约公元前 1750—公元前 1650 年

君王包括：

内赫希（Nehesy）

第二中间期：约公元前 1650—公元前 1550 年

第十五王朝（喜克索斯王朝）：公元前 1650—公元前 1550 年

萨利狄斯（Salitis）

吉安（Khyan）

阿波菲斯（Apophis）

哈穆狄（Khamudi）

第十六王朝：约公元前 1650—公元前 1550 年

与第十五王朝同期存在的一些小王国君主

第十七王朝：约公元前 1650—公元前 1550 年

在底比斯建立政权的统治者有好几位，其中最突出的列举如下：

索贝克姆沙夫（Sobekemsaf）　约公元前 1570 年

因特夫六世（Intef VI）

塔奥一世（Tao I）

塞肯拉（Seqenra，塔奥二世）　约公元前 1560 年

卡摩西（Kamose）　约公元前 1555—公元前 1550 年

新王国时期：约公元前 1550—公元前 1069 年

第十八王朝：公元前 1550—公元前 1295 年

阿赫摩斯一世（Ahmose I）　公元前 1550—公元前 1525 年

阿蒙霍特普一世（Amenhotep I）　公元前 1525—公元前 1504 年

图特摩西斯一世（Tuthmosis I）　公元前 1504—公元前 1492 年

图特摩西斯二世（Tuthmosis II）　公元前 1492—公元前 1479 年

图特摩西斯三世（Tuthmosis III）　公元前 1479—公元前 1425 年

哈特谢普苏特（Hatshepsut）　公元前 1473—公元前 1458 年

阿蒙霍特普二世（Amenhotep Ⅱ）　公元前 1427—公元前 1400 年

图特摩西斯四世（Tuthmosis Ⅳ）　公元前 1400—公元前 1390 年

阿蒙霍特普三世（Amenhotep Ⅲ）　公元前 1390—公元前 1352 年

阿蒙霍特普四世/埃赫纳吞（Amenhotep Ⅳ/Akhenaten）　公元前 1352—公元前 1336 年

（内芙尔娜芙鲁阿吞）斯蒙赫卡拉［（Nefernefruaten）Smenkhkara］　公元前 1338—公元前 1336 年

图坦卡蒙（Tutankhamen）　公元前 1336—公元前 1327 年

艾伊（Ay）　公元前 1327—公元前 1323 年

霍雷姆赫布（Horemheb）　公元前 1323—公元前 1295 年

第十九王朝　公元前 1295—公元前 1186 年

拉美西斯一世（Ramses Ⅰ）　公元前 1295—公元前 1294 年

塞狄一世（Seti Ⅰ）　公元前 1294—公元前 1279 年

拉美西斯二世（Ramses Ⅱ）　公元前 1279—公元前 1213 年

梅伦普塔（Merenptah）　公元前 1213—公元前 1203 年

阿蒙梅西（Amenmesse）　公元前 1203—公元前 1200 年

塞狄二世（Seti Ⅱ）　公元前 1200—公元前 1194 年

西普塔（Siptah）　公元前 1194—公元前 1188 年

塔沃丝蕾特（Tawosret）　公元前 1188—公元前 1186 年

第二十王朝：公元前 1186—公元前 1069 年

塞斯纳赫特（Sethnakht）　公元前 1186—公元前 1184 年

拉美西斯三世（Ramses Ⅲ）　公元前 1184—公元前 1153 年

拉美西斯四世（Ramses Ⅳ）　公元前 1153—公元前 1147 年

拉美西斯五世（Ramses Ⅴ）　　公元前 1147—公元前 1143 年

拉美西斯六世（Ramses Ⅵ）　　公元前 1143—公元前 1136 年

拉美西斯七世（Ramses Ⅶ）　　公元前 1136—公元前 1129 年

拉美西斯八世（Ramses Ⅷ）　　公元前 1129—公元前 1126 年

拉美西斯九世（Ramses Ⅸ）　　公元前 1126—公元前 1108 年

拉美西斯十世（Ramses Ⅹ）　　公元前 1108—公元前 1099 年

拉美西斯十一世（Ramses Ⅺ）　　公元前 1099—公元前 1069 年

第三中间期：公元前 1069—公元前 747 年

第二十一王朝（塔尼斯）：公元前 1069—公元前 945 年

斯门德斯（Smendes）　　公元前 1069—公元前 1043 年

阿蒙尼姆尼苏（Amenemnisu）　　公元前 1043—公元前 1039 年

苏塞恩尼斯（Psusennes）　　约公元前 1039—公元前 991 年

阿蒙尼莫佩（Amenemope）　　公元前 993—公元前 984 年

大奥索尔孔（Osorkon the Elder）　　公元前 984—公元前 978 年

西阿蒙（Siamen）　　公元前 978—公元前 959 年

苏塞恩尼斯二世（Psusennes Ⅱ）　　公元前 959—公元前 945 年

第二十二王朝（布巴斯迪斯/利比亚）：公元前 945—公元前 715 年

谢斯弘克一世（Sheshonq Ⅰ）　　公元前 945—公元前 924 年

奥索尔孔一世（Osorkon Ⅰ）　　公元前 924—公元前 889 年

谢斯弘克二世（Sheshonq Ⅱ）　　约公元前 890 年

泰柯洛斯一世（Takeloth Ⅰ）　　公元前 889—公元前 874 年

奥索尔孔二世（Osorkon Ⅱ）　　公元前 874—公元前 850 年

泰柯洛斯三世（Takeloth Ⅲ）　公元前 850—公元前 825 年

谢斯弘克三世（Sheshonq Ⅲ）　公元前 825—公元前 773 年

皮迈伊（Pimay）　公元前 773—公元前 767 年

谢斯弘克五世（Sheshonq Ⅴ）　公元前 767—公元前 730 年

奥索尔孔四世（Osorkon Ⅳ）　公元前 730—公元前 715 年

第二十三王朝（塔尼斯/利比亚）：公元前 818—公元前 715 年

同期有数个世系的统治者，分别盘踞于赫拉克勒奥波利斯、赫莫波利斯、雷昂托波利斯与塔尼斯，其中包括：

佩杜巴斯迪斯一世（Pedubastis Ⅰ）　公元前 818—公元前 793 年

谢斯弘克四世（Sheshonq Ⅳ）　约公元前 780 年

奥索尔孔三世（Osorkon Ⅲ）　公元前 777—公元前 749 年

第二十四王朝：公元前 727—公元前 715 年

巴克恩热内夫（Bakenrenef）　公元前 727—公元前 715 年

王国晚期：公元前 747—公元前 332 年

第二十五王朝（库什王朝）：公元前 747—公元前 656 年

皮耶（Piye）　公元前 747—公元前 716 年

沙巴卡（Shabaqa）　公元前 716—公元前 702 年

沙比特卡（Shabitqa）　公元前 702—公元前 690 年

塔哈尔卡（Taharqa）　公元前 690—公元前 664 年

坦塔蒙（Tantamen）　公元前 664—公元前 656 年

第二十六王朝（赛伊斯）：公元前 672—公元前 525 年

尼柯一世（Necho Ⅰ）　公元前 672—公元前 664 年

萨美提克斯一世（Psammetichus Ⅰ）　公元前 664—公元前 610 年

尼柯二世（Necho Ⅱ）　公元前 610—公元前 595 年

萨美提克斯二世（Psammetichus Ⅱ）　公元前 595—公元前 589 年

阿普利斯（Apries）　公元前 589—公元前 570 年

阿赫摩斯二世（Ahmose Ⅱ）　公元前 570—公元前 526 年

萨美提克斯三世（Psammetichus Ⅲ）　公元前 526—公元前 525 年

第二十七王朝（第一次波斯控制期）：公元前 525—公元前 404 年

冈比西斯（Cambyses）　公元前 525—公元前 522 年

大流士一世（Darius Ⅰ）　公元前 522—公元前 486 年

薛西斯一世（Xerxes Ⅰ）　公元前 486—公元前 465 年

阿塔薛西一世（Artaxerxes Ⅰ）　公元前 465—公元前 424 年

大流士二世（Darius Ⅱ）　公元前 424—公元前 405 年

阿塔薛西二世（Artaxerxes Ⅱ）　公元前 405—公元前 359 年

第二十八王朝：公元前 404—公元前 399 年

阿米狄欧斯（Amyrtaios）　公元前 404—公元前 399 年

第二十九王朝：公元前 399—公元前 380 年

奈夫里提斯一世（Nepherites Ⅰ）　公元前 399—公元前 393 年

哈柯尔（Hakor）　公元前 393—公元前 380 年

奈夫里提斯二世（Nepherites Ⅱ）　约公元前 380 年

第三十王朝：公元前 380—公元前 343 年

奈克塔内波一世（Nectanebo Ⅰ）　公元前 380—公元前 362 年

泰奥斯（Teos）　公元前 362—公元前 360 年

奈克塔内波二世（Nectanebo Ⅱ）　公元前 360—公元前 343 年

第二次波斯控制期：公元前 343—公元前 332 年

阿塔薛西斯三世（Artaxerxes Ⅲ）　公元前 343—公元前 338 年

阿西斯（Arses）　公元前 338—公元前 336 年

大流士三世（Darius Ⅲ）　公元前 336—公元前 332 年

托勒密王朝时期：公元前 332—公元前 30 年

马其顿王朝：公元前 332—公元前 305 年

亚历山大大帝（Alexander the Great）　公元前 332—公元前 323 年

菲利普·阿里戴奥斯（Philip Arrhidaios）　公元前 323—公元前 317 年

亚历山大四世（Alexander Ⅳ）　公元前 323—公元前 310 年

托勒密王朝：公元前 305—公元前 30 年

托勒密一世（Ptolemy Ⅰ）　公元前 305—公元前 282 年

托勒密二世（Ptolemy Ⅱ）　公元前 285—公元前 246 年

阿尔西诺二世（Arsinoe Ⅱ）　公元前 275—公元前 268 年

托勒密三世（Ptolemy Ⅲ）　公元前 246—公元前 222 年

贝伦尼柯二世（Berenike Ⅱ）　公元前 246—公元前 221 年

托勒密四世（Ptolemy Ⅳ）　公元前 221—公元前 205 年

托勒密五世（Ptolemy Ⅴ）　公元前 205—公元前 180 年

克莉奥帕特拉一世（Kleopatra Ⅰ）　公元前 194—公元前 176 年

托勒密六世（Ptolemy Ⅵ）　公元前 180—公元前 145 年

克莉奥帕特拉二世（Kleopatra Ⅱ）　公元前 176—公元前 116 年

托勒密七世（Ptolemy Ⅶ）　公元前 145 年

托勒密八世（Ptolemy Ⅷ）　公元前 145—公元前 116 年

克莉奥帕特拉三世（Kleopatra Ⅲ）　公元前 142—公元前 101 年

托勒密九世（Ptolemy Ⅸ）　公元前 116—公元前 107 年

托勒密十世（Ptolemy Ⅹ）　公元前 107—公元前 88 年

贝伦尼柯三世（Berenike Ⅲ）　公元前 101—公元前 80 年

托勒密九世（Ptolemy Ⅸ）　公元前 88—公元前 80 年

托勒密十一世（Ptolemy Ⅺ）　公元前 80 年

托勒密十二世（吹笛者）（Ptolemy Ⅻ/Auletes）　公元前 80—公元前 58 年

克莉奥帕特拉五世（Kleopatra Ⅴ）　公元前 58—公元前 57 年

贝伦尼柯四世（Berenike Ⅳ）　公元前 58—公元前 55 年

托勒密十二世（吹笛者）（Ptolemy Ⅻ/Auletes）　公元前 55—公元前 51 年

克莉奥帕特拉七世（Kleopatra Ⅻ）　公元前 51—公元前 30 年

托勒密十三世（Ptolemy ⅩⅢ）　公元前 51—公元前 47 年

托勒密十四世（Ptolemy ⅪⅤ）　公元前 47—公元前 44 年

托勒密十五世（恺撒里恩）（Ptolemy ⅩⅤ/Caesarion）　公元前 44—公元前 30 年

写在历史边上

——《埃及四千年》 译后记

　　尽管是此书的译者，但身为一个"缺乏历史研究基本训练"与"几乎没有历史常识"——无论哪种行为实践，惯于给操作者设置这类令人望而却步的门槛的旁观者或"圈内人士""批评家"，从来都是少不了的，不过，这并未阻止"缺乏情爱生活基本训练"与"几乎没有持家常识"的一代代青少年去成婚和繁衍后代——的人，我在这里写译后记，似乎存在资质的阻碍，所以，就选择在历史边上，赧颜划拉几句，算是敷衍一下自己对历史的一点非分之念。

　　一切的人文社科学问，最大的价值和最具意义的贡献，不妨可说是培育人类的基本理性思辨，并传播这基本理性所支撑的人间常识。而历史，则是提供了一个必要的、长度更合宜的时空场域，来观照、检视、甄别这些理性和常识是否可靠可信，是否可敬可取，甚至，是否可亲可爱。

　　有些耳熟能详的说法，比如历史是任人打扮的小姑娘，比如历史总是惊人的相似，当然自有其道理，但一个合格的历史学者，其学术伦理中总会包含探求真相、追本溯源、鉴往知来这一纯洁高尚的理想，要去揭示那小姑娘的素颜面目，要去尝试厘清历史为何会重演，又是如何有异于前例。正是这样的冲动和执念，让乔安·弗莱彻的这一生与埃及有了密切关联。

这本古埃及史，推动其书写的逻辑，除了多年的专业考古发现和前人的成果积累，也还是基本理性和常识。那一古老辉煌的文明体，在弗莱彻这里没有被神秘化，没有陷于诸多同类出品主流记述中习见的玄奥窠臼——金字塔建造之谜和木乃伊的死亡诅咒无疑植根于那种魔幻奇诡的叙事遗产。她的这份古埃及史，将一个艰深的话题拉向了地面，受过常规教育的一般读者都可通读理解。弗莱彻还借助电视这一大众媒介来普及宣讲她的研究内容，其中极具科学理性的一个突破实践，是借助当代志愿者的遗体、用古埃及手法制作木乃伊，并拍成专题纪录片。

带有不同阅读动机的读者，翻看此书大概都能各取所需，有所获益。你可以了解古埃及文明的整体演化进程。你可以关注从前王朝时期到托勒密王朝的历代更替。你可以追踪历史变迁中自然地理的影响因子。你可以看到贯穿其间的公元前人类科技史或物质财富生产史。你可以着眼于王族成员关系去挖掘遗传医学考古专题。你可以探讨宗教神权与世俗王权之间的制衡机制。你可以聚焦于政变夺权阴谋、王室男女角力或历史走向中的美色力量。你也可以完全只是无聊猎奇，去浏览数千年前的民俗风情和社交娱乐，去翻查古人们的八卦——宫闱秘辛或民间轶事。

历史那溅漫无际的长河中，能浮出水面留下名字的，大概都应当说是幸运者，无论这是因其显赫腾达，还是因其天赋异禀，还是因其特别不幸、命运乖离（毕竟那苦难未被漠视，记载在册了），或者纯粹是因为传世历史文献的偶然率所带来的小小宠爱。

弗莱彻对具体而微的个体之人的重视，让本书充满了数量繁多的鲜活灵动的人物，音容宛然，读来颇为解颐。

这也不是一部正襟危坐、不苟言笑的严肃历史。通篇都是以英伦风的诙谐生动笔法写就——既然相隔已远，当年的烟云早已散尽，何必再苦大仇深、一本正经？如此的呈现策略，也是此书的一个加分项，让历史的解读不再那么凝重艰涩。仅举一例：

然后，是一个更为放松平和的氛围，梅内如卡坐在一个画架前，挥笔画一幅当季风情即景，或者是在夫人的起居室中，坐在那位长公主身边，听她唱唱歌、弹弹竖琴。竖琴，古埃及语音为 be-net，在一个委婉含蓄的画面场景中，则取决于 benben 这个词的语言游戏，意思是"生孩子，当爹"，那么所谓"弹竖琴"就是指这位大人在家中行夫妻之实，而不是在外搞什么更为无法无天的荒淫勾当。

所以，这是一本可亲可爱的历史书。但绝非野史戏说。

最后，躲不过俗套，假假真真地拔高一下此急就短章的境界吧。意大利人克罗齐说过，"一切历史都是当代史"。这话一针见血，不容置疑，我竟无言以对。而且，英国人汤因比还来火上浇油，说"历史是胜利者的宣传"。好在，穿纱丽的印度大妈罗米拉·塔帕尔（Romila Thapar）站出来发话了："历史学家不能放纵历史学这门学科堕落如斯，以至于捏造的历史成为宣传政治神话的工具。"

另，鉴于此书的读者受众之中，即使有，也仅有极少数为古埃及学专业研究者，原书中占约五分之一篇幅的引文注释、参考书目与索引部分，此中文版暂未收录。有志进一步深入者，恭请参阅英文版原书 *The Story of Egypt*（Hodder & Stoughton. 2015）。

杨凌峰

2018 年 5 月 17 日

The Story of Egypt

Joann Fletcher

Copyright © Joann Fletcher 2016

Published by agreement with Hodder & Stoughton Limited,

through The Grayhawk Agency Ltd.

本书中文简体字版版权,浙江文艺出版社独家所有

版权合同登记号:图字:11-2016-123号

图书在版编目(CIP)数据

埃及四千年/(英)乔安·弗莱彻著;杨凌峰译.—杭州:
浙江文艺出版社,2019.3(2025.1重印)

ISBN 978-7-5339-5448-2

Ⅰ.①埃… Ⅱ.①乔… ②杨… Ⅲ.①埃及—古代史
Ⅳ.①K411.2

中国版本图书馆CIP数据核字(2018)第247460号

策　　划　柳明晔
责任编辑　邵　劼
营销编辑　张恩惠
装帧设计　水玉银文化
责任印制　吴春娟

埃及四千年

[英]乔安·弗莱彻 著　杨凌峰 译

出版：浙江文艺出版社

地址：杭州市环城北路177号　邮编：310003

网址：www.zjwycbs.cn

经销：浙江省新华书店集团有限公司

印刷：浙江新华数码印务有限公司

开本：710毫米×1000毫米　1/16

字数：380千字

印张：31.5

插页：15

版次：2019年3月第1版

印次：2025年1月第10次印刷

书号：ISBN 978-7-5339-5448-2

审图号：GS(2018)4902号

定价：118.00元